BONAPARTE

ET

SON TEMPS

I

IL A ÉTÉ TIRÉ

Dix exemplaires numérotés sur papier de Hollande.

BONAPARTE

ET

SON TEMPS

1769-1799

D'APRÈS LES DOCUMENTS INÉDITS

Par Th. IUNG

« La vraie histoire nationale est encore ensevelie dans la poussière des chroniques contemporaines. »

AUGUSTIN THIERRY, *Lettre première sur l'histoire de France.*

« La prudence n'oblige pas seulement à empêcher qu'on nuise à l'État, mais aussi qu'on lui puisse nuire, parce que souvent en avoir le pouvoir en fait naître la volonté. »

CARDINAL DE RICHELIEU.

TOME PREMIER

PARIS

G. CHARPENTIER, ÉDITEUR

13, RUE DE GRENELLE-SAINT-GERMAIN, 13

1880

Tous droits réservés.

A

MONSIEUR LÉON GAMBETTA

PRÉSIDENT DE LA CHAMBRE DES DÉPUTÉS

A vous, le signataire de mon premier travail militaire, à vous l'hommage de cette étude sur Bonaparte *et nos anciennes armées républicaines.*

TH. IUNG
Officier supérieur d'État-Major

Lille, 11 janvier 1879.

AVANT-PROPOS

L'histoire de Bonaparte n'a pas été faite. Elle ne pouvait l'être. Les circonstances étaient défavorables, les documents faisaient défaut.

Sous la Restauration et le gouvernement de Juillet, la plupart des hommes marquants de l'Empire se trouvaient trop en vue pour préparer ou faciliter les travaux pouvant servir à jeter quelque lumière sur la curieuse personnalité du César dont ils avaient suivi la fortune. Leur intérêt était de faire l'ombre et le silence autour de leur propre existence politique et non d'en expliquer les multiples transformations. Quant aux rares athlètes de la Révolution, demeurés encore debout, mais exilés ou méconnus, ils se voyaient hors d'état de contrôler les dires de leurs contemporains.

Seule, l'armée de Napoléon demeurait aux yeux de l'Europe l'expression vivante des institutions nouvelles. En réalité, cette illusion était sincère. Les hauts dignitaires avaient pu faire concorder leurs opinions avec leurs appétits. Les soldats et le peuple, au contraire, s'étaient montrés fidèles à l'idée nationale. Ils avaient tout confondu, césarisme et liberté, gloire et servitude. Entraînés dans ce tourbillon infernal s'effondrant au milieu des neiges de la Russie, ils s'étaient trouvés dans l'impossibilité de se rendre compte du mouvement qui les avait emportés. Lors de l'invasion, d'ailleurs, prétoriens et républicains, n'avaient-ils pas uni leurs efforts pour repousser l'étranger et ces déserteurs français revenus à sa suite ! Les purs, les boudeurs du 18 brumaire et du sacre n'étaient-ils pas accourus pour mettre leur intelligence et leur bravoure au service du chef du gouvernement? Sur les champs de bataille, n'avaient-ils pas mêlé leur sang à celui de leurs proscripteurs de la veille?

Tout fut donc confusion, parce que tout était illogique. Le moment d'apprécier sainement les origines de cette alliance hybride n'était pas encore venu. Il fallait un deuxième empire et une troisième invasion pour ouvrir les yeux aux moins clairvoyants. Le régime impérial, en effet, n'avait et ne pouvait avoir de populaire que l'étiquette. Issu de la Révolution, ne se soutenant que par la Révolution, il prétendait la renier. Il invoquait le suffrage universel et voulait la dynastie, deux termes qui jurent l'un à côté de l'autre. Ce fut sa perte. La catastrophe finale mit vingt ans à venir. Elle fut immense.

Aussi, dans de telles conditions de milieu, comment espérer aborder librement l'examen de la transformation de la société française? Comment pouvoir étudier l'homme dont le génie avait préparé cette perturbation du sens politique et gouvernemental? Tout était légende et devait rester légende.

La nuit, toujours la nuit! Le peuple devint le complice inconscient du maître qui l'avait perdu.

« Un gouvernement sans équité, a dit Herbert
« Spencer [1], ne peut se soutenir que par l'appui
« d'un peuple manquant d'équité dans ses senti-
« ments et dans ses actes. »

« Un tyran, a-t-il ajouté avec non moins de rai-
« son, ne tyrannise un peuple qu'à la condition que
« ce peuple soit assez mauvais pour lui fournir des
« soldats qui se battront pour sa tyrannie et qui
« maintiendront leurs frères dans l'esclavage. »

Donc, depuis quatre-vingts ans, impossibilité d'entreprendre en toute liberté d'esprit une telle étude critique, voilà le fait.

D'ailleurs, comment s'y prendre pour exécuter une pareille tâche? Des archives fermées à tous les chercheurs, des pièces originales éparpillées dans les cartons de familles intéressées à ne pas leur faire voir le jour, des mémoires qui sont avant tout des justifications, tels sont les éléments d'information laissés à la portée de ceux qui regardent l'histoire d'un peuple comme autre chose que la présentation pompeuse des faits et gestes de certaines individualités.

---

1. Herbert Spencer (*la Science sociale*).

Au premier abord, la publication de la correspondance de Napoléon Ier paraissait devoir fournir des moyens précieux d'examen. Il suffisait pourtant de jeter les yeux sur le rapport adressé à Napoléon III par la commission chargée de ce travail, pour juger l'esprit dans lequel il avait été exécuté :

« Sire, écrivent les membres de cette commis-
« sion, Auguste mit César au nombre des dieux et
« lui dédia un temple : le temple a disparu, les
« commentaires sont restés. Votre Majesté, voulant
« élever au chef de sa dynastie un monument impé-
« rissable, nous a ordonné de recueillir et de publier
« la correspondance politique, militaire et adminis-
« trative de l'empereur Napoléon Ier.....

« Hâtons-nous de déclarer que, conformément
« aux instructions de votre Majesté, nous nous
« sommes scrupuleusement interdit, dans la repro-
« duction des lettres de l'Empereur, toute altération,
« tout retouchement, toute modification des textes...
« En déclarant que sa vie publique date du siège
« de Toulon, Napoléon a déterminé lui-même le
« point de départ que la commission devait choisir.
« C'est à cette date immortelle que commence la
« présente publication. »

Or, tout est inexact dans cette pièce officielle.

L'histoire n'a rien à voir dans les apothéoses intéressées. La vie d'un homme commence le jour où il est entré dans la carrière qu'il a choisie et où il a pris une part active aux luttes politiques de son pays. Celle de Bonaparte date de 1785 et non de 1793, et, c'est probablement pour passer sous silence les curieuses et délicates phases de cette époque de son existence, que la commission a cru pouvoir s'arroger le droit de supprimer les documents qui s'y rapportent.

On ne devient pas subitement général en chef, premier consul et empereur. La transformation instantanée est un phénomène inconnu, au point de vue de l'évolution historique, et ces transformations mêmes, il importe de les analyser.

Mais cette erreur de la commission n'est pas la seule. Tout est incomplet et inexact dans les documents publiés. Les papiers les plus importants et les plus curieux ont été omis. Nombre d'autres ont été revus et corrigés. Avant tout, on paraît avoir voulu élever un monument à la légende. De la vérité, on s'est peu préoccupé. Il fallait ne pas déplaire au souverain qui s'était imposé à la France. C'était l'ordre.

Les historiens modernes eux-mêmes ont été les agents inconscients de propagation de ces errements. Cette influence, dont le danger devient général, tient à plusieurs causes : l'apparition prématurée des travaux d'histoire, dans un intérêt mercantile ou politique, la spécialisation de ce genre d'études ainsi que l'uniformité d'exécution qui en résulte.

La première de ces causes est facile à saisir. Le public est curieux et désire se former rapidement une opinion sur les événements; il accueille donc sans difficulté les œuvres hâtives destinées à satisfaire son besoin d'investigation. L'une des conséquences de cette production anticipée est de rendre malaisées les rectifications devenues nécessaires. Plus tard, en effet, lorsque le temps a permis de juger plus sainement les événements et de recourir aux documents originaux, on se trouve en présence d'un tel parti pris qu'on hésite à commencer la lutte en faveur de la vérité.

L'autre cause est plus complexe. Elle est surtout plus délicate à expliquer, car elle touche à des questions de personnes. Il importe pourtant d'en constater l'existence et d'en faire ressortir les suites fâcheuses.

Les officiers, en mesure d'apprécier l'évolution des institutions militaires et la connexité de ces dernières avec l'organisation civile des États, sont rares. Peu encouragés à entreprendre des études dont l'utilité paraît méconnue et pour lesquelles jusqu'ici ils n'ont eu aucun guide, ceux d'entre eux qui les ont abordées ont dû se borner le plus souvent à retracer, sans critique et sans couleur, les événements entrevus dans le cours de leur carrière. Or, il n'est pas une question militaire qui ne touche à une question civile et réciproquement. D'autre part, dans le domaine plus restreint de la partie technique des luttes humaines, cet axiome émis[1] par le mi-

---

1. *Instruction relative à l'académie de guerre de Berlin*, par M. de Kameke. (*L'académie de guerre de Berlin en* 1878, par T. lung.)

nistre de la guerre allemand est toujours juste :
« Plus l'expérience de la guerre fait défaut à une
« armée, plus il importe de recourir à l'histoire,
« comme instruction et comme base de cette ins-
« truction. » L'oubli de cette règle constitue une
lacune véritable dans cette partie du développement des connaissances nécessaires pour la bonne
conduite des troupes.

Or, une lacune semblable existe, mais en sens inverse, dans les cours d'ordre civil. Il en résulte
qu'abordant ces grands problèmes de paix et de
guerre[1] avec une sorte de répulsion instinctive pour
tout ce qui touche au métier des armes, les universitaires ne voient dans l'exposé des campagnes que
l'occasion de quelque chapitre bien émouvant, une
figure saillante de héros à buriner et un bulletin
de victoire plus ou moins exact à reproduire. Pour
la Révolution principalement, cette interprétation
défectueuse se rencontre le plus souvent. C'est au
récit des événements survenus à Paris et des agissements des membres de nos grandes assemblées que
se bornent la plupart des historiens. Ont-ils à parler
des questions militaires, ils ne reproduisent que les
menus faits des journaux ou les légendes de l'époque. Ils paraissent oublier que l'histoire de l'armée
et des nécessités de sa réorganisation, en vue de la

---

1. Il est d'honorables exceptions. Une des plus remarquables est celle de *Proudhon*, dont l'ouvrage, intitulé : *Paix et guerre*, reste un des plus curieux spécimens de la prescience humaine.

lutte à soutenir contre les ennemis de l'extérieur et de l'intérieur, est celle même de la Révolution française. Par l'armée, la République s'est fondée; avec elle, celle-ci a failli succomber. Toutes deux ont eu leurs grandeurs et leurs faiblesses, et ces sublimités comme ces défaillances ont eu une origine commune, la méconnaissance des lois qui doivent régir ces tout-puissants moteurs.

En guerre, la bataille est l'accident. Il faut du temps, beaucoup de temps, pour que la guerre arrive à maturité. Un moment suffit pour perdre le fruit des efforts faits et ruiner un pays. La bataille est un point; l'agencement préalable est un monde. La bataille est palpable; elle se traduit en chiffres sonores de tués ou de blessés, de canons et de drapeaux pris ou perdus. La préparation de la lutte s'accomplit dans l'ombre, lentement, patiemment. Plus l'organisation militaire est simple, plus elle est en accord avec celle de la société où elle se produit, et plus les chances de victoire deviennent nombreuses.

Le côté sociologique de ces grands problèmes de l'histoire a été également négligé. *La guerre et la paix* sont les deux termes d'une même formule : *la concurrence des nations*. La lutte est, en effet, dans tout et partout. Production, conservation, paix, génération, sommeil, repos, etc., de même que désagrégation, construction, veille, mort, etc., sont quelques-uns des nombreux mots s'appliquant à chacun des éléments de cette équation. Et réciproquement, il n'est pas possible d'entrevoir un fait ou une série de faits sans la juxtaposition de ces deux antithèses. Autrement dit, on ne peut fixer son attention sur un objet matériel ou idéal, et constater son existence ou son état, sans apercevoir le moment possible de sa disparition ou de sa transformation. Or, cet accouplement de deux termes si opposés n'est autre que l'aimant avec ses deux électricités, la formule même du monde, c'est-à-dire de la vie, et, dans le domaine plus étroit de la société, celle du progrès.

Dans toute étude historique, on a donc le devoir rigoureux de ne négliger aucun d'eux. Mais est-on dès aujourd'hui en mesure de refaire l'étude de l'évolution humaine dans des conditions suffisantes d'impartialité et d'exactitude? non, du moins pour les époques antérieures à l'invention de l'imprimerie, cette merveilleuse étape de la *statique sociale*.

Pour la courte période qui nous occupe, les éléments d'appréciation sont nombreux. Il ne s'agit que de les rechercher, de manière à combler les lacunes existantes. Est-ce à dire que nous ayons réussi? Nous n'osons l'espérer. Ce labeur était au-dessus de nos forces. Il nous était pratiquement impossible de tout voir et de tout lire. Nous croyons néanmoins avoir retrouvé un nombre assez grand de documents pour permettre de rétablir les faits dans un cadre régulier et de donner à l'étrange et curieuse figure de ce génie, qui s'est appelé Napoléon Bonaparte, le caractère qui lui est propre.

Lorsque, dans l'espace de soixante années, un

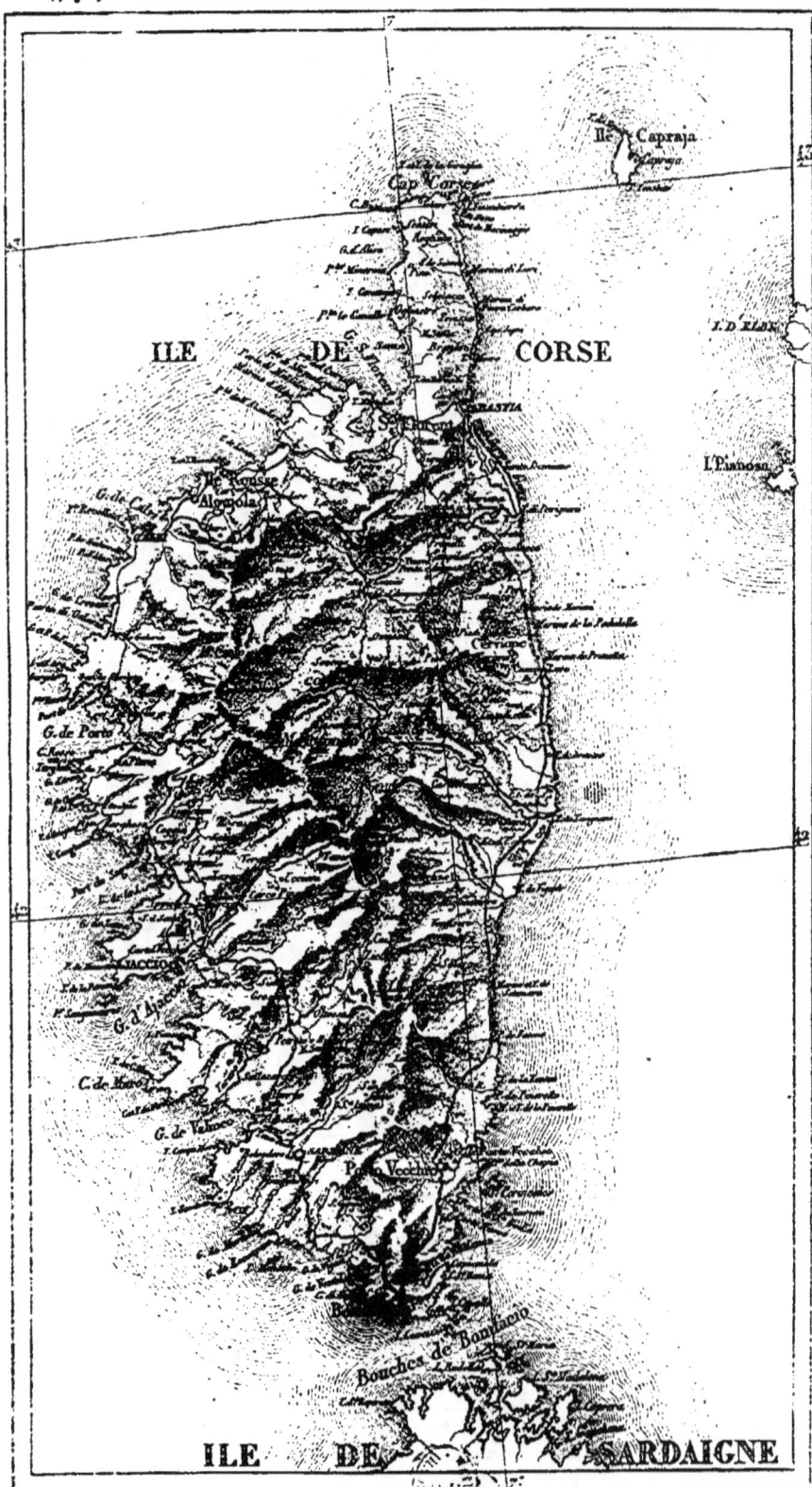

CARTE DE L'ILE DE CORSE.

BONAPARTE ET SON TEMPS

CHAPITRE PREMIER

LA CORSE AVANT 1769. — LA CONQUÊTE.

Rentrée solennelle de l'ambassadeur de France à Rome, le 8 mai 1664. — La garde papale corse chassée de Rome. — La Corse mise au ban des nations. Causes de ces deux événements. — Attentat commis à Rome sur le duc de Créqui, ambassadeur de France. — Envoi d'une expédition contre Rome. — Le traité de Pise, 12 mai 1664. — Description de la Corse. — Caractère des Corses. — Conquête de la Corse par les Génois. — Le traité de Compiègne entre la France et la république de Gênes, 6 août 1764. — Pascal Paoli. — Propositions de Paoli. — M. de Buttafuoco. — Sa correspondance avec J.-J. Rousseau. — Traité de Versailles entre la France et la république de Gênes, 15 mai 1768. — Première expédition française. — Combat de Patrimonio, 31 juillet 1768. — Capitulation de la Penta, 10 août 1768. — Retraite des Français. — Capitulation de Borgo, 10 octobre 1768. — Deuxième expédition française, avril 1769. — Composition du corps expéditionnaire. — M. de Vaux, commandant en chef. — Commencement des opérations, 5 mai 1769. — Prise d'Olmetta et de Murato, 5 mai 1769. — Prise de Lento, 7 mai. — Combat de Ponte-Nuovo, 8 mai. — Prise de Corte et de sa citadelle, 22 mai. — Fuite de Paoli. — Son embarquement à Porto-Vecchio, le 13 juin 1769. — Annexion définitive de l'île de Corse à la France.

Le 8 mai 1664, l'ambassadeur de France, le duc de Créqui, escorté des gens de sa maison, suivi du cardinal neveu[1] et de la duchesse sa femme[2] ayant dans

---

1. Le *cardinal Antoine Barberini* était le neveu de *Urbain VIII*. Depuis l'année 1648, il avait abandonné sa maison de Casal et habitait la France. Il était grand camerlingue du Pape, grand aumônier de France, premier duc et pair, abbé de Saint-Denis et commandeur des ordres du roi.
2. *Armande Saint-Gelais de Lusignan*, femme de *Charles*, duc

son carrosse la princesse Farnèse, faisait son entrée solennelle dans la capitale des États pontificaux. Il gagnait son palais, au bruit des fanfares de sa compagnie des gardes, à travers les rues pleines d'une foule sympathique et « joyeuse, écrivait Grimonville[1], de tout ce qui pouvait arriver de mal au souverain Pontife. »

A quelque temps de là, on pouvait voir s'élever sur le terrain situé devant la caserne que la garde corse avait dû abandonner, une pyramide haute de quarante pieds, portant l'inscription suivante[2] :

> IN EXECRATIONEM DAMNATI FACINORIS
> CONTRA EX^m D. DUCEM GREQUEIUM ORATOREM
> REGIS CHRISTIANISSIMI
> *A MILITIBUS CORSIS*
> XIII. KAL. SEPTEMBRIS ANNO M.D.CLXII.
> *PIRATI* (SIC) *CORSICA NATIO INHABILIS ET INCAPAX*
> AD SEDI APOSTOLICÆ INSERVIENDUM
> EX DECRETO JUSSU
> S^{mi} D.N. ALEXANDRI VII, PONT. MAX.
> EDITO
> IN EXECUTIONEM CONCORDIÆ PISIS INITÆ
> AD PERPETUAM REI MEMORIAM
> DECLARATA EST
> ANNO 1664.

de *Créqui*, gouverneur de Hesdin, gentilhomme de la chambre, depuis 1662, duc et pair de 1653, chevalier de l'ordre de 1662, mort en 1687.

Ce *Créqui* était frère du *marquis de Canaple*, gouverneur de Paris, et du chevalier de *Créqui* (François), celui qui fut fait maréchal de France en 1668.

1. Mss. Archives guerre. Lettre de Grimonvillle à Michel Le Tellier.
2. En exécration de l'attentat commis par *les soldats corses* sur la personne de son Excellence le duc de Créqui, ambassadeur du roi très chrétien, *la nation corse, nation de pirates*, a

La garde papale corse chassée de Rome, le souverain pontife obligé de se reconnaître officiellement responsable du crime commis par ses agents et de charger l'un de ses parents d'aller à Paris même faire amende honorable, c'était, il faut en convenir, une réparation pénible pour l'orgueil romain. Elle n'était que suffisante.

Le 20 août 1662, les gardes corses avaient tiré sur le carrosse de l'ambassadrice. Un officier, des pages et des porteurs avaient été tués ou blessés. Le 30, le jeune roi écrivait au Pape[1] :

« ...Nous ne demanderons rien à votre Sainteté. Elle a fait une si longue habitude de nous refuser toutes choses, et a témoigné jusqu'ici tant d'aversion pour ce qui regarde notre personne et notre couronne, que nous croyons qu'il vaut mieux remettre à sa prudence propre les résolutions sur lesquelles les nôtres se régleront, souhaitant seulement que celles de votre Sainteté soient telles qu'elles nous obligent de prier Dieu qu'il conserve votre SS. »

Le 9 septembre, il ajoutait à la reine Christine de Suède, alors à Rome[2] :

« Madame ma sœur... nous avons reçu du ciel une dignité dont nous nous rendrions indigne, si, pour quelque considération que ce puisse être, nous souffrions la moindre tache à notre honneur. C'est sur ces taches-là

été déclarée, par décret de N. S. P. le pape Alexandre VII, en date du 13 septembre 1662, *incapable et indigne* de servir au Siège apostolique, en exécution du traité de Pise et en mémoire éternelle de cet événement (année 1664).

1. Mss. Bibl. nat.
2. V. 20,598, p. 436 (Mss. Bibl. nat.). *Christine* avait succédé à Gustave-Adolphe en 1632, avait abdiqué en 1654, et s'était fixée à Rome, où elle mourut en 1689. Elle était née en 1626.

qu'il faut passer l'éponge, pour les effacer par une réparation proportionnée à l'offense, et non pas sur l'offense même, par un oubli qui nous rendrait méprisable, parce qu'il serait imputé à faiblesse d'âme ou à insuffisance de forces. Je demeure d'accord avec vous que je dois être persuadé qu'il n'y a prince au monde si imprudent ni si hardi qui voulût ou qui osât me faire une injure de propos délibéré, aussi ne puis-je croire que ç'a été l'intention du Pape[1] de m'offenser. Mais n'y a-t-il pas des imprudents et des enragés par tout le monde, et croyez-vous que tous ceux qui dominent dans Rome sous sa Sainteté aient guère vu aux choses qui se passent... »

L'ultimatum était précis. La réponse fut ambiguë.

Conformément à ses habitudes de politique tortueuse, la cour de Rome avait essayé d'échapper par des moyens dilatoires aux conséquences de sa duplicité. Elle avait cherché à intéresser l'Europe à sa cause. Le moment était mal choisi. Les cours d'Italie se trouvaient divisées. Celles de Vienne et de Madrid étaient impuissantes par suite du mouvement général qu'avait produit la Réforme. Elles se contentèrent de répondre par des marques de sympathie ou des offres de médiation qu'elles savaient inacceptables.

Mais, avec ces démarches, le temps passait sans amener de solution. A bout de patience, Louis XIV, se décida à agir. Les troupes reçurent l'ordre de se mettre en route. Le secrétaire d'État de la guerre, Michel Le Tellier[2], avait tout disposé, tout prévu.

---

1. *Alexandre* VII (Flavius Chigi), né à Sienne. Élu pape en 1655, mort en 1667.
2. *Michel Le Tellier*, seigneur de Chaville, né le 19 avril 1603, mort le 30 octobre 1685, secrétaire d'état de la guerre, du 11 avril 1643 à l'année 1677.

ANNÉE 1664.

Le 18 janvier 1664, le commandant en chef du corps expéditionnaire, le maréchal duc du Plessis-Praslin, quittait Paris. Le 31, il s'embarquait à Toulon pour se mettre à la tête des régiments déjà débarqués à Sesto.

L'armée était enthousiaste, les officiers heureux d'en finir avec cette éternelle ennemie de la France. Le 15 février, date extrême fixée par l'ultimatum, les troupes devaient entrer dans les États pontificaux. L'avant-veille, la cour de Rome avait cédé.

Le 13, en effet, l'abbé de Bourlemont[1], écrivait au ministre : « Monseigneur, le 12 du présent mois, à « sept heures du matin (à la mode de compter d'Ita- « lie), en présence de M. le grand-duc, les plénipo- « tentiaires du pape et moi, signâmes le traité de « l'accommodement des différends qu'avait le roi « avec le pape. » Le 21, le courrier, porteur de la grande nouvelle, arriva à Paris. La joie y fut grande. Elle était sincère. Rome avait dû courber la tête devant la France gallicane, et les Corses étaient mis au rang des forbans de la côte africaine. Mais certes alors, Michel Le Tellier, de Lyonne et Colbert, ces dignes élèves de Richelieu, ces trois grands ministres d'un apprenti monarque, ne pouvaient entrevoir, même dans leurs rêves les plus bizarres, les changements que le temps apporterait à leur œuvre.

Qui leur eût dit qu'à cent ans de là, date pour date, le 2 juin 1764, dans cette même Corse, destinée à devenir terre française, se conclurait le mariage d'où

---

1. V. 4,250, p. 329 (Mss. Bibl. nat.). *Louis Anglure de Bourlemont*, né en 1617, auditeur de Rote en 1657, ministre plénipotentiaire le 6 janvier 1664, mort le 9 novembre 1697, archevêque de Bordeaux.

naîtrait celui dont leurs descendants solliciteraient les faveurs avec tant d'humilité?

Qui eût pu leur faire prévoir qu'à deux cents ans de là, cette France libérale et gallicane commettrait la faute d'aller relever le trône de son éternel ennemi et qu'elle accepterait ce dogme de l'infaillibilité, condamné dans tant de belles ordonnances par ses rois et ses parlements?

Étrange pays que cette Corse, jetée comme le fer d'une pique brisée, à soixante lieues des côtes de France, au milieu de la Méditerranée! Une arête rocheuse de quarante lieues d'étendue traverse l'île dans toute sa longueur, du cap Corse au phare de Pertusato. Des arêtes transversales, mesurant une vingtaine de lieues dans leur plus grande largeur, s'infléchissent doucement vers l'orient, brusquement du côté de l'occident. Vis-à-vis de l'Italie, les vallons s'épanouissent au milieu de plaines sablonneuses et marécageuses, où se perdent les eaux du Golo et du Tavignano. Seule, la côte orientale présente au midi quelques escarpements, au pied desquels s'abritent les places de Porto-Vecchio et de Santa-Manza. Sur le versant occidental, au contraire, tout est abrupte, tout est tourmenté. Ce ne sont que golfes, anses et criques, Saint-Florent, Calvi, Porto, Ajaccio, Valinco et Ventilegne, où aboutissent les cours torrentueux du Fango, du Liamone, du Gravone et du Tavoro. Des forêts séculaires de pins-larix, de chênes, d'aunes et de trembles, couvrent les sommets. Partout ailleurs, se dressent les makis, ces fourrés inextricables de genévriers, de myrtes, de lentisques et de bruyères, repaires légendaires des bandits corses.

Dans les fonds, la nature se montre avec toute sa luxuriante beauté. Oliviers, mûriers et orangers s'y multiplient au milieu des vignes et des arbres fruitiers. A travers ces massifs de pierre et de végétation, des sentiers nombreux, mais difficiles, relient entre elles les différentes vallées. De rares routes, comme étranglées par les rochers qui les entourent, serpentent le long des flancs des montagnes. De tous ces chemins, de tous ces sommets, la petite ville de Corte forme le point central et sert de trait d'union entre Ajaccio et Bastia, Calvi, Saint-Florent et Bonifacio.

Ainsi donc, sur les sommets, les forêts sombres, le rude climat des pins, les vents impétueux, et pour horizon, toujours la mer, l'immensité ; dans les vallées, la douce tiédeur des pays chauds, voilà la Corse.

Le milieu fait l'homme, l'éducation le transforme. Or, le Corse est avant tout fils de son île. De ses rochers, de ses makis, il a pris l'âpreté et l'énergie; dans ses vallées étroites, dans ses demeures isolées, il a puisé son caractère mélancolique et taciturne; à la mer, aux vastes espaces qui l'entourent, il a emprunté l'imagination de l'habitant du midi, le regard vif, l'initiative et la décision du marin. « Faits pri-
« sonniers, a dit Tite-Live, les Corses ne s'adoucis-
« sent pas dans la servitude. Ils se rendent insuppor-
« tables à leurs maîtres, en abandonnant la vie par
« impatience du joug. » « Ils ont le cœur violent et la
« tête froide, » a ajouté Lanfrey. Sobres et courageux par nature, hospitaliers par tradition, dirons-nous à notre tour, ils ont des qualités de commandement tout à fait exceptionnelles.

Amoureux de leur liberté, plus que tout autre peuple, les Corses ont été condamnés par leur situation à tomber sous la domination des États qui les environnaient. Obligés pour vivre d'échanger leurs produits avec ceux des grandes cités italiennes, ils ont subi les conséquences de ce contact perpétuel. Si les montagnards corses sont restés les rudes jouteurs que cite Tite-Live, les habitants des villes du littoral, par contre, ont accepté les mœurs policées de leurs voisins. A la fin du seizième siècle, les Génois, dont le commerce s'étendait sur toute la Méditerranée, établirent dans l'île des comptoirs et des postes militaires, de manière à s'assurer les débouchés de ses riches produits. Ce que devaient être les rapports entre conquérants et indigènes, on le devine. En dehors des stations maritimes, les Génois ne pouvaient et n'osaient s'aventurer dans l'intérieur du pays. Les causes de conflit étaient nombreuses. Elles ne firent que se multiplier avec le temps.

En 1729, la révolte fut générale. Incapables d'assurer leur autorité, les Génois durent réclamer l'appui des puissances européennes, celle de l'Autriche en 1733, celle de la France en 1738.

Le 27 mars 1735, les notables de Corse s'assemblèrent au couvent d'Orezza. Ils proclamèrent leur indépendance. Ils l'eurent pendant quelque temps, grâce aux efforts d'Hyacinthe Paoli, d'André Ceccaldi, de Louis Gaffori et de Théodore Antoine, baron de Neuhof. Ce fut à ce moment que le cardinal Fleury intervint.

En février 1738, un corps expéditionnaire placé sous les ordres de M. le comte de Mailllebois, débarqua dans l'île. Les Corses se soumirent ; mais les représailles exercées par les Génois furent telles, qu'ils durent s'expatrier pour y échapper. Les uns, comme Hyacinthe Paoli, se réfugièrent en Italie. Les autres acceptèrent l'offre que leur fit le gouvernement français de former un régiment indigène. Buttafuoco, Arrighi, Carbuccia, Grimaldi, Ortioli, Marengo, Matra, Salicetti, Colonna, Ornano, etc., furent du nombre des officiers de ce nouveau corps[1] qui vint tenir garnison en France et qui fut réuni, en 1763, au régiment d'infanterie Royal-Italien.

Cette existence précaire de la Corse, le lieutenant d'artillerie Bonaparte l'a résumée dans la première de ses *Lettres sur l'histoire* de son pays[2].

« Le Corse a été la proie de l'ambition de ses voisins, la victime de leur politique et de sa propre opiniâtreté... on l'a vu prendre les armes, secouer l'atroce gouvernement génois, recouvrer son indépendance, vivre un instant heureux, mais poursuivi par cette fatalité irrésistible, il tomba dans le plus insupportable avilissement. Pendant vingt-quatre siècles, voilà les scènes qui se renouvellent sans interruption; mêmes vicissitudes, même infortune, mais aussi, même courage, même résolution, même audace. Les Romains ne purent se l'attacher qu'en se l'alliant; des essaims de Barbares l'assaillirent; ils s'emparèrent de ses champs, incendièrent ses maisons; mais il sacrifia son caractère de propriétaire à celui d'homme; il erra pour vivre libre. S'il trembla devant l'hydre féodale,

---

1. A différentes époques, les Corses avaient servi la France. En 1524, Sampiero de Bastalica amena une bande de 1,000 hommes. Son fils, Alphonse d'Ornano, eut également un régiment corse.

La création du régiment d'infanterie, *le Royal-Corse*, est du 10 août 1739. Il fut formé à 12 compagnies. L'uniforme se composait de l'habit bleu, avec les parements bleu-céleste; la veste, la doublure et la culotte étaient blanches.

2. *Lettres sur l'histoire de Corse*, 1790.

ce fut seulement autant de temps pour la connaître et pour la détruire. S'il baisa en esclave les chaînes de Rome, guidé par le sentiment de la nature, il ne tarda pas à les briser ; s'il courba enfin la tête sous l'aristocratie ligurienne, si des forces irrésistibles le maintinrent vingt ans soumis au despotisme de Versailles, quarante ans d'une guerre opiniâtre étonnèrent l'Europe et confondirent ses ennemis... »

Ce fut donc en 1764, que le gouvernement français se décida à occuper de nouveau la Corse, dans l'intention d'empêcher toute autre puissance maritime d'y prendre pied, mais avec l'arrière-pensée de ne plus laisser échapper le gage remis entre ses mains.

Pour M. de Choiseul[1], c'était un moyen de faire oublier à la France les hontes du dernier traité de paix. « Je puis avancer, disait-il à ce sujet, que la Corse est plus utile de toutes les manières, que ne l'était ou ne l'aurait été le Canada. »

Le traité entre la France et la république de Gênes fut signé à Compiègne, le 6 août 1764. Aux termes de ce contrat, les Génois cédaient à la France, les ports d'Ajaccio, de Calvi, de Bastia, de Saint-Florent et d'Algajola, ainsi que la perception provisoire des droits de suzeraineté. Ils ne conservaient à Bastia qu'un représentant chargé de l'administration civile.

A vrai dire, la cession n'était que momentanée et nominale. Les Corses, victorieux, tenaient étroitement bloquées les villes si généreusement données à la France. Ils avaient alors à leur tête un homme émi-

1. *De Choiseul* (Étienne, François), duc de Choiseul et d'Amboise, colonel général des Suisses, né le 28 janvier 1719, ministre des affaires étrangères en 1758, de la guerre en 1761, de la marine en 1762, disgracié le 26 décembre 1770, mort en mai 1785.

nent, qui, grâce à ses talents et à la parfaite connaissance du caractère de ses concitoyens, avait su donner à l'insurrection un caractère d'unité et de force qu'elle n'avait jamais eu jusque-là.

Cet homme, c'était Pascal Paoli. Fils de cet Hyacinthe Paoli[1], mort à la solde de Naples, il était né, le 25 avril 1725, à Stretta, dans la *pième* de Rostino. Il avait suivi son père dans l'exil. Conduit à Naples, il y devint l'élève de Genovessi[2]. Plus tard, il prit du service dans les compagnies corses, à la solde de la cour napolitaine, fut nommé officier et revint dans sa patrie dans les derniers mois de l'année 1754.

Le moment était propice. Toute une génération d'hommes ardents, préparés par une lutte incessante de vingt-cinq années, était prête à suivre les pas du premier qui saurait inspirer confiance. Ce chef fut Paoli, nommé par acclamation général de la nation, lors de la réunion des députés, tenue au couvent des pères servites de Santo Antonio di Casabianca.

Grand, élancé, imposant, le regard vif et doux, doué d'un véritable talent oratoire, Paoli avait le charme entraînant d'un chef de parti. Vivant plus que sobrement, installé au couvent de Rostino, à proximité de Corte, où résidait l'évêque d'Aleria, il avait fait de ce point le centre de ses opérations militaires. Bonaparte, lorsqu'il était son admirateur, disait de lui[3] :

« Arrivé au timon des affaires, appelé par ses compa-

1. *Hyacinthe Paoli*, père de Pascal Paoli; il est de ceux qui se réfugient en Italie en 1739; mort à Naples en 1751.
2. Genovessi (Ant.), savant philosophe et économiste, ecclésiastique, 1712-1769.
3. *Discours de Bonaparte sur le Bonheur*. Sujet de prix proposé par l'académie de Lyon pour le concours de 1791.

triotes à leur donner des lois, M. Paoli établit une constitution, non seulement fondée sur le même principe que l'actuelle, mais encore sur les mêmes divisions administratives. Il y eut des municipalités, des districts, des procureurs syndics, des procureurs de la commune. Il renversa le clergé et appropria à la nation le bien des évêques... Il trouva dans son activité sans pareille, dans son éloquence persuasive et chaleureuse, dans son génie pénétrant et facile, de quoi garantir la constitution naissante des efforts des méchants et des ennemis... »

Tel était l'homme qui avait su intéresser l'Europe entière à la lutte qu'il soutenait contre Gênes. En relation avec les différentes puissances, il avait cherché partout un point d'appui qui lui permît de résister aux prétentions de la France, cette nouvelle alliée des Génois.

La situation était en effet délicate. Paoli se montrait disposé à reconnaître le protectorat français, mais avec de sérieuses garanties. Ses conditions étaient les suivantes[1] : liberté entière de la Corse et de ses habitants, alliance offensive et défensive avec la France, participation au service militaire et maritime, traité de commerce exclusif entre les deux nations, par contre, tribut annuel de la Corse. Or, ce programme était loin de répondre au desideratum de M. de Choiseul. Ce dernier n'entendait à aucun prix traiter sur le pied d'égalité avec le général Paoli. S'il consentait à accepter son concours, c'était avec l'idée bien arrêtée de faire de lui l'instrument passif de ses volontés, tout en le comblant d'honneurs et de ri-

1. Mss. Archives de la guerre. Lettre de Paoli à l'évêque d'Aleria.

chesses. Il y comptait du reste, grâce à son agent, homme d'une habileté rare, M. de Buttafuoco[1], chevalier des ordres du roi depuis 1762 et aide-major du régiment d'infanterie Royal-italien, l'ancien Royal-corse.

Ce Buttafuoco était contemporain de Paoli. Il avait quitté la Corse à la même époque que ce dernier, lui, en qualité de cadet dans le Royal-Corse où son père était officier, dans le temps que Paoli entrait au service du roi de Naples.

Intelligent, insinuant, instruit, il avait su se créer des relations à la cour et conserver des rapports amicaux avec ses compatriotes. A Versailles, il était partisan déclaré des idées françaises; en Corse, il se montrait l'ardent défenseur des projets d'indépendance de l'ancien compagnon d'armes de son père. Ce fut lui qui, le 31 août 1764, écrivait à Jean-Jacques Rousseau :

« Vous avez fait mention des Corses dans votre *Contrat social*, d'une façon bien avantageuse pour eux. Un pareil éloge, lorsqu'il part d'une plume aussi sincère que la vôtre, est très propre à exciter l'émulation et le désir de mieux faire. Il a fait souhaiter à la nation que vous voulussiez être cet homme sage qui pourrait lui procurer les moyens de conserver cette liberté qui lui a coûté tant de sang.

« ... Qu'il serait cruel de ne pas profiter de l'heureuse circonstance où se trouve la Corse pour se donner le gouvernement le plus conforme à l'humanité et à la raison, le gouvernement le plus propre à fixer dans cette île la vraie liberté...

« Une nation ne doit se flatter de devenir heureuse et

---

1. (Matieu) *Buttafuoco*, général français, né en 1730 à Vascovato, mort à Bastia en 1806.

florissante que par le moyen d'une bonne institution politique. Notre île, comme vous le dites très bien, est capable de recevoir une bonne législation ; mais il faut un législateur, et il faut que ce législateur ait vos principes, que son bonheur soit indépendant du nôtre, qu'il connaisse à fond la nature humaine, et que dans les progrès du temps, se ménageant une gloire éloignée, il veuille travailler dans un siècle et jouir dans un autre. Daignez, monsieur, être cet homme-là, et coopérer au bonheur de toute une nation en traçant le plan du système politique qu'elle doit adopter !...

« Je sais bien, monsieur, que le travail que j'ose vous prier d'entreprendre exige des détails qui vous fassent connaître à fond notre vraie situation ; mais si vous daignez vous en charger, je vous fournirai toutes les lumières qui pourront vous être nécessaires, et M. Paoli, général de la nation, sera très empressé à vous procurer, de Corse, tous les éclaircissements dont vous pourrez avoir besoin. Ce digne chef et ceux de mes compatriotes qui sont à portée de connaître vos ouvrages, partagent mon désir, et tous les sentiments d'estime que l'Europe entière a pour vous, et qui vous sont dus à tant de titres. »

A cette invitation, Jean-Jacques, alors à Motiers-Travers, répondait[1] par un refus poli, motivé sur son état de santé. Il ajoutait fort spirituellement, à l'adresse de ce singulier ambassadeur : « ... Il se pré-
« sente aussi des réflexions sur l'état précaire où se
« trouve encore votre île. Je sais que sous un chef
« tel qu'ils l'ont aujourd'hui, les Corses n'ont rien à
« craindre de Gênes ; je crois qu'ils n'ont rien à
« craindre non plus des troupes qu'on dit que la
« France y envoie ; et ce qui me confirme dans cette

---

1. *J.-J. Rousseau à Buttafuoco* (22 septembre 1764). Mss. Archives de la guerre (voir pièces à l'appui).

« opinion, est de voir *un aussi bon patriote que vous
« me paraissez l'être, rester, malgré l'envoi de ces trou-
« pes, au service de la puissance qui les donne.* Mais,
« monsieur, l'indépendance de votre pays n'est point
« assurée tant qu'aucune puissance ne la reconnaît,
« et vous m'avouerez qu'il n'est pas encourageant
« pour un aussi grand travail de l'entreprendre, sans
« savoir s'il peut avoir son usage, même en le suppo-
« sant bon... »

Buttafuoco parut n'avoir pas compris l'allusion et revint à la charge. Un moment, il réussit à convaincre le philosophe génevois et à le décider à faire le voyage. Mais, celui-ci n'avait qu'une médiocre confiance dans les promesses qu'on lui faisait. La situation ne lui paraissait ni satisfaisante, ni suffisamment nette. Il refusa définitivement, l'année suivante[1].

A cette époque, du reste, Paoli croyait n'avoir plus rien à redouter de la France[2]. « La lenteur apportée
« dans l'envoi des troupes, l'établissement de mar-
« chés dont Paoli retirait de grands avantages, l'im-
« punité de plusieurs insolences, les facilités qu'il
« trouvait à Bastia même pour son expédition de
« Capraja, le parti que le roi avait pris de retirer ses
« troupes des villes d'Ajaccio, de Calvi et d'Alga-
« jola, à l'occasion de l'arrivée des Jésuites espa-
« gnols en Corse et la façon dont ce mouvement
« s'était exécuté; enfin, l'assurance que l'on donna
« à Paoli de ne point renouveler le traité avec la

---

1. 3 octobre 1764, lettre de Buttafuoco à Rousseau. — 15 novembre 1764, réponse de Rousseau. — 26 avril 1765, Paoli offre un asile à Rousseau, en Corse. — 26 mai 1765, dernier refus de Rousseau.
2. Rapport au Roi (1768). Mss. Archives guerre.

« République de Gênes, tout concourut à lui prou-
« ver que la France prenait peu d'intérêt aux af-
« faires de Corse. » La désillusion devait être grande.
M. de Choiseul avait su utiliser les quatre années
d'occupation de l'île pour s'y faire des partisans,
accorder des grades aux uns, distribuer de l'argent
aux autres, des promesses à tous. Le Royal-Corse
réorganisé à Toulon, dès le mois de janvier 1766,
avait été mis sur le pied de douze compagnies. A
Gênes, les négociations continuaient sans interruption, et, le 15 mai 1768, on signait à Versailles le
traité de cession définitive de la Corse à la France.
En échange de sa dette et d'une subvention extraordinaire de deux millions de livres, la sérénissime
République abandonnait tous ses droits sur sa possession. Un mois après, le 24 juin, le drapeau français flottait sur les murs de Bastia, où deux nouveaux
régiments (Royal-Roussillon[1] et Éplingen), venaient
de débarquer. Avec les quatre autres, qui se trouvaient déjà dans l'île, c'était un total de six régiments
qu'on tenait prêts à agir. Un instant même, on songea
à faire venir le Royal-Corse[2]. M. de Buttafuoco fut
chargé de cette négociation; mais les officiers,
MM. de Rossi et Marengo en tête, protestèrent énergi-
quement contre cette prétention. Ils voulaient bien,
disaient-ils, continuer à servir la France, mais, non
combattre leurs compatriotes. M. de Buttafuoco en
fut pour la honte de sa démarche. Il dut se résigner à
prendre le commandement de quelques mécontents, à

1. Commandé par M. de Villeneuve; rentré le 15 décembre 1770.
2. Comte du Luc, colonel du 27 novembre 1765 au 11 novembre 1782. — Créé en 1739, licencié le 17 mars 1788 pour former 2 bataillons de chasseurs à pied.

la tête desquels il débarqua à Bastia. Le 5 juillet 1768, les troupes françaises étaient donc à leur place de combat, sous les ordres de M. de Marbeuf et en mesure d'appuyer par la force la revendication royale.

A ces actes, Paoli avait répondu par la mise hors la loi de Buttafuoco et de ses complices, et par une protestation adressée aux différentes cours européennes : « Nous sommes traités, écrivait-il à Vienne, comme « un troupeau de moutons vendus au marché. » Mais qu'importait à l'Europe monarchique le sort de quelques insulaires, entachés de tendances libérales et sans action sur la marche des événements? Seule, l'Angleterre paraissait prendre un réel intérêt à leurs affaires. Il est vrai qu'elle y voyait un avantage, celui d'exercer son influence commerciale et politique dans les eaux de la Méditerranée. Or, de tous les protectorats, ce dernier rencontrait le plus de partisans en Corse. Il était éloigné et peu gênant. Il devait se borner à l'envoi d'une flotte et de subsides, à l'aide desquels Paoli se faisait fort de maintenir l'autonomie de la nation.

C'était là une erreur de patriote et d'homme politique. Appui pour appui, argent pour argent, pension pour pension, il était préférable de les solliciter des gouvernements dont les tendances naturelles se rapprochaient le plus de celles innées dans l'île. Or, la Corse restait italienne de langue, de coutumes et de situation. C'était donc en Italie qu'elle devait chercher aide et secours. Et dût-elle même souffrir en commun avec ses voisins et par leur faute, il paraissait plus logique de supporter les fortunes diverses de sa race. Elle en eût partagé les grandeurs futures. En paraissant souscrire à d'autres influences, Paoli, par conséquent, a manqué de jugement. Il n'a réussi qu'à hâter l'asservissement de ses concitoyens et, en définitive, s'est trouvé obéir, d'une manière inconsciente, nous le voulons croire, à un sentiment tout personnel. L'hospitalité et la pension de deux mille livres sterling, qu'il a acceptées de l'Angleterre pendant trente années de sa vie, en resteront les preuves concluantes.

Les événements, d'ailleurs, allaient lui donner tort. Le ministre français, en effet, était décidé à en finir. Relier Bastia à Saint-Florent, prendre ces deux villes comme base d'opérations, gagner par les crêtes la vallée du Golo, et, sur les bords de cette rivière, imposer la paix à Paoli, tel était le plan primitif. Le nombre des troupes appelées à l'exécuter était insuffisant. Il ne réussit pas.

Bastia est située sur le versant oriental de la chaîne de montagnes qui traverse l'île dans toute sa longueur. Saint-Florent se trouve sur le versant opposé. De Saint-Florent, pour atteindre Bastia, il faut gagner la crête, par le col de Téghime, à cinq cent quarante mètres d'altitude, et occuper les villages de Barbaggio et de Patrimonio qui y touchent.

Le 29 juillet, M. de Marbeuf écrivait au général corse et lui réclamait la possession de ces deux points nécessaires, assurait-il, à l'exécution des ordres du roi. Celui-ci se contenta de répondre par un appel aux armes et par l'arrestation du porteur de la dépêche.

La demande de Marbeuf n'était, du reste, que de pure forme, car, dès le 30 au matin, le petit corps expéditionnaire français[1] se mettait en route, en

---

1. Mss. Archives de la guerre.

eux colonnes, avec le col de Téghime pour objectif.

La colonne de droite était sous les ordres de M. de Marbeuf et du chevalier de Leuchères, en qualité d'aide-maréchal-des-logis de l'armée. Elle se composait des deux régiments du Soissonnais[1] et du Languedoc[2], et de six pièces de canon à la Rostang.

I. d'Arcambal commandait celle de gauche, qui comprenait les régiments de Rouergue[3] et de Royal-Roussillon. Le neveu de Paoli défendait la position et le col de Patrimonio avec des forces minimes, composées des contingents provenant des communes voisines du cap Corse.

Le premier jour, l'aile gauche rencontra seule quelque résistance. A la nuit, elle occupait les crêtes depuis la Rocca Prunna jusqu'à la Vaccaia. Le lendemain, la lutte recommençait dès l'aube; tous les sommets s'étaient, comme par enchantement, garnis de tirailleurs faisant un feu incessant sur les têtes de colonne s'avançant péniblement à travers les makis incendiés. L'acharnement fut grand des deux côtés; mais que pouvait une poignée de montagnards contre des troupes aguerries, protégées par l'artillerie, sinon se retirer. A Bastia, on crut donc à un succès rapide.

1. *Régiment du Soissonnais*, commandé par M. le baron de Juigné (Léon-Marguerite-Leclerc), 22 juin 1769 — 29 juin 1775; arrivé à Saint-Florent en 1768; rentré en France, en 1770.
2. *Régiment de Languedoc*, commandé par M. le marquis de Campenne (Louis-Henri), 11 août 1764 — 3 janvier 1770; arrivé à Bastia au mois de novembre 1764; rentré à Toulon en novembre 1770.
3. *Régiment de Rouergues*, commandé par M. le chevalier d'Arcambal (Antoine-Joseph-François des Lacs du Bousquet), 5 juin 1763 — 10 août 1769; en Corse et à Bastia, au mois de novembre 1764; rentré à Toulon, le 1er octobre 1770.

Sans se donner la peine de prendre des renseignements, et surtout sans attendre les renforts annoncés, on se remit en marche en deux colonnes, celle de gauche, par Borgo, celle de droite, par Lento. La première partie du mouvement s'exécuta sans obstacle. Huit jours plus tard, les avant-postes avaient passé le Golo et s'étaient établis, l'un à Ponte-Nuovo, l'autre à la Penta. De son côté, Buttafuoco, à la tête de ses volontaires, débarquait encore plus au sud et se jetait dans Vescovato, avec l'intention de soulever le pays et de prendre Paoli à revers. Dans le fait, on n'était plus qu'à peu de distance de Corte. On y avait des intelligences; on pouvait donc admettre la solution comme prochaine; mais l'on comptait sans l'activité et l'influence du chef corse. Les montagnards accourus à son appel, avaient repris l'offensive et profité de l'éparpillement des forces de l'ennemi. Le 10 août, à l'aube, le village de la Penta était entouré et enlevé, avant que le capitaine et les hommes qui s'y trouvaient eussent eu le temps de se reconnaître. Buttafuoco, également chassé de Vescovato par Clemente Paoli, regagnait ses tartanes et rentrait dans Bastia avec quelques hommes seulement. Le soulèvement était général. L'arrivée de renforts et d'un nouveau chef, M. le marquis de Chauvelin[1], ne changea rien à la situation. Attaquées, harcelées de tous côtés, de nuit et de jour, sur le point de voir leurs communications avec Saint-Florent et Bastia coupées par les gens de la Bologne, les troupes françaises durent se replier en toute hâte sur leur base d'opéra-

1. *F. Claude de Chauvelin* ambassadeur à Gênes et à Turin, lieutenant général, débarqué à Saint-Florent le 29 août 1768, mort en 1771.

tions, en abandonnant Borgo, dont la garnison capitula, le 10 octobre.

Fort heureusement, des secours importants furent immédiatement envoyés. Les régiments de la Marine[1], Royal-Italien[2], la Marck[3], et un bataillon du régiment de Médoc[4] parvinrent à Bastia et Saint-Florent dans les premiers jours d'octobre 1768. Ils fournirent les moyens de garder fortement les positions de Patrimonio et de Barbaggio. Il était temps, car Paoli, une fois maître de Borgo, songeait à profiter des rigueurs de l'hiver pour frapper un dernier coup, en s'emparant de vive force du col de Teghime, afin de couper la ligne de communication de Bastia à Saint-Florent et de surprendre ces deux villes, à l'aide de quelque mouvement populaire habilement préparé.

Ce fut dans la nuit du 13 au 14 février 1769, que, réunissant à l'improviste ses contingents, il se jeta sur le poste de Barbaggio, occupé par six compagnies du régiment de la Marck, retranchées dans des baraques en planche, et les fit prisonnières, après un combat acharné de dix-huit heures. Mais cette

---

1. *Régiment de la Marine,* commandé par M. le comte d'Haussonville (Louis-Bernard de Cleron), du 30 novembre 1761 au 8 janvier 1770. Embarqué le 1er octobre 1768, rentré à Toulon le 15 août 1769.

2. *Régiment Royal-Italien,* commandé par le marquis de Monti (Charles-Armand), du 28 avril 1711. Rentré à Monaco le 3 juin 1774.

3. *Régiment de la Marck,* commandé par le colonel en second, baron de Wimpfen (21 avril 1759 — 3 janvier 1770). Rentré à Toulon le 28 octobre 1770.

4. *Régiment de Médoc,* commandé par le marquis de Chapincourt de Tilly (Charles de Biotières), du 1er décembre 1762 au 17 mai 1773. Rentré en France en septembre 1770.

longue résistance avait permis au reste du régiment de se concentrer, et à M. de Marbeuf d'accourir de Bastia avec des troupes fraîches. Assailli à son tour par des forces supérieures, Paoli dut se replier dans les montagnes, laissant plus de cinq cents hommes tués ou blessés entre les mains de son adversaire. Cette action était pour lui un désastre; pour la France, un sujet d'étonnement.

Comment admettre, en effet, qu'un petit peuple comme celui de la Corse pût tenir tête à des troupes royales? On avait déjà dépensé trente millions de livres pour n'obtenir qu'un résultat négatif. Fallait-il donc renoncer au projet qu'on avait formé? L'amour-propre aidant, on résolut de faire, en 1769, une nouvelle expédition, mais celle-là, décisive. Pour l'instant, on se contenta d'envoyer des secours en vivres et en munitions aux troupes déjà débarquées, avec ordre pour celles-ci de se maintenir dans leurs positions.

De son côté, Paoli ne perdait pas un instant. Il faisait appel aux puissances, et concluait, au mois de décembre, un traité avec l'Angleterre. Celle-ci s'engageait à lui faire passer fusils et munitions, et un subside de vingt-cinq mille francs par semaine. Mais ce qui lui manquait, c'étaient les hommes. Cette lutte de quarante années avait épuisé la Corse. Les montagnards, d'ailleurs, n'excellaient que dans la guerre de partisans. Ils étaient rebelles à toute opération réclamant une absence prolongée ou excentrique à la *piève* à laquelle ils appartenaient. Aussi, quelque effort que fît Paoli, il ne put réunir que deux mille à deux mille cinq cents hommes en état de faire campagne. Comment, avec aussi peu de monde, tenir tête à l'invasion qui se préparait! C'était irréalisable. Il le comprit. Soutenir la lutte le plus longtemps possible, préparer un asile pour lui et ses fidèles, attendre des jours meilleurs, tel fut en effet son plan.

Des renforts nombreux avaient été dirigés sur Calvi et sur Ajaccio. Le gros des troupes, sous les ordres de M. de Vaux, débarquait[1] à Saint-Florent, dans les premiers jours d'avril.

Le 23, les corps qui devaient prendre part à l'expédition occupaient les cantonnements suivants : les régiments de la Marine, de la Marck, du Médoc, de Buckeley[2], de Roscommon[3], les dragons, cent cinquante volontaires corses[4] et l'artillerie à Patrimonio, Barbaggio, Saint-Florent et Oletta sur le Guardelle; le régiment de Tournaisis[5], à Biguglia; les régiments de Champagne[6], d'Aquitaine[7], la légion de

---

1. Ces forces se composaient en dehors des volontaires, des dragons et des troupes auxiliaires, des régiments d'infanterie Dauphin, Bourgogne, Monsieur et Walsh.
2. *Régiment du comte de Buckeley*, du 7 mars 1751 à 1775; arrivé en Corse, en mars 1769; rentré en janvier 1771.
3. *Régiment du comte de Roscommon* (Robert Dillon), du 19 août 1766 au 11 avril 1770; en Corse en mars 1769; devint, en 1770, la propriété du comte de Walsh Serant, et rentra en France au mois de septembre.
4. M. de Mirabeau faisait partie des volontaires, en qualité d'officier.
5. *Régiment de Tournaisis*, donné, le 20 février 1761, à Félix Saint-Cyr, marquis de Gontaut Saint-Genès; en Corse, de 1766 à 1769; incorporé dans *Royal-Italien*, le 26 avril 1775.
6. *Régiment de Champagne*, commandé par M. le marquis de Seignelay, depuis le 1er décembre 1762; arrivé en Corse, le 7 avril 1769, avec le comte de Vaux.
7. *Régiment d'Aquitaine*, commandé par le vicomte de Broglie, du 20 février 1761; en Corse, au mois d'avril 1769, rentré, le 15 août 1769.

Soubise et les volontaires corses dans les environs de Bastia ; les régiments du Soissonnais, de Rouergue, d'Eplingen[1] et le corps royal, dans Bastia même ; les régiments de Languedoc et le Royal Italien, à Brando. Le convoi était réuni à Bastia

Ces forces se composaient de trente-huit bataillons, d'une légion de huit cents volontaires corses, et neuf cents hommes du corps royal. Elles étaient placées sous les ordres de M. le lieutenant général de Vaux[2]. Celui-ci remplaçait M. de Chauvelin, un courtisan maladroit, dont le séjour en Corse avait prouvé la suffisance et l'incapacité.

Le nouveau commandant en chef connaissait le pays. Il y avait fait longtemps la guerre. Il sut prendre rapidement de sages dispositions. C'était le 7 avril, qu'il avait débarqué à Saint-Florent ; le 27, il donnait ses premiers ordres de concentration.

Deux réserves furent installées à Biguglia et Bastia. Le reste du corps d'opération comprit vingt bataillons, répartis en deux divisions de dix bataillons chacune ; la division de droite, à Oletta, sous les ordres de M de Boufflers ; la division de gauche, avec M. d'Escoulombre pour chef. L'objectif était Corte. On devait l'atteindre, en s'avançant par les crêtes, d'Oletta vers Lento et Ponte-Nuovo. L'aile droite fut chargée de ce mouvement. L'aile gauche devait le protéger et le flanquer, en se dirigeant avec

1. *Régiment du baron d'Eplingen*, du 1ᵉʳ mars 1758 au 22 juin 1783. Arrivé en Corse en juin 1768, rentré à Toulon en septembre 1769.
2. *De Vaux* (Noël de Jourda, comte), né en 1705 au château de Vaux, près du Puy-en-Valais, mort le 5 septembre 1788 à Grenoble. Il avait été envoyé en Corse en 1738 ; fut fait maréchal de France en 1783.

le convoi et les munitions vers Borgo et le bas Golo.

Les Corses avaient leur gauche à Piève, Rapale et San-Cesareo, leur centre à Vallecalle, leur droite au village et au couvent fortifiés d'Olmetta di Tuda. Paoli se tenait en arrière, à hauteur de Ponte-Nuovo, prêt à se porter sur le point faible. Le défaut de cette première ligne était d'être trop étendue, relativement au nombre des combattants, et, par conséquent, de rendre presque illusoire la défense de la seconde, celle du Golo, dans le cas où la première serait forcée.

Le 5 mai, le corps expéditionnaire se mit en marche par sa droite. Les villages d'Olmetta, de Vallecalle et de Murato furent successivement enlevés au fil de l'épée. Le soir même, la gauche des Corses, postée à Piève et Rapale, se trouvait coupée de la droite retranchée à Borgo. La route de Lento et de Ponte-Nuovo était libre. Paoli, qui s'était dirigé de sa personne vers Rapale, n'eut que le temps de se sauver, laissant entre les mains des vainqueurs des papiers importants prouvant sa connivence avec l'Autriche.

Le 6, les troupes françaises restèrent sur leurs positions, pendant que la droite des Corses se repliait rapidement sur le centre et venait retrouver Paoli à Rostino. Mais il était déjà trop tard pour que ce dernier procédât à une concentration utile. Le 7, les Français avaient continué leur marche et occupé successivement Lento, Bigorno, Campitello, Volpajola, Scolca et les abords de Ponte-Nuovo. Aussi, le 8, quand les Corses voulurent reprendre les positions perdues, ne réussirent-ils qu'à exécuter deux mouvements excentriques sans cohésion, l'un sur la gauche au col de Tenda, l'autre sur la droite à Ponte-Nuovo. Partis de Pietralba, les hommes de la Balagne, au nombre de douze cents environ, tentèrent, en effet, vers les dix heures, un mouvement tournant sur la droite française. Ils comptaient s'emparer, par surprise, du col de Tenda, où passe la route de Pietralba à Murato. L'attaque fut des plus violentes; elle était trop isolée pour réussir. Elle ne concorda pas d'ailleurs avec celle qui fut faite à Ponte-Nuovo et qui n'eut lieu que beaucoup plus tard, vers les deux heures de l'après-midi. Sur ce dernier point, les Corses, un instant victorieux, parvinrent à repousser en désordre les volontaires français. Mais, entraînés par leur ardeur, ils passèrent la rivière et s'acharnèrent à se maintenir dans une position difficile, que l'arrivée des grenadiers et des chasseurs du régiment de Champagne, conduits par M. d'Escoulombre en personne, rendit vite intenable. Ils y furent presque tous massacrés. Il était quatre heures et demie du soir. La bataille était perdue. Les pertes étaient sensibles. Rien qu'à Ponte-Nuovo, les Corses avaient eu deux cents hommes tués ou noyés, les Français soixante hommes tués ou blessés, et, parmi les tués, quatre officiers : MM. de Chamisso, de Bexon[1], de Ségur et du Bayet fils.

Pour Paoli, il était en fuite. C'était avec peine qu'il avait pu réunir trois à quatre cents hommes au couvent de Rostino et à Morosaglia. De leur côté, les Français, instruits par l'expérience, évacuaient leurs

---

1. M. de Chamisso, capitaine, et de Bexon, lieutenant dans le régiment de Champagne.

blessés et assuraient leurs positions contre tout retour offensif. Le 10, ils occupaient Vignale, Lucciana, Pietralba. Le 15, ils avaient passé le Golo et pris le couvent de Rostino. Le 20, ils étaient au couvent d'Omessa et, le 21, ils se mettaient en marche sur Corte. A mi-chemin, ils rencontrèrent les principaux habitants de cette ville, venant faire leur soumission et traiter de la reddition de la citadelle, reddition qui eut lieu effectivement, le 22.

Dès le 20, Paoli, suivi de quelques fidèles, s'était retiré à Vivario qu'il quittait le lendemain du jour où les Français partaient de Corte pour marcher sur Galti. Le 6 juin, il était à Bastilica, le 8, à Guensa. Ce fut dans ce village qu'il apprit et la prise de sa principale place d'armes, l'Ile Rousse, et l'arrivée à Porto-Vecchio, le 7 juin, de l'un des navires de l'amiral Smittoy, requis par son agent, Guelfudi, le prêtre servite. Dans la nuit du 12 au 13 juin, il s'embarquait en compagnie de son frère Clemente, de son secrétaire l'abbé Antonio Francesco Andrei et de quelques partisans dévoués. Deux mois plus tard, il était installé dans un hôtel de Londres, vivant tranquillement et grassement de la pension qu'on lui avait si généreusement accordée.

A dire vrai, les vainqueurs lui avaient laissé toute facilité pour s'éloigner. Du 21 mai, jour de leur entrée à Corte, au 13 juin, date du départ de Paoli, ils auraient pu s'emparer de sa personne. Ils préférèrent fermer les yeux sur l'évasion d'un homme dont « la capture, disait M. de Vaux, eût été plus embarrassante qu'utile. »

L'annexion à la France de cette île de Corse, si belle et si pittoresque, était, cette fois, faite et bien faite. C'était dans le sang versé sur tous les champs de bataille de l'Europe, à côté de celui de leurs nouveaux compatriotes, que ces vaillants insulaires, ces fiers républicains, allaient cimenter leur alliance indissoluble avec leurs frères de France.

CHAPITRE II

LA FAMILLE BONAPARTE.

Acte de soumission de Charles de Buonaparte à la France. — Origine italienne de la famille Buonaparte. — Noblesse de la famille. — Charles-Marie de Buonaparte. — Sa situation à la mort de Joseph de Buonaparte, son père. — La succession Odone. — Maria-Lætitia Ramolino. — Sa famille. — Les Fesch. — Mariage de Charles de Buonaparte avec Lætitia Ramolino, le 2 juin 1764. — Naissance d'un fils, en 1765. — Naissance de Marie-Anne de Buonaparte, le 3 janvier 1767. — Charles de Buonaparte nommé assesseur. — Il va résider à Corte. — Naissance de Nabulion de Buonaparte, le 7 janvier 1768. — Fuite de Corte, 20 mai 1769. — Soumission à la France. — Naissance de Napoléone de Buonaparte, le 15 août 1769.

Ce fut, le 23 mai 1769, que, pour la première fois, MM. de Vaux et de Marbeuf entrèrent en relation avec un Bonaparte. Le 21, ils avaient trouvé sur leur route la députation des gens de Corte. Le 23, ils reçurent celle des principaux habitants d'Ajaccio MM. Nicolas Paravicini, Laurent Giubega, Damien Giubega, Dominique Arrighi, Jean-Thomas Boerio, Thomas Cervoni et l'avocat Charles-Marie de Buonaparte en faisaient partie. Tous alliés ou voisins, tous accourus à l'appel de Paoli, ils venaient, maintenant que la défense était reconnue impossible, faire acte de soumission aux vainqueurs.

Le mouvement était peut-être un peu précipité, mais il est juste d'observer que ces nobles Ajacciens n'étaient pas sans avoir quelque sujet de mécontentement. Ils accusaient Paoli de les avoir entraînés dans une lutte inutile, et de leur avoir annoncé des secours qui n'étaient jamais arrivés. D'autre part, éloignés de leurs foyers depuis plus de six mois, ils éprouvaient le désir d'aller mettre ordre à leurs affaires. Pour Charles Bonaparte surtout, cet événement, comme nous aurons occasion de le faire voir, pouvait être un coup de fortune. Il n'hésita donc pas, fut un des plus ardents pour la paix, et, lors de la visite à Corte, se fit l'interprète de ses concitoyens. Il était dans son rôle et dans son caractère.

Charles Bonaparte avait alors vingt-trois ans. Il était né à Ajaccio, le 29 mars 1746. Sa famille était originaire de Sarzana, en Toscane. Ses ancêtres y avaient exercé de père en fils la profession d'homme de loi. A la fin du seizième siècle[1], l'un d'eux était venu s'établir à Ajaccio. Ses descendants y acquirent une réelle influence[2].

Pendant les périodes de troubles et d'incertitude que traversa la Corse, ils se montrèrent les zélés et dévoués partisans de la politique génoise. Ce fut à ce titre que la Sérénissime République accorda à Jérôme Buonaparte le titre *d'egregium Hierononimum* et le droit de faire précéder de la particule *de* le nom de *Buonaparte*[3].

---

1. Mss. Archives nationales. Papiers de l'armoire de fer A E I, 15. Voir pièces à l'appui.
2. L'an 1782, le 28 juin, en vertu de l'arrêt du 15 novembre dernier, j'ai huissier, demeurant rue de Buonaparte, paroisse Saint-Marc...
Il y avait donc une rue *de Buonaparte* à Ajaccio?
3. Mss. Archives nationales (armoire de fer). Voir pièces à l'appui.

Joseph de Buonaparte, le père de Charles, s'était également fait délivrer, par le grand duc de Toscane, des lettres de noblesse, le 18 mai 1757 et le titre de patrice, le 28 juin 1759. Au mois de mai de l'année suivante, il avait été nommé l'un des Anciens de la ville d'Ajaccio [1]. Enfin, d'après le témoignage de Charles Bonaparte, les armes de la famille portaient : « la « *courrone* de *compte*, l'écusson fendu par deux barres « et deux *étoilles*, avec les lettres B. P. qui signifient « Buona Parte, le fond des armes rougeâtres, les « barres et les *étoilles bleu*, les ombrements et la « *courrone* jaune [2] ».

Tous ces Buonaparte vivaient peu. En un siècle, il en était mort successivement cinq. L'archidiacre Lucien, seul fait exception. Ils sont comme atteints d'une fièvre de mouvement et d'ambition qui les dévore. Le père et l'oncle [3] de Charles s'éteignent à quelque mois d'intervalle. Ils ont à peine quarante ans. Charles lui-même succombera, à trente-neuf ans, des suites d'un cancer à l'estomac.

Ce dernier s'était trouvé orphelin à dix-sept ans. Grand, élancé, d'une figure régulièrement belle [4], il avait de l'esprit, de l'acquit et des connaissances, mais, pour toutes ressources, l'appui de son oncle Lucien, le futur archidiacre d'Ajaccio, quelques pro-

---

1. Mss. Archives nationales (armoire de fer).
2. Mss. Archives nationales (armoire de fer). Voir pièces à l'appui.
3. *Napoléon de Buonaparte*, oncle de Charles, avait épousé une demoiselle Ornano. *Louis d'Ornano*, père du maréchal avait épousé une demoiselle Buonaparte.
4. Deux portraits de Charles de Buonaparte existent au musée de Versailles ; l'un est de Girodet, l'autre est un buste en marbre d'Elias Robert.

priétés hypothéquées, situées dans la piève de Talavo, non loin du bourg de Bocognano et des espérances, basées sur cette fameuse succession Odone, qui devait jouer un si grand rôle dans les faits et gestes de la famille.

La mère de Charles était une demoiselle Virginie Odone, fille d'un Pierre Odone, riche propriétaire d'Ajaccio. Ce Pierre Odone avait deux enfants, une fille, Virginie, et un fils, Paul-Émile; à sa mort, il avait laissé tout son patrimoine, consistant en propriétés relativement considérables, sises autour d'Ajaccio, à son fils, avec substitution à ladite Virginie et à ses enfants, dans le cas où ce fils s'éteindrait lui-même sans enfants et où les enfants dudit Paul-Émile n'auraient pas d'héritiers.

Or, ce Paul-Émile était précisément mort sans postérité. Resté célibataire, devenu dévot et l'ami des Jésuites, il leur avait laissé tous ses biens.

« Quand on est en leurs mains, la bourse est bientôt vide. »

Les bons pères s'empressèrent de prendre possession de ce nouveau butin, et, lorsque Joseph Bonaparte se présenta pour faire valoir les droits de sa femme et de son fils, ils répondirent par une fin de non-recevoir. Sur ces entrefaites, Virginie Odone mourut à son tour et Joseph Bonaparte se trouva seul pour soutenir le procès qu'il s'était décidé à commencer. Mais on sait ce qu'adviennent, même de nos jours, les compétitions pareilles entre particuliers et communautés. Au dix-huitième siècle, les chances d'insuccès étaient encore plus grandes. Joseph Bonaparte y perdit donc et la santé et son argent, ne léguant à son fils que des affaires en litige et une haine profonde pour les Jésuites et leur doctrine.

A Ajaccio, Charles rencontrait souvent une belle jeune fille, aux traits accentués, à la démarche imposante, mademoiselle Lætitia Ramolino. Sérieuse autant que Charles Bonaparte l'était peu, énergique autant que celui-ci était faible, en un mot, aussi Corse que son jeune ami était Italien, mademoiselle Ramolino présentait, au point de vue du caractère et de l'instruction, plus d'un contraste avec son prétendu. Au physique, ils formaient un fort beau couple. Elle avait quinze ans [1], et lui, dix-huit. C'est l'âge de l'amour, dans ces pays brûlés par le soleil. Mademoiselle Ramolino possédait quelque bien. A la mort de son père, Jean-Jérôme, dont elle était fille unique, elle avait hérité de la maison paternelle et de vignobles, situés aux environs de la ville. Sa mère, née Marie-Anne Bianelli, jeune encore, s'était remariée à un ex-capitaine Suisse, à la solde de Gênes, établi définitivement dans l'île. Elle venait de lui donner un frère utérin, Joseph Fesch [2]. Tout concourait donc à faciliter l'union des deux jeunes gens. Charles Buonaparte se présenta ; sa demande fut accueillie, et l'union célébrée le 2 juin 1764 [3].

1. *Lætitia Ramolino*, née, le 24 août 1749, morte à Rome en 1836. On a d'elle deux portraits peints par Gérard et une statue due au ciseau de Canova.
2. Né à Ajaccio, le 3 janvier 1763, archidiacre en 1791, commissaire des guerres en 1793, rentré dans les ordres en 1799, archevêque de Lyon, cardinal, pair de France, en 1815, retiré à Rome en 1815, où il mourut d'un squirrhe à l'estomac, en 1839, comme Charles Bonaparte.
Son père, *François Fesch*, était né à Bâle. Il était protestant et s'était converti pour épouser la belle-mère de Bonaparte.
3. Mss. Archives nationales (armoire de fer). Les registres

Pour Buonaparte, cette alliance était un événement heureux, car elle lui assurait un intérieur, l'indépendance et la possibilité de poursuivre sa chimérique revendication de la succession Odone. Pour la jeune fille, c'était la liberté et la possession d'un mari, jeune et noble, à qui la fortune ne devait pas tarder à sourire[1].

L'union fut féconde. Dès l'année suivante 1765, Charles-Marie eut un fils qui mourut au bout de quelques mois.

En 1766, il se rendait à Rome pour son fameux procès ; sa femme était enceinte. Il ne revint que pour les couches. Elles eurent lieu, le 3 janvier 1767, et dotèrent le jeune ménage d'une fille, Marie-Anne Buonaparte, qui fut seulement baptisée deux années plus tard, le 4 septembre 1769[2], en même temps que Napoleone.

Ce fut dans le courant de cette année 1767 que, répondant à l'appel de Paoli, désireux de s'attacher les jeunes Corses influents, il se rendit à Corte pour y habiter et y remplir des fonctions municipales.

Le 7 janvier suivant, madame Lætitia lui donnait un troisième enfant, qui recevait de ses parrains, Jean

de la paroisse d'Ajaccio pour l'année 1761 ont disparu. Pourquoi ?

1. Leurs plus proches alliés étaient, du côté du mari, Luciano de Buonaparte, prêtre, Ignace Mathius Costa, François Paravicini, Jean-Jérôme Leca, François-Félix Quondam...; du côté de la femme, François Ramolino, prêtre, Giovan Quondam, Silvestre et Sébastien Augustino, G. Dominique Colonna, Bianelli*, Levie, Ornano, Fesch...

2. Mss. Archives de Corse (voir pièces à l'appui).

* La sœur de madame Fesch, *Antoinette Bianelli*, épousa en 1774, *Hyacinthe Arrighi*, d'où naquit, le 8 mars 1778, *Jean-Thomas Arrighi*, le futur duc de Padoue, mort en 1853.

Thomas Arrighi de Casanova et Marie, femme de ce dernier, le prénom de Nabulione. L'acte de naissance est ainsi libellé sur la copie, certifiée conforme, existant aux archives de la guerre.

Copie de l'acte de naissance de Nabulione Buonaparte.

Bureau de la guerre.

« Anno Domini millesimo (*le mot* septingentesimo *fut omis*) sexagesimo octavo, die vero octava mensis januarii, hora vigesima secunda circiter, ego infra scriptus solenniter in ecclesia proparochiali sanctissimæ annunciationis, baptizavi infantem, *natum die septima ejusdem mensis januarii*, ex illustrissimo domino Carlo Bonaparte et domina Lætitia, civitatis Adjacii, conjugibus, in hac urbe commorantibus, cui impositum fuit nomen *Nabulione*, patrini fuere illustrissimus dominus Joannes Thomas Arrighi de Casanova et ejus uxor Domina Maria. — In quorum fidem Franciscus Antonius Gaffori prepositus sancti Marcelli Curtis et proths apostolicus. »

« Ità repetitur in registro libri baptizatorum hujus civitatis Cortis anni 1768, penis me infrascriptum existente. In quorum fidem me subscripsi indeque gentilitii sigilli impressione munivi. Corte, hac die 19 julii 1782, Doctor Franciscus Antonius abbas Gaffori prepositus Cortis et prothius apostolicus. »

« Nous Augustin Adriani, conseiller du Roy, juge royal civil, criminel et de police des ville et juridiction de Corte, certifions et attestons à tous ceux qu'il appartiendra que la signature apposée au bas de l'acte d'autre part est véritablement celle de M. François Antoine Gaffori, curé de Corte, et que foy doit être ajoutée aux actes par lui signés en cette qualité; tant en jugement que dehors.

En foi de quoi nous avons jugé les présentes et y

avons fait apposer le sceau de notre juridiction royale. Fait à Corte, le 19 juillet 1782

Signé : ADRIANI.

Pour copie conforme relevée au Dépôt de la guerre le 16 septembre 1846.

ROUSSEAU.

Il est vrai qu'il existe aux archives d'Ajaccio un autre acte, relatif à la naissance de ce troisième enfant de Charles Bonaparte.

Cet acte est ainsi formulé :

« Copia del battesino del Sig^r. Giuseppe figlio dell'Illmo Sig^r. Carlo de Buonaparte assessore reale della Giurisdizione di Ajaccio stato seguito vella città di Corte nel modo che siegne. »

Anno Domini millesimo septingentesimo sexagesimo octava die vero octavo mensis jannuarij horæ vigesima secunda circiter : ego infrascriptus solenniter baptisavi in ecclesia Parrochiali SS^{me} Annunciationis infantem de legitimo matrimonio natum die septima ejusdem mensis jannuarij, ex Illmo D^{no} Carolo Buonaparte et Illma Domina Letizia civitatis Adjacij conjugibus in hac urbe commorantibus cui impositum fuit nomen *Joseph Nabulion*. Patrini fuere Ill^{mus} Dominus Johannes Thomas Arrighi de Casanova et Illma Domina Maria ejus uxor : in quorum fidem J. Franciscus Antonius Gafforij, Propositus S. Mamelli Cortis et Pro^{trius} Ap^{cus} gio : Bâtta Levie di Ajaccio arciprete. »

Mais, comme le fait observer fort justement l'archiviste du département de la Corse[1], cette pièce

---

1. M. *Dufourmantelle*, archiviste du département de la Corse. Renseignements dus à l'obligeance de M. Schnerb, préfet de ce département.

n'est elle-même qu'une copie. L'original n'existe plus. L'acte est d'une écriture différente de celle des autres documents contenus dans le registre. D'autre part, il est facile de voir que le prénom de *Joseph* n'est pas du temps. Il est en français, à une époque où la langue française n'a pas cours dans l'île. Ce fait seul suffit à spécifier la valeur qu'on doit accorder à cet écrit. Il devient en effet évident que le prénom français a été ajouté après coup et qu'on ne doit regarder comme authentique que la pièce autographe de 1782, portant pour unique prénom celui de *Nabulione*.

Quoi qu'il en fût, cette naissance survenait dans un moment critique. Tout en Corse faisait présager de graves événements. Les démarches multiples faites par les agents français auprès de Paoli, ainsi que l'envoi successif de troupes et d'émissaires dans le pays, prouvaient que le ministre de Louis XV allait passer de la période d'atermoiement à celle des mesures actives. Dans ces moments de fièvre qui précédèrent et suivirent l'arrivée du corps expéditionnaire, Charles Bonaparte se trouva donc dans l'obligation de participer à la vie errante de Paoli.

Un instant même, il put croire à la réalisation du rêve de son chef, à l'indépendance de sa patrie. Repoussés avec de grandes pertes, les Français avaient dû se replier sur Bastia, Saint-Florent et le col de Teghime. Mais l'échec subi par Paoli à Barbaggio et l'inanité des promesses faites par les puissances allaient anéantir ces faibles espérances. Les tristes événements de l'année 1769 achevèrent de dissiper les dernières illusions. Au lieu de quelques bataillons, ce fut toute une armée qui vint envahir l'île.

Battu successivement à Murato et à Ponte Nuovo, Paoli rentrait, le 15 mai, dans Corte. Le 20 au matin, il abandonnait la ville. Le même jour, les chefs Ajacciens et leur contingent la quittaient également pour se réfugier dans la montagne, à proximité de Bocognano. Charles Buonaparte et sa femme, étaient du nombre des fuyards.

La suite des événements est connue. Le 23 mai, Charles venait, en compagnie des principaux de ses concitoyens, faire acte de soumission à M. le comte de Vaux.

L'accueil fut des plus cordiaux. C'était dans la politique des Français de faire bonne figure à tous ceux qui se présentaient.

Bonaparte et ses amis reçurent la promesse, non seulement de n'être pas inquiétés, mais encore d'être maintenus dans leurs fonctions. Le lendemain, ils retournaient à Ajaccio avec des sauf-conduits pour eux et leurs familles.

Six semaines plus tard, le 15 août 1769, madame Buonaparte donnait le jour à son quatrième enfant, à celui qui, dans l'histoire, devait prendre le nom de Napoléon Bonaparte.

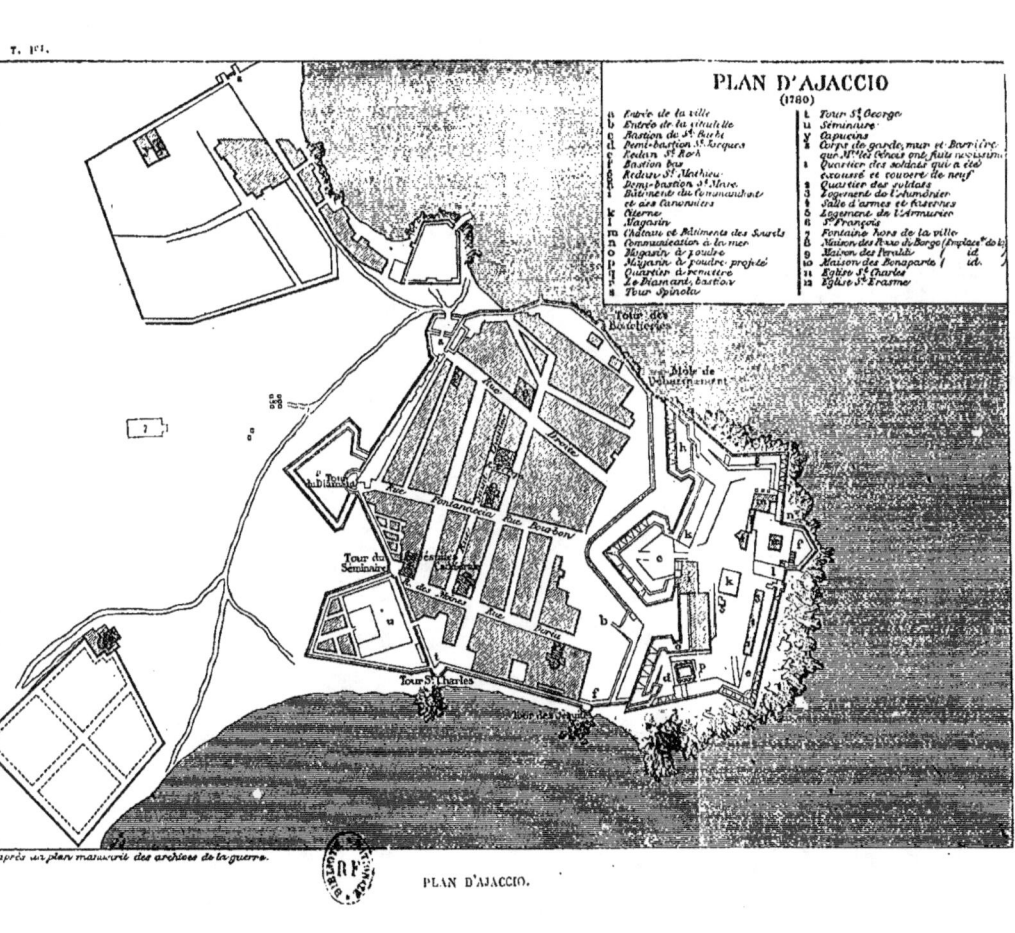

PLAN D'AJACCIO.

CHAPITRE III

NAISSANCE DE NAPOLÉON BONAPARTE

15 août 1769?

Incertitude sur la date de la naissance de Napoléon Bonaparte. — L'acte de baptême de l'école de Brienne. — L'acte de naissance du Ministère de la guerre. — Preuves à l'appui des deux hypothèses. — L'acte de mariage de Joseph, en 1794. — L'enquête sur la naissance de Joseph, en 1794. — L'acte de notoriété de Joseph Bonaparte, en 1794. — L'acte de mariage de Napoléon Bonaparte avec Joséphine Beauharnais. — Lettre de Bonaparte à Paoli. — Motifs qui paraissent devoir faire adopter la date du 7 janvier 1768, comme celle de la date réelle de la naissance de Napoléon Bonaparte. — Causes possibles de cette substitution d'actes et de personnes. — Variations dans l'orthographe des prénoms de Bonaparte. — Variations dans les noms de famille du même Napoléon, dans son écriture et dans ses opinions.

Napoléon est-il né à Ajaccio, le 15 août 1769, ou le 7 janvier 1768, à Corte? S'appelle-t-il réellement Nabulion, Napolione ou Napoleone de Buonaparte? Les affirmations contradictoires sont nombreuses. En réalité, le fait a peu d'importance. C'est sous le nom de Napoléon Bonaparte que le jeune Corse est devenu célèbre. C'est donc le seul qu'on soit en droit de lui attribuer, au point de vue historique.

Reste la question de curiosité pour tout ce qui touche à l'origine de cette grande personnalité. Nous allons essayer de l'élucider[1].

1. Dans le cours de cette étude, nous avons pris pour règle

Dans tous les ouvrages on fixe au 15 août 1769 la date de la naissance de Napoléon Bonaparte. C'est celle-là qu'on a fêtée officiellement. C'est celle-là qui se trouve consignée sur l'acte de naissance et de baptême provenant des archives de l'École Militaire de Paris et existant dans les cartons du ministère de la guerre.

Cet acte est ainsi conçu :

Anno domini millesimo septingesimo septuagesimo primo, die vigesima quinta julii, Adiacii ; Ego infra scriptus fidem facio et attestor, in libro parochiali hujus ecclesiæ cathedralis Adiacii, in quo advocantur nomina baptizatorum reperire notulam tenoris sequentis, videlicet :

« L'anno mille settecento settant'uno aveni — uno Juglio, si sono adoprate le sacre ceremonie ò preci *per me infra età* (sic) *economo sopra di Napoleone*, figlio nato di legitimo matrimonio dal signor Carlo del fie (sic), signore Giuseppe Bonaparte e della signora Maria Letizia, sua moglie, nato li *quindici agosto del mille sette cento sessanta nove*, al quale gli fù data l'acqua in caza, di licenza dal M\to R\de Luccano Bonaparte, ed l'anno assistito alle sacre ceremonie, per padrino Golind° Lorenzo Giubega di Calvi, procuratore del Re, e per madrina la signora Geltruda, moglie del signor Nicolo Paravjsino, in quorum Joannes Baptista Fiamanto œconomus hujus ecclesiæ cathedralis Adjacii. »

Battesimo Napoleone Bonaparte[1].

L'anno mille settecento settant'uno à vent'uno juglio si sono adoprate le sacre ceremonie ò preci sopra di Napo-

---

absolue de ne réfuter aucune des assertions légendaires des panégyristes. Nous ne faisons d'exception que pour la date de la naissance de Napoléon Bonaparte.

1. Une copie de cet acte prise sur l'original et certifiée con-

ANNÉE 1769.   41

leone, figlio nato di legitimo matrimonio del signore Carlo del fu, Giuseppe Bonaparte e della signora Maria Letizia sua moglie, al quale gli fù data l'acqua in casa, di licenza dal illustrissimo R° (Reverendo) Luceano Bonaparte, nato li quindici agosto del mille sette cento sessanta nove, ed l'anno assistito alle sacre ceremonie per padrino illustrissimo Lorenzo Giubega de Calvi procuratore del Re e sua madrina la signora Geltruda moglie del signore Nicollo Paravisino, presente il Prè, quali unitamente a mi si sono sotto scritti : Gio : Battista Diamante Economo, Lorenzo Giubega, Geltrude Paravicino, Carlo Buonaparte. »

Ces deux documents sont accompagnés de la déclaration suivante :

« Nous, Demetrio Stefanopoli, avocat au conseil supérieur de Corse, et le premier au siège royal d'Ajaccio, faisant les fonctions de juge à la récusation de M. Charles de Buonaparte assesseur, certifions à tous ceux qu'il appartiendra que l'extrait baptistaire ci-dessus a été écrit et signé par le sieur Jean-Baptiste Diamante, économe de cette paroisse d'Ajaccio, et que foi doit être ajoutée aux extraits qu'il délivre en ladite qualité. Certifions en outre que le contenu en icelui est véritable pour l'avoir confronté à l'original, en témoin de quoi avoir signé le présent, et y avoir fait opposer le cachet de nos armes.

« Fait et donné à Ajaccio en notre hôtel, le 23 juin 1770,

« DEMETRIO STEFANOPOLI, intendant.

« Vu et certifié par nous, subdélégué de la province et ville d'Ajaccio à Ajaccio, le 23 juin 1770.

« PONTE[1].

forme par M. Dufourmantelle, archiviste du département de la Corse, nous a été envoyée par M. Schnerb, préfet de la Corse. Elle ne diffère de la précédente que par quelques mots : *ho dato,* au lieu de *fu data, Giubica,* au lieu de Giubega, etc...

1. L'acte de naissance publié par M. de Coston n'est pas

« Collationné à l'original déposé aux Archives de l'hôtel de l'École royale militaire par nous, secrétaire du Conseil, garde des dites Archives.

« HAQUIN.

« Pour copie conforme délivrée au Dépôt général de la guerre, le 16 septembre 1846.

« Le chef de bureau des Lois et Archives.

« ROUSSEAU. »

D'après ces pièces, Napoléon serait donc né le 15 août 1769, à Ajaccio. Il n'aurait été baptisé que le 21 juillet 1771. Il aurait eu pour parrains, Lorenzo Giubega, procureur du roi à Calvi, et Geltrude Paravicino. Copie de cet acte aurait été faite à Ajaccio, le 23 juin 1776, par Demétrio Stefanopoli, intendant, et certifiée véritable, deux jours après, par le sieur Ponte, subdélégué de la province et ville d'Ajaccio.

Or, nous avons vu qu'il existait aux mêmes archives de la guerre un autre document manuscrit, revêtu d'un sceau en cire rouge, et concernant également un *Nabulion Buonaparte*. Si l'on s'en rapportait à celui-ci, certifié tout aussi véritable que le précédent, Napoléon serait né, le 7 janvier 1768, à Corte. Il serait fils de Charles Bonaparte et de dame Lætitia, tous deux habitants d'Ajaccio. Il aurait eu pour parrains Jean-Thomas Arrighi de Casanova et Maria, sa femme. L'acte aurait été dressé, le 19 juillet 1782, par le curé même de Corte, François-Antoine Gaffori. C'est ce que certifie Augustin Adriani, conseiller du roi,

conforme à la pièce qui existe au Ministère de la guerre. La traduction de cette dernière en a été faite par M. Rapetti, secrétaire de la commission chargée de la publication de la correspondance de Napoléon Iᵉʳ.

juge royal civil, criminel et de police des villes et juridictions de Corte.

De ces deux dates, 7 janvier 1768, 15 août 1769, laquelle est la bonne?

Dans les *Mémoires du roi Joseph*[1], on lit bien : « Charles Bonaparte avait alors cinq enfants, dont « j'étais l'aîné, étant venu au monde en 1768, à Corte. « Napoléon était né à Ajaccio, le 15 août 1769. »

Mais ces *Mémoires* ne sont que trop sujets à caution. Les erreurs abondent à chaque page. D'ailleurs, les pièces probantes font aussi bien défaut à l'appui de cette assertion que le contrat de mariage de Joseph, mariage que l'auteur, par parenthèse, ne fait que mentionner. Pourquoi? Or, ce curieux document existe. Il est du 14 thermidor, an II (1er août 1794). En voici quelques extraits[2] :

« — Cejourd'hui quatorzième thermidor l'an second de la République française, une et indivisible, à neuf heures de relevée, par devant moi, Joseph Jean Monfray, maire de cette commune de Cuges... sont comparus : d'une part, le citoyen *Joseph* Bonaparte, propriétaire, âgé de vingt-cinq ans, *natif d'Ajaccio*, chef-lieu de district, département de la Corse, fils de feu citoyen Charles Bonaparte, décédé à Montpellier, en l'année 1785, âgé de 39 ans, et de la citoyenne Marie Ramolino, son épouse survivante, âgée de quarante-cinq ans... Après avoir fait lecture, 1º de l'extrait des registres du greffe de juge de paix du troisième arrondissement du canton de Marseille, portant d'après la déclaration de quatre témoins que le citoyen Joseph Buonaparte, originaire du département de la Corse,

---

1. *Mémoires du roi Joseph*, par Ducasse. 10 vol., 1853. T. I, p. 26.
2. Voir le document en entier, aux pièces à l'appui. *Dictionnaire historique* de Jal.

actuellement occupé par les rebelles, ait à faire preuve de sa naissance, etc... »

Voici cette déclaration importante :

Extrait de l'enquête pour Joseph Bonaparte

« Le 9 thermidor an III, (27 *juillet* 1794) furent convoqués chez le juge de paix du 3ᵉ arrondissement du canton de Marseille, *à la requête du citoyen Joseph Bonaparte, logé à l'hôtel de Brutus, originaire d'Ajaccio, ville de Corse,* actuellement occupée par les rebelles, tendant à faire preuve de sa naissance et de ce qu'il n'est pas marié :

Louis Coti, capitaine du 7ᵉ bataillon d'infanterie légère, âgé de 50 ans, né à Givaco, district d'Ajaccio ;

Pierre Zerbi[1], commissaire inspecteur et vérificateur de la confection, de la fabrique des souliers de ce département, âgé de 40 ans, né à Ajaccio ;

Étienne Jouve, cordonnier, âgé de 27 ans, né à Ajaccio ;

Lazare Moresco, employé à l'armée, aux subsistances, au port de la Montagne (Toulon), âgé de 32 ans, né à Ajaccio ;

Déclarèrent connaître le premier depuis longtemps, et le second depuis son enfance, Joseph Napoléon ; dirent qu'il *était né à Ajaccio*, qu'il avait *environ 25 ans*, qu'il n'était pas marié et qu'il était *logé à Marseille, à l'hôtel de Brutus*.

« L'enquête fut signée : Coti, Zerbi, Moresco, Stefano, Juvi et Buonaparte. »

Mais il existe une autre pièce également curieuse et antérieure à la précédente. Celle-là est destinée à

---

1. Ce Pietro Zerbi était le député de la corporative des cordonniers qui avait déjà signé en 1789 la protestation de Napoléon Bonaparte et s'était montré l'un de ses fidèles partisans.

servir d'extrait de baptême [1]. Elle est datée de Toulon, du 13 mai 1794.

Pour servir d'extrait de baptême

LIBERTÉ   ÉGALITÉ   FRATERNITÉ

Les *citoyens* soussignés patriotes réfugiés du département de Corse certifient que *la ville d'Ajaccio* où est domicilié le *citoyen* Joseph Buonaparte est au pouvoir des rebelles ;

« *Qu'ayant dû la quitter, il ne peut point en tirer son extrait de baptême.*

Ils déclarent avec serment qu'il est à leur connaissance que *dès 1790*, il occupait déjà des places administratives, et ils sont *convaincus* qu'il a plus de 25 ans, et qu'il est le fils de Charles Buonaparte et Marie Ramolino d'Ajaccio, district du même département de Corse.

« Fait au Port-la-Montagne (Toulon), le 24 floréal, l'an second de la République française une et indivisible.

Signés à l'original :

JEAN-BAPTISTE CERVONI[2], général de brigade ;
JOSEPH ARENA, adjudant-général, chef de brigade ;
HORACE SEBASTIANI[3], adjoint aux adjudants-généraux ;
HENRI LECA, commissaire des guerres ;

---

1. Mss. Archives de la guerre.
2. Ce *Jean-Baptiste Cervoni* est né en 1768 à Socria, en Sardaigne. Il s'engagea comme simple soldat dans Royal Corse, devint général de division et fut tué à la bataille d'Eckmühl, en 1809.
Son père avait émigré avec Clemente Paoli, en 1769. Il devint l'un des fidèles de Pache.
Cervoni et *Leca* sont parents et amis intimes de la famille. Ils ont été les compagnons de Bonaparte à Ajaccio.
3. *Sebastiani* (François, Horace, Bastien, comte), maréchal de France, né le 10 novembre 1772, à la Porta d'Ampugnani, mort le 20 juillet 1851, à Paris.

Manou, enseigne entretenu ;
Antoine Robaglia, adjoint ;
Poti, procureur-syndic du district d'Ajaccio.

Vu par les représentants du peuple.
Salicetti, Moltedo, X... (Illisible.)

Pour copie conforme :

Le commissaire ordonnateur, chargé en chef des services à l'inscription maritime.

Chauvet.

Voilà donc une série de personnages, de conditions diverses, qui connaissent depuis longtemps Joseph et qui certifient l'exactitude de sa naissance à Ajaccio. Cette attestation, faite en toute liberté, est signée par Joseph lui-même. Or, à une pareille époque, quel intérêt pouvait avoir Joseph à cacher la vérité ? Il lui eût été tout aussi facile de dire qu'il était né à Corte qu'à Ajaccio. Enfin, pourquoi le silence gardé dans les *Mémoires du roi Joseph* sur des documents dont il était si simple de prendre communication ?

Mais ces pièces ne sont pas les seules preuves d'une substitution d'acte de naissance entre les deux enfants. L'acte de mariage de Napoléon Bonaparte permet de conclure dans le même sens. On y lit en effet[1] :

« Deuxième arrondissement municipal du canton
« de Paris, du dix-neuvième jour du mois de Ventôse
« an IV de la république Française. »

« ..... Moi, Charles Théodore François Leclercq,
« officier public de l'état civil du deuxième arrondis-
« sement du canton de Paris, après avoir fait lecture
« en présence des parties et témoins :

---

1. Voir pièces à l'appui.

« 1° De l'acte de naissance de Napoléon Bonaparte
« qui constate qu'il est né le *cinq février mil sept cent*
« *soixante-huit* de légitime mariage de Charles Bona-
« parte et de Lætitia Ramolino..... »

Cet acte ne serait donc que la copie mal faite de celui daté de 1782 qui se trouvait alors au ministère de la guerre.

D'autre part, dans sa lettre à Paoli, datée d'Auxonne, le 12 juin 1789[1], Bonaparte dit formellement: « *Je naquis quand la patrie périssait.* Trente
« mille français *vomis sur nos côtes*, noyant le trône
« de la liberté dans les flots de sang, tel fut le spec-
« tacle *odieux qui vint le premier frapper mes regards.*
« *Les cris du mourant, les gémissements de l'oprimé, les*
« *larmes du désespoir environnèrent mon berceau dès*
« *ma naissance...* » Or, s'il était né, le 15 août 1769, plusieurs mois après la pacification, il n'aurait pu entendre les derniers cris des combattants. Né, le 7 janvier 1768, à Corte, il était au contraire parfaitement en droit de parler de cette impression première de l'extrême enfance.

Tout compte fait, on trouve donc cinq pièces témoignant de la naissance de Napoléon à Corte, le 7 janvier 1768, et une seule fixant la date au 15 août 1769.

Mais il est d'autres raisons qui militent pour la première de ces hypothèses. Celles-là sont du domaine de la discussion. Elles sont sérieuses. La délicatesse des procédés est un sentiment inconnu à la famille Bonaparte. Substitution d'actes, production de certi-

---

1. Voir la lettre complète au chapitre XI (Bonaparte à Auxonne, en 1789.

ficats inexacts, états de service erronés, sont pour Bonaparte, Joseph et Louis, choses sans conséquences. Qui veut la fin veut les moyens, paraît-il. Or,

« Ce que les fils ont fait, le père l'a pu faire. »

Dans un autre ordre d'idées, le soin avec lequel les Bonaparte, une fois au pouvoir, ont fait disparaître de Marseille, d'Ajaccio, de Bastia et de Corte, tous les papiers les concernant, est une charge assez grave. La suppression de certains feuillets du registre des naissances de la paroisse d'Ajaccio, l'introduction dans les archives de la pièce irrégulière relative à Joseph, l'attention de la commission chargée de la publication de la correspondance à ne la commencer qu'au siège de Toulon, à négliger nombre de pièces intéressantes et à ne faire précéder cet ouvrage d'aucune notice bibliographique, comme cela s'est fait pour Colbert, Richelieu ou Mazarin, ne font que confirmer cette appréciation.

« On ne tient à celer qu'un passé sans honneur. »

Mais admettons que la substitution ait eu lieu. Dans quel but? dira-t-on. Une pareille supercherie ne se tente pas sans cause. Où est l'intérêt? Est-ce, comme on l'a prétendu, pour faire que Napoléon soit né après l'annexion et lui faciliter ainsi l'accès des emplois du gouvernement? L'assertion n'est pas sérieuse. Par le seul fait de la soumission à la France, tous les Corses avaient acquis les mêmes droits aux postes et emplois, quelle que fût la date de leur naissance.

Une seule raison plausible peut être alléguée pour

expliquer cette mutation. La voici : Charles Bonaparte, comme nous aurons l'occasion de le voir, était dans une situation de fortune des plus précaires, et, qui plus est, un solliciteur infatigable.

Sur les conseils du gouverneur de l'île, il demanda pour ses fils la faveur d'une admission gratuite dans les écoles militaires. L'une des conditions rigoureusement requises était de n'avoir pas dix années révolues au moment de la réception.

En juin 1788, on peut lire, en effet, en marge de la supplique de madame de Bonaparte s'adressant au *cœur sensible et vertueux* du ministre pour faire entrer à Brienne son quatrième garçon, Louis : « madame « de Buonaparte a écrit une semblable lettre à M. de « Timbrune, qui lui a répondu que son fils ayant « passé l'âge de concourir, il ne pouvait plus être « proposé de nouveau. » Or, Louis étant né le 2 septembre 1778 aurait eu effectivement dix ans au mois d'octobre 1788, date de la rentrée des classes.

En 1768, le même fait s'était présenté. Un seul des jeunes gens se trouvait dans les limites d'âge voulues, celui venu au monde le 15 août 1769. De ces deux enfants, Napoléon et Joseph, le second était loin de montrer des dispositions guerrières. Doux et tranquille, il était destiné à l'état ecclésiastique, tandis que l'aîné, batailleur, ardent, entier de caractère, présentait toutes les qualités souhaitées à cette époque pour un marin. Mais il avait dépassé l'âge. Pour le faire accepter, on aurait donc songé à lui attribuer l'acte de naissance de son frère ou tout au moins à profiter de l'ambiguïté des prénoms, résultant de la précipitation avec laquelle les actes de notoriété avaient été établis, pendant les évènements douloureux de 1768. A beau mentir qui vient de loin, dit le proverbe, et en l'an de grâce 1778, la Corse n'était qu'une colonie nouvelle et peu connue. En conduisant les deux enfants en France, le 15 décembre 1778, en plaçant l'un à Brienne et laissant l'autre à Autun, leur père se trouvait en droit de supposer que personne ne serait en mesure de s'apercevoir de cette petite combinaison de famille? Qui, d'ailleurs, aurait intérêt à la signaler? Cette explication, est-elle la bonne? Nous la donnons pour ce qu'elle vaut. Comme nous le disions plus haut, elle importe peu. Que Bonaparte soit né à une date ou à une autre, il n'est pas moins devenu l'homme célèbre dont nous étudions la vie et c'est de celui-là seul que nous avons à nous occuper.

Tout du reste est étrange dans cette personnalité. Nom et prénoms ont également leurs variations.

Napoléon n'est pas un nom de saint. Du moins, le *Martyrologe universel*[1] ne le mentionne pas. Le seul qui s'en rapproche et que cite l'auteur des *Acta Sanctorum* et le *Martyrologe*[2], est *saint Néopole*.

Saint Néopole, dont le nom a deux formes latines, *Neopolus* et *Neopolis*, est en effet un des martyrs consacrés par l'Église. Il serait mort dans la prison d'Alexandrie, avec saint Saturnin, saint Germain et saint Célestin. De Néopole, a-t-on fait plus tard Napoleone? nous l'ignorons. Ce qui est certain, c'est que les différents actes se rapportant à la vie de Buonaparte attribuent à ce prénom une orthographe différente. Dans la pièce de 1782, visée par Gaffori et

---

1. In-4°, 1719. (*Dictionnaire historique de Jal.*)
2. P. 211.

Adriani, on lit : *Napulione*. Celle signée par Stefanopoli porte *Napoleone*. Le document publié par Read indique *Napolœone*. L'acte de mariage marque *Napolione*. Enfin sur la colonne Vendôme, on voit :

« *Neapolio. imp. aug. monumentum. belli. germanici anno. MDCCCV. trimestri. spatio. ductu. suo. profligati. ex. ære. capto. gloriæ. exercitus. magni. dicavit.*

Donc, autant de pièces, autant de manières d'orthographier ce prénom qui se prononçait *Napouilloné*, d'où le surnom de la *Paille-au-nez* que donnèrent à Bonaparte ses condisciples d'Autun et de Brienne. Or, il en est du nom comme des prénoms. Tout se modifie chez lui suivant le temps et les circonstances.

Le noble *de Buonaparté* de la royauté devient le *Buonaparté* de la république, jusqu'à ce qu'il soit le *Bonaparte* de la campagne d'Italie et le *Napoléon* de l'empire. Ces métamorphoses dans les appellations correspondent à celles qu'ont subies son écriture et sa vie politique. De sa sortie de l'école au moment où il devient général en second de l'armée de l'intérieur, Bonaparte rédige ses travaux dans un style et avec une orthographe des plus fantaisistes; mais si ses fautes de français sont aussi nombreuses que celles commises par sa sœur Elisa, tout au moins sont-elles lisibles. Du jour où il se trouve participer à la direction des affaires publiques, son écriture devient hiéroglyphique. Il semble vouloir cacher ses erreurs sous l'incorrection extrême de la calligraphie.

Sa ligne politique subit des transformations analogues :

Serviteur du roi, autant qu'un Corse peut l'être, de 1779 à 1789;

Révolutionnaire et Corse, ennemi de la France, du 12 juin 1789 au 24 juin 1793;

Révolutionnaire toujours, mais à la solde de la Convention, du 24 juin 1793 au 13 Vendémiaire an III;

Presque Français, avec des arrière-pensées d'autonomie, depuis son départ pour l'Italie jusqu'à son retour d'Egypte;

Français, de l'heure de son débarquement à Fréjus jusqu'au sacre;

Cosmopolite, du jour du sacre jusqu'à sa chute;

Français à Sainte-Hélène, pour les besoins de sa cause et de la légende, telles sont, en réalité, les modifications successives qu'ont subies les idées et les opinions de cet homme étrange.

CHAPITRE IV

L'ENFANCE DE BONAPARTE EN CORSE

15 AOUT 1769. — 15 DÉCEMBRE 1779.

Organisation de la conquête. — Opinion de Paoli sur la situation de l'île de Corse (1776). — Charles Bonaparte se déclare fervent partisan de la domination française. — Ses démarches pour l'obtention de son titre de noblesse. — La succession Odone. — Nomination de Charles Bonaparte à la commission des douze gentilshommes. — Naissance de Marie-Anne Bonaparte (1771). — Naissance de Lucien Bonaparte (1775). — Enfance de Napoléon. — Démarches de Charles pour faire entrer ses fils dans les écoles du gouvernement. — Sa nomination de député de la noblesse de Corse (8 juin 1777). — Naissance de Louis Bonaparte (2 septembre 1778). — M. le comte de Marbeuf et la femme de l'intendant de Corse, M. de Boucheporn, sont le parrain et la marraine du futur roi de Hollande. — Départ pour la France de Charles et de ses deux fils, Joseph et Napoléon, le 15 décembre 1778[1].

Le premier soin des vainqueurs avait été d'organiser leur nouvelle conquête de manière à rendre tout acte d'indépendance désormais impossible.

Les troupes une fois réparties dans l'île, de Bas-

---

1. *Principaux événements de 1769 à 1779.* — (1771) Exil du Parlement. — (1772) Commencement de l'insurrection américaine. — Révolution de Copenhague. — Révolution de Stockholm. — Démembrement de la Pologne. — (1773) Suppression des jésuites par Clément XIV. — (10 mai 1774) Mort de Louis XV. — (1774) Affranchissement des serfs des terres domaniales. — (1775) Émeute dans Paris. — Malesherbes, Saint-Germain, Turgot, Necker. — (4 juillet 1776) Déclaration d'indépendance des États-Unis. — (30 mai 1778) Mort de Voltaire. — (1778) Guerre avec l'Angleterre. — Combat naval d'Ouessant.

tia à Porto-Vecchio, de Calvi à Bonifacio, on s'était empressé de procéder au désarmement général. Cela fait, on avait recherché et arrêté, comme accusés de rébellion contre sa majesté très chrétienne, ceux d'entre les notables Corses qui, à l'exemple de Paoli, ne s'étaient pas décidés à s'expatrier de bonne volonté.

Ceux-là furent bel et bien jugés, condamnés et fusillés ou tout au moins jetés dans les prisons de Toulon, où ils eurent à subir les plus mauvais traitements. Le comte de Narbonne et le général de Sionville se distinguèrent dans cette chasse à l'homme, qui fut souvent sans succès, car le nombre des réfractaires à l'autorité royale devint de plus en plus considérable. En 1774, malgré les sept mille cinq cents hommes de garnison, on comptait en effet[1] plus de deux cents Corses cachés dans les makis, à la suite d'assassinats commis sur les agents royaux.

La tranquillité matérielle à peu près établie, on appliqua à la Corse le système administratif en usage en France dans les pays d'état. L'île eut un gouverneur général honoraire, le ministre de la guerre; un lieutenant général commandant en chef; un conseil supérieur avec un maître des requêtes, M. Chardon[2], comme président, et un avocat procureur général, M. Nicolas Coster, conseiller du roi en ses conseils; enfin M. François-Nicolas de la Guillaumye, comme intendant de justice, police, finances,

---

1. Mss. Archives guerre. En 1772, on comptait cent dix-huit bandits, dont douze à Rocca et à Porto-Vecchio, deux dans le district d'Ampugnani et six dans celui de Bonifacio.

2. M. Chardon eut pour successeur, le 9 avril 1775, M. Bertrand de Boucheporn.

fortifications et vivres auprès de ses troupes, et commissaire départi de sa Majesté pour l'exécution de ses ordres et pour l'administration générale des étangs de salubrité, ordonnateur, conservateur et réformateur général des bois. Elle fut aussi dotée de cinq commissaires ordinaires des guerres[1] et de onze juridictions : Bastia, Corte, La Porta d'Ampugnani, Cap Corse, Nebbio, Calvi, Vico, Ajaccio, Sartène, Bonifacio et Aleria.

Elle eut également quatre tribunaux ou *Juntes*, destinés à régler les affaires de police intérieure. Les membres de ces juntes étaient, en partie, choisis parmi les insulaires. De leur côté, les villes conservèrent leurs municipalités. Juntes et municipalités étaient soumises à la juridiction supérieure et à la surveillance de délégués de l'autorité royale portant le nom de commissaires du roi.

En somme, l'île jouissait d'une sorte d'autonomie administrative, sur laquelle venait se greffer le mécanisme gouvernemental établi en France.

Pour compléter ce système, on songea à gratifier la nouvelle province de l'organisation sociale de la métropole. Or, faire adopter le principe de l'inégalité des classes, dans un pays où les grandes propriétés n'existaient pas, où la division de la terre était extrême, n'était pas chose aisée à réaliser. Cette combinaison tenait pourtant à cœur aux conquérants et surtout à ceux des Corses qui comptaient bien, grâce à leur trahison, recueillir les dépouilles des bannis et

---

1. Les cinq commissaires étaient : MM. Blanchard, Gressier de la Grave, Hullin de Champeroux, Millin de Grandmaison, Pasdeloup et Paulain.

recevoir les faveurs dont on ne manquerait pas de faire une large distribution. Ainsi donc, préparer l'antagonisme entre les villes et les campagnes, favoriser les citadins, leur donner tous les emplois, créer de toutes pièces une aristocratie, combler ses membres de grâces et de pensions, en un mot, diviser pour régner, tel fut le programme des représentants de l'autorité nouvelle.

Quelques Corses, comme M. de Buttafuoco, allaient même plus loin dans leurs prétentions. Ils réclamaient l'installation de grands fiefs, dont ils auraient été les titulaires. Ce Buttafuoco, du reste, n'eut pas à se plaindre de la générosité de ses nouveaux maîtres. Le 1er octobre 1769, il fut autorisé à former un régiment de son nom; plus tard, il devint inspecteur du régiment provincial de l'île de Corse[1]. Quatre ans après, il était fait comte, puis maréchal de camp. Il recevait enfin, à titre d'indemnité, des propriétés importantes. Les Casabianca, les Ornano et plusieurs autres familles furent tout aussi bien partagées. Dans cet ordre d'idées on institua en 1770 la commission, dite *des douze*. Cette commission se composait de douze gentilshommes Corses dont les fonctions consistaient à surveiller la répartition de l'impôt foncier, fonctions toutes nominales, les titulaires ayant eu soin d'abandonner aux

---

[1]. L'inspection avait été créée par ordonnance du 23 août 1772. Le costume du régiment provincial était ainsi composé : veste brune à capuchon, basques de devant relevées et agrafées, gilet blanc, ceinture à la corse, guêtres de peau jaune, chapeau corse relevé d'un côté, boutons blancs, armement corso.

En 1786, le capuchon fut supprimé; le gilet et les revers furent verts.

intendants les droits qu'ils devaient tenir de leurs concitoyens.

De ce jour, la pacification de l'île parut prochaine et complète. Seuls, il est vrai, les paolistes résidant à l'étranger se trouvaient encore en rapports constants avec ceux de leurs partisans restés dans l'île. Cette connivence secrète, entretenue à l'aide de l'argent anglais, n'était pas sans inquiéter le gouvernement, qui voyait déjà poindre à l'horizon la possibilité d'une nouvelle lutte maritime avec sa puissante voisine. Aussi ce dernier fit-il toutes sortes de tentatives pour essayer de rattacher Paoli à la cause française.

Un officier de mérite, M. de Valcroissant, fut chargé de sonder les intentions du chef Corse, de lui faire des offres sérieuses et de lui montrer les grands avantages que certains de ses compatriotes avaient retirés de leur adhésion à l'état de choses nouveau. Ces démarches restèrent sans résultat. En 1776, M. le comte de Saint-Germain les fit renouveler. Dans ce but il envoya un abbé Corse, M. Benedetti. Cet agent avait mission de s'aboucher avec Paoli, et de traiter au besoin avec lui. Il quitta Paris dans la nuit du lundi 23 septembre, vint à Londres, et fut introduit auprès du général par son secrétaire, l'abbé Antonio Francesco Andrei. Il se présentait au nom d'un ami commun, l'évêque d'Aléria. La réponse de Paoli est assez curieuse pour mériter qu'on en donne des extraits[1].

« J'ai répondu à M. de Valcroissant, venu ici différentes

---

1. Mss. Archives de la guerre.

fois, que les grâces ne pouvaient s'allier avec mon honneur, puisque je les avais refusées lorsque j'étais à la tête de la nation ; que les ayant refusées alors, à plus forte raison je devais les refuser à présent, puisque je serais regardé comme un homme vénal et ambitieux. Il ne me convient donc pas de m'avancer par le moyen du sang de mes compatriotes, d'autant plus que je ne vois pas que ma nation ait lieu d'être contente de la manière dont elle est gouvernée. Mais lorsque j'apprendrai qu'elle sera heureuse, je n'hésiterai pas un moment à m'unir à elle. Vous voyez bien vous-même que je ne dois pas faire autrement en bonne conscience. Lorsque je fus fait général, je jurai de procurer à ma patrie les plus grands avantages qu'il me serait possible. Je suis toujours dans le même sentiment. Ce que je vous dis est si vrai, que si je mettais ma cause dans les mains de M. le comte de Saint-Germain, ce ministre si sage et qui connaît si bien les lois de l'honneur, je suis assuré qu'il m'approuverait... Les Corses ont raison d'estimer mieux d'être sujets du roi de France que de quelque autre puissance que ce soit. Mais ce que je veux dire, c'est que les Corses soient libres et non sujets. C'était une simple assistance que je demandais aux Français et non pas qu'ils devinssent maîtres de la Corse... Cette domination d'ailleurs, est douteuse, si l'on considère le naturel des Corses, toujours prêts à la révolte, et naturellement intolérants de toute espèce de sujétion étrangère, surtout depuis qu'ils ont goûté les fruits et les avantages de la liberté... douteuse, à cause de l'envie, de la jalousie qu'engendrent dans le peuple la distinction des sujets, que la nation verra sous un gouvernement monarchique, ainsi que les honneurs et les distinctions accordés à des personnes qui ne jouissent d'aucun crédit auprès des Corses. Par exemple, quelle plus grande injure pouvait-on faire en Corse que celle d'accorder à Buttafuoco le droit exclusif de chasse dans sa propre *piéve*, quoi de plus capable de révolter l'âme, même des personnes les plus tranquilles et les plus pacifiques de la nation, que de mettre un Corse en possession du bien d'un patriote, comme s'en flatte Casabianca...

« ...Ces mêmes Corses ambitieux qui demandent à présent à la Cour des grâces injurieuses à la liberté de la nation, seront faciles à se laisser conduire, et les premiers, conservant toujours une âme vénale, seront prêts à se déclarer pour la révolte...

« Je maintiens toujours mes anciennes demandes[1]...

« Je puis vous assurer que si le roi ne change pas le commandant actuel, plus il restera, plus les Corses seront mécontents... Je connais le comte de Marbeuf, je l'ai assez pratiqué pour savoir qu'il n'a aucune des qualités propres à gouverner cette nation ; et puis je suis assez riche pour attirer quand je le voudrai tous ceux qu'il a cherché à s'attacher...

« Nicodème Pasqualini alla en Corse en 1774, sans ma participation, quoiqu'on le crût... Les mêmes protégés de M. de Marbeuf écrivirent à mon frère (Clemente Paoli) et ménagèrent cette intrigue avec les réfugiés en Toscane... Casabianca comme colonel du régiment provincial est à ma dévotion secrète... Si je m'en sers, c'est qu'en méprisant le traître, il est avantageux de profiter de la trahison, quand l'occasion favorable sera arrivée... »

Ainsi donc, en 1776, la Corse était tranquille, sinon française. Paoli et les siens comptaient sur les événements pour recommencer la lutte. Ils témoignaient le plus profond mépris pour ceux de leurs compatriotes qui s'étaient laissés prendre aux promesses du gouvernement. Ce sentiment est des plus naturels, et ce qui s'est passé en Alsace-Lorraine, dans ces dernières années, peut nous servir de criterium du juge-

1. Voir la conquête de la Corse et les propositions de M. Paoli, en 1761.

ment à porter sur ceux qui acceptent ces compromis honteux. Or, dans cette chasse aux emplois et aux honneurs, Charles Bonaparte s'est montré l'un des Corses les plus opiniâtres et les plus favorisés. C'est pourquoi, après s'être fait confirmer dans ses fonctions d'assesseur[1] à la *junte* d'Ajaccio, il avait immédiatement songé à profiter des titres de noblesse dont son père avait été gratifié, pour obtenir les grâces du gouverneur et faire partie de la fameuse commission des douze gentilshommes, dont on annonçait à grand bruit la prochaine installation. En dehors des droits aux exemptions de certaines charges municipales que devait entraîner le titre de membre de la noblesse corse, un intérêt plus grand encore l'excitait à toutes ces démarches, celui du procès Odone. Ses compétiteurs, les Jésuites, étaient expulsés de France ; il avait donc tout lieu de croire qu'il serait plus facilement réintégré dans les biens de son grand-père maternel. Dès le 30 novembre 1769[2], en effet, il réclamait de l'archevêque de Pise des lettres patentes de noblesse. Il les obtenait l'année suivante[3] et, tout aussitôt, se mettait en instance auprès du conseil supérieur de Corse pour en recevoir une déclaration officielle.

Cette notification lui fut faite, par arrêt du 13 septembre 1771. L'année suivante, grâce à l'appui de M. le comte de Marbeuf, qui s'était fait son protecteur

---

1. Conseiller d'un juge d'épée. Les tribunaux appelés bailliages, présidés par les lieutenants généraux des baillis, existèrent jusqu'en 1789. Ils jugeaient seuls des procès civils de la noblesse et du clergé.
2. Mss. Archives nationales, armoire de fer.
3. Novembre 1770.

intéressé, il était nommé membre de la fameuse commission. Dès lors, il se crut un personnage en passe d'arriver rapidement à la fortune[1] et de terminer l'affaire de la succession.

Cette question, vitale, pour la famille, venait de se compliquer de la façon la plus fâcheuse. La conquête, en effet, avait eu pour premier résultat d'obliger les Jésuites à quitter l'île. Les terrains et les bâtiments que les bons pères y possédaient et qu'ils avaient acquis de si commode façon, étaient devenus propriété de l'État français. Les bâtiments avaient été affectés à l'instruction publique, les biens fonciers mis sous séquestre et confiés aux soins des économes de l'Université. Charles Bonaparte essaya bien de démontrer que l'utilité d'une pareille affectation n'empêchait pas le vice de l'acquêt. Rien n'y fit. Or, commencer un nouveau procès avec des gens disposés à plaider aux frais de l'État, c'était s'exposer à un conflit interminable et onéreux. Il y renonça et se décida à réclamer, sinon une indemnité, tout au moins une compensation proportionnée à la privation desdits biens. Mais, dans cette lutte nouvelle, il allait se heurter contre des difficultés d'un autre genre, l'inertie d'une administration qui avait intérêt à maintenir un statu quo avantageux à ceux de ses membres chargés de la gestion de cette fortune.

D'ailleurs, avec ces démarches et ces allées et venues perpétuelles, les ressources diminuaient sensi-

---

1. Il fut du petit nombre des Ajacciens qui, en 1772, eurent l'autorisation d'avoir des armes chez eux (Mss. Archives de la guerre). Sur la liste des personnes autorisées, on lit les noms de : Pietro Maria Peraldi, intendant de la santé, Nicolas-Louis

blement, tandis que les charges de famille ne faisaient qu'augmenter. Le 14 juillet 1771[1] un cinquième enfant lui était né, Marie-Anne Bonaparte ; en 1773, un sixième, et le 21 mars 1775, un septième, Lucien Bonaparte[2]. Sur les sept, cinq vivaient au commencement de l'année 1776, et Madame Lætitia se trouvait encore enceinte. L'avenir s'annonçait donc assez triste, malgré tous les honneurs dont Charles se voyait comblé, honneurs coûteux, il est vrai, qui ne lui avaient rapporté, pour le moment, que des déboires et des pertes d'argent. Ce fut alors que M. de Marbeuf lui conseilla de profiter de sa situation de famille pour solliciter, en faveur de ses deux aînés, des places gratuites dans les écoles du gouvernement. Il y avait tous les droits. De l'un de ses fils on pourrait faire un marin, de l'autre et de Joseph Fesch, des ecclésiastiques.

Charles revint à Ajaccio avec ce nouveau projet en tête. On en parla longuement dans le ménage. En définitive, on se décida à suivre l'avis du protecteur et à formuler une demande collective.

Les enfants présentaient des différences considérables de caractère et d'aptitudes. Joseph Bonaparte et Joseph Fesch étaient timides et doux. Napoléon, au contraire, maigre, laid, criard et colère, mettait tout

---

Paravicini, Antonio Colonna Ornano, François Bacciochi et ses deux fils, *Carlo Buonaparte*, assesseur de la justice, pour sûreté et voyage (n° 11).

1. Mss. Archives corses. Acte de naissance de Marie-Pauline. — Voir les pièces à l'appui. (Cette pièce existe en italien aux archives de Corse.)

2. Mss. Archives corses. Acte de naissance de Lucien (voir les pièces à l'appui). Le grand-oncle, le nouvel archidiacre d'Ajaccio, fut parrain.

en désordre dans la maison maternelle. « Rien ne
« m'imposait, a dit lui-même Bonaparte à Sainte-
« Hélène. Je ne craignais personne. Je battais l'un,
« j'égratignais l'autre; je me rendais redoutable à
« tous. Mon frère Joseph était battu, mordu, et j'avais
« porté plainte contre lui, quand il commençait à
« peine à se reconnaître. Bien m'en prenait d'être
« alerte; maman Lœtitia eût réprimé mon humeur
« belliqueuse; elle n'eût pas souffert mes algarades.
« Sa tendresse était sévère; elle punissait, récompen-
« sait indistinctement; le bien, le mal, elle nous
« comptait tout. Mon père, homme éclairé, mais trop
« ami du plaisir pour s'occuper de notre enfance,
« cherchait quelquefois à excuser nos fautes. » Dans
de pareilles conditions, on comprendra ce que dut
être son éducation première. « Elle fut pitoyable,
« comme tout ce que l'on faisait en Corse, » a dit
également Bonaparte.

Il avait bien reçu des leçons d'italien dans un pensionnat de petites filles, appris quelques phrases de l'histoire sainte et du catéchisme chez le grand-oncle Lucien, tracé les premières lettres de l'alphabet avec le secours de l'oncle Fesch, mais c'était tout. Sa mère se trouvait hors d'état de lui donner les notions de quoi que ce fût. C'était déjà péniblement qu'avec l'aide de dame Ilaria la nourrice, de dame Saveria la femme de charge et de la tante Mannuccia, elle pouvait mettre un peu d'ordre dans la maison. De français, le jeune Bonaparte n'en savait pas un mot. Toujours dehors, les chausses défaites, les cheveux en l'air, le nez au vent, il préférait de beaucoup au foyer maternel la société du pâtre Bagnoli et celle des marins corses.

Ce fut le 13 juin 1776 que Charles Bonaparte se fit délivrer, par les soins de l'intendant M. Demetrio Stefanopoli[1], les actes de naissance nécessaires à la rédaction de sa supplique. Le 1ᵉʳ juillet, il l'adressait au gouverneur. Cette demande, malheureusement, n'était pas faite dans la forme voulue. Elle dut être plusieurs fois modifiée et complétée. Ce qu'on réclamait principalement, c'étaient les preuves de quatre degrés de noblesse de père. Mais les pièces probantes se trouvaient éparpillées un peu partout, en Corse et en Toscane. Il fallait les faire rechercher, copier, homologuer. Tout cela exigeait du temps, beaucoup de temps. Or, à ce moment, on se préoccupait beaucoup de l'idée qu'avait émise le nouveau contrôleur général, M. Necker, de faire nommer à l'élection les délégués des trois ordres, chargés de la répartition de l'impôt ordinaire ainsi que du vote de l'impôt extraordinaire. En Corse, c'était mettre fin aux pouvoirs de cette commission des Douze, commission qui n'avait été, en réalité, que l'humble servante de l'intendant. Ce changement répondait précisément au désir de M. Necker d'annihiler les états provinciaux, les assemblées du clergé et l'omnipotence des intendants. En Corse, on ne réussit qu'à déplacer l'influence.

Gouverneur et intendant s'entendirent, en effet, pour ne faire arriver comme députés que des gens sans initiative. Paul Casabianca, déjà dévoué à la cause française, fut nommé député du tiers ; Mgr Santini, l'évêque de Nebbio, le plus pauvre de l'île, fut l'élu du clergé. Pour Charles Bonaparte,

---

1. Mss. Archives de la guerre. — Acte certifié par le subdélégué de la province, Ponte, le 25 juin 1776.

c'était un solliciteur; il était besogneux, vaniteux et ambitieux, son choix était tout indiqué. On lui proposa de représenter la noblesse; il accepta. Le 8 juin, il était nommé député. Régler en maître les intérêts de ses concitoyens, aller à Versailles, à la cour, être présenté au roi de France, c'était un rêve, un beau rêve. Sa réalisation devait entraîner bien des dépenses. Mais que de compensations, que d'avantages ne faisait-on pas briller à ses yeux! De ce jour, on ne jura plus dans la famille que par le comte de Marbeuf et par M. de Boucheporn. Aussi, quand le comte revint en Corse avec le titre de gouverneur général, les trois ordres s'empressèrent-ils, sur la proposition de Charles Bonaparte, de voter l'inscription d'une légende commémorative sur une grande table de marbre appliquée à la façade du palais des Douze :

« A Louis Charles René, comte de Marbeuf, chevalier commandeur de l'ordre de St-Louis, lieutenant-général en chef des troupes françaises, gouverneur suprême de la Corse, président des États, homme très distingué par la sagesse, la justice, la prudence, en reconnaissance de ses libéralités envers l'île entière, et, pour en laisser un souvenir solennel, tous les ordres de l'île, tous les hommes recommandables et ceux qui se sont réjouis du retour d'un homme qui a si bien mérité de leur pays, ont eu soin de faire graver, sur le marbre, les sentiments d'amour qui, depuis longtemps, étaient gravés dans leur cœur. »

« Mais au gré des mortels la faveur est changeante. »

Douze années plus tard, la fameuse inscription faisait place à cette autre :

« La Corse, aujourd'hui heureuse et libre, pour rendre

hommage à la vérité, a détruit le monument érigé par l'imposture et l'adulation, en l'honneur d'un tyran qui avait fait peser sur elle le joug du malheur. »

Imposture et adulation, ces deux expressions sont dures, surtout pour Charles Bonaparte, qui pouvait pourtant invoquer, comme circonstances atténuantes de son manque de patriotisme, les besoins incessants de sa nombreuse famille. Sa fille Marie-Anne, celle née en 1771, venait de mourir. Une autre l'avait immédiatement remplacée (3 janvier 1777[1]). On lui avait donné les mêmes prénoms, et l'année n'était pas écoulée que tout faisait présager l'arrivée d'un nouvel héritier. Il fallait donc aviser à tout prix, pour faire face à ces charges, si l'on voulait que les enfants reçussent une éducation en rapport avec les dignités dont le père était revêtu, et méritassent les grâces royales.

Aussi la nouvelle de l'admission gratuite de l'un des fils à l'École militaire de Brienne fut-elle accueillie avec joie ; mais cette faveur concernait celui des deux jeunes gens né le 15 août 1769. L'idée vint-elle alors au père de substituer l'un d'eux à l'autre et de faire profiter l'aîné de la grâce accordée au second ? Comme nous l'avons dit, l'affirmation est impossible.

Ce qui est certain, c'est que l'embarras de Charles Bonaparte était grand. D'après la lettre d'avis, il devait présenter en personne ses preuves de noblesse à M. d'Hozier de Sérigny, puis conduire à Brienne le jeune homme muni d'un trousseau et suffisamment versé dans la langue française pour écrire et lire couram-

---

1. Mss. Archives de la Corse.

ment dans cet idiome. Or voyage et trousseau constituaient des dépenses bien fortes pour Charles déjà très obéré. D'autre part, on parlait de l'envoi prochain à Versailles des députés des trois ordres et de leur présentation à la cour. Pour comble d'ennui, Charles, en qualité de représentant de la noblesse, s'était vu dans l'obligation de faire honneur à sa nouvelle dignité. Il avait dû recevoir les autorités. Il avait même cru devoir solliciter le gouverneur général d'être le parrain du nouveau-né.

Celui-ci s'était empressé d'accepter. Le 24 septembre 1778, M. le comte de Marbeuf, marquis de Carghèse et Son Excellence, madame Barbara de Boucheporn, femme de l'intendant[1], daignèrent donc tenir sur les fonts baptismaux le futur roi de Hollande, Louis de Buonaparte[2]. L'événement fit beaucoup de bruit dans Ajaccio. Les partisans de la France n'étaient pas nombreux dans la famille. L'archidiacre Lucien, les Levie, les Leca ne parurent pas le jour du baptême. Seuls, le procureur du roi M. Giubega, les Fesch, les Bacciochi, les Costa et les Paravicini furent présents à la cérémonie et aux fêtes qui s'en suivirent.

Charles était dans le ravissement. Monseigneur venait de lui annoncer le succès de toutes ses demandes. Joseph Fesch[3] était nommé à l'une des

---

1. *Boucheporn* (Claude-François-Bertrand de), né à Metz le 1 novembre 1741, exécuté en 1794, à Toulouse. Connu par le procès de M. de Valdahon et de mademoiselle de Monnier. — Intendant de Corse en 1775. — intendant de la généralité de Pau et de Bayonne le 4 mai 1785.
2. Mss. Archives de la guerre. — Voir pièces à l'appui.
Louis Buonaparte, né à Ajaccio, le 2 septembre 1778.
3. Vingt jeunes Corses étaient admis gratuitement au sémi-

places gratuites du grand séminaire d'Aix. Varese[1], le cousin de sa femme, obtenait un sous-diaconat auprès de l'évêque d'Autun, frère de M. de Marbeuf. On l'assurait enfin de la terminaison prochaine de l'affaire Odone, c'est-à-dire de sa rentrée en possession du domaine de Mellili et de la maison la Badine.

Toutes les grâces survenaient à la fois; mais il fallait partir. L'évêque du Nebbio et M. Casabianca étaient déjà en route pour Versailles.

Le 15 décembre 1778, Charles Bonaparte s'embarquait donc pour Marseille. Il était accompagné de ses deux fils, Napoléon et Joseph, de Joseph Fesch et du cousin, l'abbé Varese. Ce départ fut tout un événement.

C'était, en effet, la première fois que les membres de cette famille des Bonaparte, destinés à errer à travers le monde, en suivant des routes si diverses, allaient se séparer. Et ce jour-là, certes, l'oncle Lucien, madame Lætitia, tante Mannuccia, dame Ilaria, dame Saveria et tous les autres parents et amis, groupés sur le môle d'Ajaccio, ne se doutaient guère que l'enfant pâle et maigre qui, de sa petite main nerveuse, leur adressait des adieux lointains, serait, vingt années plus tard, le maître de cette France où il allait aborder pour la première fois.

---

naire d'Aix. Ils étaient choisis sur une liste de candidats, établie par les soins des États-Généraux de Corse, concurremment avec les cinq évêques de l'île.

1. Cet abbé Varese devint grand-vicaire, puis commissaire des guerres, pendant la révolution.

CHAPITRE V

BONAPARTE A AUTUN

1ᵉʳ JANVIER 1779. — 23 AVRIL 1779.

Arrivée de Bonaparte à Autun. — Le collège d'Autun. — Débuts scolaires de Joseph et de Napoléon. — Différences de leurs caractères. — Conséquences de ces divergences. — Charles Bonaparte à Versailles. — Ses démarches et ses sollicitations pour la succession Odone, la concession d'une pépinière de mûriers et une indemnité pécuniaire, en qualité de député. — Il remet à M. d'Hozier de Sérigny l'inventaire des actes servant à prouver la noblesse de la famille. — Nomination de Napoléon Bonaparte à l'école militaire de Brienne le 28 mars 1779. — Arrivée de Charles Bonaparte à Brienne, le 20 avril 1779. — Arrivée de Napoléon, le 23 avril de la même année.

Charles Bonaparte s'arrêta à Marseille. Il y avait des camarades et des parents dans le Royal-Corse, Pianelli son cousin, Colonna Ornano, Carlotti, Peraldi et Charles Varese, le frère du jeune vicaire qui l'accompagnait.

De Marseille, il se rendit à Aix; y laissa Fesch, puis gagna Autun, où il arriva le 30 décembre 1778.

Charles avait des lettres de recommandation de M. le comte de Marbeuf pour ceux des membres de cette famille habitant la Bourgogne, et particulièrement pour l'évêque d'Autun[1], son frère. Grâce à

---

1. *Marbeuf* (Yves-Alexandre de), frère aîné du général, né à

elles, il comptait faire admettre de suite ses enfants au collège de cette ville et leur procurer ainsi les facilités d'acquérir les connaissances élémentaires nécessaires à l'admission dans les écoles. Autun, d'ailleurs, se trouvait sur la route de Brienne. Il n'y avait donc ni temps perdu ni dépenses inutiles faites.

Les deux enfants y entrèrent, le 1er janvier 1779 au soir.

L'établissement scolaire était installé sur le même pied que les autres institutions de second ordre de cette nature existant en France. On y faisait ses humanités, rien de plus. On y prenait l'enfant dès le bas âge et on le conduisait ainsi par étapes jusqu'à la rhétorique. L'abbé Forien était alors l'un des régents du collège. L'abbé Chardon dirigeait les cours primaires. Ces deux prêtres ont laissé des renseignements intéressants sur leurs élèves.

« ...Napoléon, écrit l'abbé Chardon[1] à l'abbé Forien, apporta à Autun un caractère sombre et pensif. Il ne s'amusait avec personne, se promenait ordinairement seul... Il avait beaucoup de dispositions, comprenait et apprenait facilement. Quand je lui donnais une leçon, il fixait sur moi ses regards avec la bouche béante ; cherchais-je à récapituler ce que je venais de lui dire, il ne m'écoutait plus. Lui faisant des reproches, il me répondait avec un air froid, on pourrait même dire impérieux : Monsieur, je le sais.

« Je ne l'ai eu que trois mois... il a appris le français

Rennes en 1731. Évêque d'Autun le 12 juillet 1767 ; laisse son siège, en 1788, à Mgr de Talleyrand, p "passer à celui de Lyon. Directeur de la feuille des bénéfices. Émigra à Hambourg et y mourut en 1790.

1. Lettre de l'abbé Chardon à l'abbé Forien. — 30 juillet 1823, mss. appartenant à M. Peignot fils.

de manière à faire librement la conversation, de petits thèmes et de petites versions... Au bout de trois mois, je l'embarquai avec un M. de Champeaux pour l'école militaire de Brienne... Joseph avait aussi beaucoup de dispositions. Ne sachant nullement le français à son arrivée, malgré son peu d'ardeur pour l'étude, il l'apprit très promptement, ainsi que les principes du latin, au point qu'en vingt-deux mois que je lui donnai des leçons, il entra en quatrième (novembre 1780) et fut des premiers de la classe avec qui il partagea le prix. Il fit encore bien en troisième. Je le quittai alors, et il se négligea. Autant son frère était impérieux, autant il était complaisant et honnête. Son caractère était doux, prévenant, reconnaissant, aimant ses camarades, protégeant ceux qu'on cherchait à contrarier. Jamais je n'ai vu en lui de germes d'ambition... Son naturel gai mais tranquille, n'annonçait aucune disposition pour le genre de vie auquel on l'a destiné, et c'est ce qui me fait soupçonner, d'après ce que m'annonçait son caractère, qu'il a été roi malgré lui... »

Ces deux portraits d'enfants sont curieux, mais incomplets. Celui de Joseph est quelque peu flatté. La cause de cette admiration rétrospective du Père Chardon est naturelle. L'abbé Forien, le régent, la fait ressortir assez finement : « M. Chardon, écrit-il à l'inspec« teur Peignot, ne nous dit pas que Joseph, tant « qu'il a été grand seigneur, lui a fait payer annuel« lement sur sa cassette une pension de quatre mille « francs..... Joseph n'a quitté le collège d'Autun « qu'en 1785, après avoir achevé ses humanités. Il « était doux, timide et très aimant[1]. »

Sur ce point, son frère lui ressemblait peu. D'édu-

---

1. Lettre de l'abbé Forien à l'inspecteur d'Académie Peignot, — Baume, le mardi 5 août 1823.

cation paternelle, Bonaparte n'en a jamais eu. En fait de langage, il n'a entendu parler autour de lui que le patois corse. Il n'a été bercé qu'avec les récits de la lutte légendaire de ses compatriotes contre les Français et des aventures de ses parents, errant dans la montagne ou cachés dans la sombre demeure de Gaffori, à Corte. Le nom de Paoli, si souvent prononcé devant lui par ses compagnons de jeu ou par les personnes de la domesticité, est resté dans son esprit le type du héros exilé bien au loin et devant tôt ou tard reparaître comme le messie. Or, ces impressions de l'enfance sont les plus vivaces. Quand le père ne s'efforce pas d'en effacer le côté fabuleux par l'action journalière d'une influence salutaire, elles finissent par se substituer à tous les autres souvenirs.

Mais Napoléon n'a pas connu son père, toujours absent et tout à ses plaisirs ou à la réalisation de ses rêves de fortune. De sa mère, il ne gardera que la mémoire des soins journaliers, et de l'oncle Lucien, que celle des leçons de latin données au presbytère et du bruit des cloches de la grande église paroissiale. Personne pour classer les idées dans cette intelligence universelle; personne pour initier cet enfant à la science du monde. Solitaire il a été, solitaire il est, solitaire il restera. Il se formera tout seul, au milieu de ses nouveaux compagnons, dont le titre seul de Français le fait frémir.

« Ses camarades, raconte l'abbé Chardon, taxent les habitants de l'île de Corse de lâches... il éclate avec cet air flegme et froid qui forme le fond de son caractère, et répond que si on n'avait été que quatre contre un, on n'aurait jamais pris la Corse, mais qu'on était venu dix

contre un. — Cependant, vous avez un bon général, Paoli,
lui dit l'abbé. — Il me répond avec un air de mécontentement, et qui personnifie l'ambition : « Oui, monsieur,
je voudrais bien lui ressembler... »

Quel enfant ! C'est un sauvage, un instinctif. Avec
son teint pâle, ses cheveux raides, sa petite taille,
son regard fixe, son air chétif, et sa prononciation
italienne, il n'est que ridicule. Il prête à rire. On
aime à lui faire répéter son prénom étrange. Occasion de s'amuser. *La Paille au nez*, voilà le surnom
dont on l'affuble. Qu'a-t-il à faire? Bouder ou songer à faire mieux que Paoli et à battre à son tour
ces petits Français qui l'accueillent si mal.

Il resta trois mois à Autun, juste le temps d'apprendre suffisamment à lire et à parler le français,
pour être admis à l'Ecole militaire. Dès le lendemain de son arrivée, son père l'avait quitté. Il avait
rejoint les députés corses et repris le cours de ses
incessantes sollicitations.

Charles Bonaparte se trouvait donc à Versailles
dans les premiers jours de janvier de l'année 1779.
Il était en instance, de concert avec ses collègues de
la députation, pour obtenir une indemnité de déplacement. Ce fut lui qui rédigea la pétition[1] et qui la
remit à M. le Prince de Montbarey. Voici l'apostille
qui l'accompagnait :

« Les députés de Corse représentent à monsieur le

---

1. Mss. Archives de la guerre. — La demande est du mois de
janvier. — La note de Campy est du 6 avril; l'annotation, du 16;
l'autorisation, du 18. Le ministre habitait rue Saint-Florentin. Il
avait la guerre et l'île de Corse. — Charles logeait chez M. Ratte,
rue Saint-Médéric, à Versailles.

« Prince de Montbarey... que le *Roy* a eu la bonté
« d'accorder *jusquicy* une gratification aux députés
« des états de la cour, dont la moindre a été de douze
« mille livres, pour suppléer à l'insuffisance de la
« somme que la province a fixée pour frais de dépu-
« tation... Ils fondent leur supplique sur ce que
« l'Evêque est le plus pauvre de tous ceux de la
« Corse, qu'il est *abymé* de dettes, et enfin sur ce
« que ses collègues sont aussi dans la détresse. »

Ces sortes de demandes étaient généralement bien accueillies ; mais à la condition que ceux qui les faisaient eussent pour le pouvoir toutes les complaisances désirables. Donnant, donnant, c'était là tout le principe de gouvernement. Il paraît, du reste, que les députés corses se montrèrent aussi souples qu'on l'avait souhaité, car le 16 avril, le secrétaire, M. Campy, ajoutait en note :

« Ils méritent cette gratification pour *la bonne*
« *conduite qu'ils ont tenue ici*. On croit en conséquence
« devoir proposer à Monseigneur de leur accorder une
« somme de six mille livres, à titre de gratification,
« pour compléter celle de douze mille livres, dont moi-
« tié est à la charge de la province, laquelle somme de
« six mille livres sera répartie suivant l'usage, savoir :

« Deux mille cinq cents livres à Mgr Santini, évêque
« du Nebbio, député du clergé ;

« Deux mille livres à M. de Buonaparte, député
« de la noblesse ;

« Quinze cents livres au sieur Casabianca, député
« du tiers. »

Cette supplique ne fut pas la seule. Charles profita des lettres de recommandation dont il était muni, pour remettre directement au ministre un mémoire

relatif à la succession Odone. Il fit également à
M. Blondel¹, le maître des requêtes chargé de tous les
détails de l'administration de l'île de Corse, la demande de concession de l'une des trois pépinières
de mûriers dont le roi venait d'ordonner l'établissement.

Ce fut à ce moment qu'il porta à M. d'Hozier de
Sérigny, le juge d'armes de la noblesse de France,
l'inventaire des productions des actes servant à prouver
que le jeune Napoléon Bonaparte avait la noblesse
nécessaire pour être compris au nombre des gentilshommes que Sa Majesté faisait élever dans les Écoles
royales. Afin de suivre cette affaire, Charles vint
s'installer à Paris. Il y reçut l'avis de la nomination
définitive de son fils à Brienne.

Versailles, le 28 mars 1779.

*Le prince de Montbarey², ministre de la guerre,
à M. Ch. de Buonaparte,*

député de la noblesse corse à Ajaccio, et actuellement à l'hôtel d'Hambourg,
rue Jacob, à Paris.

« L'intendant de Corse, Monsieur, a dû vous faire connaître que le roi a bien voulu agréer Napoleone de Buonaparte, votre fils, pour une place d'élève dans ses écoles

---

1. Les bureaux de M. Blondel étaient situés rue de Varenne.
Ceux de M. de Breteuil qui avait les bénéfices et les brevets,
se trouvaient rue du Dauphin. — Mss. A. G.
2. Alexandre-Marie-Léonor *de Saint-Mauris, prince de Montbarey*, maréchal des camps et armées du Roi, chevalier de ses
ordres, capitaine-colonel des Suisses de la garde de Monsieur,
ministre secrétaire d'État, né le 20 avril 1732 à Besançon, mort
le 5 mai 1796 à Constance.

militaires. S. M. vient de décider qu'il devrait être admis dans celle de Brienne, et il est nécessaire que vous l'y conduisiez ou fassiez conduire, dès à présent, afin qu'il puisse être appliqué tout de suite aux études de cette école, où il sera reçu, sur la présentation et la remise de ma lettre au supérieur.

« Je dois, au surplus, vous prévenir :

« 1° Qu'il est indispensable qu'il y arrive muni du trousseau dont le mémoire instructif ci-joint contient le détail.

« 2° Qu'il n'ait aucun vice de conformation ni maladie incurable, le supérieur ayant des ordres de le faire visiter à son arrivée, et de ne le pas recevoir, s'il est mal sain ou mal conformé.

« 3° Qu'il sache lire et écrire, devant subir un examen le jour qu'il sera présenté, et n'être admis qu'au remplacement de l'année prochaine, s'il ne se trouve pas assez instruit sur ces deux points.

« Je suis très parfaitement, Monsieur, votre très humble et très obéissant serviteur.

Le prince de Montbarey. »

Le 17 avril, Charles apprenait également le succès de sa demande de gratification. Le 20, il était en route pour Brienne. Napoléon l'y venait rejoindre, le vendredi 23 avril 1779.

Le sort en était jeté. Le jeune Corse allait faire ses premiers pas dans cette carrière des armes, qu'il devait parcourir de si merveilleuse façon.

CHAPITRE VI

BONAPARTE A BRIENNE

23 avril 1779. — 17 octobre 1784.

Arrivée de Bonaparte à Brienne. — Ce qu'était l'École militaire de Brienne. — Mariage du vicomte de Beauharnais et de Joséphine Tascher de la Pagerie, 13 décembre 1779. — Naissance de Paula-Maria Bonaparte, 20 octobre 1780 — Lettre de Bonaparte à son père, 5 avril 1781. — Les chagrins de Bonaparte à Brienne. — Naissance de Maria-Nunziata Bonaparte, 25 mars 1782. — Admission de Marie-Anne Bonaparte à Saint-Cyr, 24 novembre 1782. — Charles Bonaparte obtient la direction d'une concession de mûriers, à Ajaccio. — Il éprouve de nouvelles difficultés pour la solution de l'affaire Odone. — Refus de Joseph Bonaparte de se faire ecclésiastique. — Querelle de Bonaparte à Brienne. — Lettre de Bonaparte à M. de Marbeuf, 8 octobre 1783. — Bonaparte passe ses examens pour la marine, le 16 septembre 1783. — Il est reçu. — Lucien Bonaparte est destiné à la carrière militaire. — Naissance de Eugène-Rose de Beauharnais, 4 septembre 1781. — Naissance de Hortense-Eugénie de Beauharnais, 10 avril 1783. — Charges de la famille Bonaparte. — Maladie de Charles Bonaparte. — Mariage de M. de Marbeuf avec Mademoiselle Antoinette de Fenoyle (1787). — Sonnet fait par Charles Bonaparte en l'honneur des nouveaux mariés. — Pénurie de Charles. — Il emprunte de l'argent au gouverneur d'Ajaccio, le comte Durosel de Beaumanoir, maréchal de camp. — Son départ avec Marie-Anne (Elisa) et Mademoiselle Cattanco (juin 1784). — Il voit Joseph et Lucien à Autun. — Il conduit Lucien à Brienne, où il retrouve Napoléon. — Refus définitif de Joseph d'entrer dans les ordres. — Curieuse lettre de Bonaparte à l'abbé Fesch (15 juillet 1784). — Son opinion sur les officiers d'infanterie. — Bonaparte renonce à la marine. — Charles Bonaparte demande une entrée gratuite à Brienne pour son fils Lucien. — Sa demande est rejetée. — Entrée de Marie-Anne à Saint-Cyr (fin juin 1784). — Etablissement d'un mémoire de proposition pour faire entrer Bonaparte dans l'artillerie (16 juillet 1784). — Nouvelle demande de Charles Bonaparte pour faire entrer Joseph dans l'artillerie ou le génie. — Charles, malade, rentre en Corse avec son fils Joseph. — Lettre de Bonaparte à son père (12 septembre 1784). — Bonaparte passe son examen pour entrer à l'École militaire et de là dans l'arme de l'artillerie (16 septembre 1784). — Il est admis. — Il quitte l'école de Brienne, le 17 octobre 1784. — Il reçoit son brevet de cadet-gentilhomme, le 22 octobre, et entre, le même jour, à l'École militaire. — Ce qu'il était à cette époque de sa vie [1].

Aussitôt arrivé, Napoléon fut conduit par son père chez le directeur de l'École. Quelles durent être ses pensées, en suivant la longue avenue qui mène à cet établissement grandiose dont les murs dominent au loin les plaines champenoises? Qui eût pu lui prédire qu'à trente-cinq années de là, à ce même endroit, harassé, toujours solitaire comme un génie sombre et fatal, à peine suivi de quelques braves liés à sa fortune par les lois de l'honneur et de la discipline, il donnerait ses derniers ordres pour repousser les envahisseurs de cette France prospère que ses folies avaient perdue.

Pour le moment, c'était un long adieu aux belles montagnes couvertes de pins, aux tartanes glissant sur les flots bleus, aux récits légendaires du gynécée. C'était la vie au milieu des ennemis de son pays. Il obéissait, parce qu'il ne pouvait faire autrement, comme l'aurait fait cent ans plus tard, au lendemain des luttes néfastes, un jeune enfant de l'Alsace-Lorraine, amené par un père, sans mémoire des revers subis, dans quelque école de cadets de la Prusse royale.

Le samedi, 24, il subit son examen préliminaire de

---

1. *Événements principaux de 1789 à 1781.* — (1780). Publication du compte rendu de Necker. — (1781). Abolition de la question. — (1782). Abolition de l'Inquisition à Naples et en Toscane. — Bataille navale de Negapatam et siège de Gibraltar. — Mort de Hyder Ali, roi de Mysore. — Reconnaissance de l'indépendance américaine. — (1783). Paix de Paris et de Versailles.

Ministres de la guerre. — Le prince de Montbarey, 22 décembre 1780. — Le lieutenant général, comte de Ségur, 23 décembre 1780 — 29 août 1787.

français, examen fort sommaire, à en juger par les connaissances qu'il a gardées de cette langue après six années d'études. Il passa le reste de la journée et celle du dimanche [1] avec son père, qu'il ne devait plus voir qu'à son passage, lors de l'admission de sa sœur Marie-Anne à Saint-Cyr. Le même soir, il faisait son entrée définitive à Brienne.

L'École était de récente création. M. le comte de Saint-Germain, dès son arrivée au secrétariat de la guerre, avait songé à modifier le mode d'éducation employé jusque-là pour préparer les jeunes nobles aux emplois qu'on leur destinait. Le rapport du ministre, sur les motifs qui firent décider le licenciement des Écoles militaires de Paris et de la Flèche, est particulièrement curieux [2]. « Depuis Louis XIV,
« prince qui avait l'esprit grand et élevé, toutes les
« institutions militaires, tous les établissements tien-
« nent plus de l'ostentation que de l'utilité, et rare-
« ment la raison de l'économie a été consultée. Je ne
« citerai que deux exemples : l'École militaire et
« l'Hôtel des Invalides. Dans le premier de ces éta-
« blissements, il s'agit d'élever de pauvres gentils-
« hommes pour en faire des lieutenants d'infanterie;
« l'éducation devrait toujours être proportionnée à
« l'état que l'homme doit avoir dans la société; il ne
« s'agissait donc que de leur former un cœur hon-
« nête, un esprit docile, un corps robuste et vigou-
« reux, à leur apprendre à lire, à écrire, l'arithmé-

---

1. Le dimanche 25 avril 1779, Charles écrivit de Brienne à M. Armand, commis de la loterie, pour le prier de reprendre les titres de noblesse de Bonaparte. Celui-ci les retira, le 27 juillet, des mains de M. d'Hozier.

2. Mss. Archives de la guerre.

« tique, quelque chose des mathématiques, la géo-
« graphie et les langues des nations voisines de
« la France. Au lieu de cela, on a fait un établisse-
« ment, comme s'il s'agissait d'élever des princes. »

Ces critiques n'étaient pas les seules. Les bâtiments affectés à l'École paraissaient bien dispendieux pour le but à atteindre, d'autant que les locaux étaient, pour la plupart, affectés aux officiers, aux professeurs et aux employés de tout ordre. La mésintelligence la plus grande régnait entre officiers et professeurs. Les premiers se montraient pleins de dédain pour leurs voisins et ne se gênaient pas devant les élèves pour exprimer leur opinion sur des hommes de devoir, déclarés d'avance incapables d'obtenir la décoration de Saint-Louis. « De là l'esprit d'orgueil,
« d'indépendance, de mépris pour tout ce qui n'était
« pas eux; esprit qui se manifestait jusque dans les
« corps où ils passaient et les faisait reconnaître et
« détester de tous. »

Les Écoles militaires de Paris et de la Flèche furent donc supprimées par décret du 1ᵉʳ février 1776. On les remplaça par dix collèges[1], répartis sur tout le territoire : Sorrèze, Tiron, Rebais, Beaumont et Pont-Levoy, tenus par les Bénédictins; Vendôme, Effiat et Tournon, par les Oratoriens; Pont-à-Mousson, par les Chanoines réguliers; Brienne, par les Minimes.

Le choix de ce dernier établissement était dû à l'influence d'un ami du comte de Saint-Germain, l'archevêque de Toulouse, dont le frère possédait précisément à Brienne une terre sans rapport qu'il s'agissait d'utiliser.

---

1. Décrets des 28 mars et 19 octobre 1776.

« L'intention[1] de Sa Majesté en dispersant ainsi les élèves de l'ancienne école militaire en divers collèges, était de leur procurer, en les mettant avec les enfants des autres classes de citoyens, le plus précieux avantage de l'éducation publique, celui de ployer les caractères, d'étouffer l'orgueil que la jeune noblesse est trop aisément disposée à confondre avec l'élévation, et d'apprendre à considérer sous un point de vue juste tous les ordres de la société.

« Ceux desdits élèves qui, ayant atteint l'âge, étaient reconnus pour avoir profité des instructions qui leur avaient été données, étaient placés, savoir : les élèves qui se destinaient à la profession des armes, parmi les cadets gentilshommes que nous nous proposons d'établir dans les différents corps de nos troupes, au nombre de douze cents au moins ; et à l'égard de ceux qui par leurs dispositions particulières se trouveraient appelés à l'état ecclésiastique ou à la magistrature, ils seront envoyés et entretenus aux frais de ladite fondation dans d'autres collèges ou écoles publiques, pour y achever leur instruction ; savoir, ceux qui se seront voués à l'état ecclésiastique, jusqu'à ce qu'ils soient reçus docteurs, et ceux qui se destineront à la magistrature, jusqu'à ce qu'ils soient licenciés en droit ; nous réservant de nous faire rendre compte de leurs progrès ; enfin que ceux qui par leur négligence, prolongeraient le temps de leur instruction, cesseront de jouir de nos bienfaits... »

Le but était louable, la réalisation impossible. Cette dispersion des élèves devait, en effet, produire la diversité la plus grande dans l'instruction et diminuer la valeur des cours, par suite de la difficulté de recruter des professeurs capables dans des endroits

---

1. Mss. Archives de la guerre. — Décret du 28 mars 1776 (article 12).

aussi retirés que ceux fixés pour l'installation de ces collèges. Confier, d'ailleurs, à des moines des jeunes gens destinés, pour la plupart, à la carrière des armes, c'était ne pas répondre au but qu'on se proposait. D'autre part, ces cadets-gentilshommes de seize ans, qu'on prétendait incorporer ainsi dans les régiments, allaient y contracter nécessairement des habitudes vicieuses.

Dans le fait, ces prévisions des pessimistes se réalisèrent. L'institution des cadets-gentilshommes ne dura pas un an. Aussitôt après la disgrâce du comte de Saint-Germain, on en revint à l'ancien état de choses, tout en conservant les collèges provinciaux, qui servirent, en quelque sorte, d'écoles préparatoires.

A Brienne, l'effectif des élèves *boursiers* ne dépassait pas soixante. La pension attribuée pour leur entretien par le Conseil d'administration de l'École militaire de Paris était de sept cents livres [1]. Les élèves non boursiers, au nombre de soixante, payaient la même somme. C'était donc un total de cent vingt jeunes gens, qui se trouvaient ainsi réunis sous la direction de religieux minimes de l'ordre de Saint-Benoît, fort ignorants par parenthèse.

Voici les noms de quelques-uns de ces honorables maîtres : le Père Louis, principal ; le Père Dupuis [2], sous-principal, remplacé en 1782 par le Père Berton ; le Père Charles, aumônier ; le Père Patrault [3], pro-

---

[1]. Les revenus de l'École de Paris provenaient de la loterie dite de l'École militaire, et d'un impôt sur les cartes.

[2]. Devenu bibliothécaire à la Malmaison.

[3]. Ami de Danton, confident de Salicetti dans les affaires du 1er prairial, secrétaire de Bonaparte, en 1796.

fesseur de mathématiques ; Dupré, maître d'écriture ; Daboral, maître d'écriture ; Pichegru [1], surveillant et répétiteur ; Hanté et sa femme, concierges.

Bonaparte fut mis en huitième. Il y montra les mêmes qualités d'intelligence et les mêmes défauts de caractère qu'à Autun. Tout dépaysé, au milieu de jeunes gens, de goûts si divers, divisés entre eux par catégories de fortune et de position sociale, il reprit vite ses habitudes de solitude et de sauvagerie.

Sans ami, sans appui, sans argent, à des centaines de lieues de sa famille, plus isolé encore qu'à Autun où, du moins, il avait un confident naturel, son frère, l'enfant se replia sur lui-même, vivant d'une existence toute d'imagination, de rêveries et de souvenirs.

Ce fut dans ces dispositions d'esprit qu'il acheva sa première année d'études, ne se doutant guère, le 13 décembre 1779, fête de la sainte Luce, qu'à une autre extrémité de la France se mariait à un brillant capitaine du régiment de la Sarre, au vicomte de Beauharnais, cette Joséphine Tascher de la Pagerie [2] qui devait être sa femme.

L'année 1780 se passa à peu près tranquille pour les deux exilés. Joseph fit sa sixième, Bonaparte sa septième. Leur père, rentré en Corse, dès la fin de mai 1779, avait ressenti les premières atteintes du mal qui devait l'emporter. Toujours en course, acca-

---

1. *Pichegru*, le futur général en chef. Parmi les élèves qui se trouvèrent en rapport avec le jeune Bonaparte, et qui eurent plus tard quelque notoriété, on est en droit de citer : Fauvelet de Bourrienne, Gudin, Pougin des Ilets, Montarby de Dampierre, de Comminges, de Castries, Laugier de Bellecourt, Desmazy, Phélippeaux, tué à Saint-Jean d'Acre, Lelieur de Ville-sur-Arce, émigré, qui rencontre Bonaparte à Bâle, en 1797.

2. Mss. Voir pièces à l'appui.

blé d'affaires, formant des projets plus grandioses les uns que les autres, il ne voyait rien lui réussir. Et la famille augmentait toujours. Le 20 octobre 1780[1], madame Lœtitia lui avait donné un nouvel enfant, Paula-Maria Bonaparte (la future belle Paulette de Fréron et de Leclerc).

L'année suivante, le 5 avril, Bonaparte écrivait[2] :

« MON PÈRE,

« Si vous ou mes protecteurs ne me donnent pas les moyens de me soutenir plus honorablement dans la maison où je suis, rappelez-moi près de vous, et sur-le-champ. Je suis las d'afficher l'indigence, et d'y voir sourire d'insolents écoliers, qui n'ont que leur fortune au-dessus de moi, car il n'en est pas un qui ne soit à cent piques au-dessous des nobles sentiments qui m'animent. Eh quoi! monsieur, votre fils serait continuellement le plastron de quelques paltoquets qui, fiers des douceurs qu'ils se donnent, insultent en souriant aux privations que j'éprouve! Non, mon père, non. Si la fortune se refuse absolument à l'amélioration de mon sort, arrachez-moi de Brienne, donnez-moi, s'il le faut, un état mécanique. A ces offres, jugez de mon désespoir. Cette lettre, veuillez le croire, n'est point dictée par le vain désir de me livrer à des amusements dispendieux; je n'en suis pas du tout épris. J'éprouve seulement le besoin de montrer que j'ai les moyens de me les procurer comme mes compagnons d'étude.

« Votre respectueux et affectionné fils.

« BUONAPARTE. »

---

1. Mss. Archives corses.
2. Mss. Archives guerre. — De Coston (t. I, p. 35).

Cette lettre est la première qui nous fournisse les moyens d'observer le développement des idées du futur conquérant. Elle est donc importante. Tout est, en effet, intéressant dans cette plainte amère d'un élève de douze ans, s'adressant à ce père négligent, obligé peut-être, faute de ressources, de le priver de ces petites douceurs hebdomadaires dont sont comblés les enfants fortunés.

En voulant mettre un terme aux idées d'arrogance de la jeune noblesse par la création de ces collèges provinciaux, le comte de Saint-Germain n'avait fait que déplacer le mal sans le conjurer. La cause n'en était pas dans la préparation plus ou moins bien dirigée des enfants, mais dans la division même des classes existant alors dans cette société en décomposition. Les établissements d'enseignement ne sont, sur une plus petite échelle, que les reflets des défectuosités sociales qui se manifestent partout ailleurs. L'imitation des conflits y est même plus ardente, parce que les usages du monde ne s'imposent pas encore à ces adolescents pour corriger la spontanéité des allusions blessantes qu'ils se permettent.

Que pouvaient, d'ailleurs, les pauvres pères minimes, contre les prétentions des très hauts et très puissants petits seigneurs de Castries et de Comminges et autres cadets de famille, à l'égard de ce chétif Corse « fils d'huissier, » à la bourse plate et aux habits râpés? Ils végétaient là, comme ils auraient végété ailleurs, se contentant de répéter à leurs élèves ce qu'ils avaient ânonné quelques années auparavant au fond d'un séminaire.

Pour le jeune Corse, confié à leurs soins, il s'était développé tout seul. Sa haine primordiale contre les

Français s'était complétée par celle du riche, par la jalousie, par l'envie et par un autre sentiment qui devait les résumer tous et leur donner une force immense, l'*orgueil*, mais un orgueil indomptable.

Quel cri d'indignation et de fierté de la part de cet enfant déjà vieux ! « Je suis las d'afficher l'indigence
« et d'y voir sourire d'insolents écoliers qui n'ont
« que leur fortune au-dessus de moi, car il n'en est
« pas un qui soit *à cent piques au-dessous des nobles*
« *sentiments qui m'animent*... Eh quoi ! Monsieur,
« votre fils serait continuellement le plastron de
« quelques paltoquets... »

Tout l'enfant est là. Tout l'homme y sera. Il a déjà pris de sa mère l'énergie, la volonté, la fierté, et du père l'âpre désir des honneurs, mais des honneurs qui rapportent. Plus tard, quand l'esprit se sera affiné, quand il aura commencé la lutte avec cette société mal faite, il complétera cet ensemble de passions dominantes par une dernière, la duplicité.

Et personne pour redresser ce jugement déjà faussé par l'isolement ! Pourtant, il avait raison, le pauvre petit exilé, quand il écrivait à son père : « Si la for-
« tune se refuse absolument à l'amélioration de
« mon sort, arrachez-moi de Brienne, donnez-moi,
« s'il le faut, un état mécanique... »

L'éducation de l'enfance !

« Le premier des devoirs pour une république. »

Malheur aux nations qui se désintéressent de la préparation de ces futurs citoyens ! Elles réussissent à ne former que des Loyola ou des Damiens, des Bazaine ou des César.

A ces doléances, que pouvait ce père, toujours à la recherche d'une fortune qui lui permit de lutter de luxe et d'influence avec les Ornano, les Casabianca, avec ce Buttafuoco qu'on venait de faire maréchal des camps et armées du roi[1].

L'année 1782 pourtant se présentait assez favorablement pour lui.

Sa femme l'avait doté, le 25 mars, d'un huitième enfant, mademoiselle Maria-Nunziata Buonaparte[2]; mais il avait réussi à placer l'aînée de ses filles.

Grâce à l'appui de M. le comte de Marbeuf, la demande d'admission de la jeune Marie-Anne (Élisa) avait été agréée. Le 18 avril[3], le Conseil de Corse lui annonçait cette heureuse solution, due à l'obligeance de M. d'Ormesson, et lui réclamait le supplément de pièces nécessaires pour faire délivrer le brevet de nomination. Ces papiers consistaient en un certificat de l'évêque attestant l'état de pauvreté de la famille et dans la production d'actes témoignant de cent quarante années de noblesse de père[4].

Le 10 juin[5], le Conseil les adressait à M. d'Ormesson, et, le 15 décembre 1782, Charles recevait le brevet définitif.

« Aujourd'hui 24 novembre 1782, le roi étant à Versailles bien informé que la demoiselle Marie-Anne de Buo-

---

1. 5 décembre 1781.
2. Mss. Archives corses. — Voir pièces à l'appui.
3. Mss. Archives guerre.
Lettre du Conseil de Corse à MM. les Commissaires du Roi (18 avril 1782), pour annoncer la faveur faite à mademoiselle Cattaneo et Buonaparte.
Lettre du bureau du Conseil à Buonaparte, pour réclamer les pièces nécessaires (18 avril 1782).
4. Les frais en étaient faits par la communauté.
5. Reg. 96. Conseil corse. Archives nationales.

naparte a la naissance, l'âge et les qualités requises pour être admise au nombre des demoiselles qui doivent être reçues dans la maison royale de Saint-Louis, établie à Saint-Cyr, ainsi qu'il est apparu par titres, en les certificats et autres preuves, conformément aux lettres patentes des mois de juin 1786 et mars 1694, Sa Majesté lui a accordé une des deux cent cinquante places de ladite maison, enjoignant à la supérieure de la recevoir sans délai, de lui faire donner les instructions convenables, et de la faire jouir des mêmes avantages dont jouissent les autres demoiselles, en vertu du présent brevet que Sa Majesté a, pour assurance de sa volonté, signé de sa main, et fait contresigner, par moi, ministre et secrétaire d'État, et de ses commandements et finances.

« Louis.
« Le baron de Breteuil. »

Les avantages matériels résultant de cette faveur étaient réels. Élevées, nourries et habillées depuis l'âge de sept ans au moins et douze au plus jusqu'à celui de vingt ans, les demoiselles de Saint-Cyr recevaient en sortant une dot de trois mille livres, un trousseau et cent cinquante livres pour leur voyage. Les avantages moraux étaient loin de valoir les autres. Formées dans un milieu factice, dans lequel les idées de grandeur prédominaient, par suite du voisinage de Versailles et du genre d'esprit des dames de Saint-Louis[1], directrices de la maison, elles y contractaient des goûts en contradiction avec ceux plus modestes qu'elles avaient eus dès l'enfance au foyer paternel. Quoiqu'il en fût, Charles avait le droit de se déclarer

---

1. Trente-six dames formaient la communauté; vingt-quatre sœurs converses étaient chargées de la maison.

satisfait, d'autant qu'on lui laissait espérer l'admission gratuite dans une école militaire de son troisième fils Lucien, que le capitaine Bacciochi s'était chargé de conduire à Autun, lors de sa rentrée à son régiment, alors en garnison à Béthune.

Il était, en effet, fort occupé et tout à sa concession de mûriers. D'après le contrat passé avec l'État, il devait se trouver en mesure de commencer, en 1787, la distribution des jeunes plants. Pendant cet intervalle de cinq années, il avait à toucher huit mille cinq cents livres à titre d'avance, par annuité de dix-sept cents livres, indépendamment de la valeur de la greffe, évaluée à un sol par arbre. Grâce à cet argent, il comptait voir la fin de ses embarras financiers, surtout s'il réussissait avec la succession Odone. Mais sur ce point, les difficultés surgissaient comme à plaisir.

Le 16 novembre 1782[1], le Conseil de Corse avait définitivement rejeté son offre de renoncer à ses droits sur une partie des biens des Jésuites d'Ajaccio, moyennant remise des domaines de Milelli et de la Badine. En présence de cette fin de non-recevoir, Charles transforma une troisième fois sa demande en celle d'un bail emphytéotique. Le ministre accéda à cette transaction; seulement il exigea que la valeur de la redevance, stipulée dans le contrat, fût le résultat de la reconnaissance desdits biens.

Charles accepta. Il réclama pour toute faveur l'entrée en jouissance provisoire, de manière à pouvoir procéder aux réparations devenues urgentes, dans un domaine abandonné depuis tant d'années. Pour l'es-

[1]. Mss. Archives nationales. Archives de la guerre.

timation il s'en remettait à qui de droit. Malheureusement, il avait affaire à un homme des plus retors, M. Souiris, économe subdélégué général, en résidence à Ajaccio. Ce fonctionnaire, qui avait probablement intérêt à différer tout règlement de compte, souleva des objections. Il prétendit qu'en présence des droits nettement acquis du solliciteur, il était préférable de le mettre en possession immédiate et, par conséquent, de procéder sans délai à une expertise générale de la valeur de la succession. Or, cette nouvelle mesure, d'apparence bienveillante, était, en réalité, désastreuse. L'affaire, en effet, pour recevoir une solution, allait retourner à Paris dans les bureaux du secrétariat général de la guerre. Serait-il possible de l'en faire sortir ? Qui ferait cette expertise ? Comment y procéderait-on ? Combien de temps durerait-elle ? C'était tout autant de questions dont la solution devenait problématique.

Pendant ce temps les biens dépérissaient et les salines se comblaient. Charles dut se remettre à solliciter, toujours solliciter. Triste initiation aux bienfaits résultant de cette administration de l'ancien régime ! Et il était le député de la noblesse, c'est-à-dire l'un des amis du gouverneur, de l'intendant ! que devait-ce être pour les pauvres diables n'ayant que le droit pour eux ? D'ailleurs avec ces projets, ces démarches, ces voyages, les jours s'écoulaient rapides et les enfants grandissaient.

Joseph allait sur ses quinze ans. Il venait d'entrer en rhétorique. L'année scolaire finie, il irait au séminaire d'Aix, en remplacement du jeune Fesch, alors sur le point d'en sortir avec la promesse d'un sous-diaconat au diocèse d'Ajaccio. Depuis longtemps on songeait à la réalisation de ce projet. M. de Marbeuf l'avait conseillé ; la famille le désirait. L'évêque d'Autun s'engageait à faire obtenir quelque grasse prébende. Mais on comptait sans l'enfant. Plus gâté que son frère Napoléon, admis dans la famille de M. de Marbeuf et chez les parents de son camarade et ami James, il avait montré quelque tendance à la dissipation, et commis des espiègleries sans importance. En réalité, maître Joseph était d'un caractère positif et tant soit peu égoïste. Il avait toujours été plus que réservé dans sa correspondance. A peine se donnait-il la peine d'adresser quelques mots à ses parents. On fut donc tout surpris à Ajaccio, quand cette belle torpeur, qu'on prenait pour de l'humilité chrétienne, première vertu d'un bon abbé, fit place à une humeur guerrière inattendue. Joseph en effet, prétendait renoncer aux douceurs de la vie religieuse et entrer dans l'armée.

Pour Napoléon, l'incertitude du choix d'une carrière n'existait plus. Dans quelques mois il serait marin. Ses plaintes avaient même cessé, non pas qu'il fût heureux; loin de là, mais, sur les remontrances de l'oncle Lucien qui lui avait fait part des charges de son père et de la nécessité où il était de ne compter que sur lui pour se faire une position, il s'était contenté de souffrir en silence. Il avait bien eu quelques désagréments d'école. Qui n'en a pas subi ? Le plus grave eut trait à sa querelle avec un de ses condisciples, M. Pougin des Ilets, querelle à la suite de laquelle il fut mis à la chambre de discipline, le 7 octobre 1783. Comme d'habitude, cette dispute avait eu pour origine la Corse et les fonctions paternelles. Le lendemain, il écrivait à M. de Marbeuf, alors en villégiature chez madame d'Espinal, en compagnie de l'abbé Raynal :

« ...Maintenant, monsieur le comte, si je suis coupable, si ma liberté m'est ravie à juste titre, veuillez ajouter aux bontés dont vous m'avez honoré la grâce de me retirer de Brienne et de me priver de votre protection. Ce serait un vol que je ferais à qui saurait mieux la mériter que moi. Non, monsieur, jamais je n'en serai plus digne; je ne me corrigerai point d'une impétuosité d'autant plus dangereuse que j'en crois le motif sacré. Quelque fût l'intérêt qui me le commandât, je n'aurais pas la force de voir traîner dans la boue un homme d'honneur, mon père, mon respectable père! Sous ce rapport, monsieur le comte, je sentirai toujours trop vivement pour me borner à en porter plainte à mes chefs; je serai toujours persuadé qu'un bon fils ne doit pas commettre un autre à venger un pareil outrage. Quant aux bienfaits que vous fîtes pleuvoir sur moi, ils seront sans cesse présents à ma pensée. Je me dirai : j'avais acquis une honorable protection; mais, pour en profiter, il fallait des vertus que le ciel m'a refusées.

« Veuillez, généreux protecteur, ne voir dans la présente qu'un jeune homme qui préfère à la fortune la douce satisfaction de ne point affliger un jour son respectable bienfaiteur.

« Napoleone Buonaparte.

On le voit, c'est toujours le même caractère que celui dont la lettre de 1781 à son père nous a déjà donné une idée. L'orgueil domine. Il offre de partir, procédé dont il abusera si souvent plus tard, lorsqu'il sera général en chef.

En définitive, cette lettre n'était pas celle d'un enfant. Aussi sa lecture fit-elle sourire dans le salon de la grande dame, où l'on aimait à causer des excentricités des administrés du gouverneur général de l'île de Corse. Ce soir là précisément, M. de Marbeuf était tout guilleret. Sa fiancée, une jeune fille de dix-huit ans, Catherine-Antoinette de Fenoyle, se trouvait présente. Pour un galant vieillard de soixante-douze ans, c'était le moment de se montrer généreux. Il promit d'intercéder pour le fils de son protégé.

La punition fut en effet levée. Bonaparte en fut quitte pour une remontrance bienveillante. De sa part, du reste, c'eût été folie de quitter Brienne. Il venait de passer avec succès ses examens[1] devant le sous-inspecteur des écoles, M. de Kéralio[2]. Ses notes avaient été satisfaisantes : « M. de Buonaparte, taille « de quatre pieds, dix pouces, dix lignes, a fait sa « quatrième ; de bonne constitution, santé excellente, « caractère soumis, honnête et reconnaissant; con- « duite très régulière ; s'est toujours distingué par son « application aux mathématiques; il sait très passa- « blement son histoire et sa géographie; il est assez « faible dans les exercices d'agrément et pour le latin, « où il n'a fait que sa quatrième; ce *sera un excellent* « *marin;* mérite de passer à l'école de Paris. »

Ainsi donc, être marin, tel a été le premier désir manifesté par Bonaparte. Et, de ce fait on ne peut douter, car, dans une lettre au ministre[3], Charles dit formellement en parlant de son fils que, « suivant « le conseil de M. le comte de Marbeuf, il a tourné

---

1. 16 septembre 1783. Archives de la guerre.
2. Le chevalier *de Keralio*, mort la même année 1783. Remplacé par M. *Regnaud de Mons*, brigadier de dragons.
3. Juillet 1781. — Voir plus loin, même chapitre.

« ses études du côté de la marine. » De la part de Napoléon, cette vocation n'a rien d'extraordinaire. Ses habitudes enfantines, ses courses dans les lagunes et sur les bateaux de pêche l'avaient probablement guidé dans le choix d'une carrière que les récits des brillants combats des Bougainville et des Suffren ne faisaient que grandir à ses yeux. C'était pour lui, d'ailleurs, le moyen d'être à Toulon, à deux pas de la mère-patrie et de faire son apparition dans la rade d'Ajaccio, monté sur quelque beau vaisseau du roi.

Pour le père, c'était une solution et une satisfaction. Joseph, prêtre ; Napoléon, marin ; restait le pétulant et maigre Lucien, âgé de neuf ans et toujours à Autun. De celui-là on résolut de faire un officier de l'armée de terre, et, dans ce but, on décida de l'envoyer tout d'abord à Brienne, où l'on demanderait ultérieurement son admission gratuite [1].

De Marie-Anne, on n'avait plus à s'occuper. Elle allait sur sept ans. Elle se trouvait donc en mesure d'entrer à Saint-Cyr. Quant aux autres enfants ils n'étaient pas encore en âge d'être l'objet de quelque faveur ; Louis n'avait que cinq ans, Paulette, trois et demi et Caroline deux. On avait le temps de songer à eux. L'éducation de cette famille n'en constituait pas moins une lourde charge. Six cents livres pour Joseph, six cents pour Lucien, des faux frais pour les trois enfants, c'était tout autant à retrancher d'un budget fort aléatoire. De plus, le père se voyait dans l'obligation

---

1. Dans le cours de ces mêmes années, naissait, rue Thévenot, à Paris, le 3 septembre 1780, huit mois et vingt jours après la célébration du mariage, *Eugène-Rose de Beauharnais. Hortense-Eugénie de Beauharnais* venait au monde le 10 avril 1783. (Voir pièces à l'appui.)

de se rendre en France pour conduire Marie-Anne au couvent, ramener Joseph au séminaire et consulter les médecins sur son état de santé.

L'année se présentait mal; la récolte avait manqué, la pépinière ne devait rapporter quelque argent qu'en 1787, et l'affaire Odone était loin d'être en bonne voie. Sur ces entrefaites, M. de Marbeuf revint en Corse, en compagnie de sa jeune femme [1]. Ce retour fut l'occasion de grandes fêtes auxquelles Charles dut assister en qualité d'ex-député de la noblesse de Corse. Ce fut lui qui, au diner de gala, fit en l'honneur du noble personnage le sonnet suivant [2] :

« *Sonetto in occasione delle felicissime nozze di S. E. il signor conte di Marbeuf.*

Vincitor dell' invidia e della morte,
Fortunata di cirno alma fenice,
Se i fatusti aventi prevenir mi lice,
Vivi contento di si bella sorte.
 E giusto è ben che goda e si conforte
Tua stirpe illustre, a cui 'l destin predice
Di figli e di nepoti un stuol felice,
Sempre uguale allo sposo e alla consorte.

---

1. Catherine-Antoinette *Salinguera Gayardon de Fenoyle*, née en 1765, mariée en 1781. Elle eut un fils et une fille; quitta la Corse pour retourner en France, à la mort de son mari en 1787; obtint, le 19 décembre 1805, une pension reversible de six mille francs. — Son fils, François-Marie, baron de Marbeuf, né à Bastia le 26 mai 1786, officier au 25e dragons, officier d'ordonnance de l'Empereur, obtint un don de douze mille francs pour frais de premier équipement; mourut, le 11 octobre 1811, à Marienpol.
2. L'abbé de Nasica. — *Histoire de la jeunesse de Bonaparte* (1820).

Si, si vedrà ben presto un gentil figlio,
Che, mostrando di te l'imagia vera,
Farà bagnar per allegrezza il ciglio.
E seguendo de' suoi l'alta carriera,
Sarà di lustro altriplicato giglio,
A voi di onore, o nobil coppia altera. »

Rentré à Ajaccio, il s'occupa des préparatifs de son voyage. Il n'avait pas tout l'argent nécessaire. Il dut emprunter cinq cents livres au comte Durosel de Beaumanoir, alors gouverneur d'Ajaccio [1].

Le 16 juin, il s'embarquait en compagnie de sa fille Marie-Anne et de mademoiselle Cattaneo. De Marseille, il se rendit directement à Autun et de là à Brienne.

Charles avait quitté Napoléon enfant ; il le retrouva jeune homme. « Son teint, image fidèle des irrégula-

---

1. Comte *Durosel de Beaumanoir*, né en 1717, entré au service en 1733, commandeur de l'Ordre de Saint-Louis en 1777, lieutenant général des armées du Roi, le 1er janvier 1781, grand'croix en 1787, en dédommagement du commandement en chef de l'île, dont le priva le marquis de Jaucourt qui remplaça M. de Marbeuf. Il écrivait au premier consul, en 1800 :

« Vous vous ressouviendrez, citoyen premier consul, que lorsque monsieur votre père fut obligé d'aller retirer messieurs *vos frères du collège d'Autun*, d'où il fut vous voir à Brienne, il se trouva sans argent comptant. Il me demanda vingt-cinq louis, que je lui prêtai avec plaisir. A son retour, il n'eut pas occasion de me les rendre ; et lorsque je quittai Ajaccio, madame votre mère m'offrit de se défaire de quelque argenterie pour me les donner. Je rejetai cette offre en lui disant que, quand elle pourrait le faire, je laisserais à M. Souiris le billet de monsieur votre père, et qu'elle le reprendrait à sa commodité. Je juge qu'elle n'a pas trouvé le moment favorable, lorsque la résolution est arrivée, pour effectuer son désir.

« Vous trouverez singulier, citoyen premier consul, que, pour une somme aussi modique, j'aille troubler vos occupations ; mais ma position est si dure, que ce petit objet sera quelque chose pour moi.... »

« rités fonctionnelles de ses organes et des préoccupa-
« tions de son âme impatiente, était jaune et même
« bistre. L'extrême vivacité de son regard et la con-
« tractibilité nerveuse de ses lèvres minces dénotaient
« l'impétuosité des idées qui bouillonnaient dans ce
« cerveau d'adolescent. »

Quelles durent être les paroles échangées avec ce père à peine entrevu dans la vie, et ce frère et cette sœur qu'il avait laissés tout enfants? Nous n'avons de trace de ses sentiments que par la lettre[1] qu'il adressait à son oncle Fesch quelques jours après :

« Mon cher oncle, je vous écris pour vous informer du passage de mon cher père à Brienne, pour aller conduire Marianne à Saint-Cyr et tâcher de rétablir sa santé. Il est arrivé ici le 21 avec Lucien et les deux demoiselles que vous avez vues.

« Il a laissé ici ce dernier qui est âgé de neuf ans et grand de trois pieds onze pouces six lignes. Il est en sixième pour le latin, et va apprendre toutes les différentes parties de l'enseignement.

« Il sait très bien le français, et a oublié l'italien tout à fait. J'espère qu'actuellement il vous écrira plus souvent que lorsqu'il était à Autun. Je suis persuadé que mon frère Joseph[2] ne vous a pas écrit. Comment voudriez-vous qu'il le fît. Il n'écrit à mon cher père que deux lignes, quand il le fait. En vérité, ce n'est plus le même. Cependant il m'écrit très souvent. Il est en rhétorique... Quant à l'état qu'il veut embrasser, l'ecclésiastique a été, comme vous savez, le premier qu'il a choisi. Il a persisté dans

1. Mss. Archives guerre. — Comte Casabianca. — Bonaparte à Fesch, Brienne, 15 juillet 1784.
2. Joseph Bonaparte n'était donc pas en Corse, à cette date, comme on le prétend dans ses Mémoires.

cette résolution jusqu'à cette heure, où il veut servir le roi, en quoi il a bien tort, pour plusieurs raisons.

« 1° Comme le remarque mon cher père, il n'a pas assez de hardiesse pour affronter les périls d'une action; sa santé faible ne lui permet pas de soutenir les fatigues d'une campagne, et mon frère n'envisage l'état militaire que du côté des garnisons. Oui, mon cher frère sera un bon officier de garnison, fort bien fait, ayant l'esprit léger, conséquemment propre à de frivoles compliments, et avec ses talents, il se tirera toujours bien d'une société, mais d'un combat? C'est ce dont mon cher père doute.

> « *Qu'importe à des guerrié ces frivoles avantages;*
> « *Que sont tous ces trésors sans celui du courage.*
> « *A ce prix fuciez-vous aussi bien qu'Adonis,*
> « *Du dieu même du Peon eussiez-vous l'élocance,*
> « *Que sont tous ces dons? Sans celui de l'avallance!* »(sic)[1].

« 2° Il a reçu une éducation pour l'état ecclésiastique : il est bien tard pour se démentir. Monseigneur l'évêque d'Autun lui aurait donné un gros bénéfice, et il était sûr d'être évêque. Quels avantages pour la famille! Monseigneur d'Autun a fait tout son possible pour l'engager à persister, lui promettant qu'il ne s'en repentirait point. Bien; il persiste. Je le loue, si c'est du goût décidé qu'il a pour cet état, le plus beau de tous les corps, et si le grand moteur des choses humaines, en le formant, lui a donné, comme à moi, une inclination décidée pour le militaire. Il veut qu'on le place dans le militaire, c'est fort bien, mais dans quel corps? Est-ce dans la marine?

« 1° Il ne sait point de mathématiques; il lui faudra deux ans pour les apprendre; 2° sa santé est incompatible avec

---

1. Qu'importe à des guerriers ce frivole avantage?
   Que sont tous ces trésors sans celui du courage?
   A ce prix fussiez-vous aussi beau qu'Adonis,
   Du dieu même du Pinde eussiez-vous l'éloquence,
   Que sont tous ces dons sans celui de la vaillance?

la mer. Est-ce dans le génie ? Il lui faudra quatre ou cinq ans pour apprendre ce qu'il lui faut ; et au bout de ce terme il ne sera encore qu'élève du génie. D'ailleurs, je pense que toute la journée être occupé à travailler n'est pas compatible avec la légèreté de son caractère. La même raison qui existe pour le génie existe pour l'artillerie, à l'exception qu'il faudra qu'il ne travaille que dix-huit mois pour être élève, et autant pour être officier. Oh ! cela n'est pas encore de son goût. Voyons donc : il veut être sans doute dans l'infanterie. Bon, je l'entends, il veut être toute la journée sans rien faire, il veut battre le pavé toute la journée, d'autant plus, qu'est-ce qu'un mince officier d'infanterie ! Un mauvais sujet les trois quarts du temps. Et c'est ce que mon cher père, ni vous, ni ma mère, ni mon oncle l'archidiacre ne veulent, car il a déjà montré de petits tours de légèreté et de prodigalité. En conséquence, on fera un dernier effort pour l'engager à l'état ecclésiastique, faute de quoi mon cher père l'emmènera avec lui en Corse, où il l'aura sous les yeux ; on tâchera de le faire entrer au barreau.

« Je finis en vous priant de me continuer vos bonnes grâces ; m'en rendre digne sera le devoir pour moi le plus essentiel et le plus recherché. Je suis avec le respect le plus profond, mon cher oncle,

« Votre très humble et très obéissant serviteur et neveu.

« Napoleone di Buonaparte.

« P. S. *Déchiré* cette lettre.

« Il faut espérer que *Josphe* avec les talents qu'il a et les sentiments que son éducation doit lui avoir inspiré, prendra le bon *partie* et sera le *sutien* de notre famille.

« Représentez-lui un peu tous ces avantages[1]. »

---

1. Lucien ajoute :

« Mon cher oncle,

« Je suis arrivé à Brienne il y a trois jours, le premier moment

Tout y est dans cette lettre, la netteté, la précision, la volonté et l'ardent désir de la fortune. Les images abondent ; les arguments se pressent. Il prétend déjà régenter sa famille, ainsi qu'il le fera plus tard sans y mettre tant de formes.

Ce qui paraît le frapper surtout dans le renoncement de Joseph à l'état ecclésiastique, c'est l'abandon d'un bien-être assuré. « Monseigneur l'évêque d'Autun
« lui aurait donné *un gros bénéfice*, il *était sûr d'être*
« *évêque. Quels avantages pour la famille!* » et plus loin, en post-scriptum : « Il faut espérer que Joseph
« prendra le bon parti et sera le soutien de notre
« famille. Représentez-lui un peu tous ces avantages. »

Quant au sentiment de profond mépris si vertement manifesté par lui pour l'arme de l'infanterie, il est assez étrange, pour mériter qu'on en recherche le point de départ.

Il n'a quitté Ajaccio que pour entrer à Brienne. Or, avec ses camarades, il n'avait guère de conversation. D'ailleurs, qu'auraient pu lui dire ces enfants sans expérience? C'est donc uniquement en Corse, à la suite des récits des gens de la maison sur l'attitude parfois bizarre de ces officiers fraîchement débarqués et posant en vainqueurs dans les rues d'une ville

---

de loisir que *j'ai l'employe* à vous remercier des bontés que vous m'avez de tous *tems témoigné a* vous prier de me les continuer je *tacherai* de m'en rendre digne en m'appliquant de plus en plus à mes *devoires* et en contentant mes *maitre* le plus qu'il me sera possible.

« Je *finie en* vous souhaitant une santé aussi parfaite que la mienne, mon cher oncle.

« Votre très humble et très obéissant serviteur et neveu.

« Lucciano di Buonaparte. »

nouvellement conquise, qu'il a pu se former une opinion pareille. Peut-être même, étant enfant, a-t-il assisté à quelque rixe, assez fréquente en ce temps-là entre militaires et citadins? Tout est possible de la part d'un enfant dont les impressions sont si vives.

Pour le moment, la situation de Napoléon à Brienne était assez délicate. La mort de l'inspecteur, M. de Keralio, avait bouleversé toutes les propositions. Le nombre des concurrents pour les places à donner dans la marine était considérable. M. de Keralio n'étant plus là, le choix se porta sur des candidats mieux appuyés. Napoléon fut éliminé et maintenu à l'école jusqu'à la promotion suivante. On le mit, il est vrai, à la tête d'un peloton; mais c'était du temps de perdu. Or Lucien allait entrer à Brienne. Que faire? Sur le conseil du Père supérieur, Charles Bonaparte se décida à adresser au ministre une nouvelle supplique[1] :

« MONSEIGNEUR,

« Charles Bonaparte d'Ajaccio en Corse, réduit à l'indigence par l'entreprise du dessèchement de salines et par l'injustice des jésuites qui lui enlevèrent la succession Odonna, à lui dévolue, et affectée aujourd'hui à l'instruction publique, a l'honneur de vous représenter que son fils cadet se trouve depuis six ans à l'école royale militaire de Brienne, qu'il s'y est toujours comporté d'une manière distinguée, comme il vous est aisé, Monseigneur, de le connaître, en vous faisant rapporter ses notes, que, suivant le conseil de M. le comte de Marbeuf, il a tourné ses études du côté de la marine. Il a si bien réussi, qu'il avait

---

[1]. Mss. Archives de la guerre.

été destiné par M. de Keralio pour l'école de Paris, ensuite pour le département de Toulon. La retraite de l'ancien inspecteur, Monseigneur, a changé la destinée de mon fils, qui n'a plus de classes au collège, à la réserve des mathématiques, et qui se trouve à la tête d'un peloton, avec le suffrage de tous ses supérieurs.

« Le suppliant a mis en pension son troisième fils (Lucien), au même collège, à Brienne, pour qu'il puisse remplacer son frère. Il a l'honneur de joindre le certificat du professeur du collège et son extrait de baptême, et de vous supplier en faisant placer son cadet, de recevoir élève son troisième fils, qui est dans sa neuvième année, et aux frais du suppliant, qui n'a plus les moyens de contribuer à sa pension.

« Vous ne pouvez pas faire une plus grande charité, Monseigneur, que de soulager une famille qui se trouve abandonnée, qui a toujours bien servi le roi, et qui redoublera ses efforts pour le bien du service, et a signé,

« Buonaparte[1]. »

Cela fait, Charles se rendit à Paris avec Marie-Anne. Dans les derniers jours de juin, la jeune Corse entrait à Saint-Cyr. Pour Charles, il continuait la série de ses sollicitations. Chez M. Le Sancquer[2], il apprenait le rejet de la demande d'admission gratuite de son fils Lucien à Brienne. Il fallait auparavant, lui

---

1. Le ministre écrivit en haut : « Faire la réponse ordinaire, s'il y a lieu. »
On lit en marge ;
« On fait connaître à ce gentilhomme, que sa demande sera inadmissible, tant que son second fils serait à l'école militaire de Brienne, deux frères ne pouvant être en même temps dans les écoles militaires. »
2. Commis au secrétariat de la guerre, ayant dans ses attributions le service de l'artillerie.

disait-on, que Napoléon quittât l'école et renonçât à la marine. Il en écrivit tout aussitôt à son fils. Celui-ci désigna l'artillerie ou le génie. Une arme ou une autre, peu lui importait, pourvu qu'il n'entrât ni dans la cavalerie, où les souffrances d'amour-propre étaient incessantes, ni dans l'infanterie où l'on ne faisait rien.

Charles écrivit dans ce sens au ministre de la guerre[1]. Il désigna l'artillerie. Le mémoire de proposition pour l'admission de Napoléon, en qualité de cadet-gentilhomme à l'École royale militaire de Paris, fut donc établi, le 16 juillet 1784[2], dans les bureaux mêmes du secrétariat de la guerre et remis, avec avis favorable, à l'inspecteur général des écoles royales, M. le marquis de Timbrune. Celui-ci répondit qu'à l'inspection suivante on ne manquerait pas de faire droit à la demande du postulant, si le candidat se trouvait dans les conditions exigées. Ce n'était donc plus qu'une affaire de temps. Restait Joseph qui décidément se refusait à toute idée de carrière ecclésiastique. Il prétendait entrer dans l'artillerie ou le génie, bien qu'il n'eût pas fait les études préparatoires. Charles Bonaparte céda. Il fit une nouvelle démarche en sa faveur, auprès du maréchal de Ségur[3] :

« Charles de Buonaparte *cy devant* député de la noblesse des États de Corse, implora le secours du Roy pour l'admission de deux de ses *enfans* aux Écoles Royales militaires.

---

1. 15 juillet 1784. Mss., archives de la guerre.
2. Mss. Archives de la guerre et Nasica, p. 76.
3. Mss. Archives de la guerre, 18 juillet 1784.

« Mais ne pouvant obtenir la place que pour son cadet, il mit en pension son aîné au collège d'Autun en Bourgogne. Son dit fils a tourné ses études pour l'artillerie ou pour le génie, et il se trouve en état d'être placé. Il a *finit* ses classes avec *distiction*, suivant le certificat du principal qu'il a l'honneur de joindre à la présente requête.

« Le suppliant, Monseigneur, destitué de toute *protetion* est *venù* avec confiance se jeter à vos pieds pour intéresser votre cœur paternel en faveur d'une nombreuse famille qui désire servir son *Roy*.

« Il a l'honneur de vous demander une place dans l'artillerie ou dans le génie, pour son aîné, qui a *finit* ses classes, et que, retournant en Corse, il perdrait le fruit de son éducation.

« Dieu puisse vous conser..er longtemps, Monseigneur, à la France et à votre famille, et vous accorder une parfaite *santee*.

Ledit suppliant : DE BUONAPARTE.

Cette lettre de Charles Bonaparte fait peine. On pressent dans ces termes de basse supplication l'affaiblissement moral et physique d'un homme usé par les génuflexions et les sollicitations incessantes. Et, c'est là tout le dix-huitième siècle ! adulation, servitude et arrogance ! de dignité, nulle part.

Au haut de la lettre de ce père aux abois, on peut lire cette ligne écrite par le ministre : « Voir à luy « faire dire que c'est avec M. le marquis de Timbrune, « qu'il doit s'entendre. » Le 23 juillet, en effet, on répondait de Versailles à M. de Buonaparte, ancien député de la noblesse de Corse, à Paris ;

« Je me suis fait rendre compte, Monsieur, du mémoire que vous m'avez remis, par lequel vous demandez que l'aîné de MM. vos fils, qui se destine pour le corps royal de l'artillerie ou pour celui du génie puisse concourir à l'effet d'être admis dans l'un ou dans l'autre corps.

« Comme vous annoncez qu'il étudie au collège militaire d'Autun, c'est par M. le marquis de Timbrune, inspecteur général des établissements de cette espèce qu'il doit m'être proposé, ainsi vous pouvez vous adresser à lui. Je vous renvoie en conséquence les pièces qui étaient jointes à ce mémoire, afin que vous puissiez les lui présenter. »

Charles Bonaparte, cette fois, s'adressa à M. de Timbrune. Celui-ci répondit favorablement. Joseph pût espérer concourir, mais à la condition de posséder l'instruction nécessaire. Or, au collège d'Autun, on n'étudiait que les humanités. Il fut donc convenu que Joseph entrerait soit à Brienne, soit à Metz, à l'ouverture des cours annuels, c'est-à-dire dans les premiers jours du mois de novembre, de manière à se trouver en état de passer son examen, l'année suivante. En attendant, il reviendrait en Corse avec son père, dont l'état de santé était devenu inquiétant. Charles Bonaparte, en effet, se trouvait à bout de forces et de ressources. Dès les premiers jours d'août, il dut repartir pour Ajaccio, en passant par Autun. Il y prit Joseph.

Le 12 septembre, Napoléon lui écrivait[1] :

Mon cher Père,

« Votre lettre, comme vous pensez bien, ne m'a pas fait beaucoup de plaisir ; mais la raison et les intérêts de votre santé et de la famille, qui me sont fort chers, m'ont

1. Mss. Archives de la guerre.

fait louer votre prompt retour en Corse et m'ont consolé tout-à-fait. D'ailleurs étant assuré de la continuation de vos bontés et de votre attachement et empressement à me faire sortir et seconder en ce qui peut me faire plaisir, comment ne serais-je pas bien aise et content ? Au reste je m'empresse de vous demander des nouvelles des effets que les eaux ont fait sur votre santé et de vous assurer de mon respectueux attachement et de mon éternelle reconnaissance. »

« Je suis charmé que Joseph soit venu en Corse avec vous, pourvu qu'il soit ici le 1er novembre... Joseph peut venir ici parce que le père Patrault, mon maître de mathématiques que vous connaissez, ne partira point. En conséquence, monsieur le principal m'a chargé de vous assurer qu'il sera très bien reçu ici et qu'en toute sûreté, il peut venir. Le père Patrault est un excellent maître de mathématiques et il m'a assuré particulièrement qu'il s'en chargerait avec plaisir ; et si mon frère veut travailler, nous pourrons aller ensemble à l'examen d'artillerie. Vous n'aurez aucune démarche à faire pour moi, puisque je suis élève simplement. Il faudrait en faire pour Joseph, mais puisque vous avez une lettre pour lui, tout est dit. Ainsi, mon cher père, j'espère que vous préférerez le placer à Brienne, plutôt qu'à Metz, pour plusieurs raisons :

« 1° Parce que cela sera une consolation pour Joseph, Lucien et moi ;

« 2° Parce que vous serez obligé d'écrire au principal de Metz ce qui retardera encore, puisqu'il vous faudra attendre sa réponse ;

« 3° Il n'est pas ordinaire à Metz d'apprendre ce qu'il faut que Joseph sache pour l'examen, en six mois ; en conséquence, comme mon frère ne sait rien en mathématiques, on le mettrait avec des enfants, ce qui le dégoûterait. Ces raisons et beaucoup d'autres doivent vous engager à l'envoyer ici ; d'autant plus qu'il sera mieux. Ainsi, j'espère qu'avant la fin d'octobre j'embrasserai

Joseph. Du reste, il peut fort bien ne partir de Corse que le 26 ou le 27 octobre, pour être ici le 12 ou 13 novembre prochain. »

« Je vous prie de me faire passer Boswel (Histoire de Corse) avec d'autres histoires ou mémoires touchant ce mémoire. Vous n'avez rien à craindre ; j'en aurai soin et les rapporterai en Corse avec moi, quand j'y viendrai, fût-ce dans six ans. »

« Adieu, mon cher père : Chevalier vous embrasse de tout son cœur. Il travaille fort bien ; il a fort bien su à l'exercice public. Monsieur l'inspecteur sera ici le 15 ou le 16 au plus tard de ce mois ; c'est-à-dire dans trois jours. Aussitôt qu'il sera parti, je vous manderai ce qu'il m'a dit. Présentez mes respects à Minana Saveria, Zia Geltrude, Zio Nicolino, Zia Torita, etc. Mes compliments à Minana Francesca, Santo, Giovanna, Orezio ; je vous prie d'avoir soin d'eux. Donnez-moi de leurs nouvelles et dites-moi s'ils sont à leur aise. Je finis en vous souhaitant une aussi bonne santé que la mienne. »

« Votre très humble et très obéissant, T. C. et fils,

DE BUONAPARTE, l'arrière-cadet.

Cette lettre est aussi intéressante que la précédente. Elle nous montre Napoléon sous un jour différent de celui sous lequel nous l'avons entrevu jusqu'ici. Pour la première fois, il est affectueux dans sa correspondance. On sent que la visite du père et de la sœur ainsi que le voisinage du gai Lucien ont exercé une heureuse influence sur le jeune solitaire de Brienne. Comme toujours, le contenu de sa missive est précis et méthodique. Il indique des solutions, donne presque des ordres et énumère les raisons qui doivent faire adopter son opinion. Mais le passage le plus curieux est relatif à l'histoire et aux mémoires sur la Corse, dont il réclame l'envoi. Bonaparte a déjà en tête l'ouvrage qui deviendra le but de toute sa jeunesse. « Vous n'avez rien à craindre, j'en aurai « soin et les rapporterai en Corse, quand j'y revien- « drai, fût-ce dans six ans. »

Quatre jours après avoir écrit à son père, Bonaparte passait son nouvel examen devant M. Regnaud de Mons, le successeur de M. de Keralio. Il fût reçu et proposé pour l'arme de l'artillerie. Un mois plus tard, il recevait l'ordre de se rendre à l'École militaire de Paris. La note de sortie de l'école de Brienne qui le concerne, était ainsi conçue :

« Napoléon Bonaparte est entré à l'école royale militaire de Brienne-le-Château, à l'âge de neuf ans, huit mois, cinq jours ; il y a passé cinq ans, cinq mois, vingt-sept jours, et en est sorti à l'âge de quinze ans, deux mois, deux jours, pour se rendre à l'école militaire de Paris, ainsi qu'il conste par l'extrait suivant tiré du registre de sortie des élèves du roi. »

« Le 17 octobre 1784 est sorti de l'école royale militaire de Brienne M. Napoléon de Buonaparte, écuyer, né en la ville d'Ajaccio, en l'île de Corse, le 15 août 1769, fils de noble Charles Marie de Buonaparte, député de la noblesse de Corse, demeurant en la dite ville d'Ajaccio, et de dame Lœtitia Ramolino, sa mère, suivant l'acte porté au registre de réception, folio 31, reçu dans cet établissement, le 23 avril 1779. »

« Le même jour sont sortis avec Napoléon de Buonaparte, pour se rendre à l'école militaire de Paris, MM. Nicolas Laurent de Montarby, Jean Joseph de Comminges, Henri Alexandre Léopold de Castries, Pierre François Marie Laugier de Bellecourt. »

1. Note de M. Berton, sous-principal du collège de Brienne.

Le 19, Bonaparte était à Paris. Il se présentait le même jour à ses chefs; mais il ne put être admis. Sa lettre de service ne lui parvint que le 23 octobre.

A monsieur le marquis de Timbrune, inspecteur général de mes écoles royales d'artillerie.

Monsieur de Timbrune,

« Ayant donné à Napoleone de Buonaparte, né le 15 août 1769, une place de cadet-gentilhomme, dans la compagnie des Cadets-gentilshommes établie en mon école royale militaire ; »

« Je vous écris cette lettre pour vous dire que vous ayez à le recevoir et faire reconnaître en ladite place de tous ceux et ainsi qu'il appartiendra ; et la présente n'étant à autre fin, je prie Dieu qu'il vous ait, monsieur le marquis de Timbrune, en sa sainte garde. »

Écrit à Versailles, le 22 octobre 1784.

Louis.

Le maréchal de Ségur.

Le 23 au soir, Bonaparte faisait donc son entrée à l'École, en même temps que MM. de Montarby de Dampierre, de Comminges, de Laugier de Bellecourt et de Castries[1].

Dans quelles dispositions intellectuelles et morales allait-il faire partie de cette noble compagnie?

Son caractère un instant adouci par la présence de son frère avait conservé sa rudesse primitive. Son dernier examinateur l'avait jugé tel que nous l'a dépeint sa correspondance, lorsqu'il lui avait

1. Voir pièces à l'appui.

donné pour notes : « Caractère dominant, impérieux
« et entêté. » Quant à son instruction, elle était absolument nulle en belles-lettres. L'histoire, la géographie, les mathématiques lui avaient paru seules dignes de fixer son attention. Les notions qu'il retirait de leur étude concordaient avec les idées qui l'envahissaient. Que lui importait la forme? La pensée, chez lui, devait toujours devancer la plume. Et quelles pensées dans ce cerveau de quinze ans, en quête d'une histoire de Corse à faire et d'une vengeance à tirer des conquérants de sa patrie! Comment astreindre son esprit à ces règles méthodiques d'une phrase correcte? Lui et sa sœur Élisa, les deux fortes têtes de la famille, sont dans le même cas. Ils seront restés des années sur les bancs des écoles, l'un à Brienne, l'autre à Saint-Cyr, sans être parvenus à se pénétrer des plus simples règles de l'orthographe. A l'École militaire, il n'en sera ni plus ni moins. A quoi bon? Pour l'instant l'apprenti marin se prépare à passer artilleur, en attendant qu'il devienne le conquérant de l'Europe.

CHAPITRE VII

BONAPARTE A L'ÉCOLE MILITAIRE DE PARIS

22 octobre 1784. — 22 septembre 1785.

Réorganisation de l'école militaire de Paris. — La compagnie des cadets-gentilshommes. — Composition du personnel de l'école. — Son fonctionnement. — Bonaparte à l'école. — Son *binôme* le chevalier Des Mazis cadet. — Souffrances morales de Bonaparte. — Son mémoire sur l'école militaire. — Tristes nouvelles d'Ajaccio. — Naissance de Jérôme Bonaparte (7 novembre 1784). — Nouvelles difficultés de Charles Bonaparte à propos de la succession Odone. — Nouveau voyage en France avec Joseph. — Sa maladie. — Son arrêt à Montpellier. — Madame Permon. — Mort de Charles Bonaparte, le 24 février 1785. — Embarras financiers de la famille. — Retour de Joseph Bonaparte en Corse. — Abandon de ses projets militaires. — L'archidiacre Lucien Bonaparte nommé tuteur de la famille. — Douleur de Bonaparte à l'école. — Son mémoire sur l'éducation des jeunes maniotes. — Ses visites à la famille Permon. — Ses visites à Saint-Cyr. — Le couvent des demoiselles nobles de Saint-Louis. — Bonaparte passe ses examens pour entrer dans l'artillerie. — Il est classé avec le n° 42. — Le 1er septembre 1785, il est nommé second lieutenant au régiment d'artillerie de la Fère, à Valence. — Il reçoit sa lettre de service, le 24 octobre. — Il quitte l'école militaire de Paris, le 29 octobre 1785 [1].

L'Ecole militaire de Paris venait d'être réorganisée. Supprimée à cause des abus qu'elle avait occasionnés et du mauvais esprit qui y régnait, elle fut rétablie

---

1. Comte de Ségur, ministre de la guerre, 23 décembre 1780 — 29 août 1787. — *Précis des événements :* Arrêt contre la publication des œuvres de Voltaire. — Révolution de Hollande.

aussitôt après la chute de M. le comte de Saint-Germain.

En réalité, les adversaires du ministre avaient eu beau jeu pour réclamer le retour à l'ancien état de choses. Ce n'était pas à l'École, disaient les détracteurs, que ces enfants de quinze ans avaient pris ces idées d'infatuation, mais au sein même de leurs familles divisées dans chaque province par une foule de démarcations plus abusives les unes que les autres. Au régiment, d'ailleurs, ils s'étaient heurtés à des divergences de même nature. Tout était nuancé dans les relations des officiers, soit entre eux, soit avec la société qui formait le fond de la garnison. En résumé, ajoutaient-ils, la suppression de l'École, loin d'arrêter le mal, n'avait fait que l'aggraver en lançant dans la vie active des troupes, des jeunes gens, des enfants, qui n'avaient pas même reçu le complément d'instruction uniforme donné précédemment à l'École. D'autre part, les bâtiments affectés à cet établissement restaient vacants ; c'était une perte pour l'État. De plus, professeurs, officiers et agents n'avaient pas été replacés, et touchaient des indemnités onéreuses. Le roi se rendit à ces raisons. La réorganisation fut décidée. Le 17 juillet 1777, parut l'ordonnance prescrivant la reconstitution à Paris d'un corps de cadets-gentilshommes et d'un cours d'instruction à l'usage de ces jeunes nobles.

Le commandement devait être exercé par l'Inspecteur général des Écoles militaires. Les cadets étaient choisis parmi les élèves les plus distingués des collèges militaires de province, âgés de treize à quinze ans. Ils étaient nommés par le roi, élevés et entretenus gratuitement pendant la durée de leur séjour.

Les jeunes gens, dont l'éducation s'était faite aux frais des familles, pouvaient également concourir à l'admission. Dans ce cas, ils payaient deux mille livres de pension annuelle et quatre cents livres de trousseau. Tous avaient le même rang que les cadets-gentilshommes servant dans les troupes. Ils obtenaient de droit leur brevet de sous-lieutenant à seize ans révolus, mais conservaient la faculté de rester à l'École pour y compléter leur instruction[1]. Quant à ces études, elles devaient porter uniquement sur les langues vivantes, l'histoire, la géographie, les mathématiques, les fortifications, le dessin, la danse, l'escrime et l'équitation.

Rien n'est curieux comme l'organisation intérieure de cet établissement d'éducation fonctionnant dans les bâtiments de ce que l'on appelle encore aujourd'hui l'École militaire du Champ de Mars. Si le nombre des cadets est restreint, cent vingt au plus, celui des officiers, professeurs et agents est au contraire exagéré. Qu'on en juge :

Un gouverneur général, inspecteur général des Écoles, M. le marquis de Timbrune-Valence, lieutenant général ;

Un sous-inspecteur général commandant l'hôtel, le chevalier Reynaud de Mons, brigadier de dragons ;

Un commandant de la compagnie de cadets-gentilshommes, M. le baron de Moyrio, lieutenant-colonel de cavalerie ;

Un directeur général des études, chargé des affaires

---

1. Ordonnance du 18 octobre 1777. — Ordonnance du 11 janvier 1778. — Ordonnance portant règlement pour l'organisation intérieure de l'École, du 6 novembre 1779.

extérieures, M. le chevalier de Walfort, mestre de camp d'infanterie;

Un contrôleur général de l'hôtel, M. Pelé;

Un secrétaire du conseil, garde des archives, M. Haquin;

Un trésorier général, M. Choulx de Biercourt;

Un aide-major de l'hôtel, M. de la Noix, major d'infanterie;

Quatre sous-aides-majors MM. de Pernon, de Tarragon, chevalier Dupuy, chevalier de Mars, capitaines d'infanterie;

Un commissaire des guerres de la compagnie des cadets, M. David, ordonnateur[1];

Un commissaire du roi pour vérifier la noblesse des élèves[2], M. d'Hozier de Sérigny;

Trois écuyers, MM. d'Auvergne, lieutenant-colonel commandant en chef; MM. de Bongard et le chevalier Louis Dutertre, capitaines de cavalerie;

Un contrôleur des bâtiments, deux directeurs spirituels, un chapelain, un sacristain; un maître des enfants de chœur, des chantres, un organiste;

Un médecin, M. Macmahon[3];

Un chirurgien-major, M. Garre, chevalier de l'Ordre, docteur, etc.[4];

Un chirurgien-oculiste, M. Grandjean; *deux aides-chirurgiens et un apothicaire.*

Pour l'enseignement: *deux professeurs de fortification; deux professeurs de dessin; trois professeurs de*

---

1. M. David demeurait à l'arsenal.
2. M. D'Hozier demeurait vieille rue du Temple.
3. L'abbé *Macmahon*, frère du médecin, était abbé honoraire au château royal de la Bastille.
4. M. Garre demeurait rue de Grenelle.

mathématiques, dont Monge et J.-B. Labbey; *trois maîtres de langues*, dont M. Bauer pour l'allemand; *deux maîtres de géographie; un professeur d'histoire*, M. de L'Éguille; *un professeur de belles-lettres*, M. Domairon; deux maîtres d'escrime, deux maîtres de danse, un maître d'écriture, un maître de voltige, un bibliothécaire, quatre capitaines des portes, un contrôleur de la bouche, un concierge, un garde-magasin, un chef de bureau de la comptabilité, un commis du bureau du contrôle général, quatre commissaires du secrétariat, un inspecteur des bâtiments, un sous-inspecteur des bâtiments, un tailleur, des perruquiers, des ravaudeuses, des garçons de salle, etc... Et tout ce monde était logé et nourri aux frais de l'État. Et quels logements[1] !

L'administration occupait les principaux locaux

---

1. Les tables des cadets étaient de trente couverts. Chaque table comprenait cinq services, savoir :

(*Dîner gras*), la soupe, le bouilli, deux entrées, trois assiettes à dessert.

(*Souper gras*), deux plats d'entremets, salade, trois desserts.

(*Dîner maigre*), la soupe, deux plats de légumes, un plat de graines, un plat de poisson, un plat d'œufs, trois desserts.

(*Souper maigre*), potage au riz, deux plats de légumes, un plat de graines, un plat de poisson, un plat d'œufs et trois desserts.

A déjeuner et à goûter les cadets avaient du pain.

Ils recevaient deux vêtements neufs par an, le 1er mai et le 1er novembre. (Règlement du 7 juin 1780). L'habillement d'hiver se composait du grand uniforme complet et d'un chapeau garni en argent. Le tout coûtait quatre-vingt-cinq livres. L'habit d'été comportait l'habit de grand uniforme, une culotte écarlate, trois vestes de basin, plus un chapeau bordé en argent. Les deux vêtements revenaient à cent soixante-dix-sept livres treize sols. Chaque cadet avait son linge à lui, marqué à son numéro. Il en changeait trois fois par semaine. Ce linge se composait de douze chemises, douze cols, douze mouchoirs, douze paires de bas. A sa sortie il touchait un trousseau neuf composé de la même quantité de linge.

situés du côté du Champ de Mars, à proximité de la salle du conseil dont les réunions étaient mensuelles. L'état-major était installé dans les bâtiments de l'aile gauche. Les écuyers demeuraient dans les locaux annexes de la partie réservée à l'état-major. Les ecclésiastiques se trouvaient à la droite, les professeurs à l'aile en retour de celle des ecclésiastiques. Les médecins, le chirurgien et le restant du personnel habitaient le bâtiment situé en face de l'infirmerie. Les cadets avaient le surplus, c'est-à-dire les combles, où ils couchaient deux par deux dans d'étroites cellules. Bonaparte resta dans l'une de celles dont l'unique fenêtre donnait sur la grande cour. Il y eut pour *binôme* le cadet Des Mazis[1] (Alexandre).

A l'école, Bonaparte fut moins isolé qu'à Brienne. Sa sœur se trouvait à proximité de lui, à Saint-Cyr; son camarade était un simple et bon garçon qui devint son confident et son ami, autant qu'on pouvait l'être d'un jeune homme déjà disposé à tout dominer. Quant à ses souffrances morales, elles n'avaient fait qu'augmenter. A Paris, la rivalité entre pensionnaires et pensionnés, entre nobles de province et nobles de cour, se traduisait chaque jour par des scènes pénibles. Il n'en pouvait être autrement dans un milieu où l'on voyait en contact avec les fils pauvres de braves officiers de fortune tels que Des Mazis, d'aussi hauts et arrogants petits person-

---

1. *Des Mazis*, né à Strasbourg, le 6 septembre 1761.
Il était entré en 1783 et venait de l'École de Rebais. Il avait une place gratuite. D'une famille noble de Beauce, son père était ancien colonel d'artillerie et neveu d'un inspecteur général de ce corps. Son frère, Gabriel Des Mazis, né en 1755 était entré dans l'artillerie en 1771.

nages que MM. de Rohan-Guéménée, de Marcillac, de Forbin, de Cheler, de Castelpert, de Chastenet de Puységur, de Loyne d'Autroche, de Saporta, de Montmorency-Laval, etc. [1]..... Ce fut probablement sous l'influence de ces sentiments qu'il rédigea un mémoire [2] sur le luxe inutile des écoles militaires? D'après lui « les élèves du roi, tous pauvres
« gentilhommes, ne pouvaient puiser dans l'école,
« au lieu des qualités du cœur, que l'amour des sen-
« timents de suffisance et de vanité, tels qu'en
« regagnant leurs pénates, loin de partager avec
« plaisir la modique aisance de leur famille, ils rou-
« giraient peut-être des auteurs de leurs jours et
« dédaigneraient leur modeste manoir. Au lieu d'en-
« tretenir un nombreux domestique autour de ces
« élèves, de leur donner journellement des repas à
« plusieurs services, de faire parade d'un manège
« très coûteux, tant pour les chevaux que pour les
« écuyers, ne vaudrait-il pas mieux, sans toutefois
« interrompre le cours de leurs études, les astreindre
« à se suffire à eux-mêmes, c'est-à-dire, moins leur
« petite cuisine, qu'ils ne feraient pas, leur faire
« manger du pain de munition ou d'un qui en appro-
« cherait; les habituer à battre, brosser leurs habits,
« à nettoyer leurs souliers et leurs bottes, etc. Puis-
« qu'ils sont loin d'être riches et que tous sont desti-
« nés au service militaire, n'est-ce pas la seule et
« véritable éducation qu'il faudrait leur donner?

---

1. Voir aux pièces à l'appui la liste des élèves qui se sont trouvés à l'École militaire en même temps que Bonaparte.
2. Des extraits de ce mémoire ont été donnés par MM. Bourrienne et Libri.
De Coston, t. I, p. 62, 63, etc.

« Assujettis à une vie sobre, à soigner leur tenue, ils
« en deviendraient plus robustes, sauraient braver les
« intempéries des saisons, supporter avec courage les
« fatigues de la guerre et inspirer le respect et un dé-
« vouement aveugle aux soldats qui seraient sous
« leurs ordres. »

Dans le fait, Bonaparte avait le droit d'être triste. Les nouvelles d'Ajaccio étaient mauvaises. La famille, déjà si nombreuse, s'était encore accrue d'un nouvel enfant, Jérôme né le 15 novembre 1784[1]. Les difficultés que rencontrait son père de la part de l'administration, et particulièrement de l'économe séquestre, M. Souiris, pour l'expertise des biens composant la succession Odone, allaient croissant. A bout de patience et pour en finir, Charles se décida à faire de nouveau le voyage de Paris. Joseph, d'ailleurs, devait entrer à Brienne ; il aurait même dû s'y trouver lors de l'ouverture des cours. La maladie du père l'en avait empêché, et, quand ce dernier, profitant d'un semblant d'amélioration dans son état, se mit en route, il était trop tard. Pendant la traversée, Charles eut une rechute grave et, aussitôt débarqué, dut se faire conduire à Montpellier pour réclamer les soins de deux médecins célèbres, MM. Farjon et Lamure. Dans cette ville, d'ailleurs, il n'était pas isolé. Il y retrouvait une amie d'enfance, madame Permon, née Comnène, dont le mari venait de faire une fortune rapide dans l'entreprise des subsistances de l'armée de M. de Rochambeau[2].

---

1. Voir pièces à l'appui. Archives de Corse.
2. *Le comte de Vergennes*, grand ami de la famille, avait donné cette entreprise au mari.

Madame Permon sortait des couches de Laure, la future duchesse d'Abrantès [1]. Aussi hospitalière qu'intrigante, elle accueillit bien son compatriote. Malheureusement, la maladie fit des progrès d'une rapidité foudroyante. Charles n'eut que le temps d'envoyer son mémoire au ministre [2]. Le 24 février, il mourait [3]. Il avait trente-huit ans. Il s'était éteint comme il avait vécu, en libre penseur, en ennemi irréconciliable de la religion et des Jésuites, ces spoliateurs de sa famille [4] « Au moment de mourir, dit Las Cases, « il se fâcha vivement contre Fesch, qui déjà prêtre, « était accouru en étole et en surplis, pour l'assister « dans ses derniers moments. Il le pria de le laisser « mourir tranquille. »

Le coup était terrible pour la famille. Quelque peu digne et peu patriotique qu'eût été la conduite de

---

1. *M. Comnène* avait habité Ajaccio. Ancien capitaine dans le régiment de cavalerie de Vallière, il était mort à Ajaccio en 1772. Il avait eu une fille, (madame Permon), et trois fils, *Démétrius, Joseph* et *Georges.* Ils descendaient de la famille impériale de ce nom. Leurs biens avaient été donnés à M. de Marbeuf.

Démétrius Stephanopoli Constantin, l'aîné des fils, émigra avec Condé, fut un agent du comte de Provence, rentra en France après brumaire, mourut à Paris en 1820. Il était né à Ajaccio en 1749.

Son frère *Georges* mourut le 7 avril 1833. Il était né en 1756.

Madame Permon eut trois enfants; un fils du nom d'*Albert*, une fille née en 1778, morte en 1796, mariée au général de Geoffre ; une seconde fille, *Laure*, née le 6 novembre 1784, mariée à Junot.

2. Voir pièces à l'appui. Mss. Archives nationales.

3. Mss. Archives de la guerre. — Voir aux pièces à l'appui l'acte de décès et le procès-verbal d'autopsie.

Charles fut inhumé dans la chapelle de la communauté de l'Observance. Au rétablissement du culte, cette chapelle fut donnée aux protestants. Aujourd'hui, une imprimerie y est installée. Il est probable que son corps y est encore.

4. *Mémorial de Sainte-Hélène.*

Charles Bonaparte vis-à-vis des conquérants de son pays, quelque peu d'ordre qu'il eût eu dans ses affaires, il n'en avait pas moins montré une grande ténacité pour améliorer le sort des siens. Evidemment, le point de vue sous lequel il s'était placé pour arriver à la fortune pouvait paraître faux. Il s'était fait l'humble serviteur des puissants du jour et des ennemis de sa patrie. Il avait rêvé de donner à ses enfants une position et une éducation qui n'étaient pas en rapport avec leur situation de fortune. Il n'avait réussi qu'à en faire des incompris et des aigris.

Pour Joseph, cette mort ruinait tous ses projets. Il retourna avec Fesch à Aix où il passa quelques jours chez les Isoard[1]. D'Aix, il alla rejoindre sa mère. Beaucoup d'affaires ébauchées restaient à régler. Napoléon était à l'École Militaire, Élisa à St-Cyr, Lucien à Brienne, et madame Lætitia se trouvait seule à Ajaccio avec quatre enfants, Louis, Pauline, Caroline et Jérôme, âgé de trois mois. En sa qualité de seul garçon en âge de raison et libre, Joseph se voyait dans l'obligation de prendre en main la conduite de la maison et de chercher à se créer une situation. En attendant qu'il l'obtînt, le grand-oncle, l'archidiacre Lucien fut nommé tuteur par tous les membres de la famille[2].

Bonaparte ressentit vivement la perte qu'il venait

---

[1]. *Isoard* (Joachim Jean Xavier d') né à Aix, le 23 octobre 1766, mort à Paris le 8 octobre 1839; placé au séminaire d'Aix, rejoignit le comte de Provence à Vérone en 1792, rentra en 1795, fit partie des bandes royalistes, se sauva après le 18 fructidor, rentra après brumaire, nommé auditeur de rote en 1803, cardinal le 25 juin 1827, pair de France le 24 janvier 1839, succéda à son ami Fesch, le 14 juin 1839.

[2]. Mss. Voir pièces à l'appui.

de faire. Ses lettres à l'archidiacre[1] et à sa mère sont très dignes.

Paris, le 29 mars 1785.

« MA CHÈRE MÈRE,

« C'est aujourd'hui que le temps a un peu calmé les premiers transports de ma douleur, que je m'empresse de vous témoigner la reconnaissance que m'inspirent les bontés que vous avez toujours eues pour nous. Consolez-vous ma chère mère, les circonstances l'exigent. Nous redoublerons nos soins et notre reconnaissance, et heureux si nous pouvons, par notre obéissance, vous dédommager un peu de l'inestimable perte d'un époux chéri. Je termine, ma chère mère ; ma douleur me l'ordonne, en vous priant de calmer la vôtre. Ma santé est parfaite, et je prie tous les jours que le ciel vous en gratifie d'une semblable. Présentez mes respects à Zia Geltrude, Minana Saveria, Minana Fesch, etc.

« P. S. La reine de France est accouchée d'un prince, nommé le duc de Normandie, le 27 de mars, à 7 heures du soir.

Votre très humble et affectionné fils,

NAPOLEONE DE BUONAPARTE. »

Cette idée de songer à la naissance du duc de Normandie est bizarre. Il ne pensait alors qu'à la Corse, dont il étudiait l'histoire avec une ardeur fébrile. Le reste du temps, il l'employait à lire et à relire les ouvrages de Jean-Jacques. Solitaire comme le philosophe génevois, il voyait en noir cette société française, qui se présentait si mal à lui sous l'aspect de ces cadets, fils de famille, insultant à sa misère par leurs propos et leur dédain. Ce fut alors qu'il adressa

---

1. Mss. Voir pièces à l'appui.

à son ancien principal de Brienne, le Père Berton, un nouveau *mémoire sur l'éducation des jeunes Maniotes*, dont il proposait l'imitation, pour corriger les principes relâchés admis dans les écoles militaires françaises. Ce travail était destiné au ministre de la guerre. Le Père Berton lui conseilla le silence. En effet, qu'eût répondu le comte de Ségur, maréchal de France et ministre, à ce cadet de quinze ans ? A tout prendre, ces essais dénotaient chez leur auteur l'observation et la comparaison, qualités d'un ordre élevé, nécessaires à ceux qui sont appelés à diriger leurs concitoyens. Il est vrai que, développées dans un tel milieu hétérogène, ces mêmes qualités devaient se fausser et faire naître chez lui des sentiments haineux et non l'idée d'une émulation loyale.

Bonaparte avait pourtant les moyens de se distraire de ses prétendus chagrins. Il allait voir, quai Conti, la belle madame Permon. A Versailles, il était reçu chez M. de Marbeuf, l'évêque d'Autun[1]. A Saint-Cyr, il retrouvait sa jeune sœur qu'il affectionnait fort.

Élisa était tout son portrait ; même décision, même regard perçant, même caractère entier et susceptible et tout aussi peu de dispositions pour l'étude de la langue française. En un mot, trop Corse pour se prêter à la discipline étroite imposée par la méthodique fondatrice, madame de Maintenon, elle fut toujours une élève médiocre, incapable de prétendre au droit de porter le *ruban couleur de feu*[2].

---

1. *M. de Marbeuf* habitait aussi le palais abbatial de Saint-Germain-des-Prés.
2. Les demoiselles étaient partagées, suivant leur âge, en

Quelle impression dut ressentir Bonaparte quand il vit pour la première fois Élisa enfouie sous un vêtement d'étamine noire, des gants noirs bronzés aux mains, ses petits pieds chaussés de maroquin noir; pour coiffure, un bonnet de taffetas avec une gaze noire laissant échapper quelques mèches de cette belle chevelure tant admirée plus tard; sur la tête un ruban noir, puis une coiffe de taffetas avec une espèce de voile foncé par derrière et descendant aussi bas que les coudes; sur le cou, un mouchoir, une collerette de taffetas noir avec un bord de toile de batiste large de quatre doigts; aux poignets, des manchettes de toile unie et médiocrement fine, et sur la poitrine, une croix parsemée de fleurs de lis[1]!

Certes, il ne se doutait guère alors, ce futur tueur d'hommes, qu'à trente années de là ces mêmes cours où erraient des jeunes filles insouciantes, serviraient

---

quatre classes distinguées par des rubans de différentes couleurs.
De 7 à 8 ans, dans la classe rouge;
De 10 à 14 — — verte;
De 14 à 16 — — jaune;
De 16 à 20 — — bleue.
Les vingt plus âgées et plus méritantes de cette classe recevaient un ruban noir, occupaient une salle particulière, pouvaient aller seules dans la maison et aidaient les dames dans leurs charges. Il y avait encore les demoiselles couleur de feu, choisies parmi les plus sages et qu'on appelait les filles de madame de Maintenon.

Chaque classe composée de 60 élèves, gouvernée par plusieurs dames était divisée en six ou sept bandes de 9 ou 10.

Lecture, écriture, calcul, catéchisme, histoire sainte, histoire profane, géographie, langue française, orthographe, danse, musique, tel était le fond de l'instruction qu'on y recevait. On y apprenait par cœur des vers, de la prose, des fables, des conversations et des proverbes.

1. Sur cette croix étaient gravées, d'un côté, l'image du Christ, de l'autre, l'image de saint Louis.

de lieu de récréation aux disciples de sa fausse gloire et qu'un de ces jeunes séquestrés viendrait à son tour, dans des strophes charmantes, rappeler un passé plein de fraîcheur[1].

> « Dans mes heures de rêve, ô manoir solitaire,
> Je ne puis contempler ton faîte centenaire,
> Ni porter mes regards au sol que nous foulons
> Sans joindre quelques pleurs à nos songes arides,
> Et penser qu'autrefois des colombes timides
> Ont dormi dans cette aire où dorment des aiglons.
> Leurs pas ont résonné sous ces voûtes profondes,
> Dans les soirs étoilés, on vit leurs têtes blondes,
> Rêveuses se pencher à tes barreaux de fer,
> Où donc leurs douces voix, dans leurs accords bibliques,
> Faisaient-elles vibrer l'harmonie angélique
>   Des cantiques d'Esther ! »

Mais le mois d'août approchait. C'était celui des examens[2]. Par l'âge, Bonaparte avait droit à une place de second lieutenant dans un régiment d'artillerie. Il ne s'agissait que de faire preuve d'aptitude suffisante. Or, à la compagnie des cadets, le nombre des concurrents pour l'artillerie était des plus restreints. Cette arme, comme celle du génie, avait le don d'être peu recherchée par ces jeunes nobles, désireux avant tout de se livrer impunément à leurs plaisirs. Seule, la province fournissait force candidats. Aussi, sur les cinquante-huit élèves, promus seconds lieutenants, l'École militaire compta

---

1. *Jadis et maintenant*, poésie d'un Saint-Cyrien.
2. Les examens avaient lieu du 1er au 15 août, à Paris, du 15 août au 1er septembre en province.

seulement six élus : M. de Roquefeuil avec le n° 18, Lelieur de Ville-sur-Arce, n° 37; Raymond de la Nougarède, n° 34; Le Picard de Phélippeaux, n° 41; *Bonaparte*, n° 42, et Des Mazis n° 56[1].

En résumé, les examens de Bonaparte n'avaient pas été brillants. Son numéro de sortie l'indique. Ses notes furent pourtant assez bonnes. Elles furent données avec plus de justesse que du temps de M. de Keralio. Les voici :

« Réservé et studieux, il préfère l'étude à toute espèce d'amusement, se plaît à la lecture des bons auteurs; très appliqué aux sciences abstraites, peu curieux des autres, connaissant à fond les mathématiques et la géographie; silencieux, *aimant la solitude, capricieux, hautain, extrêmement porté à l'égoïsme*, parlant peu, *énergique dans ses réponses*, prompt et sévère dans ses réparties; *ayant beaucoup d'amour-propre; ambitieux et aspirant à tout*; ce jeune homme est digne qu'on le protège. »

Le 1er septembre, fut signé le décret qui le nommait lieutenant en second à la compagnie de bombardiers du régiment de la Fère[2], à Valence. Lui et son camarade Des Mazis avaient demandé le même régiment. Des Mazis y avait un frère[3]. Pour Bonaparte, il se rapprochait ainsi de la Corse et pouvait espérer faire partie un jour ou l'autre de l'une des compagnies que le régiment détachait dans l'île.

---

1. Mss. Archives de la guerre. *Lelieur de Ville-sur-Arce* déserta, revit Bonaparte à Bâle et fut fort mal reçu, pour avoir voulu le tutoyer. — *Le Picard de Phélippeaux* déserta et devint l'adversaire de Bonaparte à Saint-Jean d'Acre.
2. Voir pièces à l'appui.
3. *Gabriel Des Mazis*, nommé capitaine au régiment de la Fère, le 19 juin 1785.

Bien que la nomination fût du 1ᵉʳ septembre, il n'en reçut avis que le 26 octobre, par suite du classement général qui durait tout un mois.

Ces six semaines d'attente furent pénibles. Bonaparte se trouvait sans ressources. Son père n'avait laissé que des dettes et des créances difficiles à recouvrer. Le 23 septembre, il écrivait à un M. Labitte, marchand de draps, à Paris[1] :

« Monsieur,

« L'année *dernier*, mon père venait à Paris, était chargé par monsieur Paravicini, mon oncle, de vous remettre une lettre avec le certificat de vie pour tacher de retirer sa pension, en total ou en partie, mais la mort l'a arrêté dans sa course dans la ville de Montpellier ; ainsi, monsieur, je vous envoye ce pièces, espérant que vous aurez la bonté de m'envoyer cette pension, ou la partie que vous *jugerai* pouvoir m'envoyer pour la remettre. Je lui avais *demandés* un autre certificat plus *fraix*, mais l'éloignement fait que je ne puis le recevoir à temps, *vue* l'obligation où je suis de retourner en Corse dans le commencement du mois prochain ; du reste, je vous *promet* de vous envoyer ce certificat avant la fin d'octobre, dans l'ignorance *ou* je suis de la rue où vous demeurez, j'adresse cette lettre à M. Coster, espérant qu'il aura la bonté de vous la faire passer.

« Je suis avec le plus sincère *atachement* votre très humble, etc.

« Buonaparte fils,
« Cadet-gentilhomme, à l'École royale militaire de Paris. »

---

1. M. Labitte demeurait rue Saint-Honoré, au coin de la rue des Prouvaires. Il était le fournisseur attitré de l'armée et quelque peu prêteur d'argent aux élèves dont les parents étaient ses clients ; l'oncle Paravicini était donc pensionné?

Toucha-t-il de l'argent? Il faut croire que non, car ce fut avec celui de son camarade Des-Mazis qu'il fit son voyage de Paris à Valence.

Le 29 octobre, Bonaparte et Des Mazis quittèrent donc l'école en même temps que MM. de Montarby et de Comminges, promus dans l'infanterie. Les quatre élèves, nommés également dans l'artillerie, étaient partis depuis le 5 octobre. Or, parmi tous ses camarades, cadets-gentilhommes, Bonaparte laissait-il un ami ou devait-il trouver des émules? non. Deux des élèves de l'École, Clarke et Davoust, se retrouvèrent seuls avec lui sur les champs de bataille. Clarke, admis à l'École militaire le 11 septembre 1781, en était sorti le 20 novembre 1782, avec le grade de sous-lieutenant dans le régiment de Berwick. Davoust[1] n'en partit que plus tard pour entrer dans Royal-Champagne. Enfin, des cinquante-huit jeunes gens nommés lieutenants en second d'artillerie, à la même époque que Bonaparte, deux seulement eurent quelque notoriété, MM. d'Hédouville et Marescot de la Noue[2]. Les autres disparurent dans cette tourmente de choses et d'hommes, dont leur camarade de l'île de Corse devait être la personnification la plus étonnante.

1. Davoust, né le 10 mai 1771, à Annoux (Yonne); sorti de l'École militaire, le 19 février 1788.
2. Voir les pièces à l'appui.

CHAPITRE VIII

ÉTAT DE L'ARMÉE FRANÇAISE EN 1785.

Situation générale d'une armée dans l'État. — L'armée est l'expression vivace du pays qui la paye. — Points à envisager pour apprécier la valeur d'une armée. — 1° *Le recrutement.* — Opinion du comte de Saint-Germain, ministre de la guerre, sur les enrôlements. — Opinion des officiers de l'armée. — Opinion de M. le comte de Liancourt. — Jugement de Dubois de Crancé et du comité militaire de 1789. — 2° *Personnel.* — Opinion du maréchal de Belle-Isle (1742). — Ce que doit être un officier français, en 1749, d'après l'abbé Coyer. — Opinion du duc de Broglie sur l'instruction des officiers. — Appréciation du comte de Saint-Germain. — Jugement du comité militaire. — Les maréchaux de France. — Promotion de sept maréchaux, le 30 mars 1775. — Réformes de M. de Saint-Germain. — Ordonnance du 25 mars 1776. — Critiques dont ces réformes sont suivies. — Chute du ministère. — Décret du 22 mai 1781 sur l'entrée au service. — Obligations de prouver quatre générations de noblesse paternelle pour obtenir le grade de sous-lieutenant. — Opinion de M. de Lacretelle sur cette mesure. — 3° *Organisation de l'armée.* — *Passage du pied de paix au pied de guerre.* — Défectuosité du système en usage. — L'armée active et l'armée auxiliaire. — Origine de la formation de l'armée auxiliaire. — Les milices. — Leur suppression et leur rétablissement. — Les régiments provinciaux (4 août 1771). — Arrivée de M. de Saint-Germain au ministère. — Suppression des régiments provinciaux. — Leur remplacement par des bataillons de miliciens (15 novembre 1775). — Suppression des charges d'inspecteurs généraux des différentes armes. — Formation de vingt-deux divisions permanentes. — Difficultés que rencontre M. de Saint-Germain. — Les lieutenants-colonels et les *Jocqueys.* — État de l'armée française en 1785, au moment de l'entrée de Bonaparte au régiment de la Fère.

L'armée est l'expression la plus parfaite de l'état moral et social d'un pays. Lorsqu'une société est en décomposition, l'armée en offre également tous les symptômes. Or, à la fin du dix-huitième siècle, tout se désagrégeait dans un système gouvernemental dont l'agencement n'était plus en rapport avec les nécessités nouvelles. L'armée avait fait comme la nation. Cette vérité est de tous les temps et elle se présente avec un caractère tout aussi inéluctable en 1879 qu'en 1789. A chaque modification dans le gouvernement d'un pays doit correspondre une modification corollaire dans le mécanisme militaire. Une armée n'est pas seulement une machine. Elle constitue un être moral dont la force réelle consiste dans la concordance de ses éléments intellectuels avec les institutions du pays. Tout désaccord entre les membres de cette même formule conduit à la défaite d'abord, à la ruine de la nation qui la paye, ensuite. C'est pour avoir méconnu ces principes élémentaires que Louis XIV, dans la deuxième moitié de son règne, Louis XV, Napoléon Ier et Napoléon III ont subi les désastres que nous connaissons. C'est la pente fatale que suivrait la troisième République française, si elle ne réussissait pas à réagir contre des tendances analogues.

Dans toute armée, trois points principaux sont à envisager pour en apprécier la valeur : le recrutement, le personnel des cadres et le mécanisme qui facilite le passage du pied de paix au pied de guerre.

Le *recrutement* est la base fondamentale de l'édifice militaire d'un pays. Il en est la pierre de touche. Un recrutement logique et simple assure la possession d'une bonne armée.

En 1776, le comte de Saint-Germain [1], alors ministre de la guerre, disait du soldat : « Il se libertine,

---

1. *Saint-Germain* (Claude-Louis, comte de), né le 15 avril 1707

« court à la maraude, commet mille excès, épuise
« ses forces et périt. Ceux qui sont plus vigoureux,
« après s'être accoutumés à un esprit de libertinage,
« désertent. La désertion est prodigieuse dans les ar-
« mées de France; d'où vient cela? D'abord de la
« légèreté d'esprit, ensuite du libertinage, et enfin de
« ce que le paysan français n'a rien que son corps.
« Tout homme qui n'a ni maison ni propriété, n'a
« point de patrie. Le sentiment momentané du mal-
« être et l'espérance du mieux deviennent ses seuls
« guides. »

Or, toute la révolution est dans cette souffrance qu'il signale, comme l'avait fait soixante ans auparavant un autre homme de guerre de génie, M. de Vauban. Et que propose le vieux et honnête ministre pour guérir cette plaie qui ronge l'armée et la France?
« Peut-être, dit-il, remédierait-on en partie à ce mal,
« si les propriétaires des terres entendaient mieux
« leurs intérêts, ou si, consultant plutôt l'intérêt de
« l'État que le leur propre, au lieu de tenir des fer-
« miers, ils divisaient leurs propriétés en rentes fon-
« cières ou autrement, sur autant de familles qu'elles
« en pourraient contenir dans l'aisance, et il y aurait
« plus de monde employé, plus de paysans aisés.
« Toutes les terres seraient mieux cultivées; l'État y
« gagnerait et il paraît aussi que les propriétaires
« auraient des revenus plus assurés. Il est certain
« qu'un soldat qui a quelque bien chez lui ne déser-
« tera jamais. »

au château de Vertamboz, près de Lons-le-Saulnier, mort à Paris le 15 janvier 1778. Nommé ministre le 26 octobre 1775.
(*Mémoires sur les vices du système militaire français.*)

Les témoignages d'autres officiers sont tout aussi concluants[1]. « La majeure partie des soldats, « disent-ils, est tirée du rebut des grandes villes et « des gens souvent sans aveu. C'est un des plus « grands abus qui existent..... C'est au vice de cette « composition que le *soldat maintenant classé au der-* « *nier rang de la société,* doit l'*état de dégradation où il* « *est tombé dans l'opinion publique.* Le vagabond « comme le citoyen, tout est égal au recruteur, « pourvu que l'homme ait la taille requise et qu'il « coûte peu d'argent. »

Les membres du grand comité militaire de l'Assemblée constituante, tous haut placés dans la hiérarchie, MM. de Wimpfen, le marquis de Rostaing, le comte d'Egmont, le comte de Liancourt, Dubois de Crancé, de Bouthillier, le vicomte de Noailles, de Flachslanden, Mirabeau, de Broglie, etc., sont unanimes à signaler la gravité de la situation.

« Il est impossible[2], dit un admirateur du passé, « M. le comte de Liancourt, de nier les vices repro- « chés aux enrôlements volontaires, dans les diffé- « rents systèmes qui ont successivement conduit « jusqu'ici l'armée française. Ainsi, quand le sort du « soldat est mauvais, quand le pays suffit à peine « pour le nourrir, quand aucun moyen ne peut le « soustraire à l'arbitraire et à la dureté de ceux de

---

1. *Mémoire sur les vices et abus de la Constitution actuelle des militaires français,* par les officiers des régiments d'infanterie, *Colonel général,* la *Couronne, Condé,* des chasseurs à cheval des *Évêchés,* du régiment de *Penthièvre,* etc. — (Imprimé à Lille chez Léonard Danel.)
2. Séance de novembre 1789. Mss. Archives guerre. — *Journal militaire* (année 1789).

« ses chefs qui veulent abuser de leur autorité, quand
« le régime de l'armée le tient presque toujours sé-
« paré du reste des citoyens, en fait une classe à part
« et trop peu considérée, il n'est pas étonnant que peu
« d'hommes embrassent par le sentiment de l'hon-
« neur et d'une volonté bien réfléchie, l'état de sol-
« dat. Le désespoir, le libertinage ou le besoin doi-
« vent être alors les motifs les plus déterminants et
« par lesquels la ruse et l'avidité des recruteurs, at-
« tirent plus d'hommes au service. Les hommes en-
« gagés dans l'armée par des motifs aussi peu déli-
« cats, ne sont généralement pas de bons soldats... »

« Le recrutement des troupes coloniales, dit égale-
« ment M. de Sillery[1], se fait de concert avec le lieu-
« tenant de police de Paris. Les citoyens eux-mêmes
« contribuent aux vices de cette composition. Ils sol-
« licitent l'enrôlement pour les colonies des enfants
« dont ils ont à se plaindre. Ces jeunes gens expa-
« triés, après avoir rempli le terme de leur engage-
« ment, n'osant reparaître dans leur patrie dont ils
« sont rejetés, forment cette classe parasite, appelés
« les *Petits Blancs*, qui sont devenus un des plus
« dangereux fléaux des colonies... »

L'homme le plus éminent de ce comité, ce militaire de génie dont la statue devrait orner toutes les salles de nos écoles militaires et de nos bibliothèques, *le véritable organisateur de la victoire*, M. Dubois de Crancé se montra tout aussi impitoyable pour ce recrutement volontaire qu'il voulait remplacer par le

---

1. Alexis, comte *de Genlis*, puis marquis *de Sillery*, capitaine des gardes du duc d'Orléans, condamné à mort en 1793 ; mari de Stéphanie-Félicité Ducrest de Saint-Aubin, *comtesse de Genlis*.

service obligatoire et *l'amalgame*[1] des milices et de l'armée active. « ... Mais, s'écriait-il dans un sublime « élan de patriotisme, comment incorporer cette mi- « lice dans notre armée, si cette armée n'est pas ci- « toyenne; si elle n'est pas purgée de tous les vices « qui l'ont infectée jusqu'ici. Est-il un patriotisme « qui tienne à l'horreur de la corruption des mœurs? « *Est-il un père de famille qui ne frémisse d'abandon-* « *ner son fils, non aux hasards de la guerre, mais au* « *milieu d'une foule de brigands inconnus, mille fois* « *plus dangereux?...* »

Cette phrase colportée avec intention par les feuilles de l'opposition produisit une réelle émotion dans les corps. En présence de la fâcheuse interprétation donnée à des paroles lancées dans le feu de l'improvisation, Dubois de Crancé crut devoir adresser une lettre explicative *à tous les bas officiers et soldats des régiments composant l'armée française*. Voici les principaux passages de cet écrit remarquable[2] :

« Messieurs,

« ...J'ai dit que le mode ancien de recrutement était mauvais, que les autres soldats et les autres citoyens étaient tous frères, et que dans les périls de la patrie, ils devaient tous concourir à la défendre; j'ai dit que les troupes devaient être organisées de manière à éviter tout abus d'autorité, et tout danger pour la liberté publique; j'ai dit qu'un soldat français n'était pas fait pour être

---

1. Dubois de Crancé ne put faire accepter son projet d'amalgame qu'en 1793, lorsque l'expérience eut prouvé l'inanité du système mixte adopté par les conservateurs.
2. Mss. Archives nationales. — *Journal militaire* (année 1789).

l'instrument passif des ordres arbitraires, mais que la base d'une bonne organisation était que de bonnes lois remplaçassent la volonté absolue des chefs, que les punitions infamantes fussent supprimées, que les grades fussent accordés au mérite par le choix libre des camarades, que les troupes fussent mieux payées et mieux nourries, que les recrues de chaque régiment se fissent dans les mêmes cantons, afin qu'un régiment fût composé, en officiers et soldats, de voisins, de frères et d'amis. J'ai blâmé l'usage d'envoyer des recruteurs dans les grandes villes, parce que les grandes villes sont le centre des vices. J'ai dit qu'on ramassait sur le pavé des gens sans aveu, des brigands avec lesquels nous tremblerions d'associer nos enfants. Or, je pense que nos enfants doivent être soldats. Je sais que la discipline et le bon exemple épurent..... On veut vous exciter contre les amis de la cause publique. On voudrait pouvoir employer votre courage en faveur de ce despotisme, sous lequel vous avez si longtemps gémi, et se servir de vous-mêmes pour vous donner de nouveaux fers, plus pesants que ceux que nous avons tous brisés... »

Tel était au moment de la révolution, et jugé par les hommes les plus dévoués à la royauté, ce recrutement que des auteurs ignorants et maladroits ont voulu proposer comme modèle à l'admiration et aux regrets de nos contemporains.

. . . .

Les cadres valaient-ils mieux que les hommes? Laissons également parler les chefs autorisés de l'armée royale. Leur témoignage ne sera pas suspect.

Que dit le maréchal de Belle-Isle, le 2 décembre 1742[1]? « ... Le mauvais esprit de l'officier est au

---

1. Mss. Archives de la guerre. *De Belle-Isle* (Louis-Auguste *Fouquet*, comte), maréchal de France, né le 22 septembre 1684

« delà de toute expression, je n'oserai vous en man-
« der les particularités qui font honte à la nation... »

Voici du reste, les qualités que l'abbé Coyer consi-
dérait comme nécessaires à un futur militaire[1] : « Un
« jeune homme que l'on destine au commandement,
« doit avoir le meilleur tailleur, le parfumeur le plus
« exquis, l'équipage le plus brillant, la livrée la plus
« leste. Il doit jurer beaucoup, être à tous les specta-
« cles et inaugurer quelque chose sur l'habillement
« de la première troupe qu'on lui confie. »

Dans un ordre d'idées plus élevé, le maréchal duc
de Broglie disait également[2] : « ... J'ai examiné d'où
« pouvaient venir les fautes que j'ai vu faire ou le
« peu de succès que j'ai vu tirer des actions les plus
« heureuses. Si je voulais entrer avec vous dans ce
« détail, je composerais un volume. Je me conten-
« terai de vous indiquer la cause principale, qui est
« *l'ignorance totale depuis le sous-lieutenant jusqu'aux*
« *lieutenants généraux des devoirs de leur état et de*
« *tous les détails dans lesquels ils doivent entrer*. Il ré-
« sulte de là que le lieutenant et le capitaine ne sa-
« vent ni gouverner ni commander leurs compagnies,
« et successivement les colonels, les brigadiers, les
« maréchaux de camp, les lieutenants généraux ne
« savent pas davantage conduire leurs régiments,
« brigades, divisions, les mettre en bataille et leur
« faire faire les mouvements nécessaires. »

à Villefranche en Rouergue, ministre en 1757, s'opposa à la nomination *des colonels à la bavette;* mort le 26 janvier 1761.

1. *L'abbé Coyer*, 1749. (Découverte de l'île Frivole.) Gabriel-
François Coyer, né à Baume-les-Dames en 1707, mort à Paris le
18 juillet 1782.

2. *Le Secret du Roi* (1879), par M. de Broglie.

Le ministre de la guerre, le comte de Saint-Germain, est tout aussi sévère dans son jugement sur les causes de cette infériorité des cadres de l'armée.

« Il s'est introduit successivement et l'on peut dire
« malheureusement, un usage de distinction entre la
« grande noblesse (celle de la cour), et celle des
« provinces, entre le riche et le pauvre. La première
« classe obtient d'emblée les premiers grades comme
« de droit, et la seconde classe, par le seul malheur
« de sa naissance ou de sa pauvreté, est condamnée
« à croupir toute sa vie dans les grades subalternes.
« Cet usage est doublement pernicieux; la première
« classe n'a pas besoin de travailler pour réussir, elle
« obtient tout de droit, et la seconde ne travaille pas,
« parce que son travail lui serait inutile. Par là,
« toute émulation est anéantie; or, sans l'émulation,
« l'homme n'est rien et ne cherche qu'à végéter. »

Puis, à propos de la déplorable confusion introduite dans l'armée pour permettre de donner des emplois à cette noblesse de cour, il ajoutait :

« Que pourrait-on penser de voir des colonels pro-
« priétaires, des colonels commandants, des colonels
« en seconds, des colonels en troisième, des colonels
« par commission, des colonels à la suite des régi-
« ments, des colonels attachés à l'armée, des lieute-
« nants-colonels-colonels, des majors-colonels, des
« capitaines-colonels, des sous-lieutenants-colonels,
« etc., des capitaines-commandants, des capitaines
« en second, des capitaines réformés, des capitaines
« à la suite, des capitaines à finances? Si l'on disait
« ensuite que de tous ces colonels ou capitaines, il
« n'y en a qu'un seul qui ait des fonctions actives et
« réelles, et que cependant tous les autres, sans

« avoir besoin de servir, de travailler et de mériter,
« en se livrant uniquement à leurs affaires, à leurs
« plaisirs, n'étant en situation de rien pratiquer, de
« rien apprendre, croupissant dans la paresse, dans
« l'ignorance la plus profonde, ont cependant les
« mêmes droits que ceux qui servent, pour parvenir
« aux grades, aux dignités, aux grâces et que pres-
« que toujours ils les usurpent, de préférence à ceux
« qui vont les chercher dans les hasards de la guerre
« et aux coups de fusil. »

Les états-majors donnaient lieu à des observations du même genre. Voici ce qu'en pensait un officier de mérite[1], M. Alexandre de Lameth : « L'utilité et
« la nécessité des états-majors sont reconnues; mais
« la faveur influe tellement sur leur composition, la
« justice envers les militaires et l'avantage du ser-
« vice y sont si peu consultés que ces places deve-
« nues *odieuses au reste de l'armée* perdent encore en
« partie leur utilité par l'arbitraire des choix. C'est
« en effet dans l'état-major de l'armée que s'exerce
« principalement l'abus de la faveur. »

Le commandement supérieur n'échappait pas à ces justes critiques. Il était difficile qu'il en fût autrement, puisque, procédant de la même origine, ce personnel devait en posséder les défauts, à un degré plus élevé, si c'était possible.

Qu'on était loin du temps où le cardinal duc de Richelieu émettait cette sage maxime[2] que, « nommer au commandement d'une place de guerre,

---

1. Rapport de M. Alexandre de Lameth, membre du comité militaire, lu à l'Assemblée nationale, dans la séance du 18 novembre 1790. — *Journal militaire*.
2. Mss. Bibliothèque de l'Arsenal.

« un gouverneur qui eût l'âme moins dure que la
« pierre qu'il avait à défendre, ou donner la direc-
« tion des troupes à un chef incapable, c'était pour
« un ministre et pour le roi, le plus grand crime
« qu'il pût commettre, puisque, de la prise de la place
« ou de la perte de la bataille, pouvait dépendre le
« salut du pays tout entier. » Ce fut en effet à cette
école et à celle de son disciple Michel Le Tellier, le
plus éminent des secrétaires d'Etat de la guerre de
l'ancien régime, que s'étaient formés des généraux
tels que Fabert, Gassion, Coligny, Catinat, Turenne
et Vauban. Aussi, quand après la mort de M. de
Lyonne, Louis XIV abandonna la politique du grand
cardinal pour accueillir les insinuations onctueuses
de madame de Maintenon et retomber sous l'influence de Rome et des Jésuites, ce personnel d'élite
disparut comme par enchantement. Les traditions de
la guerre de Trente Ans, des campagnes d'Italie, de
Hongrie, de Djidjelli, du Canada, de Madagascar,
etc..., furent vite oubliées. Au lieu d'officiers, l'armée
fut dotée de courtisans gagnant leur bâton de maréchal autour d'un billard ou d'un tapis vert. Turenne
mort, on n'eut plus, a dit si spirituellement madame
de Sévigné, que « la monnaie du grand homme. » Et
quelle monnaie! dont le titre devait baisser à chaque
lustre. Cent années plus tard, en effet, le 30 mars 1775,
lors de la promotion inattendue des sept maréchaux de France, MM. d'Harcourt, duc de Noailles,
de Nicolaï[1], de Fitz-James[2], comte de Noailles, du

---

1. *Antoine-Chrétien de Nicolaï*, né en 1712.
2. *Fitz-James* (Charles, duc de), pair et maréchal de France,
né le 4 novembre 1712, mort en mars 1787.

Muy[1] et de Duras[2], l'armée et le public ne se gênèrent guère pour exprimer leur mécontentement et leur étonnement à propos de ces choix inexplicables. On voulut d'abord comparer les heureux titulaires aux sept planètes, mais, comme on n'y voyait pas de *Mars*, on y renonça. On se contenta de les assimiler aux sept péchés capitaux :

Le duc d'Harcourt, la paresse ;
Le duc de Noailles, l'avarice ;
Le comte de Nicolaï, la gourmandise ;
Le duc de Fitz-James, l'envie ;
Le comte de Noailles, l'orgueil ;
Le comte de Muy, la colère ;
Le duc de Duras, la luxure.

On compléta l'allusion par le quatrain suivant :

Réjouissez-vous, ô Français !
Ne craignez de longtemps les horreurs de la guerre ;
Les prudents maréchaux que Louis vient de faire,
Promettent à vos vœux une profonde paix.

Pendant son court passage au ministère, M. de Saint-Germain tente bien d'apporter quelque amélioration à cette situation déplorable. Il commença par licencier l'école de Paris et par diminuer le nombre des gouvernements militaires[3]. Le 25 mars 1776, il fit pa-

---

1. *Du Muy* (Louis-Nicolas-Victor de Félix, comte de), né en 1711 à Marseille, mort le 10 octobre 1775 à Paris.
Son fils *Félix Saint-Maxime*, né en 1755, général républicain.
2. *Duras* (Emmanuel-Céleste-Augustin, duc de), né en 1741, mort en 1800 en Angleterre, déserteur, servit à l'armée de Condé.
3. 18 mars 1776.
Il n'y eut plus que 18 grands gouvernements pour les princes,

raître sa grande ordonnance portant règlement sur les recrues, les engagements, les remontes, la discipline, la police intérieure, les récompenses, les punitions, la nomination aux emplois vacants, les congés, les semestres, les revues des commissaires des guerres et des officiers généraux etc... Malheureusement, rédigée sans méthode et sans ordre, contenant d'excellentes prescriptions à côté d'autres tout à fait puériles et se ressentant trop des habitudes contractées par le ministre à l'étranger, elle manqua le but et souleva des récriminations générales.

« Sa Majesté, lisait-on à l'article 3 du titre 6, con-
« vaincue que le luxe est un principe de corruption,
« enjoint aux officiers généraux, employés près de
« ses troupes et aux commandants des corps, de ne
« point permettre que ceux qui leur seront subor-
« donnés, excèdent en dépenses le montant de leurs
« appointements, ni que ceux qui sont riches de leur
« propre fonds humilient leurs camarades par des
« dépenses qui ne conviennent pas à leur grade...
« Sa Majesté défend tous les jeux de hasard et ceux
« de commerce qui excéderaient les bornes conve-
« nables. »

Tout y était dans ce rapport, des coups de plat de sabre, des menus de dîner pour les officiers, la coupe des moustaches, le port de la queue, la coiffure et le fameux quadricorne. On en fit des gorges chaudes dans les boudoirs de la reine et les petites maisons du

---

avec traitement de 60,000 livres; 21 autres à 30,000 livres, pour les lieutenants généraux, 114 gouvernements variant de 12 à 10,000 livres, 176 lieutenants de roi, 147 majorités, 144 aides-majorités et 181 sous-aides-majorités, sans compter les gouvernements spéciaux de Paris et de Monaco.

comte d'Artois. « N'est-il pas fou, disait-on, d'or-
« donner à vingt mille officiers de vivre comme des
« capucins, lorsque la première éducation qu'on
« donne à un gentilhomme sortant du collège est de
« lui apprendre à plaire au sexe pour le séduire,
« lorsqu'en arrivant dans la garnison il croit que le
« militaire le plus fêté, le plus exalté est celui qui a
« ce qu'on appelle le plus de bonnes fortunes, c'est-
« à-dire, qui a le plus déshonoré de femmes..... Un
« régiment en quittant une ville donne des rensei-
« gnements à celui qui le suit sur les familles où
« l'on peut s'introduire et se ménager quelque con-
« quête. »

Règlements et ministre tombèrent vite sous le ridicule. Six mois plus tard, on ne pensait déjà plus aux
fameuses circulaires et à cet honnête et naïf général.
Grades, faveurs, emplois inutiles, se distribuèrent à
nouveau dans les antichambres des puissants du
jour. L'augmentation toujours croissante du personnel élevé de l'armée en est une preuve bien flagrante.

En 1776, on comptait cinq cent trente-cinq officiers
généraux, dont vingt maréchaux de France, cent
quatre-vingt-seize lieutenants généraux, et trois cent
soixante-quatre maréchaux des camps et armées. En
1780, le nombre des brigadiers était porté à cinq
cent vingt-cinq et celui des officiers d'état-major
à quinze cent onze. Plus tard, ces chiffres passèrent
successivement de cinq cent quatorze en 1784, à
sept cent trente-huit en 1788 et neuf cent soixante-
six en 1789 pour les généraux ; de seize cent soixante
et onze à dix-neuf cent dix-huit pour les états-majors, aux époques correspondantes. Ce total donnait

une proportion d'un officier d'état-major pour soixante-quinze hommes et d'un officier général pour cent cinquante sept.

Mais ce qui devait achever de jeter la déconsidération sur le personnel des cadres, ce fut l'étrange idée qu'on eut de vouloir rejeter du sein de l'armée les fils de bourgeois assez mal avisés pour s'être permis de s'y glisser. Le moment, il faut l'avouer, était assez mal choisi. Le 22 mai 1781, en effet, les vingt-quatre inspecteurs généraux rendirent compte au roi des plaintes d'une noblesse qui voyait avec amertume le tiers état s'introduire dans ces rangs privilégiés, à l'aide de certificats signés par quatre gentilshommes. « Ces certificats, disaient-ils, se donnent
« fréquemment par des jeunes gentilshommes obérés
« et qui trouvent ainsi le moyen de se libérer de leurs
« dettes. Cette fraude insupportable prive la noblesse
« pauvre de tout moyen d'obtenir des emplois que
« leur enlèvent journellement les jeunes riches du
« tiers état. » Tout inféodé qu'il fût aux idées de caste de son monde, le ministre de la guerre, M. de Ségur, n'était pas sans se rendre compte de l'exagération et du danger de semblables prétentions. « La fraude dont
« on se plaint, répondit-il avec beaucoup de bon sens
« au roi[1], fût-elle aussi fréquente qu'on le suppose, ne
« ferait que prouver l'impossibilité de conserver un
« ordre de choses que tout le monde veut éluder, parce
« qu'il n'est plus en harmonie avec nos mœurs, avec
« les progrès en instruction et en richesses d'un tiers
« état qui s'offense de cette humiliation. Comment
« voulez-vous qu'on supporte l'idée de voir que le

---

1. Mss. Archives de la guerre, 22 mai 1781.

« fils d'un magistrat respectable, d'un négociant
« fortuné, d'un intendant de province, chargé d'une
« des plus importantes branches de l'administration,
« soit condamné à ne servir l'État que comme soldat
« ou à ne parvenir au grade d'officier qu'à un âge
« avancé, après avoir vieilli dans les rangs les plus sub-
« alternes. Il vaudrait bien mieux attaquer le pré-
« jugé déraisonnable qui ruine toute la noblesse, en
« ne lui permettant d'autre activité que celle des
« armes. La loi dont elle réclame l'exécution tombe
« en désuétude parce qu'elle est contraire aux mœurs
« du temps; et vainement voudrait-on la ressusciter,
« il ne serait ni raisonnable ni juste de vouloir lui
« rendre de nouvelles forces; au fond, elle est inutile,
« car, quoi qu'on en dise, la noblesse sera toujours
« sûre, par sa position, par son crédit, d'obtenir la
« préférence pour le plus grand nombre de nomina-
« tions, et de plus, cette loi ressuscitée, sans satis-
« faire toutes les prétentions des classes privilégiées,
« exciterait le mécontentement général de toutes les
« autres. »

Ces observations raisonnables n'étaient guère du goût des habitués d'une cour affolée, dont les conseils se recrutaient auprès des jeunes servants d'une reine étrangère, sans expérience, et des compagnons de plaisir des princes du sang et de leurs maîtresses en titre. M. de Ségur en fut pour ses frais d'éloquence. Le 22 mai 1781, Louis XVI signait le décret portant création d'une troisième place de sous-lieutenant dans les corps de troupes. D'après les considérants, tout sujet proposé pour ce grade devait faire preuve de quatre générations de noblesse paternelle, à moins qu'il ne fût fils de chevalier de Saint-

Louis. « Par une singulière fatalité, dit un historien
« royaliste[1], ou plutôt par une grave inconséquence,
« Louis XVI, malgré ses principes populaires, fut con-
« duit à établir une démarcation plus injurieuse et
« plus inique, entre les militaires nobles et les mili-
« taires roturiers. Un règlement proposé par un sage
« administrateur, M. le marquis de Ségur, ministre
« de la guerre, et qui devait améliorer le sort des offi-
« ciers de fortune, après avoir été longtemps discuté
« dans les conseils du roi, fut détourné de son but.
« On ne se souvint plus des Chevert et des Fabert, et
« l'on rappela dans toutes leurs rigueurs d'anciennes
« ordonnances, qui réserveraient exclusivement aux
« nobles les grades militaires. Dès lors, il y eut dans
« l'armée une scission secrète plus dangereuse que
« ne l'était celle du clergé. Le corps des bas officiers
« attendit et trouva l'occasion de montrer ses titres
« de gloire. »

. . . .

Avec de tels éléments comme personnel, il était évidemment impossible d'espérer une *organisation militaire* simple et logique. Des enrôlements insuffisants pour permettre de porter les effectifs des régiments à leur complet de guerre, des changements de garnison perpétuels basés sur l'arbitraire et le plus souvent sur la nécessité où se trouvait le ministre d'équilibrer son budget en faisant vivre les troupes sur le pays, des magasins vides, un armement incomplet et composé d'engins de toute époque, des gouvernements multipliés, tel était l'agencement de l'armée.

---

1. *Lacretelle* (P.-H.), Metz, 1751 — 1824, député à l'Assemblée législative.

Les conséquences de cet état de choses, on ne les avait que trop constatées, le jour où les troupes avaient eu affaire aux corps mieux préparés de Frédéric II. La déroute avait été complète, l'impéritie du commandement flagrante, le traité de paix honteux ; mais la leçon, paraît-il, n'était pas encore suffisante. Il ne pouvait en être autrement.

L'armée qui venait de prendre part à la guerre n'était autre que celle de Louis XIV. Elle avait fait son temps. Elle avait été l'expression du système de centralisation créé par Richelieu et continué par Mazarin, Le Tellier et de Lyonne. Comme la royauté absolue de Louis XIII et de Louis XIV, elle marquait une étape nécessaire dans l'évolution de la société française. Dans ce suprême effort de la féodalité contre l'autorité royale, Turenne et Condé, le jour de la bataille des Dunes, s'étaient trouvés les derniers champions de ces deux grands intérêts.

Or, de cette gloire naissante, de ces victoires remportées par cette jeune et brillante armée sur tous les champs de bataille de l'Europe, Louis XIV devait recueillir l'auréole grandiose, comme cent cinquante ans plus tard, Bonaparte allait profiter, pour étonner le monde, de ce merveilleux instrument de guerre, forgé par la Convention.

En 1785, l'armée des Turenne et des Catinat était aussi vieille que le régime dont elle était la représentation. Après le traité de Paris, des officiers de mérite, tels que Gribeauval, Guibert, de Broglie, de Saint-Germain, etc., avaient tout tenté pour faire accepter les réformes nécessaires.

Frappés des avantages de l'organisation de l'armée prussienne où tout était préparé à l'avance, où l'année se passait en travaux de toute sorte, en manœuvres et représentations sur le terrain de petites guerres en miniature, ils voulurent introduire ces usages en France. Ils n'y réussirent pas. La noblesse, insouciante et légère, se montra rebelle à ces études de la paix. D'ailleurs, ceux-là même qui avaient fait le mal ou l'avaient laissé faire, prétendaient seuls au droit de le réparer. Or, il eût fallu commencer par changer tout le haut personnel du secrétariat de la guerre, inféodé aux anciennes idées et le remplacer par ceux qui avaient eu le courage de signaler les défauts du mécanisme. C'était trop demander à la faiblesse du pouvoir et à la conscience de fonctionnaires sceptiques.

On songea bien un instant à utiliser ces milices nationales dont l'emploi avait sauvé l'armée d'un désastre irréparable en 1714 et 1757[1].

Cette nécessité d'une armée auxiliaire sédentaire, destinée à combler les vides de la portion active et à assurer la défense des frontières, s'imposait en effet depuis longtemps à l'esprit de ceux qui prenaient encore à cœur les affaires militaires. Les désastres de la fin du règne de Louis XIV, et les bons services rendus par ces manants qu'on était toujours heureux de retrouver à l'heure du danger, avaient fait décider la formation des milices. Instituées par ordonnance du

---

1. « La trop faible espèce de soldats dont l'armée se trouva « composée en 1757 fit périr pendant cette guerre plus de cin- « quante mille hommes dans les hôpitaux, et ce ne fut qu'après « une incorporation de quarante-neuf bataillons de milices que « l'armée prit de la consistance et résista aux campagnes « suivantes. » Mss. Archives de la guerre. Comité militaire, avril 1790.

25 février 1726, elles furent licenciées le 29 novembre 1762, rétablies le 27 novembre 1765 et de nouveau supprimées le 4 août 1771, pour faire place à quarante-sept régiments provinciaux au lieu des cent cinq anciens bataillons. Douze de ces régiments furent à trois bataillons, trente-trois à deux et deux à un. Ils prirent tous rang avant ceux d'infanterie créés depuis le 25 février 1726. Deux années plus tard, le 19 octobre 1773, leur nombre était porté à cinquante-trois et la force de chaque bataillon à sept cent vingt hommes.

Cette modification n'avait rien de sérieux. Elle ne répondait qu'à un but : permettre de donner des grades et des emplois de colonel à des officiers toujours en quête d'avancement. Dans les provinces elle avait été mal accueillie, car cette charge, dont les trois ordres étaient exempts, retombait comme toujours sur les paysans. D'une institution nécessaire, on avait donc réussi à constituer un mode nouveau d'exaction, mode d'autant plus douloureux qu'il était basé sur l'inégalité des classes.

« La loi, pour tous égale, est la seule acceptable. »

Aussi cette disposition fut l'objet de réclamations générales, lors de la rédaction des cahiers des charges.

Le comte de Saint-Germain, en arrivant au ministère, avait pourtant manifesté l'intention d'organiser fortement l'armée auxiliaire, de la rendre plus mobile, de supprimer les sinécures et d'endivisionner les troupes dès le temps de paix, afin de donner une sorte d'unité à un système qui n'avait eu jusque-là pour base que l'arbitraire. Tout d'abord, il supprima[1] les charges d'inspecteurs généraux d'infanterie, de cavalerie, de troupes légères et de hussards, de manière à pouvoir embrigader les corps. Il les remplaça par des lieutenants généraux et des maréchaux de camp, appelés à commander en tout temps les vingt-deux divisions qu'on allait former. Or, ce qu'il était difficile de faire accepter à ces messieurs, c'était la résidence. Tout ce haut personnel voulait bien des grades, mais à la condition de ne point quitter Paris. Pour concilier cette répugnance avec les nécessités du service, on prit donc un *mezzo termine*. Il fut convenu que MM. les lieutenants généraux ne seraient astreints qu'à un séjour de quatre mois dans leurs commandements respectifs. Néanmoins, beaucoup refusèrent, par suite de l'impossibilité où ils se trouvaient de donner un ordre ou même de paraître devant une troupe. Restèrent à régler les questions de rapports des titulaires de ces nouveaux emplois avec les autorités provinciales, les parlements, les intendants et les possesseurs de gouvernements militaires. Sur ce point, rien ne fut fait. On s'en remit au hasard pour prescrire au jour le jour les solutions à intervenir. On compléta ces mesures par la réunion des deux armes de l'artillerie et du génie, par la création d'un corps d'ingénieurs géographes militaires, d'un conseil supérieur de la guerre et par la fixation d'un matériel type de voitures (système Gribeauval). Chaque régiment, à l'exception de celui du roi, fut formé à deux bataillons, chaque régiment de cavalerie à cinq escadrons. Les régiments

---

1. 25 mars 1790. Mss. Archives guerre.

provinciaux furent supprimés[1] et remplacés à nouveau par des bataillons auxiliaires de miliciens, recrutés sur le territoire. Chaque régiment de cavalerie eut également son escadron auxiliaire. Or, ces licenciements rendirent disponibles nombre de colonels et de lieutenants-colonels. Pour arrêter leurs plaintes, on les envoya dans les régiments, en qualité de lieutenants-colonels; de là le surnom de *jocqueys* qu'on leur donna, par suite de leur inutilité bien reconnue. Pour les autres officiers qui ne trouvèrent pas place dans cette réorganisation, ils s'expatrièrent. Plus de huit cents d'entre eux passèrent au service des puissances étrangères, dans les colonies anglaises et en Pologne, où on leur assura la possession d'un grade supérieur et l'indemnité de leurs frais de déplacement.

Évidemment dans cette série de mesures il y avait du bon, beaucoup de bon; mais un tel changement, nous l'avons dit, était incompatible avec le genre d'esprit qui régnait dans les hautes sphères de la société française. Il en fut de l'essai d'organisation de M. de Saint-Germain comme de tout ce qu'avait tenté ce ministre dans les autres branches des services militaires. Il avait eu des intentions excellentes; elles avaient été tournées en ridicule. Il avait souhaité voir clair dans ses bureaux; ceux-ci s'étaient montrés plus puissants que lui. Il avait voulu épurer le personnel vicié de son ministère; ce ministère était resté inamovible; lui seul était parti. A l'aide de quelques règlements bien honnêtes, il s'était imaginé venir à bout du mal qui rongeait l'armée; de ce mal, il était mort,

1. 15 novembre 1775.

comme l'armée et le régime que celle-ci personnifiait devaient en mourir. La maison croulait. Il fallait l'abattre pour la reconstruire sur de nouvelles bases. La nation seule était en mesure de se charger de cette colossale besogne.

Ainsi donc, recrutement défectueux, enrôlements insuffisants, cadres ignorants et vicieux, organisation mauvaise ; puis, au milieu de cet effondrement, quelques esprits supérieurs prévoyant l'avenir et soupirant après les réformes, des bas officiers et des officiers de fortune avides de droit, de justice et de renouveau, telle était l'armée dans laquelle le cadet-gentilhomme corse, Napoléon Bonaparte, allait avoir l'honneur de faire ses débuts.

CHAPITRE IX

BONAPARTE, LIEUTENANT EN SECOND AU RÉGIMENT D'ARTILLERIE DE LA FÈRE.

A VALENCE, 5 NOVEMBRE 1785 — 12 AOUT 1786.

A LYON, 15 AOUT 1786 — 20 SEPTEMBRE 1786.

A DOUAI, 17 OCTOBRE 1786 — 1ᵉʳ FÉVRIER 1787.

Arrivée de Bonaparte à Valence, le 5 novembre 1785. — Le régiment d'artillerie de la Fère. — Le recrutement au régiment. — Composition du personnel du régiment. — Gribeauval et Vallière. — Le conseil de guerre des Invalides et M. de Biron. — La vie de Bonaparte à Valence. — Son avenir, sa solde, ses dépenses. — Ses débuts. — Bonnes nouvelles de la famille d'Ajaccio. — Premier succès pour la conclusion de l'affaire Odone. — Demande d'admission dans les Écoles militaires, pour Louis Bonaparte. — Demande de décoration toscane, par Joseph Bonaparte. — La société à Valence. — Les camarades du régiment. — Préférence de Bonaparte pour la société civile. — Causes de cette préférence. — Il commence son histoire de Corse. — Lettre à l'abbé Raynal (juillet 1786). — La révolte dite des deux sous, à Lyon. — Le droit de Bauvin. — Départ du bataillon de Bonaparte pour Lyon, le 12 août 1786. — Arrivée à Lyon, le 15 août. — Fin de la révolte. — Le bataillon part pour Douai, le 21 septembre. — Arrivée à Douai, le 17 octobre. — Mauvaises nouvelles de Corse. — Mort du gouverneur de l'île, le comte de Marbeuf, le 20 septembre 1786. — Insuccès de Joseph. — Abandon de la concession des mûriers. — La famille rappelle Bonaparte. — Accès de misanthropie. — Idées de suicide. — Obtention d'un congé de quatre mois. — Son départ de Douai, le 1ᵉʳ février 1787[1].

Le 5 novembre 1785, Bonaparte arrivait à Valence.

---

[1]. *Événements politiques de l'année* 1786. — Expédition de M. de la Peyrouse. — Affaire du Collier. — Traité de commerce entre la France et l'Angleterre. — M. le comte de Ségur, toujours ministre de la guerre.

Il était accompagné de son fidèle Des Mazis. A Lyon, il alla voir M. Barlet l'ancien secrétaire des commandements du comte de Marbeuf. Il en obtint une lettre de recommandation pour un habitant de Valence, M. l'abbé de Tardivon[1]. Là, nos deux jeunes gens se trouvèrent dans le plus grand embarras. N'ayant plus d'argent ils durent faire la route à pied jusqu'à Valence. Cet ennui, du reste, ne fut que momentané; le capitaine Des Mazis attendait les deux amis. Il tenait à leur éviter les désagréments des premières démarches, toujours si pénibles pour des novices dans la vie militaire.

C'était un gai régiment, que celui de la Fère, si on en juge par l'appel suivant[2] des recruteurs de M. de Richoufftz :

AVIS A LA BELLE JEUNESSE

ARTILLERIE DE FRANCE — CORPS ROYAL

RÉGIMENT DE LA FÈRE
Compagnie de Richoufftz

DE PAR LE ROY

« Ceux qui voudront prendre parti dans le corps royal de l'artillerie, régiment de la Fère, compagnie de Richoufftz,

---

1. Ancien abbé général de l'Ordre de Saint-Ruf, supprimé le 1ᵉʳ juillet 1771.
2. Placard, aux archives de la guerre.

sont avertis que ce régiment est celui des Picards; l'on y danse trois fois par semaine, on y joue aux battoirs deux fois, et le reste du temps est employé aux quilles, aux barres, à faire des armes. Les plaisirs y règnent, tous les soldats ont la haute paye, bien récompensés, des places de gardes d'artillerie, d'officiers de fortune, à soixante livres par mois d'appointements. »

« Il faut s'adresser à M. de Richoufftz, en son château de Vauchelles, près Noyon, en Picardie. Il récompensera ceux qui lui amèneront de beaux hommes. »

Le régiment[1] avait alors pour colonel M. le chevalier de Lance[2]; pour lieutenant-colonel, M. le vicomte d'Urtubie, et pour major, M. de la Ferrière. La compagnie de bombardiers, où Bonaparte se trouvait placé, faisait partie de la cinquième brigade, de celle de M. de Quintin. M. le chevalier Masson d'Autune[3] en était le capitaine; M. de Courcy[4], le lieutenant en premier, et M. Grosbois, le lieutenant en troisième[5].

Reconstitué, sous le ministère de M. de Saint-Germain, par ordonnance royale du 3 novembre 1776, le corps royal formait un ensemble de onze mille quatre-vingt cinq hommes et de neuf cent neuf offi-

---

1. Voir la liste du personnel du régiment aux pièces à l'appui.
2. Le *chevalier de Lance* (Louis-César *de Cheverzy*) était colonel du 5 juin 1781. Il avait rang de brigadier des armées du Roi.
3. Nommé en 1802, conservateur de la Bibliothèque de l'École d'application d'artillerie de Metz. — Les capitaines de cette compagnie furent successivement MM. de *la Goshière* et *Coquebert*.
4. Retiré à Valence après la réorganisation de 1791.
5. M. *Brenier* était sergent-major, et MM. *Boichard, Langevin, Pichon* et *Gillet*, sergents. — L'école d'artillerie était commandée par M. *Bouchard*, maréchal de camp.

ciers[1]. A la mort de M. de Vallière, survenue en 1776, l'inspection générale de l'artillerie était passée entre les mains de M. de Gribeauval. Ce fut un grand événement, car l'entente était loin d'être faite sur la valeur des changements apportés par cet officier dans le matériel de l'arme. Les uns tenaient encore pour M. de Vallière et le vieux système dont il était la personnification; les autres soutenaient M. de Gribeauval. Ces derniers passaient pour des novateurs dangereux. La lutte, du reste, entre ces deux autorités avait été des plus ardentes. A la suite des désastres de la guerre de sept ans, M. de Choiseul avait adopté les projets de M. de Gribeauval, officier éminent, qui proposait un nouveau matériel permettant de diminuer le poids des pièces, d'augmenter la justesse du tir et de rendre les affûts plus légers.

Tant que le ministre fut en faveur, tout alla bien. M. de Gribeauval et M. de Bellegarde, chef de brigade d'artillerie, se mirent résolûment à l'œuvre et commencèrent la construction de ce matériel, remarquable pour le temps, avec lequel la France républicaine allait entrer en lutte avec l'Europe entière. Mais, aussitôt après la disgrâce de M. de Choiseul, les partisans de l'ancien système reprirent le dessus. Non contents de critiquer[2] ce qui s'était fait, MM. de Vallière et de Saint-Auban mirent en suspicion l'honnêteté des moyens employés par leurs adversaires. Les choses allèrent si loin que M. de Bellegarde dut passer de-

---

1. Voir, aux pièces à l'appui, le détail de l'organisation de l'artillerie en 1784.
2. *Traité de la défense des places par les contre-mines, avec des réflexions sur les principes de l'artillerie*, par M. de Vallière.

vant un conseil de guerre, institué aux Invalides sous la présidence du maréchal de Biron, et composé de six lieutenants généraux, de quatre maréchaux de camp et d'un lieutenant-colonel. M. de Bellegarde fùt bel et bien condamné et M. de Gribeauval disgracié. Cette injuste décision n'eut pas de longs effets. Dès l'arrivée de M. de Saint-Germain au ministère, M. de Gribeauval rentrait en faveur, et M. de Bellegarde était réintégré dans son emploi. La mort de M. de Vallière venait de mettre fin au débat.

Or cette question avait passionné les officiers dans le régiment de la Fère; on s'y était généralement montré partisan convaincu de M. de Gribeauval et de son système. Les jours de réception, on répétait assez volontiers les *ponts-neufs* qui couraient les garnisons sur le fameux conseil.

> Biron a donné ses soins
> Au conseil de guerre,
> S'il n'est pas juste, du moins
> Il est bien sévère;
> Aux juges, l'on applaudit
> Et dans tout Paris l'on dit
> Ils sont gens de guère d'esprit,
>   Ils sont gens de guerre.
>
> (Air de la *Mariée de Poissy*.)

On chantait également sur l'air : *Quand Biron voulut danser...*

> Quand Biron voulut juger... (*bis*),
> Son épée fit apporter
> Ses lunettes pas trop nettes,
> Son esprit tout rond,
> Vous jugerez, Biron.

Pour le jeune Bonaparte, cette existence avait tout le charme de la nouveauté. C'étaient la vie en plein air, la liberté, et qui plus est, la possibilité de n'avoir plus de rapports journaliers avec ces camarades arrogants dont il avait eu tant à se plaindre à Brienne et à Paris. Évidemment, l'avenir paraissait peu brillant. Passer capitaine à l'ancienneté après quinze années de service, rester quinze autres années capitaine et se retirer avec la croix de Saint-Louis, tel était le lot qu'il pouvait avoir en perspective, comme cadet de famille sans fortune. Pour appointements : huit cent livres payées par le quartier-maître trésorier du régiment ; cent vingt livres d'indemnité de logement, soldées au compte de la province, plus deux cents livres de gratification annuelle, prises sur la cassette du roi, comme élève boursier des Écoles militaires, c'était juste de quoi vivre, au jour le jour. Pour dépenses ordinaires, huit livres huit sols affectés au payement de la petite chambre[1] louée chez mademoiselle Bon ; trente-cinq livres à la pension des lieutenants à l'hôtel des Trois Pigeons[2], plus une quinzaine de livres pour les retenues mensuelles et les réceptions, au total, soixante livres par mois ; restait donc une somme liquide de trente livres pour l'habillement, l'entretien, le café militaire et l'abonnement au cabinet littéraire de M. Aurel[3], qui tenait

---

1. La maison de mademoiselle Bon formait l'angle de la Grande Rue et de la rue du Croissant. Elle portait le n° 4.
Mademoiselle Bon (Marie-Claudine) mourut à Valence, le 4 septembre 1800.

2. C'était un sieur Gény qui tenait cet hôtel, rue Perollerie.
Les capitaines mangeaient chez M. Faure, propriétaire de l'*Hôtel de France*, rue Saint-Félix.

3. Librairie située au rez-de-chaussée d'une maison, à l'angle

une salle particulière à la disposition de MM. les officiers d'artillerie. Mais que ne supporterait-on pas, lorsqu'on a seize ans, une imagination inépuisable et l'inconnu pour avenir? Les premiers temps de son séjour avaient été fort occupés. Bien qu'il eût le brevet d'officier, il avait dû faire pendant deux mois une sorte de stage, en qualité de simple canonnier et de bas officier. Cette vie active avait eu pour effet de changer le cours des idées sombres qui l'obsédaient autrefois. La fête de la Sainte-Barbe[1], le bal qui s'ensuivit, les femmes avec qui il se rencontra pour la première fois dans le monde, ses visites à l'abbé de Saint-Ruf, aux parents et amis de ce dernier, achevèrent sa métamorphose.

Le 10 janvier, Bonaparte fut reçu officier. Le lendemain, il montait sa première garde au poste de la place des Clercs.

L'année s'annonçait aussi heureuse que possible. Les nouvelles de Corse étaient bonnes. Les plantations de mûriers avaient réussi. La question Odone prenait définitivement bonne tournure. Sa mère venait d'obtenir le bail emphytéotique pour la propriété de Milleli. Au printemps, on comptait commencer les réparations. Nul doute qu'à l'automne tout ne fût prêt et que le lieutenant Bonaparte ne pût avoir un congé et venir faire la cueillette de la fameuse vigne (la Sposata). Son quatrième frère, Louis Bonaparte, était alors dans sa huitième année. Sur le conseil de M. de Marbeuf, madame Bonaparte demandait pour lui

---

de la place des Clercs et de la Grande Rue, à côté de la maison de mademoiselle Bon.

1. 4 décembre 1785.

une place gratuite dans les écoles royales militaires[1]. L'abbé Fesch avait eu un diaconat. Joseph rêvait déjà les grandeurs; il sollicitait du grand-duc de Toscane la permission de revêtir les *insignes de l'ordre de Saint-Étienne*. Cette supplique est curieuse à plus d'un titre, car elle est une preuve de plus à l'appui de la filiation des Bonaparte d'Ajaccio avec les Bonaparte de Sarzane (Toscane). Elle témoigne en outre du caractère particulièrement souple des membres de cette famille, chez laquelle le sentiment de la dignité et l'amour de la France n'ont jamais existé. La voici, du reste, in extenso :

Placet de Joseph Bonaparte au grand-duc de Toscane

(janvier, 1786).

« Charles, le père du suppliant, fut reconnu noble, et d'une noblesse de plus de deux cents ans. Admis au nombre des douze gentilshommes, plus d'une fois il représenta la nation entière, et fut, en outre, député de l'Assemblée générale de la noblesse auprès de S. M. le roi T. C. En 1779, il reçut des lettres qui confirmaient ses titres, et Napoléon, frère cadet du suppliant, fut nommé, après avoir fait ses preuves, élève de l'École royale et militaire de Brienne, d'où il passa dans celle de Paris, et de là fut promu au grade d'officier dans le corps royal d'artillerie.

« Il représente enfin, qu'en conséquence de la qualité reconnue de sa famille, Marianne Bonaparte, sœur du suppliant, eut l'honneur d'être nommée par le roi de France élève au couvent de Saint-Cyr, fondé par Louis XIV, pour l'éducation des jeunes demoiselles. Cette faveur ne

---

1. Mss. Archives de la guerre.

peut être obtenue qu'après avoir fait preuve de quatre générations de noblesse.

« De cet exposé, il résulte que la famille Bonaparte, évidemment originaire de Toscane, est descendante directe de Jean Bonaparte, qui fut garant pour la république de Florence, de la célèbre paix qu'elle signa avec le cardinal Latino. Elle a toujours été reconnue pour telle par ceux des Bonaparte qui demeurent en Toscane. Le suppliant, guidé par ces motifs et par le désir de reconnaître son ancienne patrie, n'a pas hésité de recourir à la clémente puissance de votre A. R., pour lui.

« Joseph Bonaparte, fils de Charles Bonaparte, né en Corse, et le plus humble de vos serviteurs, ose vous représenter avec respect que sa famille, actuellement domiciliée en Corse, tire son origine de la Toscane, et spécialement de Florence, où, dès le temps même de la république, elle fut revêtue des premiers emplois, et s'allia avec les plus illustres familles, telles que les Albizzi, Aberti Tornabuoni, Attavanti et autres semblables; par suite des événements politiques arrivés dans les républiques d'Italie, ladite famille de Bonaparte, divisée alors en plusieurs branches, et attachée au parti des Gibelins, fut forcée d'abandonner la ville de Florence, et de se réfugier en divers États. La branche à laquelle appartient le suppliant se retira à Sarzane, alors petite république, où elle fut admise aux premiers honneurs et contracta d'honorables alliances, particulièrement avec la maison Malaspina.

« La famille du suppliant, par suite des révolutions de l'Italie, s'étant transportée tout entière en Corse, a fixé sa résidence à Ajaccio, où les Bonaparte ont toujours été considérés comme nobles, ainsi que le constatent les lettres de la république de Gênes, qui déclarent Jérôme Bonaparte, chef des plus anciens d'une cité, où lui et les siens avaient pour alliés les Colonna, les Bozi, les Ornano, Durazzo, Lomellino de Gênes, et se trouvaient en possession des droits seigneuriaux du fief de Bozi, etc...

« La Corse étant passée sous la domination du roi, il se permet de demander humblement la permission de revêtir *les insignes de l'ordre de St-Étienne*, afin que, honoré de cette décoration nouvelle, il ait à l'avenir de plus fréquentes occasions de prouver la vénération et la fidèle obéissance qu'il doit à la très-respectable personne de votre altesse royale, ainsi qu'à son auguste famille [1]. »

Sous l'influence de ces nouvelles favorables, Bonaparte se montra presque sociable. Il fréquenta le petit monde dont l'abbé de St-Ruf était l'âme. Ces relations, d'ailleurs, lui étaient presque imposées par la nécessité. L'abbé de St-Ruf était l'ami intime de Mgr de Marbeuf, de l'abbé Raynal, en un mot, de tous les protecteurs de la famille. Ce fut dans ces conditions qu'il fut reçu chez madame Grégoire du Colombier [2]. Il y rencontra les dames Dupont, mademoiselle Caroline Grégoire du Colombier [3], mademoiselle de St-Germain [4], mademoiselle de Laurencin [5], toutes per-

---

1. On répondit :
« Le conseil de l'ordre, considérant que la demande est adressée par un individu de nation étrangère, et que le nombre des chevaliers non indigènes, fixé à quatre-vingts par un *motu proprio* de S. A. R. du 8 mars 1786, est déjà outrepassé, s'en réfère à l'autorité souveraine. »
« S. A. R. ordonne que le suppliant soit admis à fournir les preuves de sa nationalité en Toscane, et qu'on lui représente l'affaire. » — (10 septembre 1789).
2. *Anne Carmaignac du Colombier*, née à Lyon, en 1731, morte le 13 janvier 1793. Elle habitait Valence, l'hiver, et, l'été, sa propriété des Basseaux, située à deux lieues de Valence.
3. Mariée le 31 mars 1792 à M. *Gorampet de Brassieux*, chevalier de Saint-Louis, ancien capitaine au régiment de Lorraine.
4. Mariée en 1797 à M. de *Montalivet*.
5. Mariée en 1789, à M. *le comte Dupont*, alors capitaine d'infanterie dans le régiment d'infanterie du Lyonnais.

sonnes dont il conserva un agréable souvenir et qu'il protégea plus tard, lors de son arrivée aux grandes affaires.

Au régiment, il n'avait guère d'amis. De ses camarades d'école et de promotion, il ne voyait que les deux Des Mazis et Damoiseau[1]. De ses autres camarades, Lariboissière[2] lieutenant à la compagnie de Vigny, Sorbier[3], Mallet[4] lieutenant à la compagnie la Barrière et Mabille[5] lieutenant en second à la compagnie de Drouas, étaient les seuls avec lesquels il eût des rapports.

En général, et c'est un fait intéressant à constater, Bonaparte n'a jamais cherché à se lier avec les officiers de l'armée. Dans toutes ses garnisons, il préféra de beaucoup l'élément civil. A Valence, il voyait fréquemment le procureur du roi, M. Bérenger[6], les frères Blachette[7], l'abbé Marboz[8] curé de Bourglès, les Mésangère[9], etc. Ce genre de prédilection n'a rien d'étonnant. Il était comme instinctif. En effet, ce milieu bourgeois qui souffrait comme lui des mêmes inégalités sociales, cadrait mieux avec ses sentiments intimes, compatissait tacitement à ses peines

---

1. Devenu astronome-adjoint au bureau des longitudes.
2. Inspecteur général d'artillerie.
3. Inspecteur général d'artillerie. Fils d'un médecin de Moulins.
4. Le frère du Mallet, qui fit l'échauffourée.
5. Déserteur, rentré en France avec l'aide de Bonaparte, et placé dans l'administration des postes.
6. Député en 1789.
7. L'aîné des Blachette devint payeur général à l'armée des Alpes.
8. Devint évêque constitutionnel, puis conventionnel, puis conseiller de préfecture.
9. L'un était avocat, l'autre notaire.

et se prêtait, plus complaisamment que des collègues gouailleurs et ignorants, au besoin qu'il éprouvait d'exprimer ses opinions, parfois bizarres. Au vrai, il avait un dégoût inconscient pour cette vie de caserne, de routine, d'insouciance et d'oisiveté vicieuse qui formait alors le plus clair de l'emploi du temps des jeunes nobles voués à la carrière des armes. En un mot, il allait là où il pressentait la vie.

Ce fut ainsi qu'il passa assez doucement ses premiers mois de garnison; lisant beaucoup, et particulièrement les œuvres de Jean-Jacques Rousseau. Au mois d'avril, il se remit au travail. C'est du 26 avril 1786, en effet, que date sa première note. Au mois de mai, il reprit son projet d'histoire de Corse. L'ouvrage de Boswel, que son père lui avait autrefois envoyé, fut le point de départ de l'application de cette idée persistante de consacrer à son pays les efforts de son imagination.

Au mois de juillet, il en envoyait les deux premiers chapitres à M. l'abbé Raynal[1] :

« Monsieur l'abbé, dit-il, le destin des grandes réputation est d'attirer l'importunité; chaque débutant veut s'attacher à une célébrité établie. Historien novice de ma patrie, c'est votre opinion que je voudrais connaître; votre patronage qui me serait cher, auriez-vous l'obligeance de me l'accorder? Je n'ai pas dix-huit ans, et j'écris; c'est l'âge où l'on doit apprendre. Mon audace ne m'attirera-t-elle pas vos railleries? Non, sans doute, car si l'indulgence est le partage du vrai talent, vous devez avoir beaucoup d'indulgence. Je joins à ma lettre les chapitres un et deux de l'Histoire de la Corse, avec le plan des autres. Si

---

1. Mss. Archives de la guerre.

vous m'encouragez, je continuerai; si vous me conseillez de m'arrêter, je n'irai pas plus avant. Excusez mon audace, et ne me reprochez pas le temps que je vais vous faire perdre.

« Je suis, monsieur l'abbé, avec une haute admiration de vos écrits, et un profond respect pour votre personne,

« Votre très humble et très obéissant serviteur.

« BUONAPARTE, officier d'artillerie. »

Il lui fallait, en vérité, avoir quelque peu perdu la notion de sa situation, pour adresser à un homme de la valeur de l'abbé Raynal, le résultat de ses élucubrations de dix-huit ans sur l'histoire d'un peuple, ce peuple fût-il celui de Corse. En effet, quand on songe dans quel français Bonaparte rédigeait les moindres billets, on est en droit de se demander s'il avait bien la plénitude de toutes ses facultés. Ce qui est certain, c'est que l'abbé Raynal eut compassion de cet adolescent. Il lui donna de bons conseils et l'engagea à refaire son travail et à compléter ses recherches préliminaires. Bonaparte se rendit à ces raisons[1], et, le 29 juillet, il écrivait à M. Paul Borde, à Genève :

« Je m'adresse directement à vous, monsieur, pour vous prier de me faire passer les Mémoires de madame de *Valens*

---

1. Un commencement de cette histoire (manuscrit de 8 pages entières) a été adjugé le 11 avril 1854 à M. Millot, pour 200 fr. Il portait le n° 859 du catalogue d'autographes, provenant de la succession de M. Brissot Thivard.
Cet ouvrage a été recopié par Bonaparte. Il formait deux petits volumes. Il était destiné à M. Joly, imprimeur à Dôle, en 1790. Plusieurs fragments en ont été vendus à la vente d'autographes de l'abbé Lacoste (en juin 1846, sous le n° 90.)
On assure que le manuscrit est en Angleterre, chez lord Aschburnham.

et de Claude *Anet,* pour servir de suite aux *Confessions de J.-J. Rousseau.* Je vous *prirai* également de m'envoyer les deux derniers volumes de l'*Histoire des révolutions de la Corse,* par l'abbé Germaner. Je vous serais obligé de me donner note des ouvrages que vous avez sur l'*isle* de Corse, *ou que* vous pourriez me procurer promptement. *J'entend* votre réponse pour vous envoyer *l'argent à quoi* cela montera.

« Vous pouvez m'adresser votre lettre : à monsieur de Buonaparte, officier d'artillerie, au régiment de la Fère, en garnison à Valence, en Dauphiné.

« Je suis, monsieur, avec une parfaite considération, votre très humble et *très obéissans* serviteur.

« Buonaparte, officier d'artillerie. »

Mais des événements fortuits devaient interrompre ces premiers essais. Le 11 août, son bataillon recevait l'ordre de partir pour Lyon où venait d'éclater l'émeute, dite des *Deux Sous.*

D'après une ancienne coutume lyonnaise, appelée le *Bauvin,* les grands seigneurs propriétaires avaient le droit d'interdire à leurs vassaux ou censitaires, la vente de leur vin pendant tout un mois, celui d'août. Grâce à cette interdiction, eux seuls se trouvaient en mesure de débiter, sans crainte de concurrence, le produit de leurs propres récoltes. C'était là un droit exorbitant, tellement exorbitant que l'usage en était tombé depuis longtemps, lorsqu'en 1786 l'archevêque de Lyon, Mgr de Montazet[1], s'avisa de vou-

---

1. *Montazet* (Antoine-Malvin de), né le 17 août 1713 au château de Quinac, près Agen, mort le 2 mai 1788 à Paris. Évêque d'Autun en 1748, archevêque de Lyon le 31 mars 1759 ; académicien.

loir le rétablir. Ce fut une explosion d'indignation. La résistance dégénéra rapidement en une grève qui s'étendit à presque tous les corps de métiers et devint le prétexte d'une demande d'augmentation de salaire. Les troupes des garnisons environnantes furent immédiatement appelées pour prêter main-forte au gouverneur de la province. Le premier bataillon du régiment de la Fère était du nombre. Le 15 août, il arrivait à Lyon, en même temps qu'une compagnie des chasseurs du Gévaudan et qu'un bataillon du Royal-Marine. Tout était déjà terminé. Le 10, malgré les promesses des consuls, le prévôt de la maréchaussée, M. le baron d'Izeron, avait cru devoir intervenir et arrêter ceux d'entre les habitants signalés comme meneurs. Il en était résulté un conflit, dans lequel trois personnes avaient été tuées et plusieurs autres blessées. Le 12, sans attendre les ordres de Paris, trois des ouvriers incarcérés, Sauvage (Pierre), chapelier, Nérin et Dapiano, ouvriers en soie, avaient été condamnés à mort et pendus. Le lendemain M. Tolozan de Montfort, prévôt des marchands, pouvait écrire à M. le maréchal de Ségur[1] :

« Monseigneur, cette nuit et la journée d'hier se sont
« encore passées fort tranquillement, et le calme qui
« se remarque me laisserait absolument sans inquié-
« tude, si je ne continuais à être prévenu qu'il existe
« toujours du mécontentement et de l'indocilité parmi
« certaines classes d'ouvriers, notamment les fabri-
« cants de bas et les ovalistes qui préparent les
« soies... » En effet, par crainte de représailles, les

1. Mss. Archives de la guerre. M. le baron d'Izeron fut tué en duel par l'un des consuls, à la suite de cette triste affaire.

ouvriers et leurs familles s'enfuyaient en Suisse. Les métiers étaient abandonnés, les travaux interrompus, la production arrêtée, les sources des gros revenus des riches industriels et des gouvernants, taries. Aussi, des troupes furent-elles immédiatement expédiées à Pont de Beauvoisin et au fort de l'Écluse pour établir un cordon militaire le long de la frontière. Elles avaient ordre de se saisir de ces braves gens qui se permettaient de trouver que tout n'était pas pour le mieux dans la bonne ville de Lyon et de les réintégrer de force dans leurs ateliers.

Pour les soldats demeurés en ville, on les avait installés en garnisaires chez l'habitant. Les chasseurs du Gévaudan furent cantonnés au faubourg de la Guillotière, le bataillon du Royal-Marine à la Croix-Rousse, et le premier bataillon du régiment d'artillerie de la Fère à Vaise. Bonaparte logea chez madame veuve Blanc[1], à la montée de Montribout. Ce fut là qu'il passa un mois, assez agréable, paraît-il, car, le 20 septembre, il écrivait à l'oncle Fesch : « Je quitte Lyon avec plus de peine encore que Va-« lence. Je me trouvais si bien dans cette ville qu'il « me semble que j'aurais voulu y passer ma vie; « mais il faut suivre sa destinée et surtout se plier « aux exigences de son état. Un soldat ne doit « pas s'attacher à autre chose qu'à son drapeau..... » Le 19, en effet, son bataillon avait reçu l'ordre d'aller rejoindre le reste du régiment, qu'on envoyait à Douai. Le 21, il le rencontrait à une étape de Lyon, à Villefranche, et faisait route avec lui jusqu'à Douai,

---

1. Madame veuve Blanc était la veuve d'un ancien fonctionnaire des Monnaies.

où il arrivait le 17 octobre[1]. Les lieutenants et quelques capitaines furent logés au pavillon. Bonaparte fut de ce nombre.

Plusieurs lettres l'attendaient dans cette ville. Les nouvelles étaient des plus tristes. On réclamait son retour immédiat auprès des siens.

Le 20 septembre, veille de son départ de Lyon, le protecteur de la famille, le gouverneur de l'île de Corse, M. le comte de Marbeuf, était mort à Bastia[2]. Le grand-oncle Lucien venait de tomber gravement malade. Joseph ne réussissait pas dans ses démarches. Il voulait partir pour la Toscane. Louis avait bien une promesse de place gratuite dans une école militaire, mais la mort du gouverneur faisait redouter une solution défavorable. Enfin, les embarras pécuniaires de sa mère augmentaient chaque jour. A la suite d'une plainte de l'économe d'Ajaccio, l'intendant avait refusé de payer les sommes échues en 1786, sommes qui se montaient à dix-sept cent cinquante livres d'une part, pour les avances exigibles, et quinze cents livres d'une autre pour les greffes, c'est-à-dire à un total de trois mille cinquante livres[3]. L'intendant prétendait que la valeur des plantations faites ne répondait pas aux sommes déjà données. Madame Bonaparte affirmait le contraire ; en attendant, l'argent faisant défaut, elle avait dû résilier son contrat.

---

1. Le régiment d'artillerie de Grenoble venait à Valence.
Voir l'itinéraire du régiment de la Fère aux pièces à l'appui.
Les deux compagnies qui étaient en Corse furent remplacées par deux autres du régiment de Grenoble, qui quittèrent Valence le 1ᵉʳ mars 1787, pour se rendre à Bastia.
2. Enterré, le 21 septembre, à l'église de Saint-Jean-Baptiste de Terre-Vieille, à Bastia. Mort à 71 ans.
3. Mss. Archives de la guerre. — Voir pièces à l'appui.

L'avenir se présentait donc assez tristement pour le jeune lieutenant, déjà bien obéré à la suite de son long voyage. Or, il fallait prendre une décision. Il demanda donc un congé immédiat. Il ne put l'obtenir que pour le mois de janvier de l'année suivante. Les exigences du service et celles d'une nouvelle installation nécessitaient la présence de tous les officiers.

Ces événements douloureux et la répulsion instinctive que lui inspiraient les exigences d'un service monotone[1] aigrirent son caractère. Le climat humide et froid du Nord, si peu fait pour cette nature essentiellement nerveuse, agit également d'une façon fâcheuse sur sa santé. Il ressentit à Douai les premières atteintes de la fièvre qui ne devait plus le quitter pendant sept ou huit années. Ce fut, sans doute, sous l'oppression de ces pensées lugubres, et au souvenir des ennuis dont sa famille était accablée, qu'il eut un instant des idées de suicide. Du moins, les lignes qu'on va lire, lignes écrites dans un accès de misanthropie et qui témoignent du dérangement des facultés du jeune Corse à cette époque de sa vie, semblent l'indiquer fort clairement.

« Toujours seul au milieu des hommes, je rentre pour rêver avec moi-même et me livrer à toute la vivacité de ma mélancolie. De quel côté est-elle tournée aujourd'hui ? Du côté de la mort. Dans l'aurore de mes jours, je puis encore espérer de vivre longtemps. Je suis absent depuis six ou sept ans de ma patrie. Quel plaisir ne goûterai-je pas à revoir, dans quatre mois, et mes compatriotes, et mes parents? Des tendres sensations que me fait éprouver

---

1. *Mémoires de madame de Rémusat.* Il avouait plus tard à madame de Rémusat que la vie de garnison l'ennuyait.

le souvenir des plaisirs de mon enfance, ne puis-je pas conclure que mon bonheur sera complet? et quelle fureur me porte donc à vouloir ma destruction? Sans doute, que faire dans ce monde? puisque je dois mourir, ne vaut-il pas autant se tuer? Si j'avais passé soixante ans, je respecterais les préjugés de mes contemporains et j'attendrais patiemment que la nature eût achevé son cours, mais, puisque je commence à éprouver des malheurs, que rien n'est plaisir pour moi, pourquoi supporterais-je des jours où rien ne me prospère? Que les hommes sont éloignés de la nature! Qu'ils sont lâches, vils, rampants! Quel spectacle verrais-je dans mon pays? Mes compatriotes chargés de chaînes embrassent en tremblant la main qui les opprime. Ce ne sont plus ces braves Corses qu'un héros animait de ses vertus, ennemis des tyrans, du luxe, des vils courtisans. Fier, plein du noble sentiment de son importance particulière, un Corse vivait heureux. S'il avait employé le jour aux affaires publiques, la nuit s'écoulait dans les tendres bras d'une épouse chérie, la raison et son enthousiasme effaçaient toutes les peines du jour; la tendresse et la nature rendaient sa nuit comparable à celle des Dieux. Mais avec la liberté, ils se sont évanouis comme des songes, ces jours heureux! Français, non contents de nous avoir ravi tout ce que nous chérissions, vous avez encore corrompu nos mœurs! le tableau actuel de ma patrie et l'impuissance de la changer sont une nouvelle raison de fuir une terre où je suis obligé par devoir de louer des hommes que je dois haïr par vertu. Quand j'arriverai dans ma patrie, quelle figure faire, quel langage tenir? Quand la patrie n'est plus, un bon citoyen doit mourir.

« Si je n'avais qu'un homme à détruire pour délivrer mes compatriotes, je partirais au moment même; *j'enfoncerais dans le sein du tyran le glaive vengeur de la patrie et des lois violées... La vie m'est à charge, parce que je ne goûte aucun plaisir et que tout est peine pour moi*; elle m'est à charge, parce que les hommes avec qui je vis et vivrai probablement toujours ont des mœurs aussi éloignées des miennes que la clarté de la lune diffère de celle du soleil. Je ne puis donc pas suivre la seule manière de vivre qui pourrait me faire supporter la vie, d'où s'ensuit un dégoût pour tout. »

Tout est étrange dans ce cri d'un Werther de dix-sept ans, officier du roi. La haine de la France, l'âpre désir des jouissances qu'il ne peut se procurer, les tableaux érotiques, la soif de la gloire, le besoin de poser devant ses concitoyens, le dégoût de ce qui l'entoure, tout se retrouve dans cet écrit d'un malade, d'un inconscient, dont une fièvre bizarre, véritable fièvre d'halluciné, va diriger tous les actes, jusqu'à ce qu'il ait accompli ses rêves les plus insensés.

Deux mois après, le 1er février 1787, il quittait Douai pour n'y plus revenir et commencer cette existence errante, qui a fait de sa carrière régimentaire une des plus curieuses qu'il soit possible de rencontrer.

Il était resté au régiment quatorze mois et vingt jours.

CHAPITRE X

BONAPARTE AU RÉGIMENT D'ARTILLERIE DE LA FÈRE.

A AJACCIO, FÉVRIER 1787 — OCTOBRE 1787.
A PARIS, FIN OCTOBRE 1787 — 12 DÉCEMBRE 1787.
A AJACCIO, 25 DÉCEMBRE 1787 — MAI 1788.

Arrivée de Bonaparte à Ajaccio. — Son état maladif. — Situation de la famille. — Situation de l'île. — Il demande un congé de cinq mois et demi, sous prétexte de rétablir sa santé. — Il l'obtient. — Ses travaux, le *Masque prophète*. — Son départ pour Paris. — Son régiment. — Ses démarches pour Lucien, Louis et sa mère. — Le régiment de la Fère part pour Auxonne. — Nouvelle demande de prolongation de semestre. — Il l'obtient grâce à M. de Gribeauval. — Son retour à Ajaccio. — Joseph reçu au barreau de Bastia. — Nouvelles plaintes de madame Bonaparte. — Son fils Napoléon est le rédacteur de toutes ses lettres. — Il achève son histoire de Corse et part en mai 1788, pour aller rejoindre son régiment à Auxonne [1].

En quittant Douai, Bonaparte s'arrêta à Valence et à Marseille. A Valence, il alla rendre visite à l'abbé de Saint-Ruf et lui demanda son appui pour son frère Lucien qui se destinait définitivement à l'état ecclésiastique. A Marseille, il se présenta chez l'abbé Ray-

---

1. *Événements politiques.* — 22 février 1787, ouverture des séances de l'Assemblée des notables du royaume, à Versailles. — 15 août 1787, exil du Parlement, à Troyes. — 20 septembre, rappel du Parlement. — 20 novembre, exil du duc d'Orléans.
Ministres de la guerre. — M. le maréchal comte de Ségur, 1780 — 20 août 1787. — M. le baron de Breteuil, 29 août 1787 — 24 septembre 1787. — M. le comte de Loménie-Brienne, 24 septembre 1787 — 30 novembre 1788.

nal, le confident de ses travaux historiques. Il n'arriva donc à Ajaccio que dans les derniers jours du mois de février 1787.

Quelle dut être l'impression de madame Bonaparte et du reste de la famille, en revoyant revêtu de l'uniforme d'officier de l'artillerie royale, ce *bambino* qui depuis huit ans et deux mois n'avait pas remis les pieds sur le sol natal? Que de changements! L'enfant s'était fait homme. Au lieu du gamin criard et colère, on retrouvait un jeune officier au regard perçant, au teint pâle, au front enfiévré et à la démarche hâtive et saccadée. Parlant par monosyllabes, voulant tout dominer, tout régenter, tel il était déjà, tel il allait imposer sa volonté à tous ceux qui l'approchaient. Dans le fait, il en avait presque le droit. Son retour avait fait événement dans la ville. Il était le premier Corse sorti des écoles militaires de France et admis dans une arme spéciale. Joseph, à la recherche d'une position, n'avait ni le goût ni l'intention de s'ériger en maître. Lucien était toujours à Brienne, s'occupant de belles-lettres et refusant d'entrer dans la carrière des armes. Élisa continuait le cours de sa triste et monotone existence à Saint-Cyr. Louis avait neuf ans. Pauline, la gentille Paulette, gagnait ses sept ans. Carletta était une grande fille de cinq ans et Jérôme Bonaparte un bel enfant de trois ans.

Le grand-oncle Lucien, l'archidiacre, était atteint de la goutte. Obligé de garder la chambre, il ne pouvait que donner des conseils et subvenir aux principales charges de la famille[1]. L'oncle Fesch, l'abbé, était le confident de tous les jeunes gens. Dans ces

1. Ce fut le 1er avril que Bonaparte écrivit à M. Tissot, docteur

conditions, Bonaparte devenait donc le seul homme de la famille. Il sut le montrer, en prenant en main les affaires de la maison. Il était temps, car elles périclitaient depuis nombre de mois. Tout avait mal tourné l'année précédente. La récolte n'avait pas été bonne et madame Bonaparte en était encore à pouvoir rembourser les nombreuses dettes de son mari. Pauvre père! depuis deux ans déjà il n'était plus. Cette perte avait été d'autant plus sensible pour la famille que s'il avait vécu, il aurait fait partie de cette grande assemblée des notables réunis à Versailles, de laquelle la France attendait tant d'heureuses améliorations.

Tout d'ailleurs était changé dans le personnel de l'île. M. le marquis de Jaucourt était devenu gouverneur général; M. de la Guillaumye, intendant; M. le vicomte de Barrin, lieutenant général, chef de la 21e division et M. le comte Durosel-Beaumanoir, commandant en second[1]. L'esprit des habitants s'était également profondément modifié. Une sorte de réaction tacite se manifestait contre l'occupation française. Des symptômes de mécontentement ou mieux de réveil national, se faisaient jour. Des agents de Paoli se montraient dans le pays. Ses partisans, restés en Toscane et à la tête desquels se trouvaient Clemente Paoli, Piétri et les frères Arena, s'agitaient pour reconquérir une influence.

Dans les familles même, les divisions d'opinion

à Lausanne, pour lui demander une consultation écrite pour son grand-oncle. Tissot a mis en marge : Lettre non répondue, peu intéressante.

1. M. de la Ferrandière commandait à Ajaccio. M. de Sauge était major.

s'accentuaient. Chez les Bonaparte, on était généralement attaché au nouvel ordre de choses. Le besoin constant qu'on avait eu de la protection de M. de Marbeuf pour les demandes qu'on faisait, avait nécessairement classé cette famille parmi celles dévouées à la cause française. Bonaparte et Fesch, élevés en France et sortis de l'île, avant d'avoir pu s'imprégner des idées de Charles Bonaparte, avaient conservé intacte la mémoire des récits fabuleux dont leurs oreilles avaient été frappées lors des premières causeries au gynécée. Joseph, élevé à Autun, admis dans les salons de l'évêque et chez les parents de son camarade James, avait des opinions tout opposées. Les alliés paternels, les Paravicini, les Giubega, les Bianelli, les Ornano, se montraient également favorables à la cause royale. Seul, le vieil oncle, l'archidiacre, gardait pur le sentiment des anciennes traditions. Ce fut en lui que Bonaparte trouva un auditeur bienveillant de ses théories nouvelles. Madame Lœtitia, impassible, se contentait de hausser les épaules, à l'audition des plaidoyers de cet admirateur passionné de Jean-Jacques et de Voltaire. Elle croyait son fils malade. De fait, il l'était moralement. Une fièvre nerveuse le minait. Le jeune homme avait besoin de repos physique et moral. Mais le temps s'écoulait rapide, avec ces occupations de la famille, ces promenades lointaines et ces démarches incessantes auprès de MM. les administrateurs. Or la fin du congé approchait. Le 15 mai, Bonaparte devait être de retour à son poste. Dès le 2 avril, il demandait une prolongation de congé de cinq mois et demi. Elle lui fut accordée. Sa lettre au ministre est curieuse.

« Le sieur Napoléon Buonaparte lieutenant en second, *suppli* monseigneur le maréchal de Ségur de vouloir bien lui accorder un congé de cinq mois et demi, à partir du 16 mai prochain, dont il a besoin pour le rétablissement de sa santé, suivant le certificat des médecins et chirurgiens ci-joint. Vu mon peu de fortune et une cure contraire je demande la grâce que le congé me soit accordé avec appointements.

BUONAPARTE.

Bonaparte invoquait des raisons de santé. Elles n'étaient pas suffisamment sérieuses. Cet état fiévreux et nerveux formait le fond de sa constitution. En réalité, ce qui le retenait en Corse, c'étaient les affaires embarrassées de la famille et son désir de continuer ses études favorites.

Il travaillait en effet à son *Histoire de Corse*. Il avait également commencé un *roman* et un drame historique, *le Comte d'Essex*. Il venait de terminer un conte, dans le genre de ceux de Voltaire et de Diderot : *le Masque Prophète*.

LE MASQUE PROPHÈTE.

« L'an 160 de l'Hégire, Mikadi régnait à Bagdad ; ce prince, grand, généreux, éclairé, magnanime, voyait prospérer l'empire arabe dans le sein de la paix. Craint et respecté de ses voisins, il s'occupait à faire fleurir les sciences et en accélérait les progrès, lorsque la tranquillité fut troublée par Hakem, qui du fond du Korassan commençait à se faire des sectateurs dans toutes les parties de l'empire. Hakem, d'une haute stature, d'une éloquence mâle et emportée, se disait l'envoyé de Dieu; il prêchait une morale pure qui plaisait à la multitude; l'égalité des rangs, des fortunes, était le texte ordinaire de ses sermons. Le peuple se rangeait sous ses enseignes. Hakem eut une armée.

« Le calife et les grands se sentirent la nécessité d'étouffer dans sa naissance une insurrection si dangereuse; mais leurs troupes furent plusieurs fois battues, et Hakem acquérait tous les jours une nouvelle prépondérance.

« Cependant une maladie cruelle, suite des fatigues de la guerre, vint défigurer le visage du prophète. Ce n'était plus le plus beau des Arabes. Ses traits nobles et sévères, ses yeux grands et pleins de feu étaient défigurés; Hakem devint aveugle. Ce changement eût pu ralentir l'enthousiasme de ses partisans. Il imagina de porter un masque d'argent.

« Il parut au milieu de ses sectateurs; Hakem n'avait rien perdu de son éloquence. Son discours avait la même force; il leur parla, et les convainquit qu'il ne portait le masque que pour empêcher les hommes d'être éblouis par la lumière qui sortait de sa figure.

« Il espérait plus que jamais dans le délire des peuples qu'il avait exaltés, lorsque la perte d'une bataille vint ruiner ses affaires, diminuer ses partisans et affaiblir leur croyance : il est assiégé, sa garnison est peu nombreuse. Hakem, il faut périr, ou tes ennemis vont s'emparer de ta personne ! Il assemble tous les sectateurs et leur dit : « Fidèles, nous que Dieu et Mahomet ont choisis
« pour restaurer l'empire et regrader notre nature, pour-
« quoi le nombre de vos ennemis vous décourage-t-il ?
« Écoutez; la nuit dernière, comme vous étiez plongés dans
« le sommeil, je me suis prosterné et ai dit à Dieu : Mon
« père, tu m'as protégé pendant tant d'années; moi ou les
« miens t'aurions-nous offensé, puisque tu nous abandon-
« nes? Un moment après, j'ai entendu une voix qui me
« disait : Hakem, ceux seuls qui ne t'ont pas abandonné

« sont tes vrais amis et seuls sont élus. Ils partageront
« avec toi les richesses de tes superbes ennemis. Attends
« la nouvelle lune, fais creuser de larges fossés, et tes en-
« nemis viendront s'y précipiter comme des mouches étour-
« dies par la fumée. » Les fossés sont bientôt creusés, l'on
en remplit un de chaux, l'on pose des cuves pleines de
liqueurs spiritueuses sur le bord.

« Tout cela fait, l'on sert un repas en commun, l'on boit
du même vin, et tous meurent avec les mêmes symptômes.
Hakem traîne leurs corps dans la chaux qui les consume,
met le feu aux liqueurs et s'y précipite. Le lendemain, les
troupes du calife veulent avancer, mais s'arrêtent en
voyant les portes ouvertes ; l'on entre avec précaution et
l'on ne trouve qu'une femme, maîtresse d'Hakem, qui lui
a survécu. Telle fut la fin de Hakem, surnommé Durhaï,
que ses sectateurs croient avoir été enlevé au ciel avec
les siens. »

« Cet exemple est incroyable. Jusqu'où peut pousser la
fureur de l'illustration ! »

Ce morceau de littérature, mal écrit, mal agencé,
n'a de valeur que par sa péroraison : « Cet exemple
« est incroyable ! Jusqu'où peut pousser la fureur de
« l'illustration ! » Principe étrange, qui restera la de-
vise de Bonaparte et le mobile de toute sa vie. Cette
histoire du masque prophète sera d'ailleurs la sienne.
Ce masque sera le sien ; il le mettra constamment
pour cacher sa laideur morale. Cette cécité, cette méconnaissance des hommes et des lois sociales, il
les aura. Ce gouffre où s'entassent les fidèles du
prophète, il le retrouvera dans les neiges de la Russie,
dans les eaux profondes de la Bérésina et dans les
plaines de la Champagne et de la Belgique, où viendront s'accumuler les cadavres de ces milliers de

braves enchaînés à sa fortune. Cette soif immense et continue de la renommée, âpre désir qui lui fera tout sacrifier, patrie et famille, il l'aura résumée dans la dernière phrase de ce conte d'enfant : « Jusqu'où « peut pousser la fureur de l'illustration! »

Entre temps, il s'occupait de la réinstallation de la maison des Mellili, du rétablissement des Salines et d'une plantation de mûriers. Il était à tout et partout, pendant que son frère se livrait à Florence aux douceurs d'un commerce d'huile qui devait l'enrichir. Mais le congé approchait de sa fin, et les affaires de la maison allaient toujours mal. La réponse du ministre aux demandes maternelles n'arrivait pas. D'autre part, les nouvelles du régiment étaient inquiétantes. On parlait de déplacements prochains et de mouvements importants. Un détachement du corps avait été réuni mystérieusement à Givet, et, de là, envoyé par petits groupes en Hollande, pour y être mis à la disposition des États généraux, menacés d'une attaque de la part du roi de Prusse. Un corps d'observation, formé le long des frontières du Nord et placé sous les ordres du comte de Rochambeau[1], avait été cantonné à Maubeuge, Givet, Philippeville et Rocroy. Le régiment d'artillerie de la Fère en faisait partie nominativement. Dans ces conditions, Bonaparte ne pouvait rester plus longtemps en Corse. Il n'était

---

1. Mss. Archives de la guerre.
Ce corps réuni à la frontière du Nord, sous les ordres du comte de Rochambeau, se composait des régiments d'infanterie d'Auvergne, la Couronne, Condé, Poitou, Vignier-Suisse, Royal-Comtois, Bourbonnais, Dillon-Suédois, Chartres, Auxerre et Rouergue, tous à deux bataillons; des chasseurs des Alpes, des hussards d'Esterhazy et d'une brigade d'artillerie.

pas encore au temps où il ne tiendrait compte ni des règlements, ni des ordres de ses chefs. Bonaparte quitta Ajaccio le 15 octobre. Il se rendit directement à Paris et y demeura. Là il apprit que son régiment n'était plus à Douai, mais en route depuis le 18 ; le premier bataillon, pour se rendre en Bretagne, le second pour aller en Normandie, et l'état-major à Fougères. C'était, disait-on, en vue du rassemblement d'une armée sur les côtes de l'Océan. En réalité, ce mouvement n'avait lieu que pour faire face à certaines éventualités en vue de difficultés intérieures. On prévoyait des émeutes. On allait réunir les États généraux ; la cour tenait donc à avoir sous la main des moyens suffisants de coercition.

Le régiment d'artillerie de la Fère ne dépassa pas Saint-Denis ; il y fut cantonné pendant le mois de novembre et les premiers jours de décembre.

Pour Bonaparte, il avait autre chose à faire qu'à rejoindre tranquillement son poste. Il demanda à rester à Paris pour y régler des affaires de famille, en attendant le nouveau congé qu'il sollicitait[1].

La lettre suivante qu'il adresse, le 9 novembre, à M. l'Intendant de la Corse[2], nous mettra au courant de ses démarches :

MONSIEUR,

« J'ose me flatter que vous participerez à l'événement qui vient de m'arriver et qui est d'autant plus fâcheux qu'il était plus inattendu.

---

1. Il demeura à Paris, à l'hôtel de Cherbourg, rue du Four-Saint-Honoré.
2. Mss. Archives de la guerre.

« J'avais permission de rester chez moi jusqu'au mois de mai prochain. J'ai anticipé sur mon congé et j'ai quitté ma famille pour pouvoir solliciter à Paris, la décision de l'affaire de la pépinière pour laquelle vous avez daigné vous intéresser.

« Monseigneur l'archevêque de Toulouse m'avait honoré d'une lettre de recommandation auprès de M. le contrôleur général, de sorte que je ne pouvais guère douter du succès, quand en cherchant dans les cartons, l'on n'a rien trouvé de relatif à cette affaire. Je me suis transporté au contrôle général, et, en feuilletant dans l'enregistrement, n'ai rien trouvé qui puisse indiquer que les pièces relatives à cette affaire soient parvenues.

« Vos intentions me sont trop connues pour pouvoir douter que cela ne soit arrivé par l'événement de la mort de M. Rousseaux.

« M. le contrôleur général, touché du tort que ce retardement nous cause, vous a rendu la liberté de nous accorder les avances que nous sollicitions cet hiver, que votre bonté voulait nous accorder, mais qu'une lettre trouvée de M. le contrôleur général vous a empêché de réaliser ; vous recevrez la lettre du ministre la poste suivante, et j'aurai l'honneur de vous adresser un mémoire relatif.

« *M. le comte de Brienne a accueilli favorablement ma demande pour la nomination de mon frère Lucien au séminaire d'Aix.*

« J'ose me flatter, monsieur, que vous daignerez honorer de votre protection une famille qui, par son attachement et sa reconnaissance des bontés que vous avez bien voulu lui témoigner se flatte de la mériter... »

BUONAPARTE.

Cette fois, ce ne sont plus les termes obséquieux de Bonaparte le père, que nous avons sous les yeux, mais ceux d'un jeune homme entier et tran[qu]ui le prend de haut avec le successeur de M. [de] Bou- cheporn. Il ment avec effronterie, en affirmant qu'il a anticipé sur son congé pour venir solliciter à Paris. Son congé est expiré depuis le 1er novembre, et ce n'est que le 7 décembre qu'il en obtiendra un nouveau. Quant au long mémoire sur la pépinière, il l'envoie le même jour[1]. C'est au nom de sa mère qu'il l'adresse. La péroraison en est curieuse.

« Vous avez autant qu'il est en vous, dit-il, réparé les fausses spéculations de votre prédécesseur, vous aurez fait du bien à une famille en suivant les règles de la justice la plus stricte ; de pareilles occasions n'*arivent* pas tous les jours. Monseigneur, *proffitez* en et si la suppliante *réconnaîtra* par la plus vive *reconnoicence* vos bontés ; vous, Monseigneur, lui *deverez l'occasion offert* qui ne vous *feras* jamais penser à cette famille sans éprouver un contentement intérieur... paradis de l'honneur du juste. »

La suppliante et pour madame sa mère,

BUONAPARTE, officier d'artillerie.

Que dut dire l'intendant de Corse, M. de Guillaumye, en recevant cette mercuriale d'un jeune lieutenant de dix-huit ans? Il connaissait, fort heureusement, le caractère bizarre de ses administrés. Il se contenta probablement de sourire, et se montra tout aussi bienveillant que par le passé pour cette famille de solliciteurs infatigables.

Pour Bonaparte, il continuait ses démarches en

---

1. Mss. Archives de la guerre. Voir pièces à l'appui.

faveur de son frère Louis, qui n'avait pas été compris sur la liste des admis aux écoles militaires. La place venait d'être donnée à un autre de ses compatriotes, le jeune Bianelli. C'était d'autant plus fâcheux que Louis avait dépassé la limite d'âge. Que faire? Le régiment se disposait à quitter Saint-Denis pour se rendre à Auxonne[1] et y tenir garnison définitive. D'un autre côté, les États de Corse allaient se réunir; son frère Joseph ne comptait être de retour de Toscane que dans les premiers jours de l'année 1788; son grand-oncle était de plus en plus malade, lui seul se trouvait par conséquent en mesure de faire face aux arrangements de famille à prendre. Il se décida à demander un nouveau congé à l'inspecteur général, M. de Gribeauval[2], lui raconta quelque belle histoire de son invention, et réussit, paraît-il, à l'intéresser à sa situation, car, le 7 décembre 1787, l'inspecteur faisait parvenir au ministre la demande ci-jointe en faveur de son jeune subordonné[3] :

CORPS ROYAL DE L'ARTILLERIE

CONGÉS OU PROLONGATIONS

« M. de Gribeauval demande une prolongation de six mois sans appointement, à compter du 1er décembre pour le sieur de Buonaparte, lieutenant en second au régiment de la Fère.

---

1. Le régiment arriva à Auxonne le 18 décembre 1787.
2. *Gribeauval* (Jean-Baptiste *Vaquette de*), né à Amiens le 15 septembre 1715, mort à Paris le 9 mai 1789.
3. Mss. Archives de la guerre.

« Il a le plus grand intérêt à aller assister aux délibérations des États de Corse, sa patrie, pour y discuter des droits essentiels à sa modique fortune et pour lesquels il est obligé de sacrifier les frais de voyage et du retour, qu'il ne se déterminerait pas à faire sans une nécessité absolue[1]. »

Grâce à M. Le Sancquer, Bonaparte entrait de suite en possession de sa permission, et, quinze jours plus tard, à la Noël, il était de retour à Ajaccio. Il avait pris, en passant, son frère Lucien, alors à Brienne, et l'avait laissé au collège d'Aix, en attendant que celui-ci pût entrer au séminaire. Lucien venait d'avoir quinze ans.

A Ajaccio, Bonaparte ne songea plus qu'à ses travaux personnels. Les grandes affaires de Corse, dont il avait fait tant d'étalage auprès de M. de Gribeauval, ne le préoccupèrent que médiocrement. En réalité, à part son immixtion dans les nombreux démêlés de sa mère avec M. Souiris, l'économe, et un voyage à Bastia, où son frère Joseph venait d'arriver pour se faire recevoir au barreau, il passa son temps à terminer l'ouvrage historique dont l'abbé Fesch était le confident.

Dans les premiers jours de mai, il quitta l'île. Il était tout à la joie. La fortune et la renommée, il les tenait dans la main, disait-il : c'était son histoire de Corse, cette fois bien achevée et dédiée au frère de son ancien protecteur, à Mgr de Marbeuf, le nouvel archevêque de Sens. Et Bonaparte n'avait pas vingt ans!

---

1. Mss. Voir pièces à l'appui.

CHAPITRE XI

BONAPARTE AU RÉGIMENT DE LA FÈRE.

A AUXONNE, FIN MAI 1788 — 4 AVRIL 1789.

A SEURRE, AVRIL 1789 — MAI 1789.

A AUXONNE, MAI 1789 — SEPTEMBRE 1789.

Arrivée de Bonaparte à Auxonne, où il trouve le régiment tout entier réuni. — Son numéro d'ancienneté. — Son installation. — Sa vie. — Vicissitudes de son histoire de Corse. — Il dédie son ouvrage à l'archevêque de Sens. — La mort de ce prélat modifie ses intentions. — Il demande l'adresse de Paoli, 22 août 1788. — Sa dissertation sur l'autorité royale, 23 octobre 1788. — Il renonce à son voyage à Paris. — Triste position de sa famille. — Louis refusé à l'Ecole militaire. — Supplique de madame Bonaparte, 22 juin 1788. — Joseph Bonaparte est toujours sans place. — Lucien n'est pas encore admis au séminaire d'Aix. — Supplique de madame Bonaparte, 19 novembre 1788. — L'affaire des mûriers. — Réclamation des Bonaparte, 2 avril 1789. — Les événements en France. — Révolte à Seurre. — Bonaparte est envoyé à Seurre (avril 1789). Il revient à Auxonne (1er mai 1789). — Sa curieuse lettre à Paoli pour son histoire de Corse (12 juin 1789). — Déductions à tirer de cette lettre. — Digne réponse de Paoli. — Bonaparte songe alors à dédier son livre à M. Necker. — Il demande l'approbation du père Dupuy. — Réponses de ce dernier (15 juillet et 1er août 1789). — Modification dans les projets de Bonaparte, par suite des événements de la Révolution. — Etat de santé de Bonaparte. — Vie qu'il mène. — Il demande un congé de six mois (8 août 1789). — Il l'obtient, le 21 août 1789. — Révolte du régiment de la Fère à Auxonne, les 16 et 17 août. — Départ de Bonaparte pour la Corse, 10 septembre. — Son état physique, moral et intellectuel [1].

Il y avait quinze mois que Bonaparte avait quitté

---

[1]. *Événements politiques*, de mai 1788 à septembre 1789. — Deuxième assemblée des notables, du 6 novembre 1788, congédiée le 12 décembre. — 5 mai, ouverture des États généraux à Ver-

son corps, quand il y reparut dans les derniers jours du mois de mai 1788.

Pour la première fois, le régiment tout entier se trouvait réuni dans la même garnison. Les deux compagnies détachées en Corse venaient de le rejoindre. MM. de Lance et Durtubie étaient toujours ses deux colonels[1].

Pendant son absence, Bonaparte n'avait pas gagné beaucoup de rangs. Au mois de mai 1788, il se trouvait encore avec le numéro onze des lieutenants en second. Tout compte fait, il pouvait espérer passer lieutenant en premier dans sa septième année de grade, c'est-à-dire en 1792 ou 1793 au plus tôt. Pour une âme ardente comme la sienne, ce temps d'arrêt était la mort. Aussi revenait-il plus sombre et plus taciturne encore que par le passé. Ces ennuis constants de famille et ces embarras d'argent l'énervaient

---

sailles. — 17 juin, le tiers état se constitue en Assemblée nationale. — 20 juin, fermeture de l'Assemblée. — Séance du Jeu de Paume. — 27 juin, réunion de la noblesse et du clergé au tiers état. — 12 juillet, les barrières de Paris sont brûlées. — 14 juillet, prise de la Bastille. — 16 juillet, les princes et les seigneurs quittent Paris. — Bailly est nommé maire de Paris. — La Fayette commande la garde nationale. — 17 juillet, le Roi accepte la cocarde nationale. — 4 août, déclaration de l'égalité d'impôts, abolition des droits féodaux, des privilèges, des justices seigneuriales, de la vénalité des offices. — 23 août, liberté des opinions religieuses. — 24 août, liberté de la presse.

Ministres de la guerre. — M. le comte de Loménie Brienne, 1787 — 30 novembre 1788. — M. le comte de Puységur, 30 novembre 1788 — 13 juillet 1789. — M. le duc de Broglie, 13 juillet 1789 — 15 juillet 1789. — M. le comte de Saint-Priest, 15 juillet 1789 — 4 août 1789. — M. de la Tour du Pin Gouvernet, 4 août 1789 — 16 août 1790.

1. L'école d'artillerie d'Auxonne était commandée par un homme fort bienveillant, M. le baron du Teil, maréchal de camp.

au possible. Toujours solliciter, toujours attendre, quand on a le sentiment de savoir commander, c'est pour tout homme de valeur une souffrance réelle. Pour Bonaparte, c'était un supplice. Ce fut dans cette situation d'esprit qu'il s'installa rue Vauban à Auxonne, dans une chambre appartenant à un professeur de mathématiques de l'école, M. Lombard. Solitaire, parcimonieux, occupant ses loisirs à dévorer tous les livres d'histoire qui pouvaient tomber sous sa main, il ne fréquentait guère que son ami Des Mazis et le commissaire Naudin. C'est de cette époque que commence cette sorte de prédilection qu'il a toujours marquée depuis lors pour la société des commissaires des guerres, de préférence à celle de ses camarades. Cette tendance tient évidemment à des causes identiques à celles qui le faisaient se lier à Valence avec les habitants et les fonctionnaires civils. Il trouvait dans ce milieu modeste des confidents sûrs et des auditeurs complaisants. En tout cas, sa correspondance avec la famille Naudin[1] témoigne d'une réelle intimité. A la pension des officiers, il n'ouvrait la bouche que pour répondre à une question directement posée. Les conversations frivoles ou banales qu'on y tenait avaient le don de l'exaspérer. Le repas fini, il courait s'enfermer chez lui, pour reprendre la lecture de ses livres favoris.

Le service d'ailleurs ne l'absorbait que fort peu. Au mois de juin, il fut nommé d'une commission de huit membres, chargée de faire procéder à des épreu-

---

1. En dehors des lettres à Naudin qui subsistent, il y aurait eu une correspondance entre Bonaparte et madame Naudin. Les héritiers de cette dame, MM. Titon (Rémy) et Charles (Anatole) en auraient été dépositaires.

ves sur le tir des bombes de tout calibre, avec des mortiers de toute grandeur. Ce fut là qu'il rencontra le capitaine Gassendi, avec lequel il conserva des relations affectueuses. Au mois d'août il fut chargé de quelques travaux au polygone, et fut mis aux arrêts, assure-t-on dans les mémoires de Sainte-Hélène, pour la négligence qu'il avait apportée à la surveillance de l'exécution. Cela ne l'empêchait pas d'écrire, le 22 août 1788[1], à Fesch :

« ... Je suis indisposé; *les grands travaux* que j'ai
« dirigés ces jours derniers en sont cause. Vous sau-
« rez, mon cher oncle, que le général d'ici m'a pris
« en grande considération, au point de me charger
« de construire au polygone plusieurs ouvrages qui
« exigeaient de grands calculs, et pendant dix jours,
« matin et soir, à la tête de deux cents hommes, j'ai
« été occupé. Cette marque *inouïe* de faveur a un peu
« irrité contre moi les capitaines qui prétendent que
« c'est leur faire tort que de charger un lieutenant
« d'une besogne si essentielle et que lorsqu'il y a plus
« de trente travailleurs, il doit y avoir un d'eux.
» Mes camarades aussi montrent un peu de jalousie ;
« mais tout cela se dissipe. Ce qui m'inquiète le plus,
« c'est ma santé qui ne me paraît pas trop bonne. »

En dehors de ses fonctions, Bonaparte était tout à ses ouvrages dont la publication, par parenthèse rencontrait des obstacles inattendus.

En revenant de Corse, il avait un instant songé à

---

1. Mss. Archives de la guerre. Ce fut M. le baron du Teil qui nomma la commission. Elle était composée de M. de Quintin, chef de brigade; Duhamel, Ménibus et Gassendi, capitaines; Bullesère, Duvareau et Bonaparte, lieutenants, et Lombard, professeur.

M. Aurel, le libraire de Valence, pour éditer son histoire. Celui-ci avait décliné l'offre et donné à l'auteur le conseil de faire imprimer son œuvre à Paris. A Auxonne et à Dôle, il s'était heurté à des difficultés du même genre. A Paris, il avait été mieux accueilli; on lui avait répondu par une acceptation bienveillante, mais à la condition d'un versement d'argent anticipé, de manière à couvrir la moitié des frais. Bonaparte paraît avoir accepté cette combinaison. Le jour tant désiré s'approchait donc où le fameux livre allait être imprimé, lorsque la disgrâce de l'archevêque de Sens vint bouleverser tout son plan. « J'étais sur le point, écrit-il à Fesch, le 12 août 1788[1], « de faire passer au libraire l'ouvrage dont je vous « entretins; mais le fâcheux contretemps de la dis- « grâce de M. l'archevêque de Sens arrivée avant-hier « m'oblige à des changements considérables; il est « possible même que j'attende les États généraux... » Or, nous avons déjà eu l'occasion de parler de la dédicace de son volume à l'archevêque. L'hommage en était formulé, dans le mode alors en usage pour les travaux du même genre, c'est-à-dire avec tous les termes de l'adulation la plus plate. C'était le seul moyen d'en faciliter l'acceptation. Et maintenant, il fallait tout remanier, tout changer. A qui d'ailleurs dédier son ouvrage? à quel homme influent? pourquoi pas au chef Corse, à Paoli, dont les gazettes commençaient à s'occuper? Aussitôt pensé aussitôt fait. Le 22 août 1788, il disait à Fesch: « Écrivez à votre ami qui est à Pise; demandez- « lui l'adresse, c'est-à-dire la rue où reste Paoli à

---

1. Mss. Archives de la guerre.

« Londres, ne manquez pas cette commission... »

En attendant, il se remit à l'œuvre, et recopia son histoire tout entière, en en modifiant l'esprit et les termes. Cette besogne ne l'empêchait pas de prendre de nombreuses notes sur toutes sortes de sujets, questions religieuses, économiques et sociales. Une des plus curieuses, datée d'Auxonne, 23 octobre 1788, a pour titre : *Dissertation sur l'autorité royale.* Le programme en était ainsi présenté : « Cet ouvrage « commencera par des idées générales sur l'origine « et l'accroissement que prit, dans l'esprit des « hommes, le nom de roi. Le gouvernement mili- « taire lui est favorable. Cet ouvrage entrera ensuite « dans les détails de l'autorité usurpée dont les rois « jouissent dans les douze royaumes de l'Europe. Il « n'y a que fort peu de rois qui n'eussent mérité « d'être détrônés[1]. » Pour un officier de dix-neuf ans, servant dans le corps *royal* de l'artillerie, la thèse était hardie. Elle resta à l'état de projet, comme tant d'autres travaux qu'il avait en tête et qu'il ne pouvait réaliser, par suite de l'impossibilité pécuniaire où il était de se déplacer. Depuis deux mois, il n'avait, en effet, qu'une idée, se rendre à Paris avec son ami Fesch, voir Casabianca et ses compatriotes, s'entendre enfin avec son éditeur. Mais, pour cela, il fallait de l'argent ; or, à ce moment, Fesch et lui se trouvaient absolument sans ressources. Cette difficulté matérielle le rendait malade.

« Le triste état de ma famille, écrivait-il, le 22 août à Fesch, m'a affligé d'autant plus que je n'y vois pas de

[1]. Mss. Archives de la guerre.

remède. Vous vous êtes abusé en espérant que je pourrais trouver ici de l'argent à emprunter. Auxonne est une très petite ville et j'y suis d'ailleurs depuis trop peu de temps pour pouvoir y avoir des connaissances sérieuses. Ainsi du moment que vous n'espérez pas dans notre vigne, je n'y pense plus et il faut abandonner cette idée du voyage à Paris. Si nous avions été à Paris, vous auriez mal fait de mener avec vous Isoard, il n'aurait pu que nous embarrasser... Je vous accuse d'exagération en me disant que la *Sposata* ne produira que douze mezzins..... Adieu, bien des choses à Isoard et donnez-moi communication des nouvelles que vous recevrez de la famille sur votre projet. »

Tout allait mal en effet à Ajaccio. Louis venait d'essuyer un nouveau refus pour Brienne. A la nouvelle de la mort du jeune Bianelli qui, l'année précédente, avait été choisi de préférence à Louis pour entrer à l'École militaire, la mère de ce dernier avait immédiatement adressé au ministre une nouvelle supplique, et quelle supplique! si l'on réfléchit que Bonaparte en était le rédacteur et l'auteur :

MONSEIGNEUR,

« La veuve de Buonaparte d'Ajaccio en Corse a l'honneur d'implorer votre bonté pour l'admission de son quatrième fils, nommé Louis, à une des écoles royales militaires. Il concourut sans succès, en 1787, mais il obtint une promesse pour la prochaine promotion, son âge l'en rendant encore susceptible ; celle-ci a eu lieu, mais vous avez cru devoir donner la préférence à des enfants dont les familles produisaient des titres plus solides sans doute, et il a été encore exclu cette année sans pouvoir plus espérer dans le concours prochain, attendu que son âge ne le lui permettra plus à cette époque..... Chargée de l'éducation de huit enfants, veuve d'un homme qui a toujours servi le roi dans l'administration des affaires de l'île de Corse..., qui a sacrifié des sommes considérables pour seconder les vues du gouvernement... privée de secours, c'est aux pieds du trône, et dans votre cœur sensible et vertueux qu'elle espère les trouver...

« Huit pupilles, monseigneur, seront les organes des vœux qu'elle adressera au ciel pour votre conservation. »

Elle est avec respect, Monseigneur,

ladite suppliante,

Veuve de Buonaparte.

Ajaccio, 18 juin 1788.

Il paraîtrait que le ministre n'eut pas *le cœur sensible et vertueux* et qu'il refusa les *huit pupilles* destinés à devenir *les organes des vœux adressés au ciel pour sa conservation*, car il se contenta de mettre en marge de la réponse[1] : « Madame de Buonaparte a
« écrit une semblable lettre à M. de Timbrune qui lui
« a répondu que son fils, ayant passé l'âge de concou-
« rir, il ne pouvait plus être proposé de nouveau. »

Louis Bonaparte dut rester à Ajaccio. Joseph, d'ailleurs, n'était pas plus heureux à Bastia. A son sujet, Bonaparte disait[2] à Fesch : « Vous saurez que je
« viens de recevoir réponse de M. Vautier; il me dit
« qu'il reconnaît que Joseph a des titres particuliers
« pour obtenir une place dans les tribunaux, et qu'il
« saisira la circonstance avec plaisir ; que pour le
« moment des personnes proposées depuis plusieurs

---

1. Mss. Archives de la guerre.
2. Mss. Archives de la guerre. — 22 août 1788.

« années empêcheront qu'il ne soit placé, mais qu'il
« fera son possible pour hâter son retour... » C'était
une fin de non-recevoir ; Joseph resta sans emploi à
Bastia. Lucien lui-même n'était pas plus favorisé.
Son frère, on se le rappelle, avait annoncé avec emphase à l'intendant de Corse son admission au séminaire. Dans cette intention même, il l'avait conduit à Aix et l'y avait mis au collège, en attendant
l'arrivée du brevet. Or, cette promesse devait être
bien vague et l'assertion de Bonaparte sans effet sur
les décisions de l'intendant, car, le 19 novembre 1788,
madame Bonaparte lui écrivait[1] :

« ... Pardonnez à ma nombreuse famille mon impor-
« tunité, j'ai la hardiesse de vous *sollissiter* pour mon
« fils qui est à Aix. L'espérance que vous me *donnat*
« conjointement *a* feu monsieur de Marbeuf fit
« que je le *plassai* au collège il y a un *ans* et cependant je *nentant* pas encore *parller* de sa réception...
« Adieu monsieur puisse l'*interest* que vous avez bien
« *voulut* prendre à ma nombreuse famille ne pas se
« dementir, car quoique elle *n'ai* pas le bonheur de
« vous connaître depuis longtemps, vous êtes *sepen-*
« *dant* la seule personne dans la justice et la bonté
« *duquelle* elle ose espérer. »

L'intendant ne répondit même pas. Du reste, tout
allait à l'avenant dans les affaires de la famille. Les
demandes d'argent de madame Bonaparte pour la
pépinière restaient sans solution, les plaintes sans
effet[2]. Aussi, le 2 avril 1789, son fils, l'officier d'artillerie, écrit directement à l'intendant, alors à Paris.

---

1. Mss. Archives de la guerre.
2. Mss. Madame Bonaparte à l'Intendant, 19 novembre 1788.

ANNÉE 1789.

Et de quel ton? Dans quel style? Cette fois, il n'y a plus de monseigneur, plus d'obséquiosité. On sent que la révolution est proche, que l'année 1789 est là, avec son terrible inconnu du lendemain.

« Monsieur, dit-il, pardonnez si *jusqu'au centre des*
« *plaisirs*, je viens vous importuner de mes affaires.
« Depuis trois ans que l'on nous a promis des indem-
« nités pour cause de la résiliation de notre contrat
« d'établissement d'une pépinière de *meuriers*, depuis
« trois ans que le procès-verbal en a été dressé et que
« vous avez eu la bonté de l'envoyer à la cour, nous
« *nen attandons* cependant pas parler.

« Ce retardement produit le *tord* le plus *éminant* à
« nos affaires que *cet* entreprise a beaucoup *dérengé*...
« vous êtes convenu de la justice de nos prétentions
« et je *solicite* aujourd'hui votre bonté *enfin* que
« comme protecteur de la justice vous daigniez vous
« la faire rendre.

« Vous savez, Monsieur, que l'année dernière nous
« n'avons délivré que quatre à cinq mille arbres tan-
« dis que nous en avions dix mille *bon* à être trans-
« plantés. Cette année nous n'en avons délivré que
« *quelque centaine* et cependant le roi devait encore
« en prendre dix mille *cela fait* de *cultivation* qui
« nous ruine et je ne puis vous *discimuler* que la
« pépinière est aujourd'hui dans le plus mauvais
« ordre.

« Il faut cependant prendre un parti et il n'est pas
« juste que nous en soyons encore la victime... J'en-
« *tend* la réponse que vous me ferez l'honneur de me
« faire et tout aussitôt je prendrai mes mesures *en*
« *concéquence*... Il faut bien jouer le tout *ou rien* lors-
« qu'il n'y a pas d'autre parti à prendre.

« Je suis charmé que cette circonstance me procure
« l'occasion de me *renouveller* à votre souvenir[1]. »

Fort heureusement pour Bonaparte, M. de la Guillaumye prit, comme la fois précédente, cette mercuriale en bonne part. Il se contenta de répondre à ce lieutenant de dix-neuf ans, si mal élevé et si décidé :

« Les plaisirs au centre desquels vous voulez bien
« me placer n'étant que les affaires de ma généralité,
« j'y ferai volontiers entrer celui de solliciter pour
« vous une décision auprès du ministre. »

L'affaire en resta là. Les événements marchaient avec une rapidité foudroyante. Tous les esprits étaient préoccupés de la prochaine réunion des États généraux. Cette émotion gagnait la province et l'armée. Des germes d'indiscipline se manifestaient dans les garnisons. A Avesnes, le 7 février, les hommes du régiment Royal-Liégeois s'étaient mutinés, à propos de l'interdiction que leur avait faite le lieutenant-colonel, M. de Sauve, de sortir de la ville, pour se promener. Le colonel dut céder. Ce n'était que le début.

A Seurre, une émeute grave venait également d'éclater. Elle avait été occasionnée par l'annonce d'achats considérables de blés faits à Gray par les sieurs Gayet et Morlot, de Lyon. On cria à l'accaparement. Les deux négociants furent tués par la populace. A cette nouvelle, le gouverneur de la province[2], M. le marquis de Gouvernet, fit partir une compagnie du régiment de la Fère. En l'absence du capitaine de Coquebert et du lieutenant en premier, M. Hennet de

---

1. Mss. Archives de la guerre.
2. M. le *marquis de Gouvernet*, lieutenant général, commandant en chef le duché de Bourgogne, à Dijon. Le détachement partit le 2 avril.

Vigneux, Bonaparte fut chargé de la conduite du détachement. Quand il arriva, l'ordre était déjà rétabli, les principaux coupables arrêtés et le maire changé pour avoir manqué d'énergie et de décision.

Bonaparte resta vingt-cinq jours à Seurre[1]. Il passait son temps à lire, principalement les ouvrages d'histoire et les livres ayant trait aux révolutions populaires. Cette idée de sa patrie libre le préoccupait. Il songeait à se mettre en relations avec le grand chef de l'indépendance corse, dont Fesch venait de lui envoyer l'adresse. Il comptait même lui faire hommage de cette histoire destinée à tant de vicissitudes et à tant de métamorphoses.

Le 1er mai, il était de retour à Auxonne. Le 5, s'ouvraient à Versailles les États généraux. Le 12 juin, il écrivait à Paoli[2] :

Général,

« Je naquis quand la patrie périssait. Trente mille Français *vomis* sur nos côtes, noyant le trône de la liberté dans des flots de sang, tel fut le spectacle odieux qui vint le premier frapper mes regards. Les cris du mourant, les gémissements de l'opprimé, les larmes du désespoir environnèrent mon berceau dès ma naissance.

« Vous quittâtes notre île, et avec vous disparut l'espérance du bonheur ; l'esclavage fut le prix de notre soumission. Accablés sous la triple chaîne du soldat, du légiste et du percepteur d'impôts, nos compatriotes se virent méprisés..., méprisés par ceux qui ont les forces

---

1. Bonaparte logea d'abord chez M. Lombard, procureur du Roi, Grande Rue, n° 13, puis chez M. Philippart, aux Capucins.
2. Mss. Archives de la guerre.

de l'administration dans la main. N'est-ce pas la plus cruelle des tortures que puisse éprouver celui qui a du sentiment ? L'infortuné Péruvien périssant sous le fer de l'avide Espagnol, éprouvait-il une vexation plus ulcérante ? Les traîtres à la patrie, les âmes viles, que corrompit l'amour d'un gain sordide ont, pour se justifier, semé des calomnies contre le gouvernement national et contre votre personne en particulier. Les écrivains les admettent comme des vérités, les transmettent à la postérité.

« En les lisant, mon ardeur s'est échauffée, et j'ai résolu de dissiper ces brouillards, enfants de l'ignorance. Une étude de la langue française commencée de bonne heure, de longues observations, et des mémoires laissés dans les portefeuilles des patriotes m'ont mis à même d'espérer quelque succès... Je veux comparer votre administration avec l'administration actuelle... Je veux noircir du pinceau de l'infamie ceux qui ont trahi la cause commune... Je veux appeler au tribunal de l'opinion ceux qui gouvernent, détailler leurs vexations, découvrir leurs sourdes menées, et, s'il est possible, intéresser le vertueux ministre qui gouverne l'État[1] au sort déplorable qui nous afflige si cruellement.

« Si ma fortune m'eût permis de vivre dans la capitale, j'aurais eu sans doute d'autres moyens pour faire entendre nos gémissements ; mais obligé de servir, je me trouve réduit au seul moyen de la publicité ; car, pour des mémoires particuliers, ou ils ne parviendraient pas, ou étouffés par la clameur des intéressés, ils ne feraient qu'occasionner la perte de l'auteur.

« Jeune encore, mon entreprise peut être téméraire ; mais l'amour de la vérité, de la patrie, de mes compatriotes, cet enthousiasme que m'inspire toujours, la perspective d'une amélioration dans notre état, me soutien-

---

1. M. Necker.

dront. Si vous daignez, général, approuver un travail où il sera si fort question de nous ; si vous daignez encourager les efforts d'un jeune homme que vous vîtes naître, et dont les parents furent toujours attachés au bon parti, j'oserai augurer favorablement du succès.

« J'espérai quelque temps pouvoir aller à Londres vous exprimer les sentiments que vous m'avez fait naître, et causer ensemble des malheurs de la patrie, mais l'éloignement y met obstacle. Viendra peut-être un jour où je me trouverai à même de le franchir.

« Quel que soit le succès de mon ouvrage, je sens qu'il soulèvera contre moi la nombreuse cohorte d'employés français qui gouvernent notre île, et que j'attaque ; mais qu'importe, s'il y va de l'intérêt de la patrie ! J'entendrai gronder le méchant, et si ce tonnerre tombe, je descendrai dans ma conscience, je me souviendrai de la légitimité de mes motifs, et, dès ce moment, je le braverai.

« Permettez-moi, général, de vous offrir les hommages de ma famille. Eh ! pourquoi ne dirais-je pas de mes compatriotes ? ils soupirent au souvenir d'un temps où ils espérèrent la liberté. Ma mère, madame Lætitia, m'a chargé surtout de vous renouveler le souvenir des années écoulées à Corte.

« Je suis avec respect, général, votre très humble et très obéissant serviteur.

« NAPOLÉON BUONAPARTE,
officier au régiment de la Fère.

Auxonne en Bourgogne, 12 juin 1789.

Écrite cinq jours avant l'ouverture des séances de la première Assemblée nationale, cette lettre est une profession de foi. Tout est à scruter dans cette étrange dépêche d'un officier de vingt ans, qui brûle sans remords les dieux qu'il a adorés jusqu'ici, ces administrateurs et ces chefs dont il était, la veille, le si plat solliciteur. Il renie son passé, son père, tout enfin, sans scrupule comme sans honte. « Je veux, dit-il, « comparer votre administration avec l'administra- « tion actuelle... *Je veux noircir du pinceau de l'infa- « mie ceux qui ont trahi la cause commune...* » Et ses parents, qu'ont-ils donc fait sinon se montrer les humbles courtisans des représentants de l'autorité royale en Corse. Son père, le gentilhomme de la commission des Douze, le député de la noblesse de Corse, le signataire de toutes les suppliques dont nous avons donné tant d'extraits, n'est-il pas un exemple frappant de cet abaissement de caractère que veut flétrir son propre fils?

Et ces attaques violentes contre les Français dont il est l'obligé depuis dix ans, dont il sollicite et reçoit les secours, que sont-elles? si ce n'est, de sa part, une preuve absolue d'absence de sens moral. De quel droit d'ailleurs, lui, officier de l'armée, se permettait-il d'écrire à un ennemi déclaré de son pays adoptif? Et puis, quel indice d'une incroyable vanité dans ces lignes : « Une étude de la langue française « commencée de *bonne heure*, de *longues observations* « (et il n'a pas vingt ans) m'ont mis à même d'espérer « *quelque succès*... Jeune encore, mon entreprise peut « être téméraire, mais l'amour de la vérité, de la pa- « trie, de mes compatriotes, cet enthousiasme *qui* « *m'inspire toujours*, la perspective d'une amélioration « dans notre état, me soutiendront... Quel que soit *le* « *succès* de mon ouvrage, je sens qu'il soulèvera « contre moi la nombreuse cohorte d'employés fran- « çais qui gouvernent notre île et que j'attaque... »

Jusqu'au nom respecté de sa mère qu'il mêle à cette

triste comédie! « Permettez-moi, dit-il, de vous offrir
« les hommages de ma famille. Eh! pourquoi ne
« dirai-je pas, *de mes compatriotes?... ma mère, ma-*
« *dame Lætitia,* m'a chargé *surtout* de vous renouveler
« le souvenir des années écoulées à Corte... »

Pauvre femme! qui sans doute ne savait même pas
que son fils correspondait avec Paoli, son fils qui
écrivait en son nom au ministre :

« Chargée de l'éducation de huit enfants, veuve
« d'un homme qui a toujours servi le roi dans l'ad-
« ministration des affaires de l'île de Corse... qui a
« sacrifié de sommes considérables pour seconder
« les vues du gouvernement... privée de secours, c'est
« aux pieds du trône et dans votre cœur sensible
« et vertueux qu'elle espère les trouver... Huit pu-
« pilles, monseigneur, seront les organes des vœux
« qu'elle adressera au ciel pour votre conservation. »

Paoli aurait pu, sans inconvénient, laisser cette
lettre de côté. Mais Paoli était avant tout un chef
de parti; il lui importait de ne négliger aucun appui,
à un moment surtout où il paraissait appelé à jouer
un rôle politique. Il répondit donc, comme il devait
le faire, en remerciant son étrange correspondant de
ses vœux et en lui donnant de sages conseils. « Vous
« êtes trop jeune pour écrire l'histoire... Préparez-
« vous lentement à une telle entreprise par de
« fortes études... Rassemblez patiemment les docu-
« ments originaux... N'acceptez qu'avec réserve les
« jugements des écrivains... Profitez surtout des con-
« seils de l'abbé Raynal... » Puis, il ajoutait, à propos de lui-même : « Je n'ai aucun mérite dans mon
« désintéressement; je savais que les sommes que je
« dépensais pour ma patrie, que l'argent que je refu-

« sais, étaient mieux employés pour ma réputation
« que si je m'en étais servi pour bâtir des maisons
« ou pour augmenter mon petit patrimoine. Je suis
« content, car je n'ai pas de reproches à me faire.
« Dans peu d'années, l'envie et la malveillance ces-
« seront de s'agiter contre moi, et mes amis me ver-
« ront à l'abri des événements. Bientôt je devrai
« m'écrier : Que n'ai-je été moins connu aux autres
« et plus connu à moi-même ! *Probè diu vivimus!* Je
« désire que nos descendants se conduisent de ma-
« nière qu'on ne parle plus de moi que comme d'un
« homme qui a eu seulement de bonnes intentions. »

Cette leçon toute paternelle, venant d'un homme comme Paoli, ne convenait guère au jeune lieutenant qui recherchait des éloges et non des remontrances. Celui-ci paraît toutefois avoir pris vite son parti de cette mésaventure, car, dès le lendemain, il se remettait à l'œuvre et transformait son histoire en récits légendaires placés dans la bouche d'un vieux montagnard de Bocagnano. C'était une façon de chant *homérique* en prose, et quelle prose ! le tout adressé à titre de mémoire à l'homme populaire du jour, au banquier génevois, au nouveau contrôleur des finances, M. Necker[1]. Mais, avant d'envoyer son travail, il eut, semble-t-il, un reste de pudeur. Il tint à soumettre son œuvre à son ancien maître de Brienne, au père minime Dupuy, alors en résidence à Laon.

Celui-ci tomba de son haut en parcourant ces pages, qui semblaient dues à la plume de quelque fakir,

---

1. *Necker* (Jean), financier et homme d'État; Genève, 1732-1804); syndic de la Compagnie des Indes françaises en 1761; directeur général des finances en 1777.

plutôt qu'à celle d'un de ses anciens élèves de Brienne, devenu officier et le pensionné du roi.

« Mon cher ami, lui écrivait-il, le 15 juillet[1], j'ai
« reçu, le 10 de ce mois, le paquet que vous m'avez
« adressé. J'ai lu et relu avec attention l'écrit qu'il
« contenait. J'en ai trouvé le fond excellent, mais il y
« a plusieurs mots impropres, mal assortis, répétés
« près l'un de l'autre ou dissonants, des réflexions
« qui me paraissent inutiles, ou trop hardies, ou
« capables d'arrêter la narration et de la faire lan-
« guir, des retranchements, des additions et quel-
« ques changements à faire dans certains en-
« droits... »

En résumé, le brave abbé proposait en termes polis un remaniement complet. C'était se trouver loin de compte avec son ardent correspondant, qui répondit fort vivement, paraît-il, car le bon père répliquait tout aussitôt[2] :

« ... Vous me dîtes que j'ai ôté tout le *métaphysique*...
« je vous ai conseillé de supprimer *les rois régnèrent*
« *en fiers tyrans de la terre*. Vous voulez que je le
« laisse, vous ajoutez qu'il y a dans votre ouvrage
« des choses plus fortes encore. Ne trouvez pas mau-
« vais, mon cher ami, que je ne puis transcrire ces
« endroits : ce langage est trop hardi dans une
« monarchie. Je le condamnerais dans un Français
« séculier, à plus forte raison, un Français religieux
« et prêtre doit-il l'éviter et ne pas y contribuer.

---

1. *Mémoire sur la Corse.* — Trois cahiers manuscrits, écriture fine et serrée, avec corrections marginales, faites d'après les observations du R. P. Dupuy, ancien sous-principal du collège de Brienne.
2. 1er août 1789. Mss. Archives de la guerre.

« Votre vieillard d'ailleurs ne fait, par ses réflexions,
« qu'irriter le roi et la noblesse de France; ce ne
« serait pas assurément le moyen d'obtenir ce qu'il
« souhaite. Vous dites que ces discours sont aujour-
« d'hui communs, même aux femmes. Je vous assure
« que je ne les approuverai jamais. Je vous dirai
« encore que le vent emporte les paroles, qu'il n'en
« reste aucune trace, mais qu'un ouvrage imprimé
« demeure, se répand partout, et peut nuire à l'au-
« teur convaincu par son écrit, s'il n'a pas eu soin
« de tenir son nom bien secret. Vous répliquerez de
« nouveau : *la vérité! la vérité!* Je sais qu'il y a des
« vérités que l'on peut et même que l'on doit dire;
« mais il en est aussi qu'il faut taire ou tout au moins
« beaucoup adoucir. Dans ce dernier cas, je ne ces-
« serai de vous crier : *de la discrétion! de la discré-
« tion!* Ne vous offensez pas, mon cher ami, de ma
« délicatesse, je la crois nécessaire. Soyez persuadé
« que mes observations n'ont pas pour principe l'en-
« vie des critiques, mais qu'elles partent de mon zèle
« et de mon amitié. Je les continuerai, si vous l'avez
« agréable, dans l'autre partie de votre ouvrage, lors-
« que vous me l'aurez envoyée. »

Mais le père Dupuy ne devait pas avoir à les continuer. Quand sa lettre parvint à Bonaparte, celui-ci avait déjà bien d'autres idées en tête. Necker, son héros de la veille, n'était plus en faveur. Il n'avait eu que le temps de gagner incognito la frontière, sans même prévenir sa famille.

Le serment du jeu de paume, la réunion de la noblesse et du clergé au tiers état, la prise de la Bastille, la fuite des princes, la nomination de Bailly en qualité de maire de Paris, la formation de la garde nationale avec Lafayette pour chef, l'adoption de la cocarde nationale, enfin la fameuse nuit du 4 août, cette *Saint-Barthélemy des privilèges*, tous ces événements se passant en moins de six semaines, avaient achevé de modifier ses projets.

A Auxonne, la surexcitation était générale. Le dimanche 19 juillet, pendant les vêpres, un nommé Biautte avait sonné le tocsin. A ce signal, des mutins s'étaient rendus aux barrières et les avaient brisées, ainsi que les bureaux des préposés à la recette. Le lendemain, la même bande, ayant à sa tête un nommé Prudhomme, s'était portée chez le receveur des gabelles et avait mis sa maison au pillage. On fit bien intervenir un détachement du régiment de la Fère, mais les hommes refusèrent de marcher et assistèrent l'arme au bras à toute cette échauffourée. Leur capitaine, M. de Boubers, ayant voulu arrêter l'un des perturbateurs, fut poursuivi par la foule et s'échappa à grand'peine, sous un déguisement de femme. Le jour suivant seulement, les troupes se décidèrent à prêter leur concours, de concert avec deux compagnies de gardes civiques volontaires, formées à la hâte par les soins du maire, M. Petit.

Pour Bonaparte, il ne tenait plus en place. Il rêvait mille projets de révolte à Ajaccio. Il se trouvait dans un état de surexcitation incroyable, état que sa manière de vivre, depuis son retour d'Ajaccio, expliquait suffisamment.

« Je n'ai d'autre ressource ici, écrivait-il à sa mère,
« que de travailler. Je ne m'habille que tous les huit
« jours; je ne dors que très peu depuis ma maladie :
« cela est incroyable. Je me couche à dix heures et
« je me lève à quatre heures du matin. Je ne fais

« qu'un repas par jour, à trois heures : cela me fait
« très bien à la santé... »

Avec un tel régime, il était difficile de ne pas tomber malade. Ce fut ce qui arriva. Bonaparte devint anémique ; la fièvre ne le quitta plus et le chirurgien du régiment, M. Bienvelot, fut un instant fort inquiet.

Les nouvelles venues de Corse étaient graves. Fesch parlait du mouvement extraordinaire que la révolution occasionnait dans l'île, des démarches des partisans de Paoli, de l'intention où l'on était d'organiser un comité central, du projet de son frère Joseph de s'y faire placer et de l'avantage qu'il y aurait pour lui à se trouver à Ajaccio. D'autre part, Bonaparte voyait toutes les villes de France organiser leurs gardes nationales. Nul doute qu'Ajaccio n'en fît autant. Peut-être même serait-il possible de créer une milice dans toute la Corse. Or, lui seul était officier sorti des écoles royales, lui seul, croyait-il, avait une autorité suffisante pour diriger ses concitoyens. Il y avait un rôle à jouer. Il fallait qu'il y fût.

Le 8 août, il sollicitait la faveur de jouir immédiatement du semestre d'hiver qui ne s'accordait ordinairement qu'à la fin d'octobre. A l'appui de sa demande, il invoquait les dangers de la traversée à une époque plus avancée de l'année. M. de la Morlière voulut bien accepter cette explication, car, le 9, il écrivait au ministre[1] :

« J'ai l'honneur de prévenir M. le comte de la Tour du Pin que M. de Buonaparte, lieutenant en second au régiment de la Fère artillerie, est dans le cas de profiter

---

1. Mss. Archives de la guerre. M. de la Tour du Pin, ministre.

cette année d'un semestre d'hiver, et comme cet officier est originaire de la Corse et qu'il doit se rendre dans cette île, que d'ailleurs il n'y a qu'une saison favorable pour faire la traversée, je supplie monsieur le comte de vouloir bien m'autoriser à lui permettre de partir dans le courant du mois de septembre prochain. »

La réponse fut favorable[1] et le congé accordé, du 15 septembre 1789 au 15 mars 1790. En attendant, il dut assister aux scènes d'insubordination qui se passèrent dans son régiment. Le 16 août, en revenant du polygone, les hommes se présentèrent devant la maison du colonel et réclamèrent la *masse noire*.

Cette masse noire se composait du total des *boni* résultant des sommes mises à la disposition des régiments pour l'entretien, la solde, la nourriture, etc., des soldats. L'administration en était confiée à un conseil d'officiers de chaque corps. Il n'en était pas fait de décompte, de telle sorte que les hommes en ignoraient le montant et l'emploi. Or, ces derniers regardaient cet argent comme le leur, et depuis plusieurs années, ils demandaient tout au moins la participation à la gérance de ce capital.

A Auxonne, ils se montrèrent plus exigeants; ils prétendirent se faire remettre l'argent. Le colonel n'osa refuser. Le lendemain, les soldats ivres-morts parcouraient les rues, arrêtaient les officiers et les forçaient à boire et à danser avec eux. Bonaparte fit comme tout le monde. Du reste, ce temps n'était pas perdu pour lui. Il faisait son apprentissage d'émeute. En correspondance continuelle avec Fesch, il envoyait

---

1. Le ministre répondit le 21 août.

à celui-ci ses instructions en vue d'un plan de résistance et de révolte qu'il comptait réaliser sous peu.

Le 16 septembre, en effet, il se mettait en route pour la Corse.

Bonaparte avait atteint tout son développement. Il était dans sa vingtième année ; en réalité, il allait avoir vingt-deux ans accomplis. Un front découvert et des cheveux châtains, longs et plats, retombant carrément le long de joues fort maigres, donnaient une expression originale à cette tête un peu forte qu'animaient seuls deux yeux fixes, bleus et pénétrants, à demi-voilés sous des arcades sourcilières puissantes. Cet ensemble, rattaché par un cou trop court à une vaste poitrine reposant sur des cuisses rondes et des jambes bien faites, aux extrémités fines, semblait au premier abord, inexplicable. La tête paraissait hors de proportion avec le reste du corps ; mais le regard incisif et la démarche lente de ce jeune homme s'avançant sur les talons, comme tous les gens qui ne doutent de rien, forçaient l'attention. La finesse des mains et des pieds dénotait un sentiment délicat des situations. L'ossature accentuée du menton et de la mâchoire inférieure demeurait l'indice certain d'une volonté forte et de passions violentes. Le crâne, avec ses développements inusités, faisait pressentir un monde d'idées.

Voici, du reste, d'après le système craniologique des docteurs Spurzheim[1] et Gall[2], les organes reconnus

---

1. *Spurzheim* (Gust.), médecin, élève de Gall, né près de Trèves en 1766, mort en 1833.
2. *Gall* (J.-Jo.), physiologiste, né à Tiefanbrunn (grand-duché de Bade) en 1758, mort à Montrouge en 1828. Chassé de Vienne, il fut naturalisé Français en 1819.

par O'Meara, le docteur chargé à Saint-Hélène de la dissection du corps de Napoléon Bonaparte[1] :

1° Organe de la dissimulation ;
2° Organe des conquêtes ;
3° Organe de la bienveillance ;
4° Organe de l'imagination ;
5° Organe de l'ambition et de l'amour de la gloire ;
6° Organe de l'individualité ou connaissance des individus et des choses ;
7° Organe de la localité ou des rapports de l'espace ;
8° Organe du calcul ;
9° Organe de la comparaison ;
10° Organe de la causalité, de l'esprit d'induction.

Nous ne rechercherons pas ce qu'il peut y avoir de vrai ou de faux dans cette nomenclature de qualités ou de vices faite d'après l'examen du cadavre de

---

1. Résultat de la dissection faite à Sainte-Hélène :
La hauteur totale du sommet de la tête aux talons était de 5 pieds 2 pouces 4 lignes. L'étendue comprise entre les deux bras, en partant des extrémités des deux doigts du milieu, était de 5 pieds 2 pouces.
De la symphyse du pubis au sommet de la tête, il y avait 2 pieds 7 pouces 4 lignes.
Du pubis au calcaneum, 2 pieds 7 pouces.
Du sommet de la tête au menton, 7 pouces 6 lignes.
La tête avait 20 pouces 10 lignes de circonférence ; le front était haut, les tempes légèrement déprimées, les régions sincipitales très fortes et très évasées.
Cheveux rares et de couleur châtain clair.
Cou un peu court, mais assez normal.
Poitrine large.
Les mains et les pieds petits.

l'homme dont l'existence avait été si extraordinaire. Le souvenir des événements du passé influe d'une façon inconsciente sur l'appréciation des causes qui les ont amenés et de ceux qui en ont été les auteurs. A cette époque de sa vie, Bonaparte n'était encore qu'un officier sans fortune, malheureux, maladif et disposé, par la nature même de son esprit inquiet, à ne voir dans la renommée que ce qui pouvait satisfaire son ambition, et dans l'exercice du pouvoir, que ce qui lui permettrait d'assouvir ses haines et ses passions.

D'une instruction première nulle, il n'avait appris des choses militaires que ce qu'il lui fallait pour l'exécution stricte des minimes devoirs de son service. Les mesquineries routinières du métier des armes lui semblaient indignes de fixer son attention. Cette vie monotone, qui consistait alors à refaire chaque jour, sans initiative et sans espoir d'amélioration, ce que l'on avait fait la veille, lui était insupportable. Même ces grandes questions de réorganisation et de régénération de l'armée, questions qui préoccupaient tous les esprits, le laissaient indifférent. Sa pensée était ailleurs. C'était en Corse, dans les histoires de son pays, des chefs de parti, des législateurs et des conquérants qu'il vivait et qu'il cherchait des exemples à suivre. Or, avec ces lectures faites sans ordre, sans méthode et surtout mal digérées, il s'était formé des idées de tout, sans avoir des jugements bien précis sur rien. Tout était à l'état de chaos dans cette cervelle immense. Pour son âge, pourtant, cette disposition à tout saisir, à tout comprendre, à tout voir de haut, était merveilleuse, et, en tout cas, l'indice du véritable homme de guerre.

Mais trouverait-il le milieu suffisant pour donner à ses pensées une formule pratique? c'était là l'inconnu. C'est celui de tout le monde ici-bas.

Bien des causalités sont en effet nécessaires pour permettre à un homme de développer et d'employer les qualités dont il est naturellement doué. On a beau être le mathématicien, l'inventeur le mieux organisé qu'il se puisse rencontrer, si l'occasion et le milieu ne se prêtent pas à cette sorte d'éclosion intellectuelle, il faudra suivre la loi commune et végéter inconnu, sans utilité pour son pays et pour les siens. On a beau posséder toutes les conditions requises pour bien diriger les armées, s'il n'y a pas de guerre, si l'on tombe malade au début de la campagne, ou si l'on est confiné dans quelque place forte éloignée du théâtre des opérations, on se trouve dans l'impossibilité de faire preuve de ses talents.

Il en est des vices et des vertus des hommes comme de tous ces êtres animés, de ces infiniment petits de M. Pasteur; leur génération n'est jamais spontanée.

Tout est dans tout. Aussi, les nations libres sont-elles celles où les éléments primesautiers ont le plus de chance de se développer. On en peut même déduire cet axiome : « La valeur d'un peuple est en raison directe du degré de liberté relative qu'il possède. »

A cette date de son histoire, Bonaparte est donc en pleine période d'incubation et de transformation. Il s'en va, roulant dans sa tête mille projets de révolte et de conquêtes. Il vit dans l'avenir, marchant vers l'inconnu, comme un illuminé, sans raisonnement et sans hésitation. « Tout me fait braver la mort et le « destin, écrira-t-il à Joseph, six ans plus tard, et,

« si cela continue, moi aussi, je finirai par ne plus
« me détourner lorsque passe une voiture. »

Tel était l'homme qui, le 15 septembre 1789, quittait Auxonne, avec l'espérance bien intime de ne revoir ni son régiment ni son pays d'adoption,

CHAPITRE XII

BONAPARTE AU RÉGIMENT DE LA FÈRE,

EN CONGÉ A AJACCIO, 10 SEPTEMBRE 1789 — 10 FÉVRIER 1791.

Bonaparte s'arrête à Marseille. — Il voit l'abbé Raynal. — Son arrivée à Ajaccio. — Ses projets. — Les députés corses à l'Assemblée nationale. — Mouvement populaire à Ajaccio. — Le club patriotique. — Premier programme de Bonaparte. — Demande de formation d'une garde nationale soldée. — Attitude de M. de Buttafuoco. — Fermeture du club patriotique. — Proclamation de la loi martiale en Corse. — Refus de la commission des Douze d'accepter la formation d'un comité central. — Protestation rédigée par Bonaparte et adressée à l'Assemblée nationale, 31 octobre 1789. — Mouvements en Corse. — Arena à l'Ile-Rousse — Révolte à Bastia, le 5 novembre 1789. — Situation politique de la Corse vis-à-vis de la France. — Réclamations de Gênes. — Demandes de Paoli. — Prétentions du parti autoritaire. — Habileté de MM. Salicetti et Colonna di Cesari. — Les délégués de Bastia à l'Assemblée nationale. — La Corse déclarée province française, 30 novembre 1789. — Amnistie et rappel des Corses exilés. — Discours de Mirabeau. — Remerciements de Paoli. — Effet produit par ces décrets en Corse, et particulièrement à Ajaccio. — Conduite de Bonaparte. — Sa lettre à M. Matteo de Buttafuoco, 23 janvier 1790. — Réponse de M. de Buttafuoco. — Soulèvement à Bastia, 18 mars 1790. — Mort du colonel comte de Rully, commandant du régiment du Maine. — Arrivée de Paoli en France, 29 mars 1790. — Paoli présenté à Louis XVI, 8 avril 1790. — Bonaparte demande une prolongation de congé de quatre mois et demi pour aller aux eaux, 16 avril 1790. — Il obtient de rester en Corse jusqu'au mois d'octobre. — Ses lettres sur l'histoire de Corse. — Sa lettre et sa dédicace à l'abbé Raynal. — Envoi d'une députation d'Ajacciens au-devant de Paoli. — Joseph en fait partie. — Elle part, le 24 juin 1790. — Complot organisé par Bonaparte pour s'emparer d'Ajaccio et chasser les Français. — Tentative d'exécution, 25 juin, 28 juin 1790. — Manifeste du corps municipal d'Ajaccio, rédigé par Bonaparte, 28 juin 1790. — Sa lettre sur *le serment constitutionnel des prêtres*. — Sa situation difficile à Ajaccio. — Dangers qu'il y court. — Nouvelle tentative sur la citadelle d'Ajaccio, 8 août-24 août 1790. — Arrivée de Paoli en Corse, 14 juillet 1790. — Débarquement à Bastia, 17 juillet. — Enthousiasme de la population. — L'assemblée électorale à Orezza, du 9 septembre au 8 octobre. — Organisation administrative de la Corse. — Nomination des membres appelés à faire partie du Directoire. — Paoli élu présiden du Directoire et commandant en chef des gardes nationales de l'île. — Attitude de Bonaparte pendant l'assemblée. — Ses propositions. — Vœux de l'assemblée d'Orezza pour la formation d'une garde nationale soldée. — Bonaparte au club d'Ajaccio. — Vote de l'impression de sa lettre à Buttafuoco. — Il prend part au concours de l'Académie de Lyon. — Son *Discours sur le bonheur*. — Principaux passages de ce discours. — Rapport au ministre de la guerre sur le véritable état politique et militaire de la Corse, à la fin de l'année 1790. — Triste opinion du rapporteur sur la famille Bonaparte. — Les délégués du Directoire à l'assemblée, MM. Pozzo di Borgo et Gentili. — Refus du ministre de créer une garde corse spéciale. — Mécontentement et désespoir de Bonaparte. — Irrégularité de sa situation. — Son congé expiré depuis le 15 octobre 1790. — Réorganisation de l'arme de l'artillerie, 2 décembre 1790. — Les officiers non présents au corps, le 1er janvier 1791, considérés comme destitués. — Bonaparte se décide à partir, le 1er février 1791 [1].

Bonaparte, en quittant Auxonne, ne s'arrêta pas à Valence. Il avait hâte d'arriver. Il prit, en passant à Aix, son frère Lucien. A Marseille, il vit l'abbé Raynal. A la fin du mois de septembre, il était à Ajaccio. A l'exception d'Élisa, toute la famille se trouvait donc réunie. Les circonstances étaient graves. Pour ces affamés, il s'agissait de prendre place à la table du monde.

Bonaparte comptait bien réaliser les projets dont Fesch avait été le confident. Tout, il est vrai, était

---

1. *Événements politiques.* — Émeute des 6 et 7 octobre 1789. — Translation de l'Assemblée nationale à Paris. — La salle du Manège, 12 octobre 1789. — Division de la France en 83 départements, 15 janvier 1790. — Exécution de Favras, 18 janvier 1790. — Suppression des vœux monastiques, 13 février 1790. — Suppression des droits féodaux, 15 mars 1790. — Vente des biens nationaux, 17 mars 1790. — Suppression des titres de noblesse, des ordres, des livrées et des armoiries, 19 juin 1790. — Fête de la Fédération, 14 juillet 1790. — Organisation judiciaire. Suppression des Parlements, 7 septembre 1790.
Ministres de la guerre. — M. de la Tour du Pin, 16 novembre 1790. — M. Louis Le Bègue de Presle du Portail, 16 novembre 1790 — 6 décembre 1791.

assez confus dans son esprit. Autonomie et indépendance de la Corse, *Paolisme*, soif d'agitation, de richesses et de renommée, tout influait à la fois sur ses résolutions.

Des sentiments qu'ils faisaient naître chez lui, le dernier était le plus impérieux. Il éprouvait le besoin de se produire et d'exercer ses forces, en s'imposant à ses concitoyens. Dans la famille, ses opinions faisaient loi. Dans la ville, les récits des événements qu'il avait vus, son langage ardent et imagé, le grade dont il était revêtu, lui donnaient une certaine autorité.

La Corse était alors en pleine anarchie. Elle avait subi le contre-coup du bouleversement qui s'était produit en France, mais dans des conditions toutes spéciales. Elle était, en effet, préparée, mieux que toute autre province du continent, à accepter les idées nouvelles. Les grandes propriétés n'existaient pas. L'aristocratie était nulle. Vingt-deux gentilshommes avaient seuls participé à la nomination du député de la noblesse, et, sur ce nombre, il ne s'en était trouvé que douze pour donner leur voix au candidat du gouvernement, au maréchal de camp, comte de Buttafuoco. Ce personnage, tout aussi royaliste que son prédécesseur, M. Charles de Buonaparte, n'exerçait aucune influence[1]. Il n'avait que l'importance d'un homme habile, arrivé aux honneurs, jouissant d'une grande fortune et possédant l'oreille de tous les agents du pouvoir.

---

2. M. de Buttafuoco avait épousé, en 1787, la fille du premier président, M. Gaffori, de Corte, le fils de l'ancien patriote et compagnon d'armes de Paoli.

Le représentant du clergé, M. l'abbé Peretti, avait été choisi dans les mêmes conditions, et se trouvait, de fait, tout aussi impopulaire et royaliste que son collègue de la noblesse.

Auprès du tiers, les autorités de l'île n'avaient pas obtenu le même succès. Lors des élections, leur candidat, M. Gaffori, avait été battu. Deux patriotes, MM. Salicetti et Colonna di Cesari Rocca, destinés tous deux à exercer une action si décisive sur la carrière de Bonaparte, l'avaient emporté.

Assesseur[1], comme Charles Bonaparte, Salicetti est avant tout un esprit fin et délié, libéral par conviction, voyant dans la révolution la possibilité de rattacher plus intimement la Corse à la France par la l'intérêt. Colonna, capitaine au régiment provincial, et cousin de Paoli, est de beaucoup inférieur à son collègue. Il n'a qu'une aspiration, faire profiter sa patrie et son parent du mouvement qui se fait en France.

Si nous établissons cette distinction, c'est qu'en effet tout est nuance dans le classement des opinions en Corse. Autant de *piéves*, autant d'intérêts ; les habitants du versant italien sont plus souples, plus attachés à la religion et aux anciennes coutumes que ceux du versant opposé. On est plus fanatique à Bastia qu'à Ajaccio; mais on est plus français à Calvi, à

---

1. *Salicetti* venait d'être nommé assesseur au tribunal de Sartène, quand il fut élu député. *Salicetti* (Christophe), né à Bastia en 1757, fit ses études au collège des Barnabites à Bastia, alla à l'Université de Pise. Député du tiers, rédigea le cahier des doléances de l'île. Conventionnel. — Proscrit en 1795 et 1799. — Ministre de la police à Naples. — Maria sa fille au prince Torella. — Ministre sous Murat. — Mort empoisonné, décembre 1809.

St-Florent et à Bastia qu'à Sartène, Porto Wecchio et Corte. Cette dernière ville, en effet, est restée la capitale nominale de Paoli.

En résumé, en dehors de l'action gouvernementale qui n'a pour elle dans l'île que les fonctionnaires et les clients des hommes en place, il n'existe que deux partis parfaitement tranchés : l'un, dont Paoli est le chef, avec l'indépendance absolue pour objectif; l'autre, dont Salicetti est le représentant et l'indépendance relative, le but. Au premier appartiennent les vieux Corses ; au second se rattache la nouvelle Corse, composée d'hommes jeunes, ambitieux, sans fortune, désireux de se faire une situation, acceptant en principe le programme de Paoli et Paoli lui-même, parce qu'ils ne peuvent rien sans lui, mais disposés à tout ce qui leur permettra de se soustraire à cette sorte de subordination.

A Ajaccio, la division est la même. Les *Paolistes* y sont en grande majorité dans la bourgeoisie et le clergé séculier. Philippe Masseria[1], dont le frère et le père sont morts pour la patrie, en voulant s'emparer de la citadelle, en est le chef reconnu. Revenu d'exil depuis quelques mois seulement, il dirige au nom de Paoli le mouvement de l'émancipation. Les familles des Pozzo di Borgo, des Peraldi, des Bonaparte et des Ramolini lui prêtent un concours chaleureux. Dans ce nombre, les Pozzo sont les plus influents. Charles-

---

[1]. *Masseria* (Philippe) suivit Paoli dans l'exil, revint en 1789 à Ajaccio.

Son père *Giuseppe*, né à Ajaccio en 1725, tué avec son fils aîné, le 19 octobre 1763, lors de la tentative faite par lui pour s'emparer de la citadelle d'Ajaccio.

André Pozzo[1], le futur comte, remplit les fonctions de secrétaire des électeurs de la noblesse. Plus âgé de quatre ans que Bonaparte, esprit supérieur, fin et délié, doué d'un véritable talent oratoire, il est en mesure d'exercer une influence considérable sur la partie intelligente et instruite de la population. Francesco Pozzo, ancien officier municipal, est le député de la corporation des laboureurs; Giovanno Francesco vit de ses rentes; son frère Giovan Baptista est chanoine, et Giovan Baptista, le jeune, étudiant en théologie. C'était donc à ce groupe d'ardents patriotes que s'étaient rattachés les Bonaparte. Tous étaient unis, tous luttaient contre les soutiens de l'autorité royale, représentée par le gouverneur, chevalier de la Ferrandière; le major de la place, Saint-Ange; le major de l'artillerie, de la Jaille; le colonel du régiment, de Virieu; le directeur de l'hôpital, Des Camps; l'économe, Souiris; l'ingénieur, Cademol; le juge royal, de Raquine; quelques familles cléricales; les moines et leur suite habituelle d'hommes du peuple ignorants et superstitieux.

A la nouvelle des événements qui s'étaient passés en France, les libéraux Ajacciens avaient donc songé à imiter Paris. Leur Bastille, c'était la citadelle, dont les créneaux permettaient de plonger jusque dans l'intérieur des maisons; leur rêve, c'était la formation

---

1. *Pozzo di Borgo* (Charles-André, comte de), né à Alala, près d'Ajaccio, en mars 1764; élevé par un récollet, le Père Antonio Grossetto; député en 1791; président du Conseil de Corse en 1791; eut ses biens confisqués en 1796; passa au service de la Russie en 1803, et mourut à Paris le 15 février 1812.

La sœur de ce Pozzo di Borgo fut la mère de MM. Louis et Charles Blanc.

d'une garde civique, à l'instar de celles des grandes cités de France. Pour un Corse, avoir une arme, faire métier de soldat, mais à son heure, constitue en effet l'une des plus grandes prérogatives du citoyen.

Or, parmi les vœux inscrits au cahier des charges des États de Corse, il en était un fort important qui réclamait l'institution d'un *Comité central*, composé de vingt-trois membres élus, pour remplacer la commission des Douze et les quatre tribunaux. Dans l'idée des postulants, ce Comité devait se substituer à l'ancienne consulte générale de Paoli, mais avec des attributions purement administratives. MM. Salicetti et Colonna s'étaient déclarés les ardents défenseurs de cette proposition. Ils en avaient saisi l'Assemblée et la commission de législation.

Dans le plan de Bonaparte, le système était plus complet. Il fallait, d'après lui, assurer l'autorité du *Comité central* d'administration par une force publique, dont les agents seraient recrutés dans l'île même et payés par les habitants. Ce projet était fait pour flatter les passions de ses concitoyens. Il fut adopté par Masseria et Pozzo di Borgo et adressé aux députés du tiers.

Autant la première de ces requêtes avait un caractère bénin et rentrait dans la catégorie des demandes du même genre, émises partout, autant la seconde était grave.

On se rappelle en effet que l'une des préoccupations des gouverneurs militaires français, lors de la conquête, avait été de faire procéder au désarmement général. Depuis ce temps, on n'était revenu sur cette disposition que d'une manière tout incidente, en autorisant uniquement à posséder des armes, ceux des habitants reconnus comme bien intentionnés. Grâce à une contrebande active, il est vrai, nombre de Corses avaient pu s'en procurer, mais de là à se se trouver munis de l'armement et des munitions nécessaires pour tenter une insurrection générale, il y avait loin.

En réclamant donc la création d'une milice nationale soldée et armée, le comité d'Ajaccio faisait preuve de profonde habileté. Pour Bonaparte, il y voyait l'espérance d'obtenir un grade important, la possibilité de rendre l'indépendance à sa patrie, et le moyen de faire du comité d'Ajaccio le noyau d'un Comité central, dans lequel des membres de sa famille pourraient trouver quelque place fructueuse. Mais, au ministère de la guerre, l'accueil fait à ces propositions était loin d'être favorable. M. de Buttafuoco restait tout-puissant dans les bureaux. Il n'avait pas eu de peine à convaincre le ministre en exercice, M. de la Tour du Pin, du danger d'une pareille concession. Il avait eu soin de lui rappeler que la Corse, en qualité de province conquise, demeurait sous sa juridiction personnelle et qu'il en était le gouverneur général. Toutefois, pour gagner du temps, et éviter les inconvénients d'un refus catégorique, il l'engagea à soumettre la demande de ses compatriotes à l'approbation préalable de la commission des Douze.

L'expédient était adroit, il était même ironique, puisqu'il s'agissait de faire juges de la question, ceux-là mêmes que les solliciteurs désiraient faire renvoyer.

En Corse, et principalement à Ajaccio, ce procédé jésuitique souleva une indignation générale. Bonaparte, qui venait d'arriver, se montra particulièrement violent. Il ne voulait rien moins que remplacer le Conseil général réactionnaire de la commune par le Comité d'action, appeler ses concitoyens aux armes, s'emparer de la citadelle et chasser d'Ajaccio les Français qui s'y trouvaient. En attendant, il organisait la garde nationale avec les faibles éléments existants.

A la nouvelle de cette agitation, le ministre se décida pour des mesures coercitives. M. de Buttafuoco assurait d'ailleurs qu'il suffirait de proclamer la loi martiale et d'envoyer du monde pour venir à bout des mécontents. En conséquence, M. de Narbonne[1], l'ancien gouverneur de Bastia, reçut l'ordre de se tenir prêt à partir avec un corps de troupes. De son côté, Gaffori, le beau-père de M. de Buttafuoco, fut chargé de dissoudre la garde nationale d'Ajaccio. A cet effet, il se rendit dans cette ville. Il s'était fait accompagner des commissaires du roi et d'un détachement du régiment suisse de Salis. En apparence, il fut obéi. L'état de siège fut établi, le club patriotique fermé, la garde civique licenciée. En réalité, fort mal reçu par la population, Gaffori dut renoncer à se montrer en public et se confiner dans la maison de son camarade Bacciochi. L'attitude provocante de la commission des Douze et la publication de sa réponse au vœu émis par les députés libéraux avaient achevé de mécontenter la population.

---

1. *Narbonne-Pelet* (Jean-François, comte de) né en 1725 à Saint-Paul-Trois-Châteaux (Drôme), mort en 1801. Lieutenant général en 1784. Célèbre par la défense de Fritzlar en 1762.

La commission rejetait la proposition, « parce que, « disait-elle, les assemblées particulières qui devraient « avoir lieu pour la nomination du comité sont tou-« jours le sujet d'un trouble et d'une rumeur inquié-« tante;

« Parce que tout étant dans la plus parfaite tran-« quillité, ce comité serait sans objet;

« Parce qu'il coûterait des sommes considérables, « soit pour les appointements de vingt-trois sujets, « soit pour la solde de la milice, évaluées à un mil-« lion;

« Parce que la terre serait privée d'une partie de « ses cultivateurs;

« Parce que Sa Majesté, voyant les Corses se garder « eux-mêmes, retirera ses troupes; alors, privé de « ce seul canal, le numéraire cessera de circuler. »

En présence de cette fin de non-recevoir, que faire? Résister, courir aux armes, il n'y fallait pas songer. Sur le conseil de Bonaparte, on se contenta de protester et de répondre au rapport de la commission des Douze par une adresse aux députés libéraux, à MM. Salicetti et Colonna, adresse que ces messieurs étaient chargés de déposer sur les bureaux de la Chambre.

Restait à faire accepter et signer ce mémoire par les patriotes de la ville. Comme la salle du cercle patriotique avait été fermée, on se réunit la nuit dans l'église Saint-François. Bonaparte y donna lecture de son factum et le fit adopter, le 31 octobre 1789.

Il faut lire et relire ce curieux document, dû à la plume d'un officier du roi se posant, à vingt ans, en juge des actes des gouvernants de son pays.

A nosseigneurs de l'Assemblée nationale,

Nosseigneurs,

« Lorsque des magistrats usurpent une autorité contraire à la loi, lorsque des députés sans mission *prenent* le nom du peuple, pour parler contre son vœu[1], il est permis à des particuliers de s'unir, de protester, et, de cette manière de résister à l'oppression. Daignez donc, nosseigneurs, jeter un coup d'*œuil* sur notre position.

« *Arrachez* à la liberté lorsque nous commencions à en goûter les douceurs, nous sommes depuis vingt ans *imcorporés* dans la monarchie.

« Depuis vingt ans, nous vivions sans espoir, accablés sous le joug d'une administration arbitraire, lorsque l'heureuse révolution qui a rendu à l'homme ses droits, aux Français *sa* patrie, a ranimé notre courage, a fait renaître l'espérance dans nos cœurs *abatus*.

« L'inquiétude de son sort, la *pesenteur* de ses chaînes, dont on sentait plus que jamais le poids, ont été la cause de certaines insurrections, qui ont un moment troublé notre *tranquilité*; mais la confiance du Corse en vous était sans bornes et a laissé subsister le colosse d'employés étrangers à notre *isle*, que le Français d'outre-mer désavouerait et qui ne cesse de nous opprimer.

« L'on avait entrevu le moment de la liberté; les maux actuels s'en étaient accrus; il était juste cependant de satisfaire un peu le peuple.

« Le comte Colonna di César Rocca et M. Salicetti, nos députés, de concert avec les patriotes, qui s'étaient rencontrés à Versailles, présentèrent un projet d'un comité

---

1. Allusion à l'attitude MM. *de Buttafuoco* et *Peretti.*

de vingt-trois personnes que *choisiroient* la province pour veiller à nos droits et *aux maintient* des propriétés : ce projet qu'*avait* inspiré l'amour de l'ordre, le patriotisme et le plus clair enthousiasme ; l'on en attendait l'exécution avec empressement, lorsqu'une convocation inusitée de la commission des Douze fixa l'attention de tous ; l'on protesta d'avance à Ajaccio contre leurs opérations ; de quel droit douze gentilshommes prétendraient-ils représenter la nation ? *eux*, dont la mission n'a pour objet que la perception de l'impôt territorial et qui ont toujours laissé usurper leurs droits par MM. les Intendants, prétendraient-ils statuer sur des objets d'une utilité générale.

« Ces raisons étaient sans réplique, on le sentit, on *inposa* donc que leurs assemblées n'avaient pour objet que des *discutions* sur des impositions.

« Mais tout d'un coup nous recevons des lettres imprimées, où ils nous annoncent qu'ils ont délibéré sur le projet de nos députés, qu'ils l'ont rejeté, comme nuisible, dangereux et impraticable, parce que les assemblées particulières qui devraient avoir lieu pour la nomination du comité, etc... (voir les raisons du refus reproduites plus haut.)

« Combien il est douloureux pour nous, nosseigneurs, de voir dans la bouche de nos compatriotes des sophismes qui furent toujours le langage de l'esclavage et du despote. *Eh* quoi lorsque l'homme se regarde à son rang, *exerse* ses droits imprescriptibles, l'on a le front d'objecter, que le calme absolu, silence de l'esclavage destructeur de toute énergie, est troublé ! Mais quelles funestes conséquences *prétendroient-ils* tirer du tumulte *suposé* de nos assemblées !...

« Faudrait-il en déduire notre éternel esclavage ?... Il ne faudrait donc plus nous assembler ?... Un intendant devrait donc nous gouverner ?

« La seule pensée en est *allarmante*. « Tout est dans la

plus grande tranquillité. » Pourquoi donc *a-t-on* sollicité des troupes avec tant d'empressement ?

« Pourquoi a-t-on expédié des commissaires extraordinaires ? Mais n'est-ce donc que l'insurrection des peuples qui constitue le trouble et le désordre ? Les propriétés et les finances ne peuvent-elles être pillées que par lui ? Lorsque la *tirannie* règne, lorsqu'on est sans confiance aux administrateurs, qu'on en a été avili, qu'on a droit de les haïr, peut-on dire que tout soit tranquille ? Peut-on exiger de notre profonde obéissance que nous restions plus longtemps sous le joug ?

« Il faut un million pour solder la milice. » Sous quelle *hipothèse* a-t-on pu le calculer, puisque le plan en devait être arrêté par la nation ; mais comment le Corse, qui fit quarante ans la guerre pour la *deffense* de sa patrie, qui versa son sang pour sa liberté, pourra-t-il refuser de marcher lorsqu'elle est en danger ! lorsqu'elle aura besoin de son assistance ! Comment se montrerait-il moins généreux que ses compatriotes de France ?

« Oui, nosseigneurs, nous le disons avec confiance, l'on a calomnié notre nation, l'on a cherché à l'effrayer par des calculs *eronés* et ridicules ; l'on a cherché à l'abuser, lorsqu'on a avancé que la *cultivation* serait privée d'une partie de ses bras. Non jamais la liberté n'empêchera la culture ; la *tirannie*, le despotisme seuls, dépeuplent les campagnes.

« Sa Majesté retirera ses *troup*. »

« Tout comme si la milice devait être *perpétuelement* sous les armes. Tout comme si Sa Majesté n'avait pas intérêt à garder ses forteresses, tout comme si elle n'avait pas continué de considérer le bien de ses sujets dans toutes ses opérations.

« Hélas ! c'est une vérité trop évidente, le numéraire ne circule dans notre pays que par le canal des troupes ; tristes effets d'une mauvaise administration. Des places sont accordées aux intrigues et aux commérages des bureaux, et nous avons l'amertume de nous voir tout enlever, de voir notre patrie dépouillée, aussi pauvre après que le Roy a dépensé plus de quatre-vingt millions, de voir le fruit de nos impositions consumé par des *avanturiers* qui ne *vienent* dans notre pays que pour s'enrichir, et ne nous laissent que l'exemple d'un luxe dévorant. Mais, nosseigneurs, lorsque vous daignerez vous occuper de nous ; que vous nous *rétablirés* dans les droits que la nature a *donné* à tout homme dans son pays, que vous nous *délivrerés* d'une administration qui nous mange, nous avilit et nous *décrédite*, la prospérité, l'aisance, ainsi que la liberté seront les dons que nous *tiendront* de votre patriotisme.

« Jamais les Corses n'eussent fait cette démarche, n'eussent conçu des idées si indignes de notre climat ; mais, nosseigneurs, ils se sont laissés convaincre par les intimations de ceux qui sont intéressés à la perpétuation des abus, qui ont raison de craindre notre liberté, qui ne désirent que notre avilissement, et ne cessent de nous calomnier ; ils ont cherché par cette lettre répandue avec profusion, à réveiller l'amour-propre et l'intérêt particulier des diverses magistratures, pour procurer de les rallier, afin de s'opposer à tout changement ; ils ont dit aux municipaux, qu'eux sont déjà chargés du maintien de la paix ; ils ont dit aux juntes que ce comité serait destructif de leur autorité ; tout comme si, par l'état actuel des choses, le pouvoir des municipalités et des juntes ne refluait pas sur les commissaires du roi.

« Le cœur indigné des sourdes menées de nos ennemis, qui craignent de perdre leur autorité et qui font mouvoir toutes sortes de ressorts pour la conserver, intimidés, lorsque nous réfléchissons sur leur union, leur puissance et leur activité, dans l'impossibilité de nous assembler en corps de ville, parce que les commissaires du roi s'y opposent, nous prenons le parti de confier dans votre sein les craintes qui nous *allarment*, les maux que nous souffrons, et de protester non-seulement contre la démarche *inconséquante* de la commission des Douze, mais contre tout autre mémoire qui n'aurait aucun caractère d'être l'opinion du peuple ; il n'y a sorte de figures que les *mals* intentionnés ne prennent pour tromper.

« Vous les protecteurs de la liberté, daignez jeter un coup d'œil sur nous qui en avons été jadis les plus zélés défenseurs, nous avons tout perdu en la perdant et nous n'avons trouvé dans le titre de vos compatriotes que l'avilissement et la tyrannie. Un peuple immense attend de vous son bonheur. Nous en faisons partie... Jetez les yeux sur nous, ou nous périssons.

« Nous sommes avec respect, nosseigneurs, vos très humbles et très obéissants sujets. »

Suivent les signatures :

BUONAPARTE, officier d'artillerie ; TARTAROLI, propriétaire ; POZZO DI BORGO, secrétaire des électeurs de la noblesse de Corse ; BUONAPARTE, ancien archidiacre ; ORTO, ancien procureur du roi de l'amirauté et ancien podestat ; LAZARO BALLERO, avocat et député de la corporation des laboureurs ; FRANCESCO POZZO DI BORGO, ancien officier municipal et député de la corporation des laboureurs ; PIETRA DELLA COSTA, ancien officier de la légion corse ; GIUSEPPE DRAGO, ; GIOVAN GIUSEPPE POZZO DI BORGO ; GIOVAN BATISTA TERNANO ; GIROLOMO BALLERO, négociant ; PIETRO ZERBI, député de la corporation des cordonniers ; GIOVAN BATISTA PIETRAPIANA, procureur du siège royal et député de la corporation des maçons ; ANTONIO PERALDI, chanoine ; ANTONIO COLONNA D'ORNANO ; SILVESTRO CALCATOGIO, chef des laboureurs ; IGNACIO MATTEO, vicaire général ; MARIO GIGLIARA, chef des laboureurs ; FILIPPO SPETURNO, chanoine ; CARLO PAULINO ; ANTONIO PETRETTI GUIDACCIOLI ; l'abbé COLONNA ; l'abbé GIOVAN BATISTA RECCO ; TOMASO TAVERA ; PIETRO PETTETTO ; ANDREA SUZINI ; SIMONI BONISONI ; GIUSEPPE CUNEO ; GIROLAMO COSTA, chanoine ; l'abbé Francesco Ramolini ; Giuseppe ; Antonio Rubaglia, négociant ; l'abbé Giovan Batista Pozzo di Borgo, étudiant du clergé d'Ajaccio ; Giovan Maria Paravicini ; Fesch, archidiacre du chapitre ; Cutoli, etc.

Fait curieux à constater, ni Joseph ni Lucien ne sont inscrits au bas de cette protestation. Le vieil archidiacre Lucien, Fesch, Paravicini, les Costa......, tous parents de la famille ont signé.

A tout prendre, cet acte n'en constituait pas moins un acte d'indiscipline des plus graves[1]. Que dirait de nos jours le ministre de la guerre s'il voyait un officier de tirailleurs indigènes ou de spahis faire parvenir à des députés de l'Algérie une adresse formulée dans de pareils termes ? Mais ce qui frappe le plus dans cet écrit, c'est l'acrimonie avec laquelle Bonaparte attaque ces membres de la commission des douze gentilshommes, dont son propre père faisait encore partie cinq années auparavant.

Et cet acte n'est qu'un début. Il doit être suivi d'autres plus sérieux encore et devenir le signal d'un mouvement insurrectionnel presque général.

A l'Ile-Rousse, un Corse, un avocat dévoué à Paoli et doué d'une énergie incroyable, M. Barthélemy Arena[2], réussissait, avec l'aide des montagnards de la

---

1. Dans le Code Napoléon ces infractions sont visées par les articles 102, 123 et 124 du Code pénal et entraînent le bannissement et la prison.
2. *Barthélemy Arena*, né à l'Ile-Rousse, nommé député suppléant aux États-généraux, protégé de Paoli, procureur général syndic en remplacement de Salicetti, député en 1791, malgré Paoli, déclaré infâme par l'assemblée tenue à Corte le 27 mai 1793, membre des Jacobins, député aux Cinq-Cents en 1798, hostile au 18 brumaire, accusé à tort d'avoir voulu donner un coup

Balagne et de quelques exilés débarqués nuitamment, à s'emparer du poste occupé par les Français et à installer une commune indépendante.

Voici ce qu'en pensait Bonaparte quelques semaines plus tard : « *Arena*[1] vint de Paris en Balagne, plein de ces sentiments qui portent à tout entreprendre, à ne craindre aucun danger. Les armes d'une main, les décrets de l'Assemblée nationale de l'autre, il fit pâlir les ennemis publics. » Le rapport du général de Barrin au ministre était moins dithyrambique : « M. Arena, avocat de profession, d'une réputation pitoyable, passa à Londres pour aller voir Paoli. De là, il se rendit en Corse et s'empara de l'île Rousse. Les effets, les casernes, les subsistances de la garnison et les magasins furent pillés. M. Arena était débiteur de trente mille livres vis-à-vis de la caisse publique, en qualité d'adjudicataire du vingtième. »

A Bastia, le mouvement populaire était tout aussi violent. A l'instar des patriotes d'Ajaccio, les habitants de cette ville avaient voulu organiser une milice. En vertu de la loi martiale et des ordres venus

---

de poignard à Bonaparte, condamné à la déportation, se sauve à Livourne, reste républicain, meurt à Livourne en 1829, entouré des enfants de sa fille, dont le mari avait péri sur l'échafaud, comme coupable de conspiration.

Joseph Arena, frère du précédent, né à l'Ile-Rousse en 1770, lieutenant-colonel de volontaires en 1792, adjudant général en 1793, chef de brigade après Toulon, député en 1797, chef de brigade de gendarmerie, démissionnaire à brumaire, arrêté le 10 octobre 1801, après l'attentat de l'Opéra, condamné à mort le 30 janvier 1802, ainsi que Ceracchi, Topino-Lebrun et Damerville. Diana fut acquitté.

Les Arena étaient très liés avec les Bonaparte.

1. *Lettre de Bonaparte à M. de Buttafuoco*, 23 janvier 1790.

de Paris, le gouverneur, M. le général de Barrin prétendit s'opposer à cette formation ainsi qu'à toute réunion d'hommes en armes. Ce fut le signal d'une lutte qui dura deux jours et qui se termina par le triomphe des indigènes. Le chef de la révolte était un ancien compagnon de Paoli, M. Achille Murati « le conqué-« rant de Capraja, qui porta la désolation jusque « dans Gênes, a dit Bonaparte, *et à qui il ne manqua* « *pour être un Turenne* que des circonstances et un « théâtre plus vaste[1]. »

C'était, pour ainsi dire, au bruit de la protestation de Bonaparte et de ses amis qu'on avait pris les armes à Bastia. La veille du mouvement, l'adresse des Ajacciens était parvenue à Murati.

Cette fois, il ne s'agissait plus de contresigner une requête, il fallait expliquer les causes du conflit sanglant qui venait d'éclater. Les patriotes de Bastia décidèrent l'envoi à Paris de plusieurs de leurs concitoyens, pour remettre à leurs commettants et le manifeste d'Ajaccio et le mémoire justificatif des événements de Bastia et de l'Ile-Rousse. Trois des nouveaux capitaines de la garde nationale, MM. Jean-Baptiste Galeazzani, Paul Murati et Jean-Baptiste Quesco, furent chargés de cette mission. Ils arrivèrent à Paris le 20 novembre.

Le gouvernement français se trouvait alors assez embarrassé de la conduite à tenir vis-à-vis de sa récente conquête. A l'annonce des mouvements survenus dans l'île, la sérénissime République de Gênes avait paru manifester la crainte de voir la France impuissante à conserver sa nouvelle province, et l'An-

---

1. *Lettre de Bonaparte à Buttafuoco*, 23 janvier 1790.

gleterre, avec l'aide de Paoli, exercer son influence maritime et commerciale dans la Méditerranée. Elle s'était empressée de transmettre un *memorandum* au ministre des affaires étrangères. Elle y faisait mention du maintien de ses droits primordiaux, et, dans le cas où le gouvernement français serait dans l'obligation de retirer ses troupes, demandait expressément que la renonciation fût prononcée en sa faveur.

Le fait, en lui-même, n'avait rien de surprenant. Dans plusieurs salons de Paris et de Versailles, les anciens titulaires de commandements importants dans l'île ne se gênaient guère pour soutenir qu'il n'y avait rien à faire avec cette population de sauvages et de bandits. Ils prétendaient qu'on n'arriverait jamais à une annexion complète et que les avantages incertains à attendre ne compenseraient pas les sommes énormes déjà dépensées et l'entretien coûteux de troupes et d'officiers, mécontents de leur sort et exilés dans des postes d'où ils ne pouvaient sortir, sans avoir à craindre de tomber sous les coups de quelque habitant des makis.

De son côté, Paoli ne restait pas inactif. C'était lui qui avait préparé les mouvements d'Ajaccio et de l'Ile-Rousse et qui avait facilité le succès de Bastia, en permettant à ses montagnards de prêter leur appui aux bourgeois révoltés. Pour le moment il cherchait à négocier et s'apprêtait à faire partir pour Paris l'un de ses affidés, M. Masseria, avec mission de sonder les intentions du ministre et de voir s'il ne serait pas possible de traiter de l'indépendance de sa patrie, sur les bases du projet soumis précédemment au roi. Ce projet, on se le rappelle, consistait dans la reconnaissance de l'indépendance de la Corse, sous le protectorat français, avec traité de commerce spécial et charges militaires connexes. Dans ce but, Paoli avait même rédigé une sorte de mémoire explicatif, dans lequel, tout en manifestant son admiration pour les idées émises par l'Assemblée nationale, il assurait que le meilleur moyen d'en rendre l'exécution facile était d'en appliquer les principes. L'argument était spécieux, la réalisation dangereuse.

De son côté, le parti royal et autoritaire, représenté à l'Assemblée nationale par MM. de Buttafuoco et Peretti, n'était pas sans exercer une influence considérable, surtout à la cour, où les idées de résistance étaient à la mode. « Achetez les uns, disait Buttafuoco, soyez sans pitié pour les autres, mais envoyez des troupes pour faire respecter votre volonté et vous aurez raison d'un petit peuple qui se paye de grands mots, et n'a en réalité que des appétits. » C'était à ce dernier système que s'était rallié le gouvernement et c'était dans ce but, nous l'avons dit, que l'un des proscripteurs les plus acharnés des Corses, M. de Narbonne, avait été chargé d'organiser à Lyon un corps expéditionnaire.

A l'Assemblée nationale, le courant était tout autre. On ne rêvait que liberté, droit, justice et destruction des abus. On se montrait plein de bienveillance pour ce petit peuple tant vanté par Jean-Jacques Rousseau, mais on ignorait les premiers éléments de sa situation véritable. Toutefois le nom redouté de Paoli, les plaintes des fonctionnaires et des officiers, les questions de budget, les embarras de toute sorte résultant de cette occupation lointaine n'étaient pas sans faire quelque effet sur l'esprit de beaucoup de parlementaires.

Le moment était donc des plus critiques, surtout pour les députés corses libéraux, Salicetti et Colonna. Mais, en ces circonstances, il faut le reconnaître, Salicetti se montra d'une habileté consommée. L'ex-assesseur de Sartène était devenu une puissance. Son titre de représentant du tiers aux États généraux, les mémorables séances auxquelles il avait assisté, les travaux des commissions auxquels il avait coopéré, les démarches dont il était l'objet de la part des personnages les plus influents de sa patrie, ce titre de *monseigneur* que lui donnait si libéralement Bonaparte, les relations qu'il avait ébauchées dans tous les mondes, lui, le petit Corse, inconnu de la veille, tout cet ensemble de circonstances inouïes lui avait ouvert des horizons nouveaux. Il avait compris de quelle utilité il pouvait être non seulement pour lui-même, mais encore pour tous ses compatriotes, en maintenant l'état de choses présent.

En effet, il n'était pas sans voir que l'acceptation des prétentions de Gênes, de celles de Paoli ou des vues de Buttafuoco, serait la ruine de sa situation personnelle et de l'avenir de son pays. Pour le moment, il ne s'agissait donc que de se maintenir en équilibre au milieu de ces représentants d'intérêts si différents. Quant aux projets autoritaires du gouvernement et de M. de Buttafuoco, il ne fallait guère s'en préoccuper. L'attitude de l'armée, l'état des affaires extérieures, tout dénotait une tendance à renoncer à la force pour la solution des difficultés à venir. Restaient à mettre d'accord les jeunes et les vieux Corses. A ses collègues de l'Assemblée, il exposait les dangers futurs de l'abandon de ce pays à l'influence anglaise, ainsi que l'utilité d'avoir en réserve pour le recrutement de l'armée des hommes sobres, pauvres, braves et patriotes. Il leur faisait entrevoir comme sûr et prochain un mouvement *paoliste*, s'ils ne le prévenaient par des concessions nécessaires et par l'amnistie.

A ses compatriotes, aux délégués de Bastia, il s'efforçait de démontrer l'intérêt qu'ils avaient à se déclarer franchement pour la France, à réclamer une déclaration solennelle de l'union des deux peuples et à laisser de côté ce que le programme de Bonaparte avait d'excessif. « En admettant, leur ajoutait-t-il,
« qu'ils parvinssent à reconquérir leur indépendance
« complète, ils ne feraient que changer de protec-
« teurs, plus éloignés, il est vrai, mais, par consé-
« quent, moins intéressés à leur bien-être. Dans ce
« cas même, ils n'auraient plus que les satisfactions
« restreintes attachées à la vie politique d'un pays
« pauvre et sans avenir assuré. En se dévouant, au
« contraire, à la France, à l'Assemblée nationale et
« aux idées nouvelles dont elles étaient aujourd'hui
« l'éclatante personnification, ils obtenaient non seu-
« lement une liberté réelle, mais encore se trouvaient
« participer à l'existence de tout un grand peuple.
« Eux et leurs enfants, au lieu de végéter dans un
« milieu mesquin, pourraient donc, comme tous leurs
« concitoyens du continent, aspirer à tous les emplois,
« à tous les honneurs, acquérir richesses et considé-
« ration. Ce qui lui arrivait personnellement, lui, le
« représentant de la petite bourgeoisie, lui, l'asses-
« seur de Sartène, leur était une garantie de leur po-
« sition à venir. » Aux *Paolistes*, aux parents des exi-

lés, il disait que l'Assemblée ne manquerait pas d'amnistier ces victimes d'un régime odieux qui avait fait son temps. A tous, enfin, il conseillait de se mettre en rapport avec les membres les plus influents de l'Assemblée, les Mirabeau, les Volney, etc., de leur exposer leurs griefs et leurs espérances, de manière à les intéresser à leur cause.

Ces insinuations produisirent tout l'effet qu'il en pouvait attendre. Les délégués de Bastia virent les députés, et modifièrent leurs demandes dans le sens indiqué par Salicetti. Le 24 novembre, ils remirent leur adresse entre les mains de M. Chassebœuf de Volney.

« L'insurrection, y disaient-ils[1], deviendra bientôt
« générale, si nous restons dans l'incertitude sur
« notre sort. Tantôt on nous dit qu'on nous cédera à
« Gênes, tantôt que nous serons régis par le gouver-
« neur militaire. De tous les décrets de l'Assem-
« blée nationale, on n'a publié ici que la loi mar-
« tiale.

« Nos cahiers vous chargent de demander que nous
« soyons considérés comme partie intégrante de la
« nation française et cependant vous n'avez pas fait
« cette démarche; vous avez beau dire que votre
« admission à l'Assemblée nationale est une preuve
« certaine qu'on nous regarde comme Français; tant
« qu'un décret de l'Assemblée nationale n'aura fixé
« ce que nous sommes et ce que nous devons être, il
« sera très difficile de ramener le calme; veuillez dire
« à l'auguste Assemblée dont vous êtes membres,

---

1. *Moniteur universel.* — Séance du 30 novembre 1789, discours de *M. de Volney.*

« que nous sommes armés pour l'exécution de ces
« décrets et que nous ne quitterons pas les armes
« qu'ils ne soient exécutés. »

Le 30 novembre, avait lieu le grand débat. L'ordre du jour portait l'examen d'une adresse des patriotes corses. M. de Volney prit la parole, développa les termes de la pétition et proposa à l'Assemblée l'admission solennelle de l'île de Corse parmi les provinces françaises. Personne n'osa se lever pour prendre la parole contre le projet. MM. de Buttafuoco et Peretti, en effet, ne pouvaient guère refuser un concours tout au moins silencieux. L'admission fut votée par acclamation. Mais cet incident parlementaire n'était qu'une sorte d'entrée en matière. Aussitôt après le vote, Mirabeau montait à la tribune pour demander l'adoption d'un projet de loi d'amnistie :

« L'Assemblée nationale décrète que ceux des
« Corses qui, après avoir combattu pour la liberté, se
« sont expatriés, par l'effet et la suite de la conquête
« de leur île, et qui cependant ne sont coupables
« d'aucuns délits légaux auront, dès ce moment, la
« faculté de rentrer dans leur pays, pour y exercer
« tous les droits de citoyens français, et que le roi
« sera supplié de donner sans délai tous les ordres
« nécessaires pour cet objet. »

Cette fois, la droite de l'Assemblée tout entière se lève pour protester et demander la question préalable. Le prince de Poix, le premier, prend la parole pour signaler les dangers d'une telle concession et réclamer l'ajournement. M. de Montlosier[1] parle

---

1. *Montlosier* (F. Dominique *Reynaud*, comte de); Clermont-Ferrand, 1755-1838, député de la noblesse en 1789, déserte en

dans le même sens et fait l'historique de la politique de Paoli et de ses relations avec l'Angleterre. A peine a-t-il achevé que Mirabeau remonte à la tribune. « ...J'avoue, Messieurs, s'écrie-t-il dans une ma-
« gnifique péroraison, que ma première jeunesse a
« été souillée par une participation à la conquête
« de la Corse; mais je ne m'en crois que plus étroite-
« ment obligé à réparer envers ce peuple généreux,
« ce que ma raison me représente comme une injus-
« tice. Une proclamation a prononcé la peine de
« mort contre les Corses qui ont défendu leur foyer
« et que l'amour de la liberté a fait fuir. C'est à nous
« qu'il appartient de réparer le mal qui a été fait... »
La cause était entendue. La proposition fut votée d'enthousiasme. C'était de la bonne et saine politique. Le lendemain, 1er novembre, l'agent de Paoli, M. Masseria, se trouvait à Paris. Il venait porter au gouvernement les propositions de son chef, relativement à la suzeraineté de la France. Il arrivait trop tard. Grâce à Salicetti, à Volney et à Mirabeau, la fortune de la Corse et des Bonaparte était liée pour toujours à celle de leurs voisins. Quelques jours après, Paoli écrivait[1] de Londres à l'Assemblée nationale : « C'est avec un transport de joie bien vive
« que j'ai appris ce que l'Assemblée nationale a fait
« pour ma patrie. En admettant la Corse parmi les
« provinces de France, elle a trouvé le moyen le plus
« infaillible d'attacher les habitants de cette île au
« gouvernement français; en faisant rentrer dans

1791 en Angleterre y rédige le *Courrier de Londres*, pair de France après 1830.

1. *Moniteur universel*. — Séance du 20 décembre 1789.

« cette île mes compatriotes expatriés, elle a attaché
« à la Constitution un nombre considérable d'indi-
« vidus qui la défendront jusqu'à la dernière goutte
« de leur sang. »

Le 23 décembre, il ajoutait, à propos de l'émotion vraie ou simulée produite par le vote de l'Assemblée[1] :

« J'apprends que ce décret a rencontré la plus vive
« opposition dans le parti que je suppose attaché à
« l'ancien système, et qu'on a particulièrement fait
« les plus grands efforts pour que je fusse excepté…

« Pour ce qui me regarde, vous pouvez, conjointe-
« ment avec nos députés, donner les plus fermes
« assurances que, ni de ma part, ni de celle des per-
« sonnes qui prisent mon influence, il ne sera fait
« aucune démarche contraire. Du moment que la
« patrie a obtenu sa liberté, toute sollicitude cesse ;
« et si mon séjour ici donnait quelque ombrage, je
« me retirerais dans les lieux d'où l'on n'entendrait
« plus parler de moi. Je dois renoncer à revoir ma
« patrie, car je vois que je ne ferais qu'y ajouter
« d'inutiles jalousies et des prétextes aux mal inten-
« tionnés, pour interpréter en mauvaise part toutes
« mes démarches et mes paroles au préjudice de la
« nation. »

« Ma reconnaissance pour le favorable accueil que
« j'ai reçu sera ineffaçable. Je ne servirai pas contre
« les Anglais, mais je ne me prêterai non plus à
« aucune entreprise de leur part ou de celle d'une
« autre puissance qui voudrait troubler la paix et
« la liberté de notre pays. »

---

1. *Moniteur universel* du 21 décembre 1789. Lettre à Gentili.

« Quelle que soit la main qui donne la liberté à
« notre patrie, je la baise avec toute la sincérité de
« zèle et d'empressement.

« Efforcez-vous donc de dissiper tous les soupçons ;
« ma conduite ne démentira jamais vos assurances. »

Ces vœux étaient-ils sincères? Devaient-ils se réaliser? Comme dans tous les projets de ce monde, Paoli allait se heurter contre des intérêts personnels. Salicetti et Volney ne devaient pas être plus heureux. Ils avaient cru conjurer la crise; ils ne réussirent qu'à en retarder l'explosion.

En Corse, le vote du 30 novembre eut un retentissement immense. Dans les villes, dans les campagnes, la joie fut extrême. Citadins et paysans, se réunirent dans un commun élan d'enthousiasme, pour acclamer la métropole, les noms des libérateurs, MM. de Volney, de Mirabeau et Salicetti, et avant tout, celui du vieux patriote, Paoli. Quant à la conduite des deux députés de la noblesse et du clergé, Buttafuoco et Peretti, elle était plus que sévèrement jugée.

La première conséquence des décisions de la Chambre fut de mettre fin aux idées de violence que le ministre de la guerre avait un instant voulu réaliser. De Narbonne reçut contre-ordre pour son expédition et Gaffori dut retourner à Corte avec ses suisses et ses commissaires. Pour les troupes en garnison dans l'île, elles eurent pour instruction de se confiner strictement dans leur position d'expectative, de se maintenir dans les postes confiés à leur garde et de n'intervenir, pour rétablir l'ordre, qu'après entente préalable avec les municipalités et les gardes civiques.

C'était plus qu'il n'en fallait pour exalter Bonaparte et ses amis. Aussitôt après le départ de Gaffori, ils s'empressèrent de reprendre l'exécution de leur premier programme. Tout d'abord, ils installèrent une nouvelle municipalité, avec un parent de Bonaparte, M. Jérôme Levie, pour maire. Joseph y entra en qualité de secrétaire appointé. Il avait enfin obtenu ce premier emploi souhaité depuis si longtemps. Cela fait, on organisa la garde nationale en faisant appel au patriotisme de tous. Et « comme par« tout, dit Bonaparte[1], les classes du peuple, les der« nières par leur fortune, mais qui n'en sont pas les « moins zélées pour la patrie, furent les premières à « donner l'exemple. »

M. Levie refusa le commandement qui fut donné à M. Marius Peraldi. Bonaparte n'eut que le titre de simple garde. Il avait de bonnes raisons pour ne pas briguer un poste purement honorifique et coûteux. Le mouvement d'indépendance de sa patrie ne lui paraissait ni assez avancé ni assez assuré pour lui permettre de renoncer à son grade et à sa situation. En fait, l'adresse qu'il avait rédigée et envoyée à *nos seigneurs* les députés, ne contenait rien de relatif à la reconnaissance solennelle de la Corse par la France et à l'amnistie. Cette résolution inattendue avait même quelque peu dérangé ses projets. Dans son idée, nous l'avons dit, la création d'un comité central et d'une milice soldée devaient lui fournir l'occasion de se mettre en évidence et de jouer le rôle de premier lieutenant auprès du Washington Corse. Mais Bonaparte n'était

---

1. Mss. Archives de la guerre.

pas homme à se laisser arrêter par une difficulté. Il fit contre fortune bon cœur, et attendit les événements.

Ce rôle, la reconstitution du club politique d'Ajaccio, sous la présidence de Masseria, l'agent et l'ami de Paoli, le lui facilita. Il y fut en effet d'une violence extrême contre les fonctionnaires français et particulièrement contre M. Souiris, l'économe séquestre, celui qui s'était montré si partial dans l'affaire Odone.

Il protesta également contre la conduite de ses compatriotes, MM. de Buttafuoco et Peretti, et, plus tard, lorsque ces messieurs envoyèrent une sorte de manifeste explicatif de leur conduite et d'appel à la défense des droits de la couronne, il réclama la flétrissure de leur conduite.

Mais là ne devait pas se borner cette sorte de propagande latente. Quelques jours après, le 23 janvier 1790, il osait adresser à l'ancien collègue et ami de son père, au général français Matteo Buttafuoco, cette lettre incroyable[1] dont la lecture la plus attentive est nécessaire, si l'on veut apprécier en connaissance de cause le degré d'exaltation atteint par Bonaparte.

1. Imprimé chez Fr. X. Joly, imprimeur à Dôle, en 1791. L'autographe de la lettre à Buttafuoco appartenait à l'abbé Sautet, mort subitement à Besançon, en 1805. M. Amanton (Cl. Nic.) possédait l'un des exemplaires de l'édition de Dôle, corrigé de la main de Bonaparte. La lettre se trouve t. I, p. 1 — 26 du recueil publié par la Librairie ancienne, 1827, in-32.

*Lettre de M. Buonaparte à M. Matteo Buttafuoco,
député de la Corse à l'Assemblée nationale.*

Monsieur,

« Depuis Bonifacio au cap Corse, depuis Ajaccio à Bastia, ce n'est qu'un chorus d'imprécations contre vous. Vos amis se cachent, vos parents vous désavouent, et le sage lui-même, qui ne se laisse jamais maîtriser par l'opinion populaire, est entraîné cette fois par l'effervescence générale.

« Qu'avez-vous donc fait ? Quels sont donc les délits qui peuvent justifier une indignation si universelle, un abandon si complet ? C'est, Monsieur, ce que je me plais à rechercher en m'éclairant de vos lumières.

« L'histoire de votre vie, depuis au moins que vous vous êtes lancé sur le théâtre des affaires, est connue. Ses principaux traits en sont tracés ici en (lettres) caractères de sang. Cependant, il est des détails plus ignorés : je pourrais alors me tromper ; mais je compte sur votre indulgence et espère dans vos renseignements.

« Entré au service de France, vous revîntes voir vos parents ; vous trouvâtes les tyrans battus, le gouvernement national établi, et les Corses maîtrisés par les grands sentiments, concourant à l'envi, par des sacrifices journaliers, à la prospérité de la chose publique. Vous ne vous laissâtes pas séduire par la fermentation générale, bien loin de là, vous ne vîtes qu'avec pitié ce bavardage de patrie, de liberté, d'indépendance, de constitution, dont on avait boursouflé jusqu'à nos derniers paysans. Une profonde méditation vous avait dès lors appris à apprécier ces sentiments factices qui ne se soutiennent qu'au détriment commun. Dans le fait, le paysan doit travailler et non pas faire le héros, si l'on veut qu'il ne meure pas de faim, qu'il élève sa famille, qu'il respecte l'autorité.

« Quant aux personnes appelées par leur rang et leur fortune au commandement, il n'est pas possible qu'elles soient longtemps assez dupées pour sacrifier à une chimère leurs commodités, leur considération, et qu'elles s'abaissent à courtiser un savetier, pour finale, de faire les Brutus. Cependant, comme il entrait dans vos projets de captiver Paoli, vous dûtes dissimuler; M. Paoli était le centre de tous les mouvements du corps politique. Nous ne lui refuserons pas du talent, même un certain génie; il avait en peu de temps mis les affaires de l'île dans un bon système; il avait fondé une Université, où, la première fois peut-être depuis la création, l'on enseignait dans nos montagnes les sciences utiles au développement de notre raison. Il avait établi une fonderie, des moulins à poudre, des fortifications, qui augmentaient les moyens de défense; il avait des ports qui, encourageant le commerce, perfectionnaient l'agriculture; il avait créé une marine qui protégeait nos communications, en nuisant extrêmement aux ennemis. Tous ces établissements dans leur naissance n'étaient que le présage de ce qu'il eût fait un jour. L'union, la paix, la liberté étaient les avant-coureurs de la prospérité nationale, si toutefois un gouvernement mal organisé, fondé sur de fausses bases, n'eût été un présage encore plus certain des malheurs, de l'anéantissement total où tout serait tombé.

« Le rêve de Paoli était de faire le Solon; mais il avait mal copié son original. Il avait tout mis entre les mains du peuple ou de ses représentants, de sorte que l'on ne pouvait exister qu'en lui plaisant. Étrange erreur! qui soumet à un brutal, à un mercenaire, l'homme qui, par son éducation, l'illustration de sa naissance, sa fortune, est seul fait pour gouverner. A la longue, un bouleversement de raison si palpable ne peut manquer d'entraîner la ruine et la dissolution du corps politique, après l'avoir tourmenté par tous les genres de maux. Vous réussîtes à souhait. M. Paoli, sans cesse entouré d'enthousiastes ou de têtes exaltées, ne s'imagina pas que l'on pût avoir une autre passion que le fanatisme de la liberté et de l'indépendance. Vous trouvant de certaines connaissances de la France, il ne daigna pas observer, de plus près que vos paroles, les principes de votre morale.

« Il vous fit nommer pour traiter à Versailles de l'accommodement qui s'entamait sous la médiation de ce cabinet. M. de Choiseul vous vit et vous connut : les âmes d'une certaine trempe sont d'abord appréciées. Bientôt, au lieu du représentant d'un peuple libre, vous vous transformâtes en commis d'un satrape : vous lui communiquâtes les instructions, les projets, les secrets du cabinet de Corte.

« Cette conduite, qu'ici l'on trouve basse et atroce, me paraît à moi toute simple ; mais c'est qu'en toutes espèces d'affaires, il s'agit de s'entendre et de raisonner avec sang-froid.

« La prude juge la coquette et en est persiflée ; c'est en peu de mots votre histoire. L'homme à principes vous juge au pire, mais vous ne croyez pas à l'homme à principes. Le vulgaire toujours séduit par de vertueux démagogues, ne peut être apprécié par vous, qui ne croyez pas à la vertu. Il n'est permis de vous condamner que par vos principes, comme un criminel par les lois ; mais ceux qui en connaissent le raffinement ne trouvent dans votre conduite rien que de très simple. Cela revient donc à ce que nous avons dit que, dans toute espèce d'affaire il faut d'abord s'entendre, et puis raisonner avec flegme. Vous avez d'ailleurs par devers vous une sous-défense non moins victorieuse, car vous n'aspirez pas à la réputation de Caton ou de Catinat : il vous suffit d'être comme un certain monde, et dans ce certain monde, il est convenu que celui qui peut avoir de l'argent et qui n'en profite pas, est un nigaud ; car l'argent procure tous les plaisirs des sens, et les plaisirs des sens sont les seuls estimables. Or, M. de Choiseul, qui était très libéral, ne vous permettait pas de lui résister, lorsque surtout votre ridicule patrie vous payait de vos services, selon sa plaisante coutume, par l'honneur de la servir.

« Le traité de Compiègne conclu, M. de Chauvelin et vingt-quatre bataillons débarquèrent sur nos bords. M. de Choiseul, à qui la célérité de l'expédition importait *majeurement* avait des inquiétudes que, dans ses épanchements, il ne pouvait vous dissimuler. Vous lui suggérâtes de vous y envoyer avec quelques millions. Comme Philippe prenait les villes avec sa mule, vous lui promîtes de tout soumettre sans obstacle...... Aussitôt dit, aussitôt fait, et vous voici, repassant la mer, jetant le masque, l'or et le brevet à la main, entamant des négociations avec ceux que vous jugeâtes les plus faciles.

« N'imaginant pas qu'un Corse pût se préférer à la patrie, le cabinet corse vous avait chargé de ses intérêts. N'imaginant pas, de votre côté, qu'un homme pût ne pas préférer l'argent et soi à la patrie, vous vous vendîtes et espérâtes les acheter tous. Moraliste profond, vous saviez ce que le fanatisme de chacun valait ; quelques livres d'or de plus ou de moins nuançant à vos yeux la disparité des caractères.

« Vous vous trompâtes, cependant : le faible fut bien ébranlé, mais fut épouvanté par l'horrible idée de déchirer le sein de la patrie. Il s'imagina voir le père, le frère, l'ami, qui périt en la défendant, lever la tête de la pierre sépulcrale, pour l'accabler de malédiction. Ces ridicules préjugés furent assez puissants pour vous arrêter dans votre course ; vous gémîtes d'avoir affaire à un peuple enfant. Mais, Monsieur, ce raffinement de sentiments n'est pas donné à la multitude ; aussi vit-elle dans la pauvreté et la misère, tandis que l'homme bien appris, pour peu que les circonstances le favorisent, sait bien vite s'élever. C'est à peu près la morale de votre histoire.

« En rendant compte des obstacles qui s'opposaient à la réalisation de vos promesses, vous proposâtes de faire venir le *régiment Royal-Corse*. Vous espériez que son exemple désabuserait nos trop bons et trop simples paysans ; les accoutumant à une chose où ils trouvaient tant de répugnance ; vous fûtes encore trompé dans cette espérance. Les Rossi, Marengo et quelques autres fous, ne vont-ils pas enthousiasmer ce régiment, au point que les officiers réunis protestent, par un acte authentique, de renvoyer leurs brevets plutôt que de violer leurs serments ou des devoirs plus sacrés encore.

« Vous vous trouvâtes réduit à votre seul exemple. Sans vous déconcerter, à la tête de quelques amis et d'un détachement français, vous vous jetâtes dans Vescovato ; mais le terrible Clément vous en dénicha. Vous vous repliâtes sur Bastia avec vos compagnons d'aventure et leur famille. Cette petite affaire vous fit peu d'honneur ; votre maison et celles de vos associés furent brûlées. En lieu de sûreté, vous vous moquâtes de ces efforts impuissants.

« L'on veut ici vous imputer à défi d'avoir voulu armer Royal-Corse contre ses frères. L'on veut également entacher votre courage du peu de résistance de Vescovato. Ces accusations sont très peu fondées ; car la première est une conséquence immédiate ; c'est un moyen d'exécution de vos projets, et, comme nous avons prouvé que votre conduite était toute simple, il s'ensuit que cette inculpation incidente est détruite.

« Quant au défaut du courage, je ne vois pas que l'action de Vescovato puisse l'arrêter ; vous n'allâtes pas là pour faire sérieusement la guerre, mais pour encourager, par votre exemple, ceux qui vacillaient dans le parti opposé. Et puis, quel droit avait-on d'exiger que vous eussiez risqué le fruit de deux ans de bonne conduite, pour vous faire tuer comme un soldat. Mais vous deviez être ému de voir votre maison et celles de vos amis en proie aux flammes. Bon Dieu! Quand sera-ce que les gens bornés cesseront de vouloir tout apprécier? Laissant brûler votre maison, vous mettiez M. de Choiseul dans la nécessité de vous indemniser. L'expérience a prouvé la justesse de vos calculs, on vous remit bien au delà de l'évaluation des pertes. Il est vrai que l'on se plaint que vous gardâtes tout pour vous, ne donnant qu'une bagatelle aux misérables que vous aviez séduits.

« Pour justifier si vous l'avez dû faire, il ne s'agit que de savoir si vous l'avez pu faire avec sûreté. Or, de pauvres gens, qui avaient si besoin de votre protection, n'étaient ni dans le cas de réclamer, ni même dans celui de reconnaître bien clairement le tort qu'on leur faisait. Ils ne pouvaient pas faire les mécontents, et se révolter contre votre autorité ; en horreur à leurs compatriotes, leur retour n'eût pas été plus sincère. Il est donc bien naturel qu'ayant ainsi trouvé quelques millions d'écus, vous ne les ayez laissé échapper ; c'eût été une duperie.

« Les Français, battus malgré leur or, leurs brevets, la discipline de leurs nombreux bataillons, la légèreté de leurs escadrons, l'adresse de leurs artilleurs; défaits à la Penta, à Vescovato, à Loretto, à Saint-Nicolao, à Borgo, à Barbaggio, à Oletta, se retranchèrent excessivement découragés. L'hiver, le moment de leur repos, fut pour vous, Monsieur, celui du plus grand travail ; et, si vous ne pûtes triompher de l'obstination des préjugés profondément enracinés dans l'esprit du peuple, vous parvîntes à en séduire quelques chefs auxquels vous réussîtes, quoique avec peine, à inculquer les bons sentiments; ce qui, joint aux trente bataillons qu'au printemps suivant M. de Vaux conduisait avec lui, soumit la Corse au joug, obligea Paoli et les plus fanatiques à la retraite.

« Une partie des patriotes étaient morts en défendant leur indépendance, l'autre avait fui une terre proscrite, désormais hideuse, nid des tyrans ; mais, un grand nombre n'avait dû mourir ni fuir; ils furent l'objet des persécutions. Des âmes que l'on n'avait pu corrompre étaient d'une autre trempe.

« L'on ne pouvait asseoir l'empire français que sur leur anéantissement absolu. Hélas! ce plan ne fut que trop ponctuellement exécuté. Les uns périrent victimes des crimes qu'on leur supposa; les autres, trahis par l'hospitalité, par la confiance, expièrent sur l'échafaud les soupirs, les larmes surprises à leur dissimulation. Entassés en grand nombre par M. Narbonne-Fritzlar dans la tour de Toulon, empoisonnés par les aliments, torturés par les chaînes, accablés par les plus indignes traitements, ils ne vécurent quelque temps dans leurs soupirs que pour voir la mort s'avancer à pas lents... Dieu, témoin de leur innocence, comment ne te rendis-tu pas leur vengeur!

« Au milieu de ce désastre général, au sein des cris et et des gémissements de cet infortuné peuple, vous, cependant, commençâtes à jouir du fruit de vos peines : Honneurs, dignités, pension, tout vous fut prodigué. Vos prospérités se seraient encore plus rapidement accrues, lorsque la Dubarry, culbutant M. de Choiseul, vous priva d'un protecteur, d'un appréciateur de vos services. Ce coup ne vous découragea pas; vous vous tournâtes du côté des bureaux; vous sentîtes seulement la nécessité d'être plus assidu.

« Ils en furent flattés, vos services étaient si notoires!... Tout vous fut accordé. Non content de l'étang de Biguglia, vous demandâtes une partie des terres de plusieurs communautés. Pourquoi les vouliez-vous dépouiller, dit-on? Je demande, à mon tour, quels égards deviez-vous avoir pour une nation que vous saviez, vous, détester?

« Votre projet favori était de partager l'île entre dix barons. Comment! Non content d'avoir aidé à forger les chaînes où votre patrie était retenue, vous vouliez encore l'assujettir à l'absurde régime féodal! mais je vous loue d'avoir fait aux Corses le plus de mal que vous pouviez; vous étiez dans un état de guerre avec eux, et, dans l'état de guerre, faire du mal pour son profit, est un axiome.

« Mais passons sur toutes ces misères-là ; arrivons, au moment actuel, et finissons une lettre qui, par son épouvantable longueur, ne peut manquer de vous fatiguer.

« L'état des affaires de France présageait des événements extraordinaires. Vous en craignîtes le contre-coup en Corse. Le même délire dont nous étions possédés avant la guerre, à votre grand scandale, commença à *ématir* cet aimable peuple. Vous en comprîtes les conséquences ; car, si les grands sentiments maîtrisaient l'opinion, vous ne deveniez plus qu'un traître au lieu d'un homme de bon sens. Pis encore, si les grands sentiments revenaient à agiter le sang de nos chauds compatriotes, si jamais un gouvernement national s'ensuivait, que deveniez-vous ? Votre conscience alors commença à vous épouvanter. Inquiet, affligé, vous ne vous y abandonnâtes pas. Vous résolûtes de jouer le tout pour le tout, mais vous le fîtes en homme de tête. Vous vous mariâtes pour accroître vos appuis.

« Un honnête homme qui avait, sur votre parole, donné sa sœur à votre neveu, se trouva abusé. Votre neveu, dont vous aviez englouti le patrimoine pour accroître un héritage qui devait être le sien, s'est trouvé réduit à la misère avec une nombreuse famille. Vos affaires domestiques arrangées, vous jetâtes un coup d'œil sur le pays. Vous le vîtes fumant du sang de ses martyrs, jonché de victimes multipliées, n'inspirer à chaque pas que des idées de vengeance.

« Mais vous y vîtes l'atroce militaire, l'impertinent robin, l'avide publicain, y régner sans contradictions, et le Corse accablé sous ses triples chaînes, n'oser ni penser à ce qu'il fût, ni réfléchir sur ce qu'il pouvait être encore. Vous vous dîtes dans la joie de votre cœur : les choses vont bien, il ne s'agit que les maintenir et aussitôt vous vous ligâtes avec le militaire, le robin et le publicain.

« Il ne fut plus question que de s'occuper à avoir des

députés qui fussent animés de ces sentiments; car pour vous, vous ne pouviez pas soupçonner qu'une nation, votre ennemie, vous choisît pour la représenter. Mais vous dûtes changer d'opinion, lorsque les lettres de convocation, par une absurdité peut-être faite à dessein, déterminèrent que le député de la noblesse serait nommé dans une assemblée composée seulement de vingt-deux personnes : il ne s'agissait que d'obtenir douze suffrages. Vos coassociés du conseil supérieur travaillèrent avec activité : menaces, promesses, caresses, argent, tout fut mis en jeu. Vous réussîtes. Les vôtres ne furent pas si heureux dans les communes : le premier président échoua, et deux hommes, exaltés dans leurs idées, l'un fils, frère, neveu des plus zélés défenseurs de la cause commune, l'autre avait vu Sionville et Narbonne; en gémissant sur son impuissance, son esprit était plein des horreurs qu'il avait vu commettre. Ces deux hommes furent proclamés, et rencontrèrent le vœu de la nation dont ils devinrent l'espoir. Le dépit secret, la rage que votre nomination fit dévorer à tous, fait l'éloge de vos manœuvres et du crédit de votre ligue.

« Arrivé à Versailles, vous fûtes zélé royaliste. Arrivé à Paris, vous dûtes voir avec un sensible chagrin que le le gouvernement, que l'on voulait organiser sur tant de débris, était le même que celui que l'on avait noyé, chez nous, dans tant de sang.

« Les efforts des méchants furent impuissants; la nouvelle constitution, admirée de l'Europe et devenue la sollicitude de tout être pensant, il ne vous restait plus qu'une ressource, ce fut de faire croire qu'elle ne convenait pas à notre île quand elle était exactement la même que celle qui opéra de si bons effets et qu'il fallut tant de sang pour nous l'arracher.

« Tous les délégués de l'ancienne administration, qui entraient naturellement dans votre cabale, vous servirent avec toute la chaleur de l'intérêt personnel; l'on dressa des mémoires, où l'on prétendit prouver l'avantage dont était pour nous le gouvernement actuel et où l'on établissait que tout changement contrarierait le vœu de la nation. Dans ce même temps, la ville d'Ajaccio eut indice de ce qui se tramait ; elle leva le front, forma sa garde nationale, organisa son comité. Cet incident inattendu vous alarma ; la fermentation se communiquait partout Vous persuadâtes aux ministres, sur qui vous aviez pris de l'ascendant pour les affaires de Corse, qu'il était imminent d'y envoyer votre beau-père, M. Gaffori, avec un commandement ; et voici M. Gaffori, digne précurseur de M. Narbonne, qui prétend, à la tête de ses troupes, maintenir par la force la tyrannie que feu son père, de glorieuse mémoire, avait combattue et confondue par son génie.

« Des bévues sans nombre ne permirent pas de dissimuler la médiocrité des talents de votre beau-père ; il n'avait que l'art de se faire des ennemis. L'on se ralliait de tous côtés contre lui. Dans ce pressant danger, vous levâtes vos regards et vîtes Narbonne! Narbonne, mettant à profit un moment de faveur, avait projeté de fixer dans une île, qu'il avait dévastée par des cruautés inouïes, le despotisme qui le rongeait. Vous vous concertâtes : le projet est arrêté ; cinq mille hommes ont reçu les ordres ; les brevets, pour accroître d'un bataillon le régiment provincial, sont expédiés ; Narbonne est parti. Cette pauvre nation sans armes, sans courage, est livrée, sans espoir et sans ressources, aux mains de celui qui en fut le bourreau.

« O infortunés compatriotes ! De quelle trame odieuse alliez-vous être victimes! Vous vous en seriez aperçu lorsqu'il n'eût plus été temps. Quel moyen de résister, sans armes, à dix mille hommes? Vous eussiez vous-même signé l'acte de votre avilissement ; l'espoir se serait enfui, l'espérance se serait éteinte, et des jours de malheurs se seraient succédés sans interruption.

« La France, libre, vous eut regardés avec mépris ; l'Italie affligée, avec indignation ; et l'Europe, étonnée de ce degré d'avilissement, eut effacé de ses annales les traits qui font honneur à votre vertu.

« Mais vos députés des communes pénétrèrent le projet et vous avertirent à temps. Un roi, qui ne désira jamais que le bonheur de ses peuples, éclairé par M. La Fayette, ce constant ami de la liberté, sut dissiper les intrigues d'un ministre perfide, que la vengeance poussait toujours à vous nuire. Ajaccio montra de la résolution dans son adresse, où était peint avec tant d'énergie l'état misérable auquel vous avait réduit le plus agressif des gouvernements. Bastia, engourdie jusqu'alors, se reveilla au bruit du danger et prit les armes avec cette résolution qui l'a toujours distinguée. Arena vint de Paris en Balagne, plein de ces sentiments qui portent à tout entreprendre, à ne craindre aucun danger. Les armes d'une main, les décrets de l'Assemblée nationale de l'autre, il fit pâlir les ennemis publics. Achille Murati, le conquérant de Capraja, qui porta la désolation jusque dans Gênes, à qui il ne manqua, pour être un Turenne, que des circonstances et un théâtre plus vaste, fit ressouvenir aux compagnons de sa gloire qu'il était temps d'en acquérir encore ; que la patrie en danger avait besoin non d'intrigues, où il ne s'entendit jamais, mais du fer et du feu.

« Au bruit d'une secousse si générale, Gaffori rentra dans le néant, d'où, mal à propos, l'intrigue l'avait fait sortir, il trembla dans la forteresse de Corte. Narbonne, de Lyon, courut ensevelir dans Rome sa honte et ses projets infernaux. Peu de jours après, la Corse est annexée à la France, Paoli rappelé, et, dans un instant, la perspective change et vous offre une carrière que vous n'eussiez jamais osé espérer.

« Pardonnez, Monsieur, pardonnez. J'ai pris la plume pour vous défendre ; mais mon cœur s'est violemment révolté contre un système si suivi de trahison et de perfidie. Eh quoi ! fils de cette même patrie, ne sentîtesvous jamais rien pour elle? Eh quoi! votre cœur fut-il donc sans mouvement, à la vue des rochers, des arbres, des maisons, des sites, théâtre des jeux de votre enfance! Arrivé au monde, elle vous porta sur son sein, elle vous nourrit de ses fruits. Arrivé à l'âge de raison, elle mit en vous son espoir, elle vous honora de sa confiance, elle vous dit : « Vous voyez l'état de misère où m'a réduite « l'injustice des hommes; concentrée dans ma chaleur, je « reprends des forces qui me permettent un prompt et « infaillible rétablissement, mais l'on me menace encore? « Volez, mon fils, volez à Versailles, éclairez le grand roi, « dissipez ses soupçons; demandez-lui son amitié. »

« Eh bien! un peu d'or, vous fit trahir sa confiance, et bientôt, pour un peu d'or, l'on vous vit, le fer parricide à la main, entre-déchirer ses entrailles. Ah! Monsieur, je suis loin de vous désirer du mal, mais craignez..... il est des remords vengeurs! Vos compatriotes, à qui vous êtes en horreur, éclaireront la France.

« Les biens, les pensions, fruits de vos trahisons, vous seront ôtés. Dans la décrépitude de la vieillesse et de la misère, dans l'affreuse solitude du crime, vous vivrez assez longtemps pour être tourmenté par votre conscience.

« Le père vous montrera à son fils, le précepteur à son élève, en leur disant : « Jeunes gens, apprenez à respecter « la patrie, la vertu, la foi, l'humanité. »

« Et vous, de qui l'on prostitua la jeunesse, les grâces et l'innocence, votre cœur pur et chaste palpite donc sous une main criminelle? Femme respectable et infortunée! Dans ces moments que la nature commande à l'amour, lorsqu'arrachés aux chimères de la vie, des plaisirs sans mélange se succèdent rapidement; lorsque l'âme agrandie par le feu du sentiment, ne jouit que de faire jouir, ne sent que de faire sentir; vous pressez contre votre cœur, vous vous identifiez à l'homme froid, à l'égoïste qui ne se démentit jamais, et qui, dans le cours de soixante ans, ne connut que les calculs de son intérêt, l'instinct de la destruction, l'oisiveté la plus infâme, les plaisirs, les vils plaisirs des sens!

Bientôt la cohue des honneurs, les lambris de l'opulence vont disparaître; le mépris des hommes vous accablera. Chercherez-vous dans le sein de celui qui en est l'auteur une consolation indispensable à notre âme douce et aimante? Chercherez-vous sur ses yeux des larmes pour mélanger aux vôtres? Votre main défaillante, placée sur son sein, cherchera-t-elle à se retracer l'agitation du vôtre? Hélas! si vous lui surprenez des larmes, ce seront celles du remords. Si son sein s'agite, ce sera des convulsions du méchant qui meurt en abhorrant la nature, lui et la main qui le guide.

« O Lameth! ô Robespierre! ô Pétion! ô Volney! ô Mirabeau! ô Barnave! ô Bailly! ô La Fayette! Voilà l'homme qui ose s'asseoir à côté de vous! tout dégouttant du sang de ses frères, souillé par des crimes de toute espèce, il se présente avec confiance sous une veste de général, inique récompense de ses forfaits! Il ose se dire représentant de la nation, lui qui la vend, et vous le souffrez! Il ose lever les yeux, prêter les oreilles à vos discours, et vous le souffrez! Si c'est la voix du peuple, il n'eut jamais que celle de douze nobles. Si c'est la voix du peuple, Ajaccio, Bastia et la plupart des cantons ont fait à son effigie ce qu'ils eussent voulu faire à sa personne.

« Mais vous, que l'erreur du moment, peut-être les abus de l'instant portent à vous opposer aux nouveaux changements, pouvez-vous souffrir un traître; celui qui, sous l'extérieur froid d'un homme sensé, renferme, cache une avidité de valet? Je ne saurais l'imaginer. Vous serez les premiers à le chasser ignominieusement dès que l'on vous aura instruits du tissu d'horreurs dont il a été l'artisan.

« J'ai l'honneur d'être, Monsieur, votre très humble et très obéissant serviteur.

« BUONAPARTE. »

De mon cabinet de Milelli, le 23 janvier 1790.

Adressée à l'un des membres les plus éminents de la hiérarchie militaire, cette lettre constituait un acte grave d'indiscipline. Transmise au successeur de son père, comme député de la noblesse, elle dénotait, de la part de l'auteur, un complet oubli de toutes convenances. Aujourd'hui un semblable écrit ferait briser, sans rémission, la carrière d'un officier. A cette époque tourmentée, elle eût peut-être passé inaperçue, si Bonaparte lui-même n'avait tenu à en faire montre devant ses amis du club d'Ajaccio. M. de Buttafuoco, s'était, en effet, contenté de répondre au jeune lieutenant : « Vous voulez blâmer dans votre « lettre et vous ne connaissez les personnes que par « vos souffleurs[1]... Je désire qu'on ne parle plus de « moi que comme d'un homme qui a eu seulement « de bonnes intentions... »

Le temps qu'il ne passait pas à la municipalité, au club ou aux réunions de la garde nationale, Bonaparte l'employait à la continuation de ses travaux littéraires. Il s'était remis à son histoire de Corse et lui faisait subir une nouvelle et dernière métamorphose. Il comptait la présenter sous forme de lettres adressées à quelque notabilité bien en vue. A l'archevêque de Sens et à Necker, il ne fallait plus songer. Serait-ce à Mirabeau, à Salicetti, à M. de Volney ou à l'abbé Raynal? Sur ce point il hésitait encore. Il était alors sous le coup d'une autre préoccupation. Lui et Fesch préparaient un mémoire sur le serment constitutionnel des prêtres. D'autre part, les bruits les plus contradictoires sur les intentions

---

[1]. M. de Buttafuoco faisait allusion à Pozzo di Borgo et à Masseria, les agents de Paoli à Ajaccio.

du gouvernement français à l'égard de la colonie couraient dans l'île. On prétendait que, pour punir les Corses de leur opposition, le ministre était résolu à retirer les troupes et à abandonner le pays à son propre sort. On ajoutait même que les Génois n'attendaient que le départ de la garnison de Bastia pour s'emparer de la ville, avant l'arrivée de Paoli.

A Calvi, des troubles avaient eu lieu à propos de la formation de la garde nationale. La garnison était intervenue, des coups de fusil avaient été échangés et le chef des patriotes, M. Perrendi, arrêté.

A Bastia, des événements autrement sérieux venaient de se passer. Le 18 mars, plusieurs bâtiments français étaient arrivés en rade de Saint-Florent. Le comte de Rully, colonel du régiment du Maine en garnison à Bastia et Saint-Florent depuis plusieurs années, se trouvait à bord. Royaliste exalté, cet officier supérieur était muni d'instructions confidentielles pour ramener en France les troupes et les fonctionnaires en résidence dans les deux villes. Aussitôt débarqué, il réunit ses officiers et leur fit part de la situation de l'armée, du départ des princes, des projets de la cour et de M. de Bouillé, et du devoir qui incombait à tout officier de voler au secours du roi et de sa famille.

Entraînés par cet appel à un faux point d'honneur, le lieutenant-colonel d'Ambrugeac, le capitaine de Miribel et plusieurs autres officiers se rendirent auprès du commandant des troupes, M. le maréchal de camp, vicomte de Barrin, pour lui rendre compte des dispositions prises par leur colonel en vue d'un retour prochain et de l'abandon de l'île. M. de Barrin était heureusement un brave homme, doué de beaucoup de bon sens. Il représenta aux officiers que la question était plus complexe qu'ils ne le supposaient, qu'on ne quittait pas ainsi son poste et qu'un pareil acte constituait en réalité une lâcheté, puisqu'on abandonnait au ressentiment d'une population affolée des parents, des amis et des gens qui s'étaient compromis pour la cause française. D'ailleurs, ajoutait-il, l'Assemblée nationale n'avait manifesté aucune intention de ce genre et, avant d'agir, une entente était nécessaire entre la chambre et le Conseil. Pour lui, il ne quitterait pas Bastia, dût-il ne rester dans cette place qu'avec ses secrétaires, les officiers sans troupe et les artilleurs. Il termina en invitant le colonel à ne pas donner suite à son projet. Celui-ci ne voulut rien entendre.

En regagnant leur quartier, quelques-uns des officiers présents à l'entretien, émus des judicieuses observations qu'on venait de leur faire, tentèrent de faire revenir leur chef sur sa décision. Il s'ensuivit, en pleine rue, une altercation des plus violentes, qui se termina par un acte de véritable folie de la part du comte de Rully. Furieux de la résistance qu'il rencontrait, celui-ci prit un de ses pistolets, tira sur l'un des interlocuteurs, le manqua et tua une femme qui passait. Il n'en fallait pas tant pour exaspérer une population, déjà inquiète des bruits de départ qui circulaient. Les cris aux armes retentirent de tous côtés. Officiers et soldats n'eurent que le temps de se réfugier dans leur quartier, les uns à la citadelle, les autres avec le colonel à la caserne des grenadiers, où ils furent bientôt cernés par une foule d'habitants réclamant le coupable. A la nouvelle de l'événement, le conseil général de la commune s'était réuni, pour prendre, de concert avec le gouverneur, les mesures susceptibles d'éviter l'effusion du sang. Il fut en effet convenu que le major, M. de Saint-Martin, prendrait le commandement du régiment, en attendant que M. de Rully passât en jugement.

Grâce à ces dispositions on espérait calmer les esprits ; la nuit s'était même passée à peu près calme, et tout faisait présager que l'incident n'aurait pas de suite, si le colonel se décidait à rester caché. Malheureusement, M. de Rully crut devoir ne pas tenir compte de cet avertissement. A la tête de quelques hommes de bonne volonté, il voulut sortir du quartier et gagner la citadelle. Les citoyens armés virent dans ce fait une nouvelle provocation et firent feu. Le colonel tomba à la première décharge. Il était six heures du matin.

Ce fut le signal d'une lutte qui se prolongea une partie de la matinée. Elle coûta la vie à une douzaine de personnes, tant officiers que soldats et citadins. Les autres représentants de l'autorité militaire, restés en ville, se sauvèrent grâce au dévouement de leurs hôtes accidentels. Le soir, après des efforts multipliés de la municipalité, la tranquillité était rétablie et le colonel inhumé à six heures. Détail curieux, on trouva sur lui deux mémoires manuscrits. Le premier traitait des *rapports politiques*[1] *entre la France et la Corse et de la nécessité pour le gouvernement d'abandonner à son propre sort sa récente conquête.* Dans le se-

---

1. Mss. Archives de la guerre. — *Moniteur universel* du 23 avril 1790.

cond, étaient détaillés les moyens à employer pour faire embarquer troupes et fonctionnaires. Ces documents semblaient indiquer une sorte de préméditation. Mais qui avait conçu ce projet? Était-ce aux conseils de MM. Buttafuoco et Peretti qu'on avait obéi? Évidemment les bâtiments venus de Toulon n'étaient pas partis sans ordre Il fallait qu'il y eût eu entente préalable entre M. de la Tour du Pin, ministre de la guerre et son collègue de la marine. Tous ces faits dénotaient une situation grave et un désaccord profond entre la cour et l'Assemblée. Ils démontraient en tout cas la nécessité d'une prompte solution.

Or cette solution, elle était réclamée depuis longtemps par les députés libéraux corses. Comme nous l'avons dit, Salicetti avait parfaitement compris que le seul moyen d'empêcher l'insurrection générale de ses compatriotes était de les rattacher à la France par la reconnaissance, de rappeler les exilés et en particulier Paoli, enfin de donner à ce dernier une situation digne de lui et de son passé. Certainement, cette combinaison ne répondait pas complètement aux désirs intimes des jeunes libéraux corses, voués aux idées françaises et voyant dans la révolution des satisfactions de fortune et d'amour-propre. Paoli allait être un obstacle, mais un obstacle momentané. Paoli avait alors soixante-cinq ans. De deux éventualités, il fallait choisir la plus avantageuse. Avec Paoli, devenu l'obligé de la France, on conservait du moins ses positions. Restait à savoir ce que pensait le vieil exilé de tous ces événements. N'avait-il qu'une confiance modérée dans le succès de la politique de l'Assemblée? Croyait-il à la victoire définitive du parti de la royauté? S'était-il déjà mis en rapport avec les déserteurs français? Était-il au courant des projets de la cour et des ordres du ministre de la guerre? Prévoyait-il leur inanité et la cour elle-même voulait-elle hâter l'événement ou faciliter le mouvement de l'étranger, en faisant évacuer la Corse par ses troupes? Attendait-il quelque résultat plus sérieux que celui obtenu à Bastia et à l'île Rousse, par ses lieutenants Arena et Murati? Comptait-il sur l'exécution des plans de Bonaparte et de Pozzo di Borgo? Tout est admissible, surtout cette dernière hypothèse, si l'on en juge par les documents nouveaux qu'on possède aujourd'hui.

En tout cas, ce qu'on peut affirmer, c'est qu'au moment même où le ministre de la marine fournissait les moyens de retour au personnel de la colonie, le gouvernement faisait faire des démarches officieuses auprès de Paoli, pour l'engager à se rendre en France.

C'était le 19 mars que M. de Rully était tué à Bastia, c'était le 29 mars que Paoli débarquait sur les côtes de France, et le 3 avril il arrivait à Paris. Dès le lendemain, il était mis en rapport avec M. de la Tour du Pin par MM. de Mirabeau et de La Fayette. Le résultat de l'affaire de Bastia n'était pas encore connu.

Le 8, le ministre et M. de La Fayette le présentaient à Louis XVI. Il ne s'agissait plus que de régler les conditions dans lesquelles s'exercerait l'autorité nouvelle dont on voulait investir le célèbre exilé.

Tous ces faits étaient graves. Ils pouvaient amener des conséquences inattendues. Il n'était donc pas étonnant qu'ils produisissent en Corse une émotion considérable. A Ajaccio, le club patriotique se montrait plus agité que jamais. On y parlait de tout : des avantages de la constitution, de la possibilité du retour des Génois, de la rentrée de Paoli, du protectorat des Anglais, des projets des déserteurs, de l'attitude des puissances étrangères et des chances de la reprise de la direction autoritaire des affaires par le roi et sa cour. Dans cette situation, ce n'était pas pour un homme aussi remuant, et aussi ambitieux que Bonaparte, le moment de rentrer en France. Or, son semestre était expiré. Le 16 avril, il écrivait d'Ajaccio à son vieux colonel, M. le chevalier de Lance[1] : « Seigneur général, ma santé délabrée ne me permet « point de joindre le régiment avant la seconde sai- « son des eaux minérales d'Orezza, c'est-à-dire avant « le 15 octobre. Cela me fait solliciter un congé de « quatre mois et demi ; j'en adresse le mémoire avec « les pièces justificatives à votre Seigneurie. » Le ministre accueillit favorablement cette demande si peu fondée[2]. Bonaparte eut son congé. Il allait pouvoir mener à bonne fin ses projets, et quels projets !

Il en profita tout d'abord pour achever la rédaction de ses *Lettres sur l'Histoire de Corse*, et se décider à en

---

1. *Revue rétrospective*, t. II., p. 96, 3ᵉ série.
2. Mss. Archives de la guerre.

CORPS ROYAL D'ARTILLERIE

CONGÉS AVEC APPOINTEMENTS
29 mai 1790

Un congé de 4 mois, à compter du 15 juin, pour le sieur Buonaparte, lieutenant en second au régiment de la Fère.
Produit un certificat de médecin qui constate qu'il a besoin de prendre, dans l'une ou l'autre saison, les eaux d'Orezza, pour rétablir sa santé qui paraît absolument dérangée.

faire hommage à M. l'abbé Raynal. Le 24 juin 1790, il lui écrivait :

« Monsieur,

« Il vous sera difficile de vous ressouvenir *parmis* le grand nombre d'étrangers qui vous importunent de leur admiration d'une personne à laquelle vous avez bien voulu faire des honnêtetés l'année dernière ; vous entreteniez avec plaisir de la Corse. Daignez donc jeter un coup d'œil sur cette esquisse de son histoire. Je vous présente ici les deux premières lettres si vous les agréez, je vous en *enverois* la fin. Mon frère, à qui j'ai recommandé de ne pas oublier dans sa commission de *député* pour reconduire Paoli dans la patrie, de venir recevoir une leçon de vertu et d'humanité, vous les *remetteras*.

« Je suis avec respect, votre très humble et très obéissant serviteur.

« Buonaparte,
« Officier d'artillerie. »

La dédicace de ce nouveau travail est curieuse. Elle est faite hâtivement. On y retrouve de la part de l'auteur l'âpre désir de la popularité, une vanité incommensurable et ce besoin inné d'encenser la nouvelle divinité du jour, Paoli. Voici quelques-uns des passages les plus intéressants de ce morceau de littérature[1] :

---

1. Voir aux pièces à l'appui.
L'une des copies du prince de Canino, annotée, corrigée par Napoléon, avec indication en marge, des sources où' il a puisé se trouve à Londres, dit-on. Elle comprendrait trois lettres qui formeraient trois cahiers différents et renfermerait toutes les périodes écoulées depuis les âges primitifs jusqu'au pacte de Corte conclu entre les Corses et les Génois.

« Ami des hommes libres, vous vous intéressez au
« sort de la Corse que vous aimez ; le caractère de ses
« habitants l'appelait à la liberté ; la *centralité* de sa
« position, le nombre de ses ports et la fertilité du
« sol l'appelaient à un grand commerce. Pourquoi
« donc le peuple corse n'a-t-il jamais été ni libre ni
« commerçant?... Parmi les bizarreries de la révolu-
« tion française, celle-ci n'est pas la moindre. Ceux
« qui nous donnaient la mort comme à des rebelles
« sont aujourd'hui nos protecteurs. Ils sont animés
« par nos sentiments. Homme! homme! que tu es
« méprisable dans l'esclavage, que tu es grand
« lorsque l'amour de la liberté t'enflamme! Alors les
« préjugés se dissipent, ton âme s'élève, ta raison
« reprend son empire... Régénéré, tu es vraiment le
« roi de la nature.

« A combien de vicissitudes, monsieur, sont sujettes
« les nations. Est-ce la Providence d'une intelli-
« gence supérieure, ou est-ce le hasard aveugle qui
« dirige leur sort? Pardonne, ô Dieu! mais la tyran-
« nie, l'oppression, l'injustice dévastent la terre, et
« la terre est ton ouvrage. Les souffrances, les soucis
« sont le partage du juste et le juste est ton image...

« Quel tableau offre l'histoire moderne! Des peuples
« qui s'entre-tuent pour des querelles de famille et
« qui s'entr'égorgent au nom du moteur de l'univers ;
« des prêtres fourbes et avides qui les égarent par les
« grands moyens de l'imagination, de l'amour du
« merveilleux et de la terreur. Dans cette suite de
« scènes affligeantes quel intérêt peut prendre un
« lecteur éclairé! Mais un Guillaume Tell vient-il à
« paraître, les vœux s'arrêtent sur ce vengeur des
« nations... *Vous avez senti que l'histoire de Corse*

« *manquait à notre littérature*. Votre amitié voulut
« me croire capable de l'écrire. J'acceptai avec em-
« pressement un travail qui flattait mon amour pour
« ma patrie, alors avilie, malheureuse, enchaînée. Je
« me réjouis d'avoir à dénoncer à l'opinion qui com-
« mençait à se former les tyrans subalternes qui la
« dévastaient; je n'écoutai pas le cri de mon impuis-
« sance... Il s'agit moins ici de grands talents que
« d'un grand courage, me dis-je, il faut une âme
« qui ne soit pas ébranlée par la crainte des hommes
« puissants qu'il faudra démasquer. Eh bien! ajoutai-
« je avec une sorte de fierté, je me sens ce courage-là.
« La constance et les vertus de ma nation captiveront
« le suffrage du lecteur. »

« J'aurai à parler de M. Paoli, dont les sages insti-
« tutions assurèrent un instant notre bonheur et nous
« firent concevoir de si brillantes espérances.

« ... Plein de la flatteuse idée que je pouvais être
« utile aux miens, je m'appliquais à recueillir les
« matériaux qui m'étaient indispensables. Mon travail
« se trouvait même assez avancé, lorsque la révo-
« lution vint rendre au peuple corse sa liberté. Je
« cessai : compris que *mes talents* n'y étaient plus suf-
« fisants, et que, pour oser saisir le burin de l'his-
« toire, il fallait avoir d'autres moyens. Lorsqu'il y
« avait du danger, il ne fallait que du courage ; quand
« mon courage pouvait avoir un objet immédiat
« d'utilité, je crus mes forces suffisantes. Aujourd'hui,
« je laisse le soin d'écrire notre histoire à quelqu'un
« qui n'aurait pas eu notre dévouement, mais qui
« aura peut-être plus de talent... » Ce qu'oubliait
de raconter Bonaparte, c'étaient les insuccès de ses
premiers efforts, et les conseils de Paoli et de l'abbé

Dupuy. Et ces conseils, par parenthèse, il ne les avait guère suivis, car ces passages, dont son ancien professeur s'était tant inquiété, il les avait maintenus. Incorrect, incomplet, mal présenté, ce travail n'est que le développement successif et monotone des faits et gestes des personnages qui ont marqué dans l'histoire de l'île de Corse. Par-ci, par-là, quelques éclairs, quelques phrases déclamatoires, et c'est tout. D'idées générales et généreuses, on n'en trouve que deux ou trois indices.

Ainsi :

« *L'homme dans l'état de nature ne connut d'autre loi que son intérêt.* Pourvoir à son existence, détruire ses ennemis, fut son occupation journalière. Mais lorsqu'il fût réuni en société, ses sentiments s'agrandirent ; son âme dégagée des entraves de l'égoïsme, prit son essor, l'amour de la patrie naquit, et les Curtius, les Decius, les Brutus, les Dion, les Caton, les Léonidas, vinrent émerveiller le monde. Des magistrats assurèrent à chacun la conservation de sa propriété et de sa vie ; le but des actions individuelles dut être le bonheur général de l'association et personne ne dut plus agir par le sentiment de son propre intérêt. *Les rois régnèrent, avec eux régna le despotisme. L'homme méprisé n'eut plus de volonté. Avili il fut à peine l'ombre de l'homme libre.* »

Et plus loin :

« Les puissances se jouent des intérêts de l'humanité et les méchants ont toujours des protecteurs. »

Et ce dernier :

« Lorsque les triumvirs offrirent au monde le hideux spectacle du crime heureux, la Corse et la Sicile furent le refuge de Sextus Pompée. Je vois avec plaisir ma patrie, à la honte de l'univers, servir d'asile aux derniers restes de la liberté romaine, aux héritiers de Caton. »

A tout prendre, étant donnés, l'âge auquel cette étude a été entreprise, et le milieu dissolvant dans lequel elle a été mûrie, on est en droit de la trouver extraordinaire. Cette sorte d'instinct, qui pousse ce jeune imberbe à s'occuper ainsi de ce qui constitue la science par excellence, l'histoire, a quelque chose de fatidique. Du reste, tout est étrange chez ce bizarre officier d'artillerie, et l'abondance des idées et la précision dans l'exécution.

Au moment même où il adresse ces lignes flatteuses à l'abbé Raynal, où il scelle le paquet qui contient son ouvrage et que doit porter son frère, il est tout à la combinaison d'un coup de main, dans lequel il peut perdre la vie et compromettre les intérêts de nombre des siens.

Présenté à Louis XVI, le 8 avril, Paoli avait été pendant quelques semaines l'objet de toutes les attentions. Le 15 mai, il était admis aux honneurs de la séance de l'Assemblée nationale, et acclamé par les tribunes. A un mois de là, le 17 juin, il quittait Paris et gagnait Marseille par petites étapes, en s'arrêtant successivement dans le Bourbonnais, à Lyon, Tournon, Valence, Avignon et Aix. C'était en réalité un voyage triomphal. En Corse, on comptait les jours à passer avant la rentrée du grand patriote.

Au club patriotique d'Ajaccio, sur la motion de Bonaparte et de Masseria, on avait décidé l'envoi d'une députation de quatre des membres de la municipalité. Joseph Bonaparte fut du nombre. Restait la question d'indemnité de voyage. Les députés avaient bien toutes les bonnes intentions désirables, mais pas d'argent. Pour s'en procurer, on commença par un acte arbitraire. Une délégation de municipaux « se rendit[1] au séminaire sous l'escorte des « gardes nationaux, se fit ouvrir d'autorité la caisse « et y prit deux mille et quelques cents livres, en « mettant à la place un billet, payable par la fu- « ture autorité centrale. »

Le procédé, s'il était léger, avait du moins le mérite d'être expéditif, comme tout ce qu'imaginait Bonaparte. Le lendemain de cette belle expédition, le 24 juin 1790, les quatre députés, munis de l'argent des bons pères, s'embarquaient pour Marseille, aux acclamations d'une foule enthousiaste. Bonaparte demeurait. Il s'agissait de mettre à exécution le complot tramé par lui, Pozzo et Masseria.

Le plan était le même que celui de l'année précédente, sauf certaines questions de détail. Il était des plus simples : constituer la municipalité en commune, s'emparer de la citadelle grâce à la connivence de quelques sous-officiers et soldats, arrêter les suspects et en particulier ceux hostiles aux Bonaparte ; enfin, s'il y avait de la résistance, recourir à la force. La victoire obtenue, on aviserait.

Mais pour entraîner toute une population, il fallait des motifs. Un incident regrettable, dû à la sotte démarche d'un juge, détermina la crise.

Comme dans toutes les villes de France, les divergences de vue sur l'opportunité des décrets de l'Assemblée étaient extrêmes. Officiers et fonctionnaires

---

1. Mss. Archives de la guerre. — Rapport au ministre.

défendaient le pouvoir qui les avait nommés et qui leur fournissait les moyens d'existence. Seulement, chacun d'eux exprimait sa manière de voir, en raison de son tempérament et de ses intérêts. Or, un ingénieur, royaliste ardent, M. Cadenol, récemment envoyé de France pour construire le pont d'Ucciani[1], avait eu la maladresse d'exprimer devant ses ouvriers, tous corses, les sentiments de profonde répulsion que lui inspiraient l'Assemblée nationale et ses décrets. Cet homme était du midi. Il parlait comme il pensait. Ses propos furent rapportés au club où l'on demanda sa mise en jugement. M. Colonna, député, et la municipalité cédèrent à cette pression. Ils firent procéder à l'arrestation de M. Cadenol. Dans le parti royaliste, l'événement produisit une vive émotion. La colonie, et en particulier le commandant de la place, M. le chevalier de la Ferandière, le major d'artillerie, M. de la Jaille, et le directeur de l'hôpital militaire, M. Descamps, se récrièrent contre cet acte arbitraire. Sur leurs instances, le juge royal, M. de Raquine, ordonna la mise en liberté de l'ingénieur. Le club et la municipalité protestèrent. C'était la guerre. Dans la nuit du 24 au 25 juin, la société patriotique se déclarait en permanence. A l'instar de Paris, la municipalité s'organisait en commune et décrétait l'arrestation des ennemis de l'Assemblée et de la liberté. Elle prescrivait à toutes les autorités d'avoir à déférer à ses décisions, et, au commandant de la place, d'assurer le service de sécurité de la ville, de

1. Pont sur la route d'Ajaccio à Corte, à l'endroit où cette route, en venant d'Ajaccio, passe de la rive droite sur la rive gauche du Gravone, à proximité de Bocognano.

concert avec les gardes nationaux. Les proclamations étaient signées du maire, M. Levie, de Recco procureur de la commune, et de MM. Bonaparte, Conti et Sebastiano Colonna. Mais tout ce mouvement et l'entrée en ville de montagnards armés ne s'étaient pas faits sans éveiller l'attention. Prévenus à temps, le gouverneur et la plupart des officiers purent se réfugier dans la citadelle. Lorsque les gardes nationaux se présentèrent pour réclamer leur droit de garde, le pont-levis se trouva levé. Il était trop tard.

Seuls, MM. de la Jaille, Descamps, de la Raquine, Souiris et Cadenol avaient été arrêtés et enfermés au couvent des capucins par les soins de la milice, qui put à grand'peine les soustraire à la fureur populaire. L'exaspération était telle, en effet, qu'on craignit un conflit sanglant. M. de la Ferandière ne parlait de rien moins que de brûler la ville et de reprendre de vive force les prisonniers. Sur ce dernier point, il rencontra une résistance inattendue de la part de ses hommes. Le régiment du Limousin était bien composé et tout à fait dans les mains de son chef par intérim [1], M. de Maillard. Seulement, depuis sept ans qu'ils étaient arrivés à Ajaccio, officiers et soldats avaient fini par nouer des relations de plus d'une sorte avec les habitants. Quelques-uns d'entre eux n'étaient même pas sans voir d'un œil favorable les agissements du club patriotique. Au moment de prendre les armes, ils se déclarèrent tout décidés à défendre le poste confié à leur honneur, et à réclamer la mise en liberté de l'officier arrêté, M. de la Jaille.

---

1. Le colonel M. de Virieu était absent. Le régiment était arrivé, le 1er mai 1783 à Ajaccio.

Quant à s'occuper des autres prisonniers et à marcher contre les gardes nationaux, ils s'y refusaient.

En présence de cette attitude, M. de la Ferandière dut se contenter d'envoyer un parlementaire proposer à la commune la cessation des hostilités, sous la condition que M. de la Jaille serait remis en liberté et reconduit à la citadelle, et que ses compagnons d'infortune auraient la vie sauve.

La journée du 26 se passa à délibérer. Bonaparte était pour l'action. D'après lui, ces menaces étaient vaines, la citadelle n'avait ni vivres ni munitions, elle ne pouvait donc tenir longtemps. Les prisonniers, d'ailleurs, leurs familles et celles des personnes réfugiées dans la citadelle devaient servir d'otages. Cette opinion ne prévalut pas. Les membres de la municipalité étaient loin d'avoir une énergie égale à la sienne. Ils s'émurent à cette idée de la lutte et des victimes qu'elle devait faire. La responsabilité qui leur incombait les effraya. Il en est toujours ainsi dans ces coups de main. S'ils ne réussissent pas dès le début, ils tombent à plat.

En réalité, l'attitude de la garnison et la vue de ces murailles crénelées, de ces canons et de ces sentinelles, dont les armes brillaient au-dessus de leur tête, leur imposèrent. D'ailleurs, bien des bruits contradictoires couraient déjà dans la ville. Le parti royaliste avait repris courage. Les catholiques, encore sous l'impression du pillage de la caisse du séminaire, allaient répétant que ce n'était pas tant aux Français qu'à la religion, à leurs représentants et à Paoli, que les membres de cette commune improvisée en voulaient. Ils annonçaient même l'arrivée des gens de

Corte et de Bocognano. Les citoyens de Corte, disaient-ils, n'entendaient pas abandonner la direction des affaires de l'île aux Ajacciens.

Ces rumeurs finirent par produire leur effet. La municipalité céda. On reconduisit à la citadelle le major d'artillerie, M. de la Jaille. Les autres prisonniers n'eurent pas la même bonne fortune. Le juge royal, M. de la Raquine, fut chassé de la ville. M. de Cadenol passa en jugement. M. Descamps, le directeur de l'hôpital, fut renvoyé. M. Souiris, cet ennemi personnel des Bonaparte, l'économe dont nous avons eu si souvent à parler à propos des compétitions de la famille, resta trois jours en prison. Son cas était plus grave; il était accusé de concussion. On lui reprochait d'occuper simultanément neuf emplois et d'avoir retardé la promulgation de la loi sur la gabelle. Il en fut quitte pour la peur. Le 28 juin au soir, il était rendu à sa famille.

Le même jour, la municipalité faisait paraître un manifeste justificatif de sa conduite. Cet étrange mémoire, dont nous donnons les principaux passages, avait été rédigé et signé par le lieutenant d'artillerie, Bonaparte [1].

28 juin 1790.

MANIFESTE DU CORPS MUNICIPAL DE LA VILLE D'AJACCIO.

« *Le palladium de liberté des nations est l'opinion publique*; les princes, les magistrats sont humiliés de ses

---

[1]. Mss. Archives de la guerre. — L'abbé de Nasica (*Jeunesse de Bonaparte*). Cette pièce fut également traduite en italien par un sieur Ferri-Pisani.

censures, glorifiés de ses louanges : dédaignée quelquefois par des hommes puissants, elle ne le fut jamais impunément. L'exemple du plus despotique des gouvernements qui incombe sous ses lois ; celui de l'auguste Assemblée, qui, par ses seuls efforts, *triomphe des préjugés et des tyrans, doit faire trembler ceux qui, se fondant sur les efforts d'une faction, l'ont méprisée sans ménagement et n'ont paru vouloir se justifier que pour l'outrager.*

« ... Les ennemis de la constitution obligés au silence, leurs intrigues dissipées, l'on ne tarda pas à sentir la nécessité de la garde nationale ; les classes du peuple, les dernières par leur fortune, mais qui n'en sont pas les moins zélées pour la patrie, furent les premières à donner l'exemple ; nous vîmes avec une sincère joie ces heureux effets des lumières et du bon esprit.

« Pour combler nos souhaits, il ne restait plus qu'à désirer de voir promptement *ultimer* la constitution et de *revoir le père de notre liberté.* Nous étions intimement convaincus qu'à son aspect les méchants changeraient ou qu'ils cacheraient, sous les plis de leur cœur, leurs projets pernicieux et leur fiel détestable, lorsque le vendredi 25 juin 1790, le peuple s'émeut, prend les armes et constitue prisonniers MM. de Raquine, juge royal ; Cadenol, ingénieur aux ponts et chaussées ; La Jaille, major d'artillerie ; Souiris, subdélégué ; Descamps, directeur de l'hôpital militaire.

« ..... Tel est, concitoyens, l'exposé que nous avions à mettre sous vos yeux. C'est dans ce moment où des *hommes orgueilleux et vendus à la tyrannie* s'efforcent d'obscurcir la vérité et d'accréditer des rumeurs qui favorisent leurs projets criminels, qu'il est du devoir des citoyens de les dissiper : que leurs intrigues, que leurs mensonges tournent à leur détriment ; que la nation réunie leur fasse connaître leur faiblesse. Hélas ! serons-nous joués par quelques ambitieux, par quelques hommes corrompus ? Leur masque imposteur vous tromperait-il ?

« Les cendres des patriotes sont quelquefois profanées ; des familles qui se sont illustrées par de grands sacrifices sont tout d'un coup déshonorées par les indignes actions d'un fils, d'un frère, d'un neveu : c'est alors que ces grands hommes demandent à la patrie, au nom de leur vertu, de les venger de ces indignes descendants ; c'est le plus doux encens qu'on puisse brûler sur leur tombe.

« Chers compatriotes, permettez, dans l'effusion de notre cœur, une réflexion dont nous sommes pénétrés : jetez un coup d'œil sur notre infortuné pays ; hélas ! dépeuplé, arrosé du sang de ses martyrs, nous le voyons jonché des hommes qui, dans leur exaltation, sacrifièrent tout à l'acquisition de la liberté. Jetez un coup d'œil sur nos annales, vous y verrez perpétuellement un peuple luttant avec enthousiasme contre les efforts étrangers, être toujours vaincu par sa désunion, trahi par ses fils : nous trouverons-nous donc encore dans la même position ? Nous que l'on appelle les précurseurs de la liberté, *nous laisserons-nous impunément trahir par ceux qui vivent au milieu de nous, par ces âmes basses qui furent les premières à se jeter dans les bras des Français, lorsque cette illustre nation ne pouvait au plus nous offrir un bout de la chaîne où elle était violentée ?* Par ces âmes basses, qui ont prospéré dans l'avilissement universel et qui aujourd'hui détestent une constitution, qui nous rend à nous, nous permet de vivre sans rougir, nous restitue enfin cet homme créé pour la consolation commune ?... *Non, non ; qu'ils tremblent, le moment où leur complot sera dévoilé s'avance ; que leur châtiment cimente la régénération de notre infortunée patrie.*

BUONAPARTE,
GUITERA, SEBASTIANO COLONNA,
ROBAGLIA, FRASSETO,
CONTI, MEURON,
LEVIE, maire,

RECCO, procureur de la commune.

Et c'était un lieutenant d'artillerie, un élève de l'École royale militaire, qui venait de faire arrêter un officier supérieur de l'arme à laquelle il appartenait et qui avait tenté de s'emparer d'une place de guerre française ! Pour quelqu'un jouissant d'un congé de quatre mois, sous prétexte d'une santé délabrée à soigner et des eaux à prendre, l'emploi du temps était étrange et l'alibi difficile à prouver. De nos jours, et d'après le Code Napoléon, l'auteur d'un pareil méfait serait certes l'objet d'une condamnation grave[1]. Le fait, heureusement, s'était passé en Corse, et la Corse était alors si peu française, le gouvernement lui-même si peu assuré que cet acte de Bonaparte, comme sa lettre à Buttafuoco, comme son complot et sa protestation du mois d'octobre de l'année précédente, devaient rester impunis.

Pour Bonaparte, cet insuccès n'en était pas moins un désastre. Il avait vu en rêve la Corse et la France stupéfaites à la nouvelle de la prise d'une place telle qu'Ajaccio. Il avait cru soulever l'île dans un moment d'enthousiasme et même en devenir le libérateur, avant que Paoli ne fût arrivé. Et tout ce bel échafaudage s'était effondré, par suite de la pusillanimité de quelques-uns de ses concitoyens.

A Ajaccio, c'était la ruine de son crédit. Ses propos, ses discours et sa conduite lui avaient aliéné beaucoup de partisans. On lui reprochait principalement son attitude anti-religieuse. Digne fils de Charles Bonaparte, il s'était montré l'un des plus ardents admi-

---

1. Code militaire, articles 209 à 216, 217 à 225.
Code militaire (§ 2), des crimes tendant à troubler l'État par la guerre civile, etc., articles 91, 93, 96, 97 et 102.

rateurs des décrets de l'Assemblée, concernant le clergé. De concert avec son parent, l'abbé Fesch, il avait rédigé une *lettre sur le serment constitutionnel des prêtres*[1]. Or, dans un petit pays aussi ignorant, aussi fanatique que l'était la Corse, il y avait quelque danger, sinon quelque maladresse, à heurter ainsi de front des opinions si bien enracinées.

La nouvelle des décrets de l'Assemblée nationale relatifs à la mise des biens ecclésiastiques entre les mains de la nation ne fit qu'envenimer une situation déjà bien compromise par suite des derniers événements. Le parti autoritaire avait d'ailleurs intérêt à exciter des défiances. Aussi, dans les derniers jours de juillet, les esprits étaient tellement montés dans Ajaccio, qu'on pouvait redouter à tout moment quelque nouvelle prise d'armes. Des propos, on en était venu aux menaces. Bonaparte ne pouvait plus sortir sans être escorté par des amis. On en voulait à ses jours.

Le troisième dimanche qui précède l'Assomption, il traversait la place de l'Olmo, au moment où une procession sortait de l'église. « Les moines avaient
« la corde au cou, les hommes et les femmes allaient
« nu-pieds, quelques-uns traînaient des chaînes de
« fer, d'autres se donnaient des coups sur le dos
« avec des lames de fer, tous criaient : Vive la reli-
« gion ! » Manifesta-t-il quelque sentiment de dégoût pour cette mascarade? Il faut le supposer, car la foule

---

1. In-4° de 6 pages, en 1790.
Cette lettre, que nous n'avons pu nous procurer, « explique déjà, dit M. Blanqui, toute la politique de l'homme qui devait un jour signer le Concordat et soutenir contre Rome une lutte fameuse».

ameutée par un prêtre, l'abbé Becco, se précipita sur lui aux cris de : « Vive la religion ! Mort aux Jacobins ! Mort à l'officier ! » Il fut au moment d'être lacéré par ces forcenés. Ses amis, MM. Conti et Po, eussent même été impuissants à le préserver d'un mauvais coup, sans l'intervention d'un des pénitents qui le prit sous sa protection et déclara qu'il tuerait le premier assez osé pour mettre la main sur le lieutenant Bonaparte. Or, ce sauveur inespéré n'était autre qu'un des hommes les plus redoutés et les plus populaires de la contrée, le bandit Trenta Coste[1],

« Un brigand véritable et parfait catholique, »

venu là pour profiter de la procession et des déguisements qu'elle autorisait, afin de terminer en toute sécurité ses affaires professionnelles.

Ces menaces et l'arrivée du maire, M. Levie, mirent fin à l'incident. Bonaparte put regagner sa maison.

Ce n'était que le prélude de scènes du même genre. Le mois suivant, elles prirent même un tel degré d'acuité que la municipalité dut prendre des mesures de prévoyance. A partir du 8 août, trente gardes nationaux furent autorisés à monter la garde à l'une des portes et à occuper l'un des bastions de la citadelle, de concert avec les hommes de la garnison. Mais l'entente ne fut pas longue entre les deux troupes.

Les officiers avaient conservé quelque méfiance. Ils

---

1. Ce Trenta Coste fut, dit-on, nommé plus tard inspecteur des eaux et forêts, en Corse. Bonaparte eut de la mémoire.

se rappelaient la tentative du mois de juin. Des propos répétés, des tentatives d'embauchage faites près des soldats, des ingérences de la garde civique dans les affaires de la citadelle, donnèrent lieu à des soupçons. Qu'y avait-il de vrai dans ces craintes? Bonaparte méditait-il quelque nouveau coup de main? Voulait-il prendre sa revanche? De sa part tout est admissible.

Pour la municipalité, elle n'avait pas, du moins en apparence, des intentions si perfides. Ses membres n'étaient plus sans comprendre que la présence des troupes constituait pour eux une garantie, la seule à invoquer en ces temps de troubles. Sur les instances du gouverneur, ils se rendirent donc à la citadelle, et la firent évacuer par les gardes nationaux. Procès-verbal de cette convention fut dressé par le colonel Maillard et signé par lui et par le maire.

Cette fois encore Bonaparte se voyait déçu dans ses espérances. Mais ce n'était que partie remise. Pour l'instant, il avait d'autres projets en tête. Son frère Joseph, de retour de Marseille, lui avait apporté de bonnes nouvelles. L'abbé Raynal acceptait la dédicace de ses lettres sur la Corse et l'engageait à se présenter au concours proposé par l'Académie de Lyon. D'autre part, Paoli avait fort bien accueilli la députation d'Ajaccio et s'était montré tout particulièrement aimable pour Joseph.

Or, Paoli venait d'aborder au cap Corse, à Macinaggio, le 14 juillet 1790, le jour anniversaire de la prise de la Bastille. Retenu par les vents contraires, il ne put arriver à Bastia que le 17 juillet dans l'après-midi. Le nombre des Corses accourus pour l'acclamer était énorme. « Chacun, dit le *Moniteur*

« *universel*[1], voulait voir, toucher ou entendre ce
« héros revenu après vingt et un ans d'exil, ce noble
« vieillard, aux cheveux blancs, à la haute taille, au
« regard doux et pénétrant, à l'organe sonore, ayant
« pris des Anglais cette dignité roide qui impose. »
Toutes les villes tinrent à lui envoyer des députations.

Ce fut le lieutenant d'artillerie Napoléon Bonaparte qui lut l'adresse de la municipalité d'Ajaccio, adresse dont il était l'auteur.

La Corse, cette fois, allait pouvoir procéder à son organisation départementale et à l'élection des membres de son directoire. Pour ne pas intervenir dans une lutte, où sa présence aurait pu paraître intéressée, Paoli se confina à Rostino[2] qu'il habitait à vingt années de là, se contentant d'accueillir avec de bonnes paroles les amis anciens ou nouveaux qui l'honoraient de leur visite. Aussi à quelques semaines de là, on écrivait de Bastia au *Moniteur universel* : « On com-
« mence déjà à s'apercevoir que l'arrivée de Paoli
« a produit des métamorphoses. Quelques Français
« établis ici depuis vingt ans, riches d'abus et dès
« lors anti-révolutionnaires, ont cessé de tenir les
« propos indiscrets qu'ils se permettaient depuis le
« commencement de la révolution, avec une confiance
« malhonnête et même coupable sur l'Assemblée
« nationa. et les partisans de ses décrets. Ils crai-
« gnaient, avec raison, que le nouvel ordre de choses

---

1. Placard in-folio, 1790.
2. Le village de Rostino, situé dans les montagnes, à proximité de Corte, n'est composé que de chaumières et de quelques maisonnettes.

« Paoli, dit Lucien Bonaparte dans ses *Mémoires*, habitait dans un couvent, où il vivait avec une noble simplicité. »

« ne les rappelât au point où ils étaient partis et ne
« les fît redevenir simples citoyens ; selon le style de
« ces messieurs, c'est *retomber dans la boue*. »

L'assemblée des électeurs corses appelés à procéder à la réglementation des affaires du département se tint à Orezza. La session s'ouvrit le 9 septembre et dura jusqu'au 8 octobre. Bonaparte, Joseph, Lucien et Fesch s'y rendirent et prirent une part active aux réunions et aux discussions qui survinrent.

Le 15 septembre commença la vérification des pouvoirs des commissaires du roi et des districts. Le 18, Paoli fut nommé président de l'assemblée, et, le 23, commandant en chef des gardes nationales de l'île. Le 28, l'assemblée s'occupa de l'organisation administrative du nouveau département[1], puis elle passa à l'affaire la plus importante, au choix des membres du Directoire.

Ce fut le 8 octobre qu'eut lieu l'élection. Voici quel en fut le résultat : *Général Paoli*, président à l'unanimité des voix ; le chanoine *Belce*, vice-président ; *Christophe Salicetti*[2], procureur général syndic ; *Barthélemy Arena*[3], substitut du procureur ; l'abbé *Mattei*, *Pompei*, *Taddei*, *Antonio Gentili*[4], *Multedo*[5], *Pozzo di Borgo*, *Pietri*, membres, *Panattieri*, avocat, secrétaire du président. Le même jour, l'Assemblée vota

---

1. Le département de la Corse fut divisé en 9 districts ou cantons correspondant à 9 tribunaux, Bastia, Oletta, l'Ile-Rousse, la Porta d'Ampugnani, Corte, Cervione, Ajaccio et Talanno.
2. Député à l'Assemblée nationale, puis à la Convention.
3. Député à la législative, le vainqueur de l'Ile-Rousse.
4. *Antonio Gentili*, général à l'armée d'Italie, général de division à Corfou, né en 1751, mort en 1799. Volontaire sous Paoli, exilé ; rentré en 1789.
5. Député à la Convention.

un traitement de cinquante mille livres à Paoli, l'érection d'une statue en son honneur, et la fixation d'une fête civique pour le 30 novembre, jour de la déclaration de l'annexion à la France.

En homme habile, Paoli, refusa traitement, statue et honneurs. « Ce n'est pas par orgueil, écrivit-il, « que je refuse l'offre généreuse que vous me faites ; « l'état de vos finances ne vous permet point de m. as- « signer de traitement. J'ai quelques épargnes, un « peu de bien, et j'en aurai toujours assez pour vivre « en simple citoyen, pour vous consacrer mes ser- « vices, entretenir l'ordre et maintenir la Constitu- « tion. Je refuse la statue que vous proposez de « m'ériger ; le monument le plus flatteur pour moi « est l'attachement que vous daignez me manifester. « Croyez-moi, Messieurs, ne prodiguez ni les éloges « ni les statues à aucun citoyen, tant que sa carrière « ne sera pas terminée[1]... »

Restait la question des vœux. Ils étaient nombreux. L'Assemblée d'Orezza s'était montrée fort émue de l'envoi[2] d'un manifeste collectif des députés royalistes Buttafuoco et Peretti. Après un débat des plus violents, elle décida qu'un vote solennel de blâme serait infligé à ces deux représentants de la Corse et qu'une protestation contre leur conduite serait adressée à l'Assemblée nationale. Elle réclama également l'application au régiment Provincial-Corse, du décret de suppression du 30 septembre 1789 et le remplacement de ce corps par une garde composée de cinq cents nationaux.

1. *Moniteur universel* du 6 novembre 1790.
2. 9 *novembre* 1790.

La liste des *desiderata* arrêtée, elle procéda à la nomination des délégués chargés d'exprimer ses vœux à la grande Assemblée et de l'assurer de son dévouement. MM. Pozzo di Borgo et Gentili, membres du directoire, furent choisis.

En résumé, ces élections démontraient clairement l'existence des deux courants distincts dont nous avons déjà eu l'occasion de mentionner l'apparition, l'un autonome représenté par Paoli, le chanoine Belce, le député Colonna, Panattieri, Pozzo di Borgo et Arena; l'autre rattaché à la France par la question d'intérêt et le désir de participer aux grandes affaires, et ayant à sa tête Salicetti, Multedo, Gentili et Pompei. Paoli, il est vrai, couvrait cette division latente de sa grande personnalité; mais il devait suffire du premier désaccord entre les idées dominantes en France et celles acceptées en Corse, pour dégager et séparer ces deux éléments si opposés.

Pour Bonaparte, il se sentait comme humilié de se trouver si ignoré, si petit, au milieu de toutes ces gloires naissantes, Salicetti, Arena et Pozzo di Borgo.

Ah! s'il avait pu s'emparer de la citadelle d'Ajaccio, que d'événements, que de changements! Il lui restait, il est vrai, l'espoir de devenir le chef de cette garde soldée, dont il avait été l'ardent promoteur. Il y avait des droits, en qualité de seul Corse officier sorti des écoles militaires.

Paoli le lui avait promis, il ne s'agissait que de patienter. De retour à Ajaccio, il se lança donc de nouveau dans la politique et devint l'un des plus ardents défenseurs du président du directoire. Il prit part aux nouvelles élections qui eurent lieu dans les districts pour le choix des membres des administrations cantonales et municipales. Dans cette distribution d'emplois, son frère Joseph eut sa part. Il fut nommé juge de paix. Il le méritait bien, car il montrait un zèle patriotique des plus grands et venait de rédiger, à l'usage de ses concitoyens, un commentaire pratique et élémentaire de la Constitution.

Bonaparte, de son côté, déployait une activité sans égale. La nouvelle de ce qui s'était passé à Paris, lors de la présentation des délégués corses, allait lui fournir cette part de gloire qu'il recherchait avec tant d'avidité.

Bien curieuse, en effet, cette séance du 8 novembre 1790! Barnave présidait. Introduits, les députés corses avaient demandé la faveur d'exposer à l'Assemblée les vœux de leurs concitoyens. Pozzo di Borgo prit la parole :

« Nous avons été, dit-il, les premiers à donner
« l'exemple de la liberté. Nous venons renouveler
« nos serments et rendre hommage à l'estime et à la
« reconnaissance... Deux de nos députés sont de-
« meurés fidèles au vœu de leurs commettants; nous
« les trouvons toujours dans le chemin de l'hon-
« neur et sur la ligne des meilleurs patriotes; mais
« les deux autres... »

A ces mots, la droite se lève en masse pour protester, « Je demande, s'écrie Lachaise, que vous punis-
« siez les députés de la Corse... Je fais expressément
« la motion qu'en attendant que l'Assemblée prenne
« un parti définitif, M. le président soit autorisé à
« donner des ordres à l'officier de garde pour s'as-
« surer de la personne du chef de la députation. »
(Des rires éclatent de tous côtés.) « Mes compatriotes,

« réplique Salicetti, n'ont point entendu insulter les
« représentants de la nation ; ils viennent vous dénon-
« cer formellement deux de vos collègues qui certai-
« nement sont très coupables. Je vais vous lire une
« lettre écrite en Corse par M. l'abbé Peretti ; elle
« est traduite de l'italien. L'original... » « Est dans
« mes mains, tonne Mirabeau. Elle vous paraîtra
« plus que suffisante pour justifier le profond ressen-
« timent que les députés de Corse ont eu le droit
« d'exhaler devant l'Assemblée nationale. Voici la
« lettre de M. l'abbé Peretti :

« La religion est en péril. Le Seigneur sera sans doute
fidèle aux promesses qu'il a faites à son église de ne
l'abandonner jamais, et les efforts des impies ne pourront
prévaloir contre ses volontés. Cependant je ne puis garder
le silence ; lorsque toutes les lois nouvelles tendent à
détruire la foi, la piété, la religion. Il nous est impossible
de tolérer tant de désordre. Le parti dominant de l'Assemblée nationale croit qu'il n'est point de borne à son pouvoir et à sa compétence, ce que vous devez à votre conscience, c'est d'adhérer à la délibération du chapitre de
Paris et à celle d'une partie de l'Assemblée nationale... »

« Assez ! assez ! ce misérable Mirabeau est un grand
« gueux, » vocifère un député de la droite.
« Je crois, continue l'orateur, que la lettre que j'ai
« lue suffit à la justification des députés corses ;
« pour moi, je dois compte à leur patriotisme de
« s'effrayer du danger où met peut-être leur patrie
« l'impudence de ceux qui ont écrit de pareilles
« lettres. »
La gauche applaudit avec enthousiasme.

« M. Mirabeau, c'est le plus insolent des assassins, » crie un droitier. « Je réclame le châtiment des dé-« putés corses », ajoute M. Regnault.

Pozzo di Borgo veut alors reprendre la parole pour s'expliquer. Il en est empêché par les cris : à l'ordre ! à l'ordre ! à la porte ! et le tumulte devient tel que le président est dans l'obligation de se couvrir et d'interrompre la séance.

Le calme rétabli, Pozzo di Borgo assura l'Assemblée des sentiments de respect des délégués, puis il ajouta, au milieu des applaudissements des gauches : « M. de Buttafuoco vous a dit que le général Paoli « était un despote ; comme s'il avait oublié que c'est « sous ses ordres que nous avons versé notre sang « pour la liberté. Il a ajouté qu'il était à la tête d'un « parti qui devait livrer la Corse entre les mains « d'une puissance étrangère... Peut-on méconnaître « ainsi nos sentiments... C'est avec le double carac-« tère de représentant de la nation et de prêtre qu'on « donne l'exemple de l'insurrection, qu'on invite le « peuple à protester contre vos décrets. Leurs com-« plots ont échoué par notre fermeté, comme la « vague se brise contre nos antiques rochers ... »

En Corse, le récit de cet incident produisit une vive émotion. Au club d'Ajaccio, il donna lieu à une discussion orageuse. Masseria, le président, fit lecture de la lettre de Bonaparte à M. de Buttafuoco, au milieu des transports frénétiques de l'assistance.

Le soir même, le député royaliste était déclaré infâme, et Masseria écrivait à Bonaparte :

---

1. MM. Pozzo di Borgo et Gentili furent admis aux honneurs de la séance.

« Monsieur, le club patriotique ayant pris connaissance de l'écrit où vous dévoilez avec autant de finesse que de force et de vérité, les menées obscures de l'infâme Buttafuoco, en a voté l'impression. Il m'a chargé, par une déclaration dont je vous envoie copie, de vous prier d'y donner votre assentiment : il juge l'impression de cet écrit utile au bien public. C'est une raison qui ne vous permet point d'excuse. »

Quant au procès-verbal de la délibération, il était ainsi rédigé[1] :

« Le club patriotique, profondément indigné de la conduite criminelle et scandaleuse, de l'impudence sans exemple, de la calomnie la plus atroce, que ce député de la défunte noblesse a osé afficher, même dans la tribune de l'Assemblée nationale; considérant que journellement dans les brochures, il ne cesse de déchirer son pays et tout ce qu'il a de plus précieux, a arrêté que désormais il ne serait plus appelé que l'infâme Buttafuoco. »

Ce fut un heureux jour pour Bonaparte que celui où ses compatriotes lui donnèrent ce témoignage éclatant de confiance. Dès lors, il eut foi dans l'avenir et s'occupa avec ardeur de son travail pour le concours académique de Lyon.

C'était en 1780 que l'abbé Raynal, pour reconnaître la distinction dont il avait été l'objet de la part des membres de ladite Académie, avait fondé un prix de douze cents livres, destiné à l'auteur de la réponse à la question suivante : « *La découverte de l'Amérique a-t-elle été utile ou nuisible au genre hu-*

---

1. Mss. Archives de la guerre.

main? *S'il en résulte des biens, quels sont les moyens de les conserver et de les accroître? Si elle a produit des maux, quels sont les moyens d'y remédier?* »

Ce projet, mis au concours pour 1783, fut renvoyé successivement aux années 1785, 1787 et 1789, puis retiré définitivement et remplacé, le 15 décembre, par celui-ci : *Quelles vérités et quels sentiments importe-t-il le plus d'inculquer aux hommes pour leur bonheur?*

Bonaparte acheva son discours dans les premiers jours de décembre[1]. Quelque mal écrit qu'il soit, il n'en est pas moins intéressant, car il nous fournit, à une date précise, des données certaines sur la tournure d'esprit de son auteur. C'est toujours le même procédé d'adulation : « Illustre Raynal... daigne sou-
« rire aux efforts d'un zélé disciple dont tu voulus
« quelquefois encourager les essais. La question dont
« je vais m'occuper est digne de ton burin; mais
« sans ambitionner d'en posséder la trempe, je me
« suis dit avec courage : moi aussi, je suis peintre. »
Et pour Paoli, il ajoute plus loin : « De tous les légis-
« lateurs que l'estime de leurs concitoyens appelle
« à leur donner des lois, *aucuns ne paraissent avoir
« été plus* pénétrés de ces vérités que Lycurgue et
« M. Paoli... Paoli trouva dans son activité sans pa-
« reille, dans son éloquence persuasive et chaleu-
« reuse, dans son génie pénétrant et facile, de quoi
« garantir sa constitution naissante des efforts des
« méchants et des ennemis... M. Paoli, plein des sen-
« timents de ce génie que la nature ne réunit dans

---

1. Général Gourgaud (1826). — Coston (t. II, p. 111-171), etc. (voir pièces à l'appui).

« un même homme que pour la consolation des
« peuples, parut en Corse pour fixer les regards de
« l'Europe... »

Ses idées sur les monarchies et les César sont toujours aussi absolues. D'après lui, « il n'est point
« d'hommes où les rois sont souverains : il n'y a que
« l'esclave oppresseur plus vil que l'esclave opprimé...
« Vous avez lu Tacite. Quel est celui de vous qui ne
« s'est écrié avec le jeune Caton : *Que l'on me donne
« une épée pour tuer ce monstre.* »

Sur les besoins de l'homme, ses opinions sont curieuses. « Sans femme, dit-il, il n'est ni santé ni bon-
« heur. » — « ... Le bonheur n'est que la jouissance
« de la vie la plus conforme à *son* organisation. » —
« Notre organisation animale a des besoins indis-
« pensables, manger, dormir, engendrer. Une nour-
« riture, une cabane, des vêtements, une femme,
« sont donc une stricte nécessité pour le bonheur. »

La question des richesses paraît surtout le préoccuper. « L'homme en naissant, écrit-il, porte avec lui
« des droits sur la portion des fruits de la terre né-
« cessaire à son existence... »

« L'homme jette un regard autour de lui ; il voit la
« terre, partagée en peu de mains, servir d'aliment
« au luxe et à la superfluité ; il se demande : quels
« sont donc les titres de ces gens-là ? Pourquoi le
« fainéant est-il tout, l'homme qui travaille presque
« rien ?... »

« L'état du riche est l'empire de l'imagination dé-
« réglée, de la vanité, des jouissances des sens, des
« caprices, des fantaisies... »

« Législateur... vous direz aux riches : Tes richesses
« font ton malheur, rentre dans la latitude des sens :

« tu ne seras plus ni inquiet ni fantasque... Qu'à
« votre voix, le vieillard soit le père de tous ses
« enfants, qu'il partage également ses biens et que
« le spectacle harmonique de huit ménages heureux
« fasse à jamais abhorrer la loi barbare de la primo-
« géniture. »

Mais il est des phrases bizarres ou tout au moins impossibles à analyser. Voici les plus saillantes d'entre elles :

« Les sciences vraiment utiles se sont entortillées
« dans le labyrinthe de l'obscurité... »

« Le progrès, on le doit à quelques hommes hardis
« qui, *impulsés* par le génie, n'ont craint ni le ton-
« nerre des despotes, ni les cachots de la Bastille... »

« Renaud fut rendu à la vertu, à lui-même dès
« qu'une main courageuse et amie lui présenta le
« bouclier où étaient à la fois tracés ses devoirs et
« son apathie... »

« Les yeux de la raison garantissent l'homme du
« précipice des passions, comme ses décrets modifient
« même le sentiment de ses droits... »

« Sur les bords de l'Eurotas, vit aujourd'hui le
« pacha à trois queues, et le voyageur, navré de ce
« spectacle déchirant, se retire avec effroi, doutant
« un moment de la bonté du moteur de l'univer... »

« Qu'à votre voix, les ennemis de la nature se
« taisent et avalent de rage leurs langues de ser-
« pent... »

« On ne résiste pas à la mélancolie de la nature... »

« Que je plaindrais celui qui ne me comprendrait
« pas et qui n'aurait jamais été ému par l'électricité
« de la nature... »

« Une femme adorée est morte. C'est celle de ton

« ennemi. L'infortuné en est accablé... Le drap *noire*
« a remplacé la tapisserie de la gaîté. »

Et c'était avec une pareille œuvre que Bonaparte se croyait assuré d'obtenir, en 1791, les quinze cents livres promises par l'Académie de Lyon. En attendant cette aubaine, il continuait sa propagande en faveur de Paoli dont l'action devenait de plus en plus prépondérante. Le passage suivant d'un rapport officiel sur *le véritable état politique et militaire de la Corse*, permettra de se rendre compte de la situation déjà fort grave de cette île et de l'opinion qu'avaient les autorités militaires françaises de la famille Bonaparte [1].

« ... Telle qu'elle est, la Corse succombera sous
« le despotisme d'un parti qui se qualifie de patriote,
« et qui est bien véritablement *anti-français*. Il n'en
« impose plus qu'à ceux qui ignorent *que l'Italien*
« *se réconcilie et ne pardonne pas; qu'un ambitieux n'a*
« *pas de foi et qu'il ne compte son existence que par*
« *sa domination; finalement, qu'un peuple soumis par*
« *les armes après quarante ans d'anarchie, saisit volon-*
« *tiers la première occasion de se soustraire aux lois*
« *qui gênent son inquiétude, devenue un besoin par*
« *l'habitude.*

« *Paoli voulant régner*, car c'est le terme, n'a pas

---

1. *Mémoire pour faire connaître le véritable état politique et militaire de la Corse*, au mois de décembre 1790. — Mss. Archives de la guerre.

« Avant d'entreprendre, dit l'officier général, l'historique de ce qui s'est passé en Corse, depuis le mois de mai 1789, jusqu'au 14 décembre 1790, il est indispensable, etc. »

C'est donc bien au 14 décembre, c'est-à-dire à l'époque de la vie de Bonaparte que nous étudions, que se rapporte ce document inédit.

« trouvé dans les principaux habitants la condescen-
« dance aveugle qu'il désirait. Ils l'auraient reçu et
« respecté, comme bon citoyen; ils l'ont rejeté parce
« qu'il prétendait être maître. Une fois que tout ce
« qui se passait eût donné du soupçon de sa conduite,
« ses actions et celles de ses adhérents furent suivies
« et examinées. Elles offrirent un contraste parfait
« avec le civisme et la moralité de ses discours. Ce
« moment aurait été celui de sa chute, s'il n'avait eu
« la précaution de composer les municipalités et le
« département de ses partisans, et il succomberait
« s'il n'avait celle de s'*entourer des Zampaglini*[1]*, des
« Arena, des Buonaparte, des Masseria et autres gens
« perdus d'honneur et de dettes ou fanatiques. Il en est
« pour ainsi dire le Dieu et l'unique ressource. L'œil
« clairvoyant de l'honnête homme ne reconnaîtra pas
« au milieu d'aussi vils personnages un héros presque
« déifié sur sa parole. Paoli ne se relèvera pas d'être à la
« tête d'une semblable association, et lui resterait-elle
« attachée, s'il voulait sincèrement le bien!* »

Ainsi donc, *gens perdus d'honneur et de dettes ou fanatiques, vils personnages,* tels sont les qualificatifs dont un agent officiel gratifiait Napoléon, Joseph et Lucien Bonaparte. Mais sans nous arrêter à la valeur de ces appréciations, ce qui ressort de ce rapport, c'est la prescience des événements. Pour parer aux

---

1. Ce *Zampaglini* était un chef de brigands, comme *Trenta Coste*. Il rendit de grands services à Paoli et au parti bonapartiste d'Ajaccio. Il fut amnistié, déclaré électeur par Mario Peraldi, le maire, et placé dans la garde nationale.

Ce Trenta Coste, nous l'avons dit, devint plus tard inspecteur des eaux et forêts. Pour être juste, il faut ajouter que le titre de brigand, en Corse, ne comportait pas alors le caractère infamant que nous lui attachons aujourd'hui.

dangers d'une position aussi délicate, l'auteur du rapport ajoutait :

« ... Les précautions consistent à donner des ordres
« pour que les troupes de ligne, réduites à trois régi-
« ments, dont le total ne monte guère à plus de
« deux mille deux cents hommes, sous les armes, à
« cause du non-complet des absences par congé et des
« hôpitaux, ne soient employées qu'à la garde des
« places. La police du pays se fera aisément avec
« les nombreuses gardes nationales et le régiment
« provincial corse, composé de cinq cent trente
« hommes, non compris les officiers. Si ces moyens
« sont insuffisants, cela nous démontrera que le mal
« est extrême... »

Ces observations semblaient justes. C'était, en effet, ce rôle passif des garnisons que redoutaient tant Paoli et Bonaparte. C'était ce danger que ce dernier avait combattu, soit directement par son projet de coup de main sur la citadelle d'Ajaccio en octobre 1789 et le 25 juin 1790, soit indirectement en réclamant par voie de pétition, lors de la réunion électorale d'Orezza, l'organisation d'une garde nationale soldée au lieu et place du régiment provincial. Grâce à cette substitution, Bonaparte comptait avoir le commandement de cette nouvelle troupe et, à l'aide de ses intelligences dans le régiment du Limousin, arriver un jour ou l'autre à chasser définitivement les Français de sa ville natale. En vue de cette formation, ses amis, Pozzo di Borgo et Gentili, avaient été envoyés à Paris par le Directoire. Or, non seulement Buttafuoco et Peretti se déclaraient opposés à ces propositions, mais d'autres Corses encore repoussaient une innovation qui ne devait aboutir, selon eux, qu'à une rupture définitive de la Corse avec la France, rupture dont la première conséquence serait de ruiner leur influence. De ce nombre était Salicetti. Tout porte donc à croire qu'il ne fut pas étranger aux atermoiements apportés à la satisfaction des vœux exprimés par les délégués. En effet, le ministre, tout en accueillant bien Pozzo et Gentili, leur fit comprendre qu'il ne dépendait pas de lui de modifier le décret de l'Assemblée [1], relatif à l'organisation d'une garde nationale, portant le même uniforme, et destinée à la défense de la loi. Dans cette intention, on avait procédé à la fusion dans cette garde, des vieilles compagnies d'arquebusiers, des milices bourgeoises et des confréries armées. Dès lors, pourquoi se contredire? Pourquoi faire une exception pour la Corse et créer un corps spécial recevant une solde particulière? Cette institution existait, puisque le régiment provincial avait été maintenu. Il était même commandé par des officiers de leur nation [2], ayant toute leur confiance et l'un de ces derniers, Colonna, était parent de Paoli et député à l'Assemblée nationale. Quant aux armes et munitions réclamées pour l'instruction des volontaires, le ministre se déclara tout disposé à les donner, aussitôt après l'organisation des gardes nationales frontières, dont la nécessité s'imposait tout d'abord. C'étaient autant de prétextes en définitive, pour ne pas accorder ce qu'on voulait refuser. M. du Portail savait à quoi s'en

---

1. Décrets des 2 juin, 18 juin, 10 juillet et 12 décembre 1790, concernant la garde nationale.
2. M. Raphael Casabianca était colonel du régiment. Parmi les capitaines, citons : P. Casabianca, Ristori, Ceccaldi, Galloni d'Istria et Colonna Cesari della Rocca.

tenir sur les intentions des chefs corses. La situation lui paraissait même assez compromise à Bastia, pour exiger le remplacement immédiat du régiment du Maine en garnison dans cette ville depuis plusieurs années, par un autre moins douteux, celui de Bresse, infanterie[1]. MM. Pozzo di Borgo et Gentili revinrent donc en Corse, enchantés de leur réception, mais déçus dans leur espoir de voir se réaliser quelques-uns des vœux dont ils s'étaient faits les interprètes.

Cet insuccès dérangeait tous les projets de Bonaparte. Que faire? attendre. Or, on était alors au 15 janvier 1791 et, depuis le 15 octobre de l'année précédente, date de la fin de la prolongation de son congé de convalescence, il aurait dû se trouver de retour à son régiment.

De ce qui se passait sur le continent, des grands travaux du comité militaire de l'Assemblée, de la refonte des institutions de l'armée, de la désertion qui ruinait la discipline, des menaces de l'étranger, de la réorganisation de l'arme de l'artillerie à laquelle il avait l'honneur d'appartenir, de l'ordre donné à tous les officiers d'avoir à rejoindre leurs corps respectifs[2], de toutes ces grandes choses de la guerre qui passionnaient tant ses camarades, il n'avait eu souci. Que lui importaient son régiment, son arme et la France! Il avait eu bien d'autres rêves en tête, et ces rêves venaient de se dissiper. Commander à ses concitoyens, il n'y fallait plus songer, du moins pour l'ins

---

1. Arrivé à Bastia, mai 1791; commandé par M. le comte Du Plessis Bellière, et en juillet 1791, par M. de la Guette de Vernon.
2. Décret du 2 décembre 1790.

tant. Demeurer à Ajaccio, c'était difficile. Plusieurs rapports avaient été faits contre lui. Il le savait. Sur le conseil de Paoli, et de ses amis, il se décida à partir; mais, dans quelles conditions?

Trois mois et demi d'absence, au delà du terme d'un congé de plus d'une année, constituaient une violation flagrante des règles les plus élémentaires de la discipline. De nos jours, une infraction pareille eût été punie tout au moins de plusieurs mois de prison. Pour Bonaparte, il n'était pas homme à s'inquiéter d'aussi peu. Des moments critiques, il devait en voir bien d'autres. Les expédients, il les trouverait. Pour assurer son impunité, il avait déjà tout prévu, tout combiné, et, le cœur léger, l'esprit allègre, suivi d'un aide de camp d'une espèce nouvelle, son frère Louis, il quittait Ajaccio, le 1er février 1791,

« Mené par le Destin vers un but invisible. »

FIN DU PREMIER VOLUME.

APPENDICE

PIÈCES A L'APPUI

APPENDICE

PIÈCE N° I.

Réponse de Jean-Jacques Rousseau a M. Buttafuoco.

« Motiers-Travers, le 22 septembre 1764.

« Il est superflu, Monsieur, de chercher à exciter mon
« zèle pour l'entreprise que vous me proposez. La seule
« idée m'élève l'âme et me transporte. Je croirais le reste
« de mes jours bien noblement, bien vertueusement, bien
« heureusement employé; je croirais même avoir racheté
« l'inutilité des autres, si je pouvais rendre ce triste reste
« bon en quelque chose à vos braves compatriotes, si je
« pouvais concourir, par quelque conseil utile, aux vues
« de leur digne chef et aux vôtres. De ce côté-là, donc,
« soyez sûr de moi : ma vie et mon cœur sont à vous.
« Mais, Monsieur, le zèle ne donne pas les moyens, et
« le désir n'est pas le pouvoir. Je ne veux pas faire ici
« sottement le modeste : je sens bien ce que j'ai, mais je
« sens encore mieux ce qui me manque. Premièrement,
« par rapport à la chose, il me manque une multitude de
« connaissances relatives à la nation et au pays; con-
« naissances indispensables, et qui, pour les acquérir,

« demanderont de votre part beaucoup d'instructions,
« d'éclaircissements, de mémoires, etc.; de la mienne
« beaucoup d'étude et de réflexions. Par rapport à moi, il
« me manque plus de jeunesse, un esprit plus tranquille,
« un cœur moins épuisé d'ennuis, et une certaine vigueur
« de génie, qui, même quand on l'a, n'est pas à l'épreuve
« des ennuis et des chagrins ; il me manque la santé, le
« temps ; il me manque, accablé d'une maladie cruelle et
« incurable, l'espoir de voir la fin d'un long travail que
« la seule attente du succès peut donner le courage de
« suivre ; il me manque enfin l'expérience dans les affaires,
« qui seule éclaire plus, sur l'art de conduire les hommes,
« que toutes les méditations.

« Si je me portais passablement, je me dirais : j'irai en
« Corse : six mois passés sur les lieux m'instruiront plus
« que cent volumes. Mais comment entreprendre un
« voyage aussi pénible dans l'état où je suis ? Le soutien-
« drais-je ? Me laisserait-on passer ! Mille obstacles m'ar-
« rêteraient en allant ; l'air de la mer achèverait de me
« détruire avant le retour. Je vous avoue que je désire
« mourir parmi les miens.

« Vous pouvez être pressé. Un travail de cette impor-
« tance ne peut être qu'une affaire de très longue ha-
« leine, même pour un homme qui se porterait bien.
« Avant de soumettre mon ouvrage à l'examen de la na-
« tion et de ses chefs, je veux commencer par en être
« content moi-même. Je ne veux rien donner par mor-
« ceaux : l'ouvrage doit être un ; l'on n'en saurait juger
« séparément. Ce n'est déjà pas peu de chose que de me
« mettre en état de commencer ; pour achever cela va
« loin.

« Il se présente aussi des réflexions sur l'état précaire
« où se trouve encore votre île. Je sais que sous un chef
« tel qu'ils l'ont aujourd'hui, les Corses n'ont rien à
« craindre de Gênes ; je crois qu'ils n'ont rien à craindre
« non plus des troupes qu'on dit que la France y envoie ;

« et ce qui me confirme dans cette opinion, est de voir
« un aussi bon patriote que vous me paraissez l'être,
« rester, malgré l'envoi de ces troupes, au service de la
« puissance qui les donne. Mais, Monsieur, l'indépen-
« dance de votre pays n'est point assurée tant qu'aucune
« puissance ne la reconnaît ; et vous m'avouerez qu'il
« n'est pas encourageant pour un aussi grand travail de
« l'entreprendre sans savoir s'il peut avoir son usage,
« même en le supposant bon.

« Ce n'est point pour me refuser à vos invitations, Mon-
« sieur, que je vous fais ces objections, mais pour les
« soumettre à votre examen et à celui de M. Paoli. Je vous
« crois trop gens de bien l'un et l'autre pour vouloir que
« mon affection pour votre patrie me fasse consumer le
« peu de temps qui me reste à des soins qui ne seraient
« bons à rien.

« Examinez donc, Messieurs, jugez vous-mêmes, et
« soyez sûrs que l'entreprise dont vous m'avez trouvé
« digne ne manquera point par ma volonté.

« Recevez, je vous prie, mes très humbles salutations,

« ROUSSEAU.

« P.-S. — En relisant votre lettre, je vois, Monsieur,
« qu'à la première lecture j'ai pris le change sur votre
« objet. J'ai cru que vous demandiez un corps complet de
« législation, et je vois que vous demandez seulement une
« institution politique ; ce qui me fait juger que vous avez
« déjà un corps de lois civiles autres que le droit écrit,
« sur lequel il s'agit de calquer une forme de gouverne-
« ment qui s'y rapporte. La tâche est moins grande, sans
« être petite, et il n'est pas sûr qu'il en résulte un tout
« aussi parfait : on n'en peut juger que sur le recueil
« complet de vos lois. »

PIÈCE N° II.

Preuves de noblesse des Bonaparte.

Archives nationales. — *Papiers de l'armoire de fer, AEI, 15. — Inventaire de production des actes que Napoléone de Buonaparte, d'Ajaccio, en Corse, élève nommé par Sa Majesté pour être reçu aux Écoles militaires, a l'honneur de produire par devant monsieur de Sérigny, juge d'armes de la noblesse de France.*

Cet inventaire est de la main de Charles de Buonaparte. Il comprend :

« Savoir dix *cajets*.le premier desquels contient l'extrait
« baptistaire du dit Napoleone du 15 août 1769. »

C'est cet extrait baptistaire qui a été remis au directeur de l'École de Brienne.

« Second *cajet* contenant l'extrait baptistaire de Charles,
« père de Napoleone et fils de Joseph du 29 mars 1746.

« Un certificat des nobles *principale* de la ville d'Ajaccio
« du 19 août 1771 qui prouve que la famille Buonaparte a
« été toujours au nombre des plus *enciennes* et nobles,
« tant pour son côté que par rapport aux *alleances* qu'elle
« a *contracté* avec la noblesse du royaume la plus distin-
« guée.

« Un acte de permission de mariage du 2 juin 1764.

« Un acte de reconnaissance de la famille Buonaparte
« de Toscane du 28 juin 1759 qui jouit du *Patriziat* et par
« conséquent de la plus grande noblesse, *comm'* il est
« constaté par *un' extrait* des lettres de noblesse du
« 18 *may* 1757 délivré par le grand duc de Toscane;

« Plus des lettres patentes de l'archevêque de Pise en
« Toscane qui accordent au dit Charles Buonaparte

« l'exercice du titre de noble et de patrice, du 30 no-
« vembre 1769,

« *Comm'* aussi *un'* arrêt du Conseil supérieur de Corse
« du 13 septembre 1771 qui déclare la famille Buona-
« parte noble de noblesse prouvée audelà de deux cents
« ans [1]............ »

1. De cet inventaire, l'énumération seule existe aux Archives nationales. Les dix cahiers mentionnés et leur contenu ont disparu.

APPENDICE.

Généalogie de la famille Buonaparte de Sarzane, de 1200 à 1567.
(Genealogia della famiglia Buonaparte di Sarzana, dall' anno 1200 all'anno 1567. Descrita da Dominico Maria Berrnucci dello stesso luogo nell' anno 1802.) — (*Armoire de fer, carton 15, n° 31, AEI. 15.*)

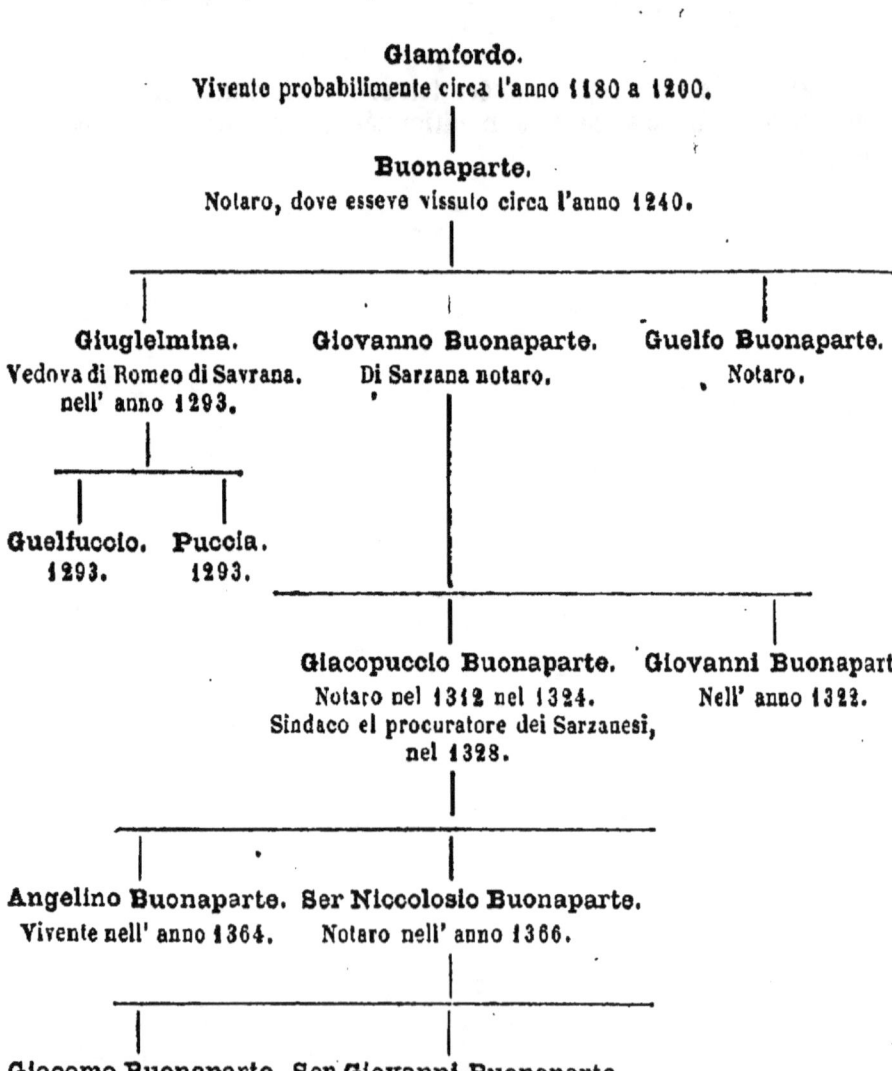

Ser Cesare Buonaparte.
1441.
Nell' anno 1465 fu priore degli anciani di Sarzana.

Giovanni Buonaparte.
1486 e 1496.

Francesco Buonaparte.
Marito di Caterina, figlia di ser Guido
di Castelletto nel 1512 abito in
Corsica nell' anno 1520.

Cesare Buonaparte.
Capellano del beneficio di
S. Tommassio nel 1486,
ed canonico di Liori.
Sarzana nel 1489,
e vivente encora nell'
anno 1544.

Antonia.
Moglia de ser Francesco
Mentano
nell' anno 1529.

Gabriele Buonaparte.
Abitante in Ajaccio
in Corsica.
nell' anno 1567.

Généalogie de la famille Bonaparte d'Ajaccio, d'après l'inventaire des actes remis à monsieur de Sérigny.

Gabriel Buonaparte.
Vers 1567.

Jérôme Buonaparte.
Ancien de la ville d'Ajaccio, en 1594, député d'Ajaccio près le Sénat de Gênes.

François Buonaparte.
Capitaine de la ville, ancien de la ville en 1596.

Sébastien Buonaparte.
Né en 1603.

Charles Buonaparte.
Reconnu noble par Gênes, en 1661.

Joseph Buonaparte.
Élu ancien, le 3 mai 1702.

Sébastien Buonaparte.
Ancien, le 17 avril 1720.

Joseph Buonaparte.
Élu ancien en 1760.

Charles Buonaparte.
Né le 29 mars 1746.
Reconnu noble le 19 août 1771. Marié en 1764.

ARCHIVES NATIONALES. — *Papiers de l'armoire de fer. AEI. 15.*

La production des actes précédents donna lieu à la correspondance suivante entre M. d'Hozier et Ch. Buonaparte :

Lettre de M. d'Hozier à Bonaparte.

Paris, 8 mars 1779.

Je vous prie, Monsieur, de me mander quel est le nom de famille de madame votre épouse. Elle est nommée Maria-Letitia Zémolina, dans la permission que M. l'évêque d'Ajaccio donna, le 2 juin 1764, de vous marier. Le troisième nom est-il nom de famille ou un troisième nom de baptême ? Quelle est la première lettre de ce nom ? J'ai figuré cette lettre plus haut, telle qu'elle l'est dans le dit acte de 1764. Comment ce nom doit-il se traduire en français ?

Votre acte de baptême vous nomme Carlo-Mia ; ce dernier nom écrit en abrégé, est sans doute Maria. Vous vous appelez donc Charles-Maria, quoique vous n'ayez d'autre nom que celui de

Réponse de M. de Buonaparte.

Versailles, 8 mars 1779.

Le nom de famille de ma femme est celui de Ramolino, et il n'est guère possible de le traduire en français.

Il est vrai que mon nom est de Charles-Marie, mais je ne me suis jamais servi que de celui de Charles.

Charles, soit dans le dit acte de 1764, soit dans l'extrait de baptême de Monsieur votre fils et dans l'arrêt de noblesse de 1771 ?

—

Votre nom est constamment écrit dans les actes, même dans cet arrêt de noblesse, sans être précédé de l'article *de* ; cependant vous signez *de Buonaparte*.

La République de Gênes, depuis 200 ans environ, a donné à mon ancêtre Jérôme le titre *d'egregium Hieromimum de Buonaparte*. Cet article a été omis, n'étant presque pas d'usage en Italie de s'en servir.

—

Le même arrêt de noblesse de 1771 donne à votre famille le nom Bonaparte et non Buonaparte ; ne dois-je pas me conformer pour l'orthographe, à celle du dit arrêt de 1771 ?

L'orthographe de mon nom de famille est celui de *Buonaparte*.

—

Vous donnerai-je, dans mon certificat de noblesse, la qualité de député de la noblesse Corse ?

J'ai l'honneur d'être présenté le 10 de ce mois à Sa Majesté, comme député de la noblesse Corse.

Je n'entends rien, Monsieur, à l'explication de vos armes, telle qu'on la lit dans votre inventaire ; il faudra me les envoyer peintes.

J'ai l'honneur de vous envoyer les armes peintes, telles que vous le désirez.

Enfin, comment faut-il traduire en français le nom de baptême de votre fils, qui

Le nom *Napoleone* est italien.

est Napoleone en Italien ?

Vous voudrez bien répondre à toutes les questions que je vous fais dans cette lettre, vis-à-vis chaque article.

J'ai l'honneur d'être, avec des sentiments respectueux, Monsieur, votre très humble et très obéissant serviteur,

D'HOZIER DE SÉRIGNY.

A M. de Buonaparte, député de la noblesse Corse, chez M. Ratte, rue Saint-Médéric, à Versailles.

J'ai l'honneur d'être, avec respect et reconnaissance, Monsieur, votre très humble et très obéissant serviteur,

DE BUONAPARTE.

Le 15 mars 1779, Charles de Buonaparte écrit à M. d'Hozier :

« J'ai l'honneur de vous faire passer les armoiries peintes de ma famille, avec la réponse aux questions que vous m'avez faites, et je vous rends un million de grâces de la bonté que vous avez eue d'envoyer aussi promptement le certificat au ministre. »

« Finalement produit le blason des armes de sa famille qui se trouve sur la porte de sa maison depuis un tems immémorial, sur la sépulture qu'elle possède dans la paroisse, et dans le *Palai* des *enciens Podestas* à Florence. Les dites armes ont la *courrone* de *compte*, l'écusson fendu par deux barres et deux *étoilles* avec les lettres B. P. qui signifient Buona Parte, le fond des armes rougeâtre, les barres et les étoiles bleu, les ombrements et la *courrone* jaune. » (*sic.*)

« Je soussigné reconnais que M. d'Hozier de Sérigny juge d'armes de la noblesse de France, et en cette qualité commissaire du Roi pour certifier à Sa Majesté la noblesse des Élèves des Écoles Royales militaires, chevalier et grand-croix honoraire de l'ordre Royal de Saint-Maurice de Sardaigne, m'a remis aujourd'hui les titres énoncés dans ce présent inventaire.

A Paris, le deux juillet 1779.

ARMAND,

Commis de la loterie royale de France, chargé par M. de Buonaparte, de retirer les dits titres, en vertu d'une lettre de mon dit sieur de Buonaparte, datée de Brienne le 25 avril présente année.

PIÈCE N° III.

COPIE DE L'ACTE DE NAISSANCE DE MARIE-ANNE BONAPARTE
(3 janvier 1767.)

Mille sette cento settantanove li quattro 9bre nella parᵃ di S. Gerolamo io sottoscritto arciprete, hò supplito alle sacre cerimonie avendo anto l'acqua in casa collà licenza di M. Vescovo, a *Maria-Anna* figlia dell' Illᵐᵒ sigʳ Carlo de Buonaparte, nobile del Regno dell' Illᵐᵃ sigʳᵃ Maria Lætitia sua moglie nata. Il tre di gennaro dell' anno mille sette cento settanta sette. P. P. suo sigᵉ canᶜᵒ e vicario, Ignazio Matteo Costa, et si sottoscrive canᶜᵒ Ignazio Matteo Costa Gio : Batta Levie arciprete d'Ajaccio.

Vu pour collation :

L'archiviste du département de la Corse,

DUFOURMANTELLE.

PIÈCE N° IV.

LES AUTORITÉS FRANÇAISES EN CORSE EN 1778.

En 1778, le personnel directeur de l'île de Corse se composait de :

M. *le marquis de Monteynard*, ministre de la guerre, gouverneur général honoraire ;

Louis-Charles-René, comte de Marbeuf, lieutenant général des armées du Roi, commandant en chef ;

Bertrand de Boucheporn, intendant ;

Nicolas Coster, procureur général au Conseil supérieur ;

Gaspard-Alexis de Barre, brigadier d'artillerie ;

Louis, comte de Damoiseau, maréchal de camp ;

Antoine, baron de Balathier, lieutenant de roi à Bastia ;

De Rivole, lieutenant de roi à Saint-Florent ;

Charles Desistrières, major à Calvi ;

De Petity, commandant à Ajaccio ;

Baron de l'Hopital, lieutenant de roi à Corte ;

Mainbourg, major à Bonifacio ;

D'Antin, major à l'Ile-Rousse ;

Jadart, ordonnateur des guerres ;

Dorly, Tiffet de la Mothe, Pichon, Vandricourt, Valcourt, commissaires des guerres.

PIÈCE N° V.

COMPOSITION DU RÉGIMENT ROYAL-CORSE EN 1778.

Colonel commandant : M. le marquis de Luc.
Colonel lieutenant en second : M. le comte de Pontevez.
Lieutenant-colonel : M. de Marengo.
Major : M. Camille Rossi.

Quartier-maître trésorier : M. Cucciolini.

Capitaines en premier : MM. Montesoro, de Poggi, Bellini, de Giovani, Sansonetti, don Grazio Rossi, de Casanova, de Boscheciampe, de Peretti, de Maffei, Lucciani.

Capitaines en second : MM. Ferrandi, Mattei, Bacciochi, Hyacinthe Rossi, San-Marcelli, Matra, Salicetti, Massesi, Carbuccia, Marc-Ant. Rossi.

Premiers lieutenants : MM. de Giovani, Giacomini, Leonardi, Colonna, Giovelina, Fabiani, Paolini, Fiorella, Francha, Colonna d'Istria, Pianelli.

Lieutenant en second : MM. Matra, Ciavaldini, Croce, Peretti, Aldovandi, Cazanova, Ferreri, Morlei, Questa, Giuseppi.

Sous-lieutenants : MM. Colonna Ornano, Sansonetti, de Giovani, Carlotti, Grimaldi, Biagini, Passano, Andriani, Salducci, Ch. Varese, Poggi, Peraldi, Ceccaldi, Colonna Cimota, Calani, Colonna Bozzi, Poli, Alexandrini, Cuneo, Massesi.

Ce régiment avait occupé successivement les garnisons de Fort-Barraux (décembre 1768), Mont-Dauphin (février 1769), Antibes (novembre 1769), Toulon (mai 1771), Avignon (octobre 1771), et de Marseille (février 1774). Ce fut à Aire, où il arriva en décembre 1787, qu'il fut licencié, le 17 mars 1788, pour former les bataillons (n°s 3 et 4) des chasseurs royaux corses.

Le 3e bataillon fut constitué à Vienne, le 26 avril 1788. Ses divers commandants furent : Camille de Rossi, 1er mai 1788 ; Giovanni Limperani, 25 juillet 1791 ; Salicetti (Ange-Louis), 7 août 1792 ; Casanova (Ch. Dom.), 8 mars 1793.

Le 4e bataillon s'organisa à Tournon, à la même époque que le précédent. Il eut pour chefs : de Rossi Grazio, 1er mai 1788 ; Sansonetti Stefano, 6 novembre 1791 ; Massei (Jacob-Louis), 7 août 1792.

PIÈCE N° VI.

ACTE DE NAISSANCE DE MARIE-ANNE BONAPARTE
(14 juillet 1771.)

« L'anno mille sette cento settant' uno a vent' uno luglio e stata Batt^a in q^{ta} chiesa paroc^{le} per me infra^{tto} canonico *Maria-Anna* figlia nata di leg^{mo} matrim° dal sig^r Carlo del fù Gius^e Bonaparte e dalla sig^{ra} Maria Letizia sua moglie nata li quattordici d°; ed hanno alle sacre cerem^e per pad^e l'Ill° Lorenzo Giubica di Calvij Procuratore del Re et per mad^a la sig^a Anna Ternano presente il P^{ro} quei unitamente a me si sono sotto scritti. »

Gio : Batta Diam^{to} Canonico, Lorenzo Giubega, Anna Ternano, Carlo Buonaparte.

Vu pour collation, 1878.

L'archiviste du département de la Corse,

DUFOURMANTELLE.

PIÈCE N° VII.

ACTE DE NAISSANCE DE LUCIEN BONAPARTE
(21 mars 1775.)

« Mille sette cento settanta nove li quattro S^{bre} nella Parr^a di S. Gerolamo, io sotto scritto arciprete hò supplito alle sacre cerimonie, avendo dato l'acqua in casa colla licenza di M. Vescovo a *Luciano* figlio dell' Illmo Sr Carlo de Bonaparte nobile del Regno e dell' Am^e Maria Letizia sua moglie nato li vent' uno di maggio dell' anno mille et sette cento settanta cinque P. P. R^{md} s^r Luciano de Bonaparte arcid° della catedrale d'Ajaccio, e si sottoscrive. »

Locianus archidiaconus de Bonaparte. Gio : Battà Levie arciprete d'Ajaccio.

Vu pour collation,

L'archiviste du département de la Corse,

DUFOURMANTELLE.

PIÈCE N° VIII.

ACTE DE NAISSANCE DE MARIE-ANNE DE BONAPARTE.
(3 janvier 1777.)

« L'an 1779, le 4 septembre, dans la paroisse de Saint-Jérôme, moi, soussigné archiprêtre, j'ai accompli les saintes cérémonies, ayant ondoyé à domicile (avec la permission de Mgr l'évêque) *Marie-Anne* fille de très illustre M. Charles de Buonaparte, noble du royaume, et de la très illustre dame Marie Lætitia son épouse, née le 3 janvier 1777. Parrain le très révérend chanoine vicaire Mgr Ignace-Mathias Costa, qui signe avec nous, en foi de quoi. »

JEAN-BAPTISTE FORCIOLI, archiprêtre.

PIÈCE N° IX.

ACTE DE NAISSANCE DE LOUIS BONAPARTE
(2 septembre 1778.)

Estratto dei Registri delle nascite che trovanzi depositati allo siagno della administrazione municipale del cantone d'Ajaccio.

« Mille e setti cento setant-otto, li venti quattro settembre nell' oratorio di S. Gerolamo è stato battezato da me sotto-scritto il Di sudetto aspergendo coll' acqua un figlio dell' Ill.mo sig.r Carlo de Buonaparte nobile ed assessore di questa giuridiz.ne edella magnifica Maria Letizia Ramolino di luj consorte al quale e stato posto el nome di *Luiggi* nato li due di D.to mese[1].

« Il podrino è stato sua eccellenza il sign.re conte de Marbeuf, marchese di Cargese, comandante in capite in questo regno e sua Eccellenza la sig.a Barbara de Boucheporn intendenteza in quest' isola l'anno e mese e giorno sudetto, li quali hanno sotto scritto con noi. »

Sotto scritti,

DE BOUCHEPORN.
Le comte DE MARBEUF.
GIO: BATTA FORCIOLI, arciprete d'Ajaccio.

Estrato conforme all' originale, li 16 germinal anno quinto republicano.

LANFRANCHI.

PIÈCE N° X.

ACTE DE MARIAGE DE JOSÉPHINE DE TASCHER DE LA PAGERIE
(13 décembre 1779.)

« Vu le certificat des trois bans publiés en la paroisse de Notre-Dame de la Martinique; vu l'extrait du baptême d'Alexandre-François-Marie de Beauharnois, *né le vingt-huit mai mil sept cent soixante;* vu aussi l'extrait de l'acte de baptême de Marie-Josephe-Rose de Tascher, *née le vingt-trois juillet mil sept cent soixante-trois,* certifié véri-

---

[1]. Cette deuxième partie de l'acte est sur le registre; mais elle est séparée de l'acte par un trait et semble former un acte à part.

table par *Frère Théodore de Colmart, capucin, curé*, sous la date du huit avril présente année ; vu enfin la procuration de messire Gaspard de Tascher, passé par devant Me Trutat et son collègue, notaires à Paris, le deux décembre mil sep cent soixante-dix-neuf, pour se faire représenter par messire Louis-Samuel de Tascher, prêtre-docteur de Sorbonne, aumônier de S. A. S. Monseigneur le duc de Penthièvre....., à donner son consentement à l'effet du mariage ci-après énoncé, tant en son nom que comme fondé de procuration de dame Rose-Claire Des Vergers de Sanois, son épouse, déposée en l'étude de Me Trutat, à Paris ; les fiançailles célébrées, le même jour ont été mariés par nous, curé soussigné..... Alexandre-François-Marie, vicomte de Beauharnois, capitaine au régiment de La Sarre, fils mineur de messire François, marquis de Beauharnois, chef d'escadre des armées navales, ancien gouverneur de la Martinique et des îles du Vent, et de defunte dame Marie-Anne-Henriette Pivart de Chastelet, ses père et mère, de fait et de droit de la paroisse de Saint-Sauveur, de Paris, avant de celle de Saint-Sulpice, même ville, d'une part ; et d'autre part, demoiselle Marie-Josephe de Tascher, fille mineur de Joseph-Gaspard de Tascher, chevalier, seigneur de la Pagerie, capitaine de dragons, et de dame Rose-Claire Des Vergers de Sanois, ses père et mère, de fait et de droit de cette paroisse, ci-devant de celle de Notre-Dame de la Martinique, assistés du père de l'époux, de messire Michel de Bégon, chevalier, conseiller honoraire au Parlement de Metz, intendant de la marine, etc., et autres parents et amis qui ont signé avec nous : vicomte de Beauharnois, M. J. R. de Tascher de la Pagerie, comte de Beauharnois, Bégon, comte de Beauharnois. »

(Registre de l'état civil de Noisy-le-Grand, archives du tribunal civil de Pontoise.)

PIÈCE N° XI.

Acte de naissance de Paula-Maria Bonaparte
(20 octobre 1780.)

« Mille e sette cento ottanta a vente due ottobre e stata battezata una bambina figlia legittima dell' Ill.mo Sig.r Carlo de Bonaparte assessore della giurisdizione d'Ajaccio, e nobile del Regno, e della Ill.ma sig.ra Maria Letizia sua madre d'Ajaccio, nata li venti a ore dieci della sere acui sic posto nome *Paola-Maria.* Padrini f. Red. sig. D. Luciano de Bonaparte arci° della catedrale di Ajaccio il quale unitam.te al Padre di essa bambina anno sotto scritto co noj. »

De Bonaparte Luciano arcidiacono.
De Buonaparte.
Gio : Batta Forcioli, arciprete d'Ajaccio.

Vu pour collation,
L'archiviste du département de la Corse,
Dufourmantelle.

PIÈCE N° XII.

Acte de naissance de Maria-Nunziata Bonaparte
(25 mars 1782.)

« Mille e sette cento ottanta due a venti cinque marzo e stata battezata una bambina figlia legittima dell' Ill.mo sig.r Carlo de Bonaparte assessore della giurisdizione reale d'Ajaccio e della Ill.ma sig.ra Maria Letizia sua madre nata questa mane alle ore due doppo la mezza notte a cuj si è imposto nome *Maria-Nunziata*. Patrini R° sig.r Luciano de Bonaparte arcid° della catedrale il quale unitamente al Padre si è sotto scritto co me. Archidiacono Lucia Buonaparte. De Buonaparte. Gio : Batta Forciolj archiprete d'Ajaccio.

Vu pour collation, 1878.

L'archiviste du département de la Corse

DUFOURMANTELLE.

PIÈCE N° XIII.

ACTE DE NAISSANCE DE EUGÈNE-ROSE DE BEAUHARNAIS

(3 septembre 1780.)

« Le mardi quatre septembre 1780 a été baptisé *Eugène-Rose*, né d'hier, fils de haut et puissant seigneur, messire Alexandre-François-Marie, vicomte de Beauharnois, capitaine au régiment de la Sarre, chevalier, et de haute et puissante dame Marie-Joseph-Rose de Tascher de la Pagerie, son épouse, rue Thévenot; parain haut et puissant seigneur messire François marquis de Beauharnois, baron de Banville, chevalier de l'ordre royal et militaire de Saint-Louis, chef d'escadre des armées navales, ancien gouverneur et lieutenant général pour le Roi de la Martinique et isles adjacentes, ayeul paternel; maraine, haute et puissante dame Rose-Claire Desvergers de Sanois, épouse de haut et puissant seigneur messire Joseph-Gaspard Tascher de la Pagerie, chevalier de l'ordre royal et militaire de Saint-Louis, capitaine de dragons, ayeul maternel, présent; représentée par haute et puissante dame

Marie-Euphémie-Désirée Tascher de la Pagerie, dame Renaudin, tante maternelle. »

(Signé) Tascher de la Pagerie, le marquis de Beauharnois, le vicomte de Beauharnois, Tascher de la Pagerie, Bégon, Jacquin, curé.

(Registre des naissances de l'église Saint-Sauveur.)

PIÈCE N° XIV.

Acte de naissance de Hortense-Eugénie de Beauharnais
(10 avril 1783.)

« L'an 1783, le 11 avril, par nous Louis Leber, docteur de Sorbonne et curé de cette paroisse, a été baptisée *Hortense-Eugénie*, née d'hier, fille de haut et puissant seigneur Alexandre-François-Marie, vicomte de Beauharnois, baron de Banville, capitaine au régiment de la Sarre, actuellement en Amérique pour le service du Roy, et de haute et puissante dame mademoiselle Marie-Rose-Josephe de Tascher de la Pagerie, vicomtesse de Beauharnois, son épouse, demeurants rue de la Pépinière, en cette paroisse. Le *parein* haut et puissant seigneur Joseph-Gaspard Tascher de la Pagerie, capitaine de dragons, chevalier de l'ordre royal et militaire de Saint-Louis, grand-père maternel de l'enfant, représenté par haut et puissant seigneur Robert-Gaspard Tascher de la Pagerie, fils mineur et son neveu demeurant rue de Seine des Fossés Saint-Victor, paroisse Saint-Nicolas du Chardonnet. La *mareine* haute et puissante dame Marie-Anne-Françoise Mouchard épouse de haut et puissant seigneur Claude de Beauharnois chef d'escadre des armées navales chevalier de l'ordre royal et militaire de Saint-Louis demeurant aux dames de la Visitation, rue du Bacq, paroisse Saint-Sulpice. »

(Signé) Mouchard, comtesse de Beauharnois, Tascher de

la *pageri*, le marquis de Beauharnois, le comte de Beauharnois, Leber.

(Registre de la Madeleine de la ville l'Evêque, 1783-1784, naissances ; n°s 56, fol. 30 v°).

PIÈCE N° XV.

Acte de naissance de Jérôme Bonaparte
(15 novembre 1784.)

« Mille e sette cento ottanta quattro a sedici novembre, e stato battezato un bambino figlio legittimo delli Ill^mi sig^ri Carlo de Bonaparte assessore della giurisdizione reale d'Ajaccio, e Maria Letizia Ramolino sua consorte, nato il giorno antecedente, a cuj si e imposto nome *Girolamo*. Padrinj il sig^r Nicola Luigi Pallavicino et la sig^a Angela-Maria Pietra-Santa vedua Flesci la quale ha dichiaroto no poter scrivere, ed il podrino ha sotto scritto. »

Nicolo-Luigi Pallavicini.
Gio : Batta Forcioli, arciprete d'Ajaccio.

Vu pour collation, 1878.

L'archiviste du département de la Corse,

Dufourmantelle.

PIÈCE N° XVI.

Mémoire *pour régler la redevance du bail emphytéotique de la campagne dite les Milelli, et de la maison la Badine, appartenant autrefois aux Jésuites d'Ajaccio en Corse.*

Monseigneur,

« Charles de Buonaparte, d'Ajaccio en Corse, a l'honneur

de vous représenter qu'ayant été prévenu par une lettre de l'Intendant du 12 novembre dernier qu'il vous avait plu d'ordonner une expertise des biens ci-dessus demandés par le suppliant en bail emphytéotique, il attendait d'en être instruit par le sieur Souiris, économe sequestre, et subdélégué de M. l'intendant; mais voyant que, malgré les ordres reçus, le sieur Souiris observait le plus profond silence pour conserver le plus longtemps possible la possession et jouissance des biens dont il se regarde, comme propriétaire depuis tant d'années, il prit parti de lui présenter une requête de la teneur suivante :

A Monsieur Souiris, économe des biens de l'instruction publique, et subdélégué de la Juridiction d'Ajaccio.

Monsieur,

« Charles de Buonaparte a l'honneur de vous représenter que, depuis l'année 1779, il présenta un mémoire au Ministre de la guerre, en lui exposant qu'il était le seul héritier de Virginie Odone, que ladite Virginie, ses enfants, et héritiers étaient appelés à la succession de Pierre Odone son père, qui par son testament avait substitué tous ses biens à la dite Virginie, sa fille et à ses enfants, au cas que Paul-Emile son fils vint à mourir sans enfants, ou que les enfants nés du dit Paul-Emile mourussent eux-mêmes, sans laisser de postérité; que le cas prévu par le testament était arrivé; que Paul-François Odone, méconnaissant le droit de la nature, enivré d'un faux principe de religion, avait donné aux Jésuites d'Ajaccio les biens grevés de la dite substitution fidei-commissaire, dévolus de toute justice à la famille Buonaparte.

« Que la prise de possession faite par les Jésuites dénotait assez les biens considérables dont la dite famille avait été privée ; que l'Instruction publique était à la vérité censée propriétaire des dits biens, mais que l'utilité d'une pareille destination ne pouvait pas couvrir le vice de son titre.

« Que, pour éviter les suites toujours funestes d'un procès en justice réglée vis-à-vis des économes qui plaideraient aux frais de l'Instruction, il s'était borné à demander une indemnité proportionnée à sa privation, justifiée par les titres qu'il avait produits.

« Que Monseigneur le prince de Montbarey avait renvoyé la requête et les titres aux commissaires du roi en Corse, et qu'après trois années de débats avec l'économe général, le suppliant, pour voir la fin de ses démarches, s'était restreint, du consentement de monsieur l'Intendant, à demander la préférence d'un bail emphytéotique de la campagne dite les Milelli, et de la maison la Badine, moyennant une légère redevance.

« Que monsieur l'Intendant, en 1782, avait formé son rapport et que finalement il vous avait plu, Monseigneur, d'accorder au suppliant, par préférence, le bail emphytéotique des biens dont il s'agit, vous réservant d'en fixer la redevance après en avoir reconnu la valeur. Que le remontrant vous avait réitéré ses instances pour obtenir la jouissance provisoire, afin de procéder aux réparations urgentes, mais que monsieur le changeur subdélégué général venait de lui faire part qu'il vous avait plu de décider qu'il était plus expédient de le mettre en possession desdits biens, que d'en accorder la jouissance provisoire; que vous aviez autorisé à cet effet, monsieur l'Intendant, à faire procéder à l'estimation, le chargeant de faire terminer cette opération le plus promptement possible.

« Qu'il paraissait nécessaire de faire procéder par des experts publics à l'estimation des biens-fonds, en faisant détailler leur état, soit par rapport aux deux maisons délabrées et menaçant ruine, soit par rapport à la campagne, qui était exposée aux incursions des bestiaux et remplie de makis de toutes parts; comme aussi de faire procéder à la liquidation des fruits et revenus, année commune, déduction faite des frais de culture et entretien, qui absorbent la meilleure partie du revenu.

« D'avoir égard au défaut du moulin à huile de la dite campagne, qui a été aliéné et qui occasionnera une dépense de deux mille livres pour en faire venir un de Marseille, comme aussi que les maisons sont presque sans portes, sans fenêtres, sans planchers et sans crépissage.

« Qu'il était nécessaire, eu égard à la situation des biens, d'achever cette opération le plus promptement possible, pour mettre le suppliant à portée de recueillir le fruit de la justice que vous aviez eu la bonté, Monseigneur, de lui rendre et qu'il espérait obtenir complète au moyen d'une redevance légère et proportionnée aux privations dont sa famille avait été la victime.

« Finalement, il le priait de joindre la requête au procès-verbal d'expertise, pour qu'il pût en prendre une copie légale et en faire part au ministère.

« Que cette requête, Monseigneur, au lieu de produire l'effet qu'on en devait attendre, décida le sieur Souiris à s'acharner plus fortement contre le suppliant, qui s'est épuisé en démarches inutiles pour parvenir à faire exécuter votre volonté.

« Qu'enfin les experts nommés, le sieur Souiris, jouant le rôle de juge et partie, ne voulut point des experts publics, mais il nomma le médecin Greque, son intime ami, auquel il délivra une instruction secrète sur la manière dont on devait rédiger l'expertise, afin de n'être jamais d'accord.

« Que les experts n'ayant pas été d'accord, le suppliant laissa au sieur Souiris le choix du troisième, pourvu qu'il fût pris parmi les gens du métier; mais il répondit qu'il fallait en écrire à Bastia au subdélégué général. Cette réponse de Bastia ne venait jamais, et, à force de réclamation, le sieur changeur nomma pour troisième le sieur Frère, géomètre du terrier, absent d'Ajaccio.

« Le suppliant, voyant alors qu'il était joué de toute part, se décida à s'embarquer pour venir à Paris se jeter à vos pieds, et il a eu le malheur de tomber malade dans la traversée de mer, et d'être obligé de s'arrêter à Montpellier pour le rétablissement de sa santé.

« Il s'est efforcé de vous adresser le présent mémoire, parce qu'il est persuadé qu'aussitôt qu'on aura su qu'il est tombé malade, on fera achever l'opération au gré du sieur Souiris, qui espère que les biens finiront par lui être adjugés, si on règle une redevance au delà du produit. »

PIÈCE N° XVII.

Mort de Charles Bonaparte.

« L'an 1785, et le 24 février est décédé messire *Charles-Bonaparte*, mari de dame Lætitia de Ramolino, ancien député de la noblesse des États de Corse, à la cour, âgé de trente-neuf ans à peu près.

« Registre de la paroisse de Saint-Denis à Montpellier, dont copie. »

Signé : Martin, curé.
et plus bas,
Joseph Bonaparte, Fesch.

Un procès verbal d'autopsie en date du 25 février 1785 constata que Charles Bonaparte était mort d'un cancer à l'estomac et décrivit les effets produits par cette maladie.

Cette pièce était signée des docteurs *Farjon*, *Lamure*, *Bousquet* et *Fabre*.

PIÈCE N° XVIII.

ACTE DE TUTELLE DES ENFANTS DE CHARLES BONAPARTE.

Déposé aux archives de la Cour des comptes de Montpellier.

« Le 16 août 1785, par devant Dominique Forcioli, avocat au conseil supérieur de la juridiction royale d'Ajaccio en l'île de Corse, faisant fonction de procureur de roi, attendu l'absence de J. B. Orto, procureur du roi de l'amirauté de cette ville, est comparu le sieur *Luciano de Buonaparte*, archidiacre de la cathédrale; *Ignace-Mathias Costa, François Paravicini*, tous deux chanoines; *Jean-Jérôme Leca, Quondam François-Félix*, parents au plus proche degré paternel des sieurs Joseph, Napoleone, Luciano, Luiggi, Gerolamo, Marianna, Carletta et Annonciada, tous frères et filles mineurs du défunt messire Charles de Buonaparte et les sieurs *François Ramolini* prêtre, *Quondam Giovan, Augustino, Sebastien et Silvestre* frères, *Colonna G. Dominique*, nobles parents au plus proche degré maternel, pour procéder à la nomination d'un tuteur auxdits enfants mineurs et pupilles, lesquels ont choisi unanimement le dit archidiacre *Luciano de Buonaparte*, écuyer, oncle paternel, lequel a accepté. »

PIÈCE N° XIX.

LETTRE DE BONAPARTE A SON ONCLE LUCIEN.

A Monsieur de Buonaparte, archidiacre de la cathédrale d'Ajaccio, en Corse, à Ajaccio, par Antibes.

Paris, le 28 mars 1785.

MON CHER ONCLE,

« Il serait inutile de vous exprimer combien j'ai été sensible au malheur qui vient de nous arriver. Nous avons perdu en lui un père, et Dieu sait quel était ce père ! sa tendresse, son attachement ; hélas ! tout nous désignait en lui le soutien de notre jeunesse. Vous avez perdu en lui un neveu obéissant, reconnaissant... Ah ! mieux que moi vous sentez combien il vous aimait. La patrie même, j'ose le dire, a perdu par sa mort un citoyen zélé, éclairé, et désintéressé. Cette dignité dont il a été plusieurs fois honoré marque assez la confiance qu'avaient en lui ses concitoyens. Et cependant le ciel l'a fait mourir, en quel endroit ? *à cent lieues de son pays, dans une contrée étrangère, indifférente à son existence, éloigné de ce qu'il avait de plus précieux.* Un fils, il est vrai, l'a assisté dans ce moment terrible ; ce dut être pour lui une consolation bien grande, mais certainement pas comparable à la triste joie qu'il aurait éprouvée s'il avait terminé sa carrière dans sa maison, près de son épouse et au sein de sa famille. Mais l'être suprême ne l'a pas ainsi permis : sa volonté est immuable, lui seul peut nous consoler. Hélas ! du moins s'il nous a privés de ce que nous avions de plus cher, il nous a encore laissé les personnes qui seules peuvent le remplacer. »

« Daignez donc nous tenir lieu du père que nous avons perdu. Notre attachement, notre reconnaissance seront proportionnés à un service si grand. Je finis en vous souhaitant une santé semblable à la mienne.

Votre très humble et très obéissant serviteur
et neveu,

NAPOLEONE DE BUONAPARTE.

PIÈCES A L'APPUI.   323

PIÈCE N° XX.

Liste des cadets-gentilshommes qui se sont trouvés à l'école militaire de Paris en même temps que Napoléon Bonaparte.

NOMS	DATE D'ENTRÉE	ANNÉE DE SORTIE	ARMES
Le Picard de Philippeaux............	....	27 oct. 1785	Artiller.
De Morot de Grésigny............	....	1785	
Aucapitaine.................	....	1785	
Boudeux de Vauderbourg.........	....	1785	
De Fages de Vaumale............	....	1786	
De Champeaux.................	....	1785	
Népveu de Bellefille............	....	1786	
Raymond de la Nougarède........	....	1785	Artiller.
De Roquefeuil.................	....	1785	Artiller.
De Bernard de Montbrison........	....	1785	
Espiard.....................	....	1785	
Oudan......................	....	1785	
De Roux d'Arbaud.............	....	1785	
De Vossey...................	....	1785	
De Circourt..................	....	1785	
Mathieu de Moulon............	....	1785	
De Rohan Guéménée............	....	1786	
Jablonowski.................	....	1785	
De Preissac..................	....	1785	
De Talaru...................	....	1785	
De Beaurepaire...............	....	1785	
De Sens de Morsan............	....	1785	
Bochart de Champigny..........	....	1785	
De la Haye de Montbault........	....	1785	
De Loras....................	....	1785	
De Malartic..................	....	1785	
De Girardin..................	....	1785	
De Girardin de Brégy...........	....	1785	
De Cruzy de Marcillac..........	....	1785	
De Bezolles de Corderoue.......	....	1785	
De Froissard de Bersaissin......	....	1785	
De Séran d'Andrieu............	....	1786	
De Forbin...................	....	1785	
De Rosset de Fleury...........	....	1785	
De Clinchamps...............	....	1785	
Richard de Castelnau..........	....	1785	
De Droullin de Tanques........	....	1785	
De Livet de Barville...........	....	1785	
Le Roux de Feugueray de Ricaville..	....	1785	
De Beauvais..................	....	1785	

NOMS	DATE D'ENTRÉE	ANNÉE DE SORTIE	ARMES
De Maussablé de Gastesouris....	....	1786	
De Beaulat...............	....	1787	
D'Ivoley.................	....	1785	
Du Saulzet...............	....	1785	
De l'Eglise de Félix.........	....	1786	Infant.
Quarré de Chelers..........	....	1785	
Achard de la Haye..........	....	1785	
De Génibrouze de Castelpers....	....	1786	
De Pagésy................	....	1785	
De Barbuat de Maison-Rouge de Boisgérard................	....	1788	
D'Assignies...............	....	1785	
Lelieur de la Ville-sur-Arce.....	....	5 oct. 1785	Artiller.
De Perrache d'Ampure........	....	1785	
De Chabannes..............	....	1786	
Du Castaing du Taboissies.....	....	1786	
Des Mazis................	13 oct. 1783	29 oct. 1785	Artiller.
De Beaudran..............	....	1786	
D'Arclais de Montamy........	....	1785	
Gohin de Montreuil.........	....	1786	
De Pluviers de Saint-Michel.....	....	1786	
De Puniet de Carensac........	....	1786	
De Vignes de Davaye........	....	1786	
De Rosières de Soraux........	....	1785	
De Corvisart de Fleury.......	....	1786	
Thiery de la Cour..........	....	1786	
De la Chevardière de la Grandville.	....	1786	
De Chastenet de Puységur.....	....	1786	
De Loynes d'Autroche de Gautray.	....	1786	
Fevret de Fontette..........	....	1785	
De Vendeuil..............	....	1786	
Chevalier de Mouzet de Montroud..	....	1786	
Chevalier de Monteynard......	....	1786	
De Saporta...............	....	1786	
De Quélen de Plessit........	....	1785	
Dorin...................	....	1786	
Ganot de Rochefort.........	14 sept. 1784	1788	Renvoyé
De Marotte de Gardanne......	....	1785	
D'Anglars................	....	1787	
Du Moulin des Coutanceries....	....	1788	
De Crochard de la Crochardière...	....	1787	
Billouard de Kerléree........	....	1786	
De Gontaut de Saint-Geniez.....	....	1785	
Lallemant de Villiers.........	28 sept. 1784	1788	
De Gondallier de Tugny.......	....	1788	

PIÈCES A L'APPUI

NOMS	DATE D'ENTRÉE	ANNÉE DE SORTIE	ARMES
Jacquelot de Moncetz............	....	1787	
Souchet Dalvimart..............	....	1788	
De Gréaume...................	....	1785	
De Grandoit..................	30 sept. 1784	1785	
De Villers....................	....	1786	
De Langon...................	....	1786	
Chevalier Rosset de Fleury......	1er oct. 1784	1787	
De Tacques de Gaches de Venzac de Neuville...................	....	1787	
De Garreau de Grésignac........	....	1788	
De Najac.....................	....	24 oct. 1785	
De Tircuy de Corcelles..........	....	1785	
De la Myre	2 oct. 1784	1786	
De Fleyre....................	....	1788	Renvoyé
De Combes de Miremont........	3 oct. 1784	1786	
D'Aurelle des Cornais..........	3 oct. 1784	1785	Mort.
De Guillermain de Montpinoy....	....	1786	
Amarison de Montfleury.........	4 oct. 1784	1786	Artiller.
Dalmas......................	....	30 oct. 1785	
De Barlatier de Mas............	....	30 oct. 1785	
De Douhet d'Anzers............	....	1785	
De la Rocques................	....	1785	
Auboutet de la Puisterie........	5 oct. 1784	1786	
De Gautier de Saint-Paulet......			
De Teyssières de Miremont......			
De Montagnac.................			
De Sauzillon..................			
De Broé.....................	13 oct. 1784		
Vitdelon de Bedée.............			
Sochet des Touches............			
De Mesnard..................			
De Neyon de Soisy.............	15 oct. 1784		
De la Lande de Vernon.........			
De Monestay de Chaseron......	18 oct. 1784		
De Montarby de Dampierre.....	22 oct. 1784	29 oct. 1785	
De Buonaparte................	....	29 oct. 1785	
De Cominges	....	29 oct. 1785	
De Laugier de Bellecourt.......			
De Castres...................			
De Vernon de Bouneuil.........	26 oct. 1784		
D'Hautpoul...................			
Le Clerc de Juigné............			
De Broé.....................			
De Montmorency Laval.........			
Daniel de Quineville...........			

NOMS	DATE D'ENTRÉE	ANNÉE DE SORTIE	ARMES
Vigier.............................			
De Lustrac.........................			
De Colnet..........................			
De Gigault de Bellefonds..........			
De Louvain........................			
De Saint-Germain, etc.............			
Macmahon de Leadmore[1]...........	1ᵉʳ oct. 1785	27 mars 1788	Renvoyé

1. Né le 3 septembre 1770 ; pensionnaire.

PIÈCE Nº XXI.

Liste des 58 élèves promus le 1ᵉʳ septembre 1785 au grade de lieutenant en second d'artillerie, avec l'indication des corps.

RANG.	NOMS DES LIEUTENANTS EN SECOND.	CORPS.
1	Pillon de la Tillais................	Metz.
2	D'Origny d'Agny...................	id.
3	De Bois-Baudry....................	Grenoble.
4	Le chevalier de Menou..............	Toul.
5	Le chevalier du Bois-Baudry........	Grenoble.
6	De Suremain de Missiey............	Auxonne.
7	*Law de Lauriston*.................	Toul.
8	De Gomer..........................	Metz.
9	De Damoiseau......................	*La Fère.*
10	De Bellegarde.....................	Toul.
11	Marquis d'Andelot.................	Strasbourg.
12	Saint-Michel de Montrecourt........	id.
13	Faultrier..........................	Metz.
14	Durivault..........................	Strasbourg.
15	De Brucourt.......................	Metz.
16	Villeneuve de Montgazon...........	Auxonne.
17	Lalance de Villers.................	id.
18	*De Roquefeuil*...................	*Metz.*

RANG.	NOMS DES LIEUTENANTS EN SECOND.	CORPS.
19	Bigaut de Grandrut................	Besançon.
20	Du Chaffant de Rié................	Metz.
21	Le Parra de Lieucamp de Salgues.....	Strasbourg.
22	Dubois de Launay..................	id.
23	Cellier de Bouville................	id.
24	De Sénarmont.....................	Besançon.
25	Collart de Ville...................	Auxonne.
26	Damey de Saint-Bresson............	Besançon.
27	*Lelieur de Ville-sur-Arce*..........	*La Fère.*
28	*Guerbert de Bellefonds*...........	id.
29	Colin de Boishamon................	Besançon.
30	La Chapelle de Choisy.............	Grenoble.
31	De Beaux	Strasbourg.
32	Le chevalier de Passac.............	Toul.
33	*De Hédouville*...................	Grenoble.
34	*Raymond de la Nougarède*.........	Strasbourg.
35	Léonard de Saint-Cyr..............	Auxonne.
36	Cousin de Dommartin..............	id.
37	Tharade de Marthemond............	Grenoble.
38	L'Espagnol de Grimbry............	Strasbourg.
39	Picot de Peccaduc.................	Metz.
40	*Belly de Bussy*..................	*La Fère.*
41	*Le Picard de Phélipeaux*..........	Metz.
42	*De Buonaparte*..................	*La Fère.*
43	Dulac de Puydenet................	Strasbourg.
44	Le Vicomte......................	Toul.
45	Le comte Ferdinand de Broglie......	id.
46	*Marescot de la Noue*.............	*La Fère.*
47	Dazémar de Saint-Jean.............	Metz.
48	Couessin de Kérande	Toul.
49	Lemoyne de Talhouet..............	id.
50	Lemaître Danouville...............	Strasbourg.
51	Le chevalier Lesart de Mouchain.....	id.
52	La Serre........................	Besançon.
53	Faure de Gière...................	Strasbourg.
54	Maussion de Chaumeronde..........	Besançon.
55	Lenoir de Rouvray................	Metz.
56	*Le chevalier des Mazis*...........	*La Fère.*
57	Marie du Rocher de Collières.......	Metz.
58	Le Tellier de Montaure............	Strasbourg.

PIÈCE N° XXII.

Brevet d'officier de Bonaparte.

À Monsieur le chevalier de Lance, brigadier d'infanterie, colonel du régiment de la Fère de mon corps royal de l'artillerie, et, en son absence, à celui qui commande la compagnie des bombardiers d'Autun.

Monsieur le chevalier de Lance,

Ayant donné à Napoleone de Buonaparte la charge de lieutenant en second de la compagnie de bombardiers d'Autun du régiment de la Fère de mon corps royal d'artillerie ; je vous écris cette lettre pour vous dire que vous ayez à le recevoir et faire reconnaître en ladite charge de tous ceux et ainsi qu'il appartiendra ; et la présente n'étant pour autre fin, je prie Dieu qu'il vous ait, monsieur le chevalier de Lance, en sa sainte garde.

Écrit à Saint-Cloud le 1er septembre 1785.

LOUIS.

Le maréchal de Ségur.

PIÈCE N° XXIII.

État des élèves du corps royal de l'artillerie examinés par M. de la Place, pendant les mois d'août et de septembre 1785 et proposés par M. de Gribeauval, pour être employés en qualité d'officiers.

. . . .

De Buonaparte, élève, sera attaché au régiment de la Fère.

(Numéro 42).

Cette promotion est datée du 1er septembre 1785, expédiée le 24 octobre 1785.

PIÈCE N° XXIV.

État nominatif *par compagnie de MM. les officiers, sergents-majors et sergents du régiment d'artillerie de la Fère, au 1er novembre* 1785.

PREMIER BATAILLON.

Première brigade (de Montjobert).

Compagnie Montperreux :

  Capitaine : Montperreux.
  Lieutenant en 1er : Du Raget.
       — en 2e : »
       — en 3e : Amer.
  Sergent-major : Collery.
  Sergents : Allary, Beaujacque, Augey, Copine.

Compagnie de Roche :

  Capitaine : de Roche.
  Lieutenant en 1er : Flayelle.
       — en 2e : de Roche.
       — en 3e : Méras.
  Sergent-major : Vautrain.
  Sergents : Legrand, Tonnelier, Simon, Juniet.

Compagnie La Haie :

  Capitaine : La Haie.
  Lieutenant en 1er : de Nexou.
       — en 2e : d'Ivoley.
       — en 3e : Maillard.
  Sergent-major : Janin.
  Sergents : Ducret, Louchard, Songoy, Roche.

Compagnie Boubers :

    Capitaine : Boubers.
    Lieutenant en 1er : de Germay.
    — en 2e : de Pambour.
    — en 3e : Tabon.
    Sergent-major : Beaumane.
    Sergents : Colzy, Mille, Juvigny, Touveron.

TROISIÈME BRIGADE (DE DURAND).

Compagnie La Gohière :

    Capitaine : La Gohière :
    Lieutenant en 1er : de La Motte.
    — en 2e : »
    — en 3e : Poix.
    Sergent-major : d'Hautecourt.
    Sergents : Planchon, Quillard, Cadet, Dobry.

Compagnie d'Arcy :

    Capitaine : d'Arcy.
    Lieutenant en 1er : La Chatonie.
    — en 2e : »
    — en 3e : Mathiot.
    Sergent-major : Dollé.
    Sergents : Mazade, Briet, Bastien, Gard.

Compagnie L'Épinay :

    Capitaine : L'Épinay.
    Lieutenant en 1er : La Viefville.
    — en 2e : de Fontanille.
    — en 3e : de Lang.
    Sergent-major : Bucourt.
    Sergents : Michon, Desmarteaux, Gravelotte, Guerlinger.

Compagnie de Zerre :

    Capitaine : de Zerre.
    Lieutenant en 1er : de Marzy.
    — en 2e : de Roulhières.
    — en 3e : Gayet.
    Sergent-major : Valdener.
    Sergents : Leclercq, Potin, Poindot, Lebon.

BOMBARDIERS.

CINQUIÈME BRIGADE (DE QUINTIN).

Compagnie d'Autume :

    Capitaine : d'Autume.
    Lieutenant en 1er : de Courcy.
    — en 2e : . . . (*Buonaparte*).
    — en 3e : Grosbois.
    Sergent-major : Brenier.
    Sergents : Boichard, Langevin, Pichon, Gillet.

Compagnie de Verrières :

    Capitaine : de Verrières.
    Lieutenant en 1er : de Gauville.
    — en 2e : Du Vaizeau.
    — en 3e : Laurent.
    Sergent-major : Coudère.
    Sergents : Begon, Lallier, Darre, Jannin.

Compagnie de Drouas :

    Capitaine : Drouas.
    Lieutenant en 1er : de Milleville.
    — en 2e : de Mabille.
    — en 3e : Ferrière.
    Sergent-major : Vernier.
    Sergents : Chevalier, Colbert, Sainte-Marie, Guillemin.

Compagnie d'Issautier :

    Capitaine : d'Issautier.
    Lieutenant en 1er : Des Mazis.
    —   en 2e : de Menoir.
    —   en 3e : Laval.
    Sergent-major : Lacaze.
    Sergents : Plançon, Carron, Isaac, Chombard.

DEUXIÈME BATAILLON.

DEUXIÈME BRIGADE (DE CUZEY).

Compagnie de Vigny :

    Capitaine : de Vigny.
    Lieutenant en 1er : de La Riboisière.
    —   en 2e : de Montaigu.
    —   en 3e : Badier.
    Sergent-major : Foliarson.
    Sergents : Maillot, Helin, Doriot, Loison.

Compagnie de la Martelière :

    Capitaine : de la Martelière.
    Lieutenant en 1er : Charles du Raget.
    —   en 2e : »
    —   en 3e : Jourdan.
    Sergent-major : Bancheron.
    Sergents : Quarante, Simon, Leroy, Henry.

Compagnie de Hennet :

    Capitaine : Hennet.
    Lieutenant en 1er : de l'Épinois.
    —   en 2e : de Vigneux.
    —   en 3e : Rachais.
    Sergent-major : Paris.
    Sergents : Tribondoy, Boulanger, Romand, Villard.

Compagnie la Barrière :

    Capitaine : Charles La Barrière.
    Lieutenant en 1er : Mallet.
    — — en 2e : de Bidon.
    —   en 3e : Reboul.
    Sergent-major : Lorain.
    Sergents : Tancoigne, Martin, Lambelin, Thille.

QUATRIÈME BRIGADE (DE BAUDESSON).

Compagnie de Baudesson :

    Capitaine : de Chalup.
    Lieutenant en 1er : de Pouilly.
    —   en 2e : de Sorbier.
    —   en 3e : Pierre.
    Sergent-major : Cartaux.
    Sergents : Avignon, Lenclus, Maillet, Lecoq.

Compagnie de Fuschemberg :

    Capitaine : de Fuschemberg.
    Lieutenant en 1er : de Lagrange.
    —   en 2e : Prevot.
    —   en 3e : Benoît.
    Sergent-major : Santonard.
    Sergents : Antoine, Feglin, Grill, Bazile.

Compagnie de Lafitte :

    Capitaine : de Lafitte.
    Lieutenant en 1er : de Beaulieu.
    —   en 2e : Du Raget de Chambouin.
    —   en 3e : Lauron.
    Sergent-major : Dulaurier.
    Sergents : Richard, Parent, Fournier, Roch.

Compagnie Du Hamel :

   Capitaine : Du Hamel.
   Lieutenant en 1er : de Thieulin.
   —   en 2e : Rolland.
   —   en 3e : Jouffroy.
   Sergent-major : Lemaire.
   Sergents : Chapuy, Pelerin, Gransard, Parnin.

PIÈCE N° XXV.

ÉTAT NOMINATIF *des officiers supérieurs et capitaines du régiment d'artillerie de La Fère devenu brigade d'artillerie n° 1.* (1er avril 1793.)

Chef de brigade : Delpire.
Chefs de bataillon : Niger, Sonic, Horson, Nozeret, Hybert, Heymès.
Quartier-maître trésorier : Dogoy.
Adjudants-majors : Jouffroy, Poinsot.
Adjudants : Gravelle, Guemeterre, Dumont, Berthoin.
Capitaines en premier : Fonton, *Milleville, Menoire,* Saint-Michel, Savary, Vauxmorel, Belle, Barrault, *Reboul, Méras, Jouffroy, Mathiot,* Grampaire, Destrès, Robert, Dolle, Perrein, Jaillot, *Bancheron,* Vaugrineuze, Bamnan, *Lacaze, D'Hautecourt, Paris.*
Capitaines en second : Dulaurier, Mazade, Sappel, Antoine, Monnot, *Santonard,* Caron, *Bucourt, Vautrain,* Ducret, *Tribondoy,* Vernier, *Planchon,* Dollé, Beaujacque, Brenier, *Valdener, Gillot, Louchard,* Cadet, *Foliarson,* Mérique, *Maillot, Tancoigne,* Quarante, Colzy, Isaac, *Legrand, Hélin, Laffite,* Alix, Mangin [1].

[1]. Les noms en italique sont ceux des officiers ayant appartenu à l'ancien régiment de La Fère en qualité d'officiers ou de sous-officiers. Sur ce nombre, on ne retrouve que six anciens officiers.

PIÈCE N° XXVI.

COMPOSITION DU CORPS ROYAL DE L'ARTILLERIE.

(Ordonnance du 3 novembre 1776.)

Le corps royal comprenait :
- 7 régiments d'artillerie.
- 6 compagnies de mineurs.
- 9 compagnies d'ouvriers.

Chaque régiment était composé à 2 bataillons de canonniers et de sapeurs, indépendamment de 4 compagnies de bombardiers.

Chaque bataillon était formé de 2 brigades, dont une de 4 compagnies de canonniers et l'autre de 3 compagnies de sapeurs. Les quatre compagnies de bombardiers constituaient une cinquième brigade.

Ainsi donc, chaque régiment comprenait 2 bataillons, 5 brigades et 20 compagnies, ce qui faisait pour tout le corps, 14 bataillons, 35 brigades et 155 compagnies, en y comprenant la compagnie de mineurs et d'ouvriers.

L'état-major général de l'armée avait 10 maréchaux de camp et 8 lieutenants généraux.

L'état-major du régiment se composait de :
- 1 colonel.
- 1 lieutenant-colonel.
- 5 chefs de brigade.
- 1 major.
- 1 aide-major.
- 1 quartier-maître trésorier.
- 1 tambour-major.
- 1 aumônier.
- 1 chirurgien.
- 1 armurier.

Chaque compagnie possédait : 1 capitaine, 3 lieutenants, 1 sergent-major, 4 sergents, 1 fourrier, 4 caporaux, 4 appointés, 8 canonniers ou sapeurs de 1re classe, 16 de 2e classe, 32 apprentis, 1 tambour, c'est-à-dire un total de 75 hommes, officiers compris.

Le tout représentait un ensemble de :

Pour les 7 régiments.	9,954 hommes,	630 officiers.
—	Mineurs...	492	—	31	—
—	Ouvriers..	639	—	36	—
—	État-major.			212	—
	Total...	11.085 hommes,	909 officiers.

L'état-major était constitué par :

10 inspecteurs généraux, dont 1 premier inspecteur.
7 commandants en chef des écoles.
22 colonels directeurs.
27 lieutenants-colonels, dont 23 sous-directeurs et 4 inspecteurs des manufactures.
62 capitaines en premier dans les places.
84 capitaines en second, dont 6 à chaque régiment.
6 élèves par chaque école.

Le règlement du 1er mars 1778 sur les troupes provinciales, avait affecté au corps de l'artillerie sept régiments provinciaux qui prirent les noms des régiments d'artillerie.

L'ordonnance du 24 octobre 1784 n'avait rien changé à cet état de choses, elle n'avait fait que spécifier la création du corps royal des colonies, appelé depuis régiment de Rennes et devenu plus tard le 8e régiment d'artillerie.

D'après l'ordonnance du 3 novembre 1776, la solde était la suivante :

GRADES	PAR AN	
	APPOINTEMENTS.	LOGEMENTS.
2 premiers capitaines de canonniers...	2700 l.	
Capitaines de canonniers............	2400	
Capitaines de bombardiers..........	2200	180
Capitaines-commandants de sapeurs..	1500	*Payés par les soins du trésorier royal.* / *Payés par la province.*
Lieutenants en premier.............	950	
Lieutenants en second..............	800	120
Lieutenants en troisième...........	840	

Les lieutenants en 3e étaient mieux payés que les lieutenants en 2e, parce qu'ils sortaient des bas officiers.

Les lieutenants venant de l'École militaire, anciens boursiers, recevaient une pension supplémentaire de 200 livres, payée par le roi jusqu'au grade de capitaine.

Les affaires de l'artillerie étaient réglées au ministère de la guerre, rue Saint-Florentin, dans les bureaux de M. Le Sancquer, commissaire ordonnateur des guerres, à la cour. Ces affaires concernaient l'artillerie de terre, le corps royal, les inspecteurs et les commissaires des guerres dudit corps, les lettres et brevets des officiers, etc.

PIÈCE N° XXVII.

ITINÉRAIRE DU 1er BATAILLON DU RÉGIMENT D'ARTILLERIE DE LA FÈRE, SE RENDANT DE VALENCE A LYON, PUIS A DOUAI, EN 1786.

De Valence à Saint-Vallier....... 12 août 1786.
— au Péage............. 13 —
— à Vienne............. 14 —
— à Lyon .... 15 — (séjour à Lyon du
.... 15 août au 20 septembre).

De Valence à Villefranche	21 septembre 1786	(jonction avec le 2ᵉ bataillon).	
— Mâcon	22 —		
— Tournus	23 —		
— Châlon-sur-Saône	24 et 25.	(séjour).	
— Beaune	26 —		
— Dijon	27 —		
— Selongey	28 —		
— Langres	29 et 30	(séjour).	
— Chaumont	1ᵉʳ octobre 1786.		
— Vignory	2 —		
— Joinville	3 —		
— Saint-Dizier	4 et 5	(séjour).	
— Vitry-sur-Marne	6 —		
— Châlons-sur-Marne	7 —		
— Petites-Loges	8 —		
— Reims	9 et 10	(séjour).	
— Corbény	11 —		
— Laon	12 —		
— La Fère	13 —		
— Saint-Quentin	14 et 15	(séjour).	
— Cambrai	16 —		
— Douai	17 octobre 1786.		

PIÈCE Nº XXVIII.

COMPOSITION *du haut personnel militaire de l'île de Corse en* 1787.

Lieutenant général, commandant l'île : M. le marquis *de Jaucourt*.

Commandant les troupes : M. le vicomte *de Barrin*.

Commandant en second : M. le comte *Durosel-Beaumanoir*.

Intendant : M. *de la Guillaumye*.

Trésorier principal (à Bastia) : M. *de la Bouillerie*.

A Bastia : M. *de Balathier*, lieutenant de roi ; M. *Marot*, major.

A Saint-Florent : M. *de Rochemaure*, commandant.

A Calvi : M. le comte *de Maudet*, commandant; M. *de Gombaut*, major; M. le chevalier *de Suillans*, aide-major.

A Ajaccio : M. le chevalier *de la Ferrandière*, commandant ; M. *de Saint-Ange*, major.

A Bonifacio : M. *Mainbourg*, major, commandant.

A l'Ile-Rousse : M. *Heuilleur de Turby*, major, commandant.

A Corte : le baron *de l'Hopital*, lieutenant de roi ; *Labasse*, major.

A Bastia : M. *Jadart*, ordonnateur en chef ; *Ch. Seigneur*, ordonnateur pour l'artillerie ; *Pottier de Reynan*, ordonnateur pour l'intendance.

A Calvi : M. *de Vaudricourt*, commissaire.

A Ajaccio : M. *Dorly*, commissaire.

A Corte : M. *Pichon*, commissaire.

PIÈCE N° XXIX.

COMPOSITION DES CADRES DES CHASSEURS ROYAUX CORSES, DU RÉGIMENT DE L'ILE DE CORSE, DES RÉGIMENTS SUISSES DE SALIS ET D'ERNEST ET DU RÉGIMENT DU LIMOUSIN, EN 1787.

Chasseurs royaux Corses.

Lieutenant-colonel : M. Camillo Rossi.

Major : M. *Bacciochi*.

Capitaines en 1ᵉʳ : MM. de Giovanni, Sansonetti, *Ferrandi*, Mattei, *Salicetti*, Massesi, Carbuccia, Lucciani, Maro, Ant. de Rossi.

Capitaines en 2ᵉ : de Giovanni, Giacomoni, Leonardi, *Colonna Giovellina*, Fabiani, Paolini, Fiorella, Colonna Istria, Pianelli, Ciavaldini.

Lieutenants en 1ᵉʳ : Aldrovandi, Ferri, Morlas, *Casanova*, Questa, Giuseppi, Luigi Sansonetti, Leonardi de Giovanni, Carlotti, *Ceccaldi*.

Lieutenants en 2ᵉ : *Peraldi, Colonna d'Ornano,* Colonna

Bozzi, *Cuneo*, Celani, Poli, Francesco Massesi, Peretti, F. Bacciochi, Frediani.

Sous-lieutenants : *Gentili*, Ant. Colonna Locari, Fr. Pianelli, Bustoro, Pasqualini, Citadella, Mari, Pallavicini, Massei, Paccioni, *P. Bacciochi*, d'Angelo, Antoni, Sustini, A. G. de Giovanni, Cattaneo, *And. Bacciochi*, Luigi Questa.

L'autre bataillon était commandé par Dón Grazio de Rossi avec un autre de Rossi pour major.

Régiment de l'île de Corse.

Le régiment de l'île de Corse avait pour lieutenant-colonel Raff. Casabianca.

Les capitaines sont : Casabianca, Ristori, Ceccaldi, Galloni d'Istria, Colonna Cesari de la Rocca.

Régiment suisse de Salis.

Ce régiment était en garnison à Corte ; il prit plus tard le n° 95.

Il avait pour colonel M. le baron de Salis Maschlin, avec rang de maréchal de camp, et pour major M. de Salis Soglio (devenu lieutenant-colonel en 1791).

Parmi les capitaines, nous ne trouvons de noms saillants que ceux de MM. *Paravicini* et de *Blumenthal*; parmi les sous-lieutenants, Valentin Parravicini et G. Parravicini.

Régiment du Limousin.

Ce régiment occupait Ajaccio depuis le 1er mai 1783. Il prit plus tard le n° 42. Il avait pour colonel, en 1787, M. le comte de Virieu, pour lieutenant-colonel, M. de Vouillers et pour major, M. de Maillard, devenu lieutenant-colonel en 1790.

Parmi les capitaines, nous ne trouvons que des noms d'officiers nobles, mais aucun marquant.

Le régiment rentre en France en 1793.

Régiment suisse d'Ernest.

Le régiment, qui était en Corse en 1787, retourna en 1791 à Marseille, avec le n° 63. Il avait pour colonel M. d'Ernest, avec le rang de maréchal de camp, M. de Watteville pour major. Parmi les officiers, il n'y a guère que MM. de Watteville de Loin, d'Erlach, de Diesbach et F. de Watteville qui soient à signaler.

---

* PIÈCE N° XXX.

Mémoire à M. l'Intendant relativement à la Pépinière d'Ajaccio.

Paris, novembre 1787.

MONSEIGNEUR,

Letizia Ramolino veuve de Buonaparte d'Ajaccio a l'honneur de vous exposer :

Que par le contrat que feu son mari a passé avec le Roi pour l'établissement d'une pépinière de *meuriers*, en 1782, il devait commencer sa *distribuction* en 1787, que pendant cet *interval* de cinq années, elle *devoit* toucher la somme de 8,500 livres à titre *davance* plus la valeur de la greffe d'un sol pour arbre comme elle a été réglée aux états de 1783 ; son contrat fut résilié en mai 1786, qu'à cette époque l'on cesa de lui continuer des avances, *s'étois* une suite de ce qu'elle n'avait plus de *plantaction* à faire.

Pour remplir ses *engagement*, sur la foi d'un contrat *publique* ; en 1785, elle fit comme à l'ordinaire sa *plantaction* comptant dans le *courrant* de l'année toucher la partie des avances *échue* cette année, mais son étonnement fut extrême, quand en les *solicitant*, monsieur l'Intendant lui fit part de l'impossibilité où il était de les lui faire toucher, elle *représentat* avec force le *tord* que l'on lui *ferroit* et il vous souviendra, Monseigneur, que convaincu par ses raisons vous aviez déjà ordonné que l'on *dressa* les ordonnances quand l'on trouva une *proibition* du Ministre.

La suppliante du moment qu'elle a *vue* le retardement que les circonstances *produiroit* dans son affaire des indemnités s'adressa à monseigneur le contrôleur général et obtint qu'il vous *fus* rendu la liberté de suivre votre justice.

Elle a donc l'honneur de vous *soliciter* de suivre la règle qu'elle vous *prescrirat* et est *persuadé d'un issus* favorable. S'il *faloit soliciter* une nouvelle marque des bontés qu'il vous a *plus* de lui *témoigneur* en *différent* événements peut-être y aurait-elle aujourd'hui *quellque* titre de plus, la nature de l'affaire : un sujet *lesée* dans une entreprise *fait* par patriotisme, le grand nombre de démarches qu'elle a *été obligé* de faire, les inquiétudes qu'elle a *eu* pour obtenir une justice qui ne lui est pas encore *rendu*. Sans doute que si elle en *eu prévue* toutes les difficultés ; elle eût abandonné dès sa naissance la *solicitation* d'une affaire, *concequante* peut-être pour elle, mais *ou* enfin il ne s'agissait que d'une somme d'argent, qui ne compense jamais de l'espèce *davélissement* qu'éprouve un homme de reconnaître à chaque moment sa *sujection*.

La suppliante n'a touché à titre *davance* que 5,800 liv. tandis qu'à la fin de 1785 elle en *eu due* avoir touché 7,350 liv., ce qui fait 1,550 liv. qui lui sont *dû* pour compléter la somme des avances échues avant la résiliation du contrat, plus la greffe des arbres existant dans sa pépinière, c'est-à-dire 1,500 liv. Dans ce moment elle *solicite* donc le déboursement de 3,500 liv.

Somme qui *joint* aux avances ultérieures, la suppliante se trouvera redevable de 8,850 liv.

Qu'elle seront donc ses moyens de remboursement ?...

Eh ! rien qu'avec les sujets existant actuellement dans

sa pépinière elle a l'équivalent de 9,000 liv. Ces indemnités... l'intention du gouvernement est de lui en donner, le point de vue favorable sur *lequelle* vous l'aurez *présente* comme vous avez eu la bonté de le lui promettre, *finis* de donner sur cette affaire des probabilités suffisantes, ils ne peuvent pas à la vérité constituer un titre pour *soliciter* des avances mais bien peuvent servir de sûr garant à monsieur de *Guillomiye* pour le *rembourcement* d'icelle.....

Vous aurez autant qu'il est en vous réparé les fausses spéculations de votre prédécesseur, vous aurez fait du bien à une famille en suivant les règles de la justice la plus stricte; de pareilles occasions n'arivent pas tous les jours. Monseigneur profitez-en et si la suppliante *réconnaîtra* par la plus vive *reconnoicence* vos bontés ; vous Monseigneur, lui deverez l'occasion *offert* qui ne vous *feras* jamais penser à cette famille sans éprouver un contentement intérieur... Paradis de l'homme juste.

La suppliante et pour madame sa mère,

Buonaparte,

officier d'artillerie.

PIÈCES N°ˢ XXXI ET XXXII.

Requêtes de Madame Bonaparte.

Lettre de madame Bonaparte à monsieur l'Intendant de Corse.

Ajaccio, 12 février 1788.

Monsieur,

Madame Angela-Maria Pietra Santa, Pietra Costa, monsieur Barrois et plusieurs autres personnes de cette ville désirant avoir des *meuriers* sur ma pépinière m'*avait* demandé des renseignements sur les démarches à faire pour obtenir votre ordonnance.

En conséquence, ils avaient fait faire des trous et ont demandé à messieurs les officiers municipaux des certificats précédés *dune decente* dans les *androits* où ils avaient fait travailler.

Monsieur le podestat a répondu que *lordonnance* que vous avez fait afficher pour cet objet ne leur ayant pas été *communiqué* ils *n'étois* pas dans le cas de faire ce *travaille*.

Je me suis en *concequence adressé* à votre subdélégué *enfin* de ne perdre aucun tems qui est précieux dans cette saison. Après diverses *recherches* dans ses cartons, monsieur *Souris* n'en a pas trouvé de copie. Je *prend* donc la liberté de vous prier de vouloir bien *comuniquer* votre ordonnance à messieurs les officiers *municipeaux* ou de prendre tout autre parti qui puisse faire cesser cet incident.

Quoique la saison soit un peu *avancé* je crois que cela ne *dois* pas vous *empecher* de délivrer des ordonnances aux habitans des marines l'air étant plus tempéré et le terrain plus arrosé.

Je suis avec le plus profond respect, Monsieur
    Votre très humble et très obéissante servante

        Veuve de Buonaparte.

(Cette lettre est de la main de Bonaparte).

Le 27 février, l'Intendant répondait à madame Bonaparte qu'il fallait attendre à l'automne prochain pour les mûriers. Il écrivait le même jour à M. Souiris, le subdélégué, pour autoriser la livraison si c'était possible.

Le 12 avril, nouvelle lettre de madame Bonaparte, de la main de son fils.

*A monsieur de la Guillaumye, intendant de l'Ile de Corse,
à Bastia.*

12 avril 1788.

Monsieur,

Par la lettre du 12 novembre 1787 que vous me *fit* l'honneur de *m'écrir*, vous me disiez que du moment que j'aurais achevé la livraison de cette année vous m'auriez fait *touché* la valeur *des ces* arbres; *actuelment* je *vient* d'en livrer *a différent particulier*, sur les *ordonances* que vous lui aviez *donné*, le nombre de 3600 plus celui de 500 sur des *billet particulier* de votre subdélégué, en *concequence* du pouvoir qu'il m'a communiqué, en tout 4110 arbres *meuriers*, j'ose donc vous prier d'effectuer la promesse que vous avez eu la bonté de me faire.

J'étais dans le cas de livrer cette année un bien plus grand nombre d'arbres. J'ai toujours *atendu* que *quelqun* vint me présenter *quelqu'unes* de vos ordonnances ; et c'est avec surprise que je vois aujourd'hui *ou* la saison ne *permets* plus pour cette année aucune *plantanction* que vos ordonnances se sont *borné a* un si petit nombre, je comprends facilement que le manque de cultivateur ou de *demendes* en a été la cause mais il n'en *ai* pas moins vrai que cela me porte grand préjudice et une année de *cultivation* de plus que je suis obligé de donner à 5 ou 6000 arbres *une forme* un *acroissement* de dépense de plus d'un sol par arbre.

En vérité, je me *trouvé* singulièrement *lesé* dans cette entreprise, mais je *netourdirez* pas vos oreilles par de nouvelles plaintes la bonté dont vous m'avez toujours *honnoré* m'est assez *garant* de votre impuissance à y remédier. Du moins *joserois* me flatter que vous *contriburez* un peu *a* me soulager *a macordant* le prix des arbres délivrés ce qui me paraît bien juste y ayant *dailleur* été *autorisé* par le ministre; ce serait abuser de votre complaisance que de vous exposer les *différent tord* que j'ai *éprouvé* dans cette affaire, j'espère donc dans *vostre* bonté.

Si j'osais renouveler *a* votre souvenir l'affaire du marais *delle sabini* je vous représenterais que le *primptems* est la *saisons* favorable pour les *traveaux* ou *reparation* dans cet endroit *ou* l'abondance des eaux s'opposant aux *traveaux* de *l'hivers* et l'infection de *laire* à ceux de *lété*.

Je suis avec le plus profond respect Monsieur
Votre très humble et très obéissante servante

Veuve DE BUONAPARTE.

(Cette lettre est également de la main de Bonaparte).

Le 16 avril, l'intendant lui répondait pour lui indiquer les pièces à fournir en vue du payement des mûriers. Pour les salines, il la priait d'attendre.

Le 20 avril, madame Bonaparte adressait à l'intendant les pièces demandées et renouvelait ses plaintes et ses condoléances pour les salines (cette lettre était encore de la main de Bonaparte) ...... « J'ai l'honneur, écrivait-elle, de vous envoyer le double état des ordonnances qui ont *servit* à la livraison......[1]. »

PIÈCE N° XXXIII.

LETTRES SUR LA CORSE.

LETTRE PREMIÈRE.

Monsieur,

Ami des hommes libres, vous vous intéressez au sort de la Corse, que vous aimez ; le caractère de ses habitants

---

[1] Toutes ces pièces se trouvent aux archives de la guerre. Mss.

l'appelait à la liberté; la *centralité* de sa position, le nombre de ses ports et la fertilité du sol l'appelaient à un grand commerce. — Pourquoi donc le peuple corse n'a-t-il jamais été ni libre ni commerçant? — C'est qu'une fatalité inexplicable a toujours armé ses voisins contre lui. Il a été la proie de leur ambition, la victime de leur politique et de sa propre opiniâtreté... Vous l'avez vu prendre les armes, secouer l'atroce gouvernement Génois, recouvrer son indépendance, vivre un instant heureux; mais, poursuivi par cette fatalité irrésistible, il tomba dans le plus insupportable avilissement. Pendant vingt-quatre siècles, voilà les scènes qui se renouvellent sans interruption : mêmes vicissitudes, même infortune, mais aussi même courage, même résolution, même audace. Les Romains ne purent se l'attacher qu'en se l'alliant; des essaims de Barbares l'assaillirent; ils s'emparèrent de ses champs, incendièrent ses maisons; mais il sacrifia son caractère de propriétaire à celui d'homme; il erra pour vivre libre. S'il trembla devant l'hydre féodale, ce fut seulement autant de temps pour la connaître et pour la détruire. S'il baisa en esclave les chaînes de Rome, guidé par le sentiment de la nature, il ne tarda pas à les briser; s'il courba enfin la tête sous l'aristocratie ligurienne, si des forces irrésistibles le maintinrent vingt ans soumis au despotisme de Versailles, quarante ans d'une guerre opiniâtre étonnèrent l'Europe et, confondirent ses ennemis. Mais vous qui avez prédit à la Hollande sa chute, à la France sa génération, vous aviez promis aux Corses le rétablissement de leur gouvernement, le terme de l'injuste domination française.

Votre prédiction se serait accomplie lorsque cet intrépide peuple, revenu de son étourdissement, se fût ressouvenu que la mort n'est qu'un des états de l'âme, mais que l'esclavage en est l'avilissement; elle se serait accomplie.
... Inutiles recherches! Dans un instant tout est changé. Du sein de la nation que gouvernaient nos tyrans a jailli l'étincelle électrique : cette nation éclairée, puissante,

généreuse, s'est souvenue de ses droits et de sa force ; elle a été libre et a voulu que nous le fussions comme elle. Elle nous a ouvert son sein : désormais nous avons les mêmes intérêts, les mêmes sollicitudes ; il n'est plus de mer qui nous sépare.

Parmi les bizarreries de la révolution française, celle-ci n'est pas la moindre. Ceux qui nous donnaient la mort comme à des rebelles sont aujourd'hui nos protecteurs ; ils sont animés par nos sentiments. — Homme ! homme ! que tu es méprisable dans l'esclavage, que tu es grand lorsque l'amour de la liberté t'enflamme ! Alors tes préjugés se dissipent, ton âme s'élève, ta raison reprend son empire... Régénéré, tu es vraiment le roi de la nature.

A combien de vicissitudes, Monsieur, sont sujettes les nations ! Est-ce la Providence d'une intelligence supérieure, ou est-ce le hasard aveugle qui dirige leur sort ? Pardonne ô Dieu ! mais la tyrannie, l'oppression, l'injustice dévastent la terre, et la terre est ton ouvrage. Les souffrances, les soucis sont le partage du juste, et, le juste est ton image. Ces amères réflexions sont écrites sur toutes les pages de l'histoire de Corse, car l'histoire de Corse n'est qu'une lutte perpétuelle entre un petit peuple qui veut vivre libre et ses voisins qui veulent l'opprimer ; l'un se défend avec cette énergie qu'inspirent la justice et l'amour de l'indépendance, les autres attaquent avec cette perfection de tactique qui est le fruit des sciences et de l'expérience des siècles ; le premier a des montagnes pour dernier refuge, les seconds ont leurs navires. Maîtres de la mer, ils interceptent les communications et se retirent, reviennent ou varient leurs attaques à leur gré. Ainsi, la mer, qui, pour tous les autres peuples, fut la première source des richesses et de la puissance, la mer qui éleva Tyr, Carthage, Athènes, qui maintient encore l'Angleterre, la Hollande, la France, au plus haut degré de splendeur et de puissance, fut la source de l'infortune et de la misère de ma patrie ; heureuse si la sublime faculté de perfection eût été plus bornée dans l'homme! Il n'aurait pas alors, dans la soif de son inquiétude et par le moyen de l'observation, soumis à ses caprices le feu, l'eau et l'air; il aurait respecté les barrières de la nature. Des bras de mer immenses l'auraient étonné sans lui donner l'idée de les franchir. Nous eussions donc toujours ignoré qu'il existait un continent... Oh! l'heureuse, l'heureuse ignorance!!!

Quel tableau offre l'histoire moderne! Des peuples qui s'entre-tuent pour des querelles de famille, et qui s'entr'égorgent au nom du moteur de l'univers; des prêtres fourbes et avides qui les égarent par les grands moyens de l'imagination, de l'amour du merveilleux et de la terreur. Dans cette suite de scènes affligeantes quel intérêt peut prendre un lecteur éclairé! Mais, un Guillaume Tell vient-il à paraître, les vœux s'arrêtent sur ce vengeur des nations; le tableau de l'Amérique dévastée par des brigands forts de leur fer, inspire le mépris de l'espèce humaine; mais on partage les travaux de Washington, on jouit de ses triomphes, on le suit à deux mille lieues; sa cause est celle de l'humanité. Eh bien! l'histoire de Corse offre une foule de tableaux de ce genre; si ces insulaires ne manquèrent pas de fer, ils manquèrent de marine pour profiter de la victoire et se mettre à l'abri d'une seconde attaque. Ainsi les années durent se passer en combats. Un peuple fort de sa sobriété et de sa constance, et des nations puissantes, riches du commerce de l'Europe, voilà les acteurs qui figurent dans l'histoire de Corse.

Pénétré de l'utilité qu'elle pouvait avoir, de l'intérêt qu'elle inspirait, et convaincu de l'ignorance ou de la vénalité des écrivains qui ont jusqu'ici travaillé sur nos annales, vous avez senti que l'histoire de Corse manquait à notre littérature. Votre amitié voulut me croire capable de l'écrire. J'acceptai avec empressement un travail qui flattait mon amour pour ma patrie, alors avilie, malheureuse, enchaînée. Je me réjouis d'avoir à dénoncer à

l'opinion qui commençait à se former, les tyrans subalternes qui la dévastaient : je n'écoutais pas le cri de mon impuissance... « Il s'agit moins ici de grands talents que
« d'un grand courage, me dis-je, il faut une âme qui ne
« soit pas ébranlée par la crainte des hommes puissants
« qu'il faudra démasquer. Eh bien! ajoutai-je, avec une
« sorte de fierté, je me sens ce courage-là. »

« La constance et les vertus de ma nation captiveront le
« suffrage du lecteur. J'aurai à parler de M. Paoli dont les
« sages institutions assurèrent un instant notre bonheur,
« et nous firent concevoir de si brillantes espérances. Il
« consacra le premier ces principes qui font le fondement
« de la prospérité des peuples. On admirera ses ressources,
« sa fermeté, son éloquence; au milieu des guerres civiles
« et étrangères, il fait face à tout. D'un bras ferme il pose
« les bases de la Constitution, et fait trembler jusque dans
« Gênes nos tyrans. Bientôt trente mille Français, vomis
« sur nos côtes, renversent le trône de la liberté, le noyant
« dans des flots de sang, nous font assister au spectacle
« d'un peuple qui, dans son découragement, reçoit des
« fers. Tristes moments pour le moraliste, pareils à celui
« qui fit dire à Brutus : *Vertu, ne serais-tu qu'une chimère!*...
« J'arriverai enfin à la domination française. Accablé sous
« le triple joug du militaire, du robin, du maltôtier;
« étranger dans sa patrie, en proie à des aventuriers que
« le Français d'outre-mer refuserait de reconnaître, le
« Corse voit ses jours flétris par l'avidité, par la fantaisie,
« par le soupçon et l'ignorance de ceux qui, au nom du
« roi, disposent des forces publiques. Hélas! comment
« cette nation éclairée ne serait-elle pas touchée de notre
« état! Comment l'envie de réparer les maux qui nous
« sont faits en son nom ne lui viendrait-elle pas! » C'était
là le principal fruit que je voulais tirer de mon ouvrage.

Plein de la flatteuse idée que je pouvais être utile aux miens, je m'appliquais à recueillir les matériaux qui m'étaient indispensables; mon travail se trouvait même assez avancé lorsque la révolution vint rendre au peuple Corse sa liberté. Je cessai : je compris que mes talents n'y étaient plus suffisants, et que pour oser saisir le burin de l'histoire, il fallait avoir d'autres moyens. Lorsqu'il y avait du danger, il ne fallait que du courage : quand mon ouvrage pouvait avoir un objet immédiat d'utilité je crus mes forces suffisantes ; aujourd'hui je laisse le soin d'écrire notre histoire à quelqu'un qui n'aurait pas eu notre dévouement, mais qui aura peut-être plus de talents. Cependant, pour ne pas perdre tout le fruit de quelques recherches, et pour remplir en quelque sorte la promesse que je vous avais faite, convaincu d'ailleurs que je ne puis vous offrir rien qui soit plus conforme à vos principes que les annales d'un peuple comme le mien, je vais vous les faire passer rapidement sous les yeux. Entrant dans la belle saison, abrité par l'arbre de la paix et par l'oranger, chaque regard me retrace la beauté de ce climat, que la nature a orné de tous ses dons, mais que des ennemis implacables ont dévasté et dépouillé.

Le gouvernement républicain florissait jadis dans les plus beaux pays du monde, il amenait un accroissement de population qui obligeait à des émigrations fréquentes. C'est ainsi que les Lacédémoniens, les Lyguriens, les Phéniciens, les Troyens, envoyèrent des colonies en Corse.

Phocéens. — Six siècles avant l'ère chrétienne, les Phocéens, peuple d'Ionie, chassés de leur patrie, vinrent y établir la ville de Calaris. Les Phocéens étaient venus solliciter un asile ; ils prétendirent cependant dominer ; quoique plus instruits dans l'art militaire, ils n'y purent réussir : les naturels du pays, secourus par les Étrusques, les chassèrent.

Il est difficile de pénétrer dans les temps si éloignés. Il paraît cependant que les Corses vivaient contents, libres et abandonnés à eux-mêmes, divisés en petites républiques confédérées pour leur défense commune. C'est pourtant dans cet intervalle que les écrivains placent la domination carthaginoise : tous se répètent, sans qu'il soit possible de pénétrer l'origine de cette opinion. Il est certain toutefois que la Corse ne fut jamais soumise aux Carthaginois. On lit dans les anciens historiens qu'ils ont asservi la Sardaigne ; que les Corses, qui occupaient douze bourgs sur les plus hautes montagnes de cette île, leur résistèrent ; mais Pausanias et Ptolémée nous apprennent que ces Corses étaient des descendants proscrits à qui on avait conservé le nom de la patrie de leurs pères. Dans les actes par lesquels les Romains et les Carthaginois ont limité leur navigation, et leur commerce respectifs, comme dans leurs traités de paix, il est toujours fait mention de la Sardaigne et jamais de notre île. Si après la première guerre punique, Carthage céda la Sardaigne, la Corse ne se ressentit aucunement de l'humiliation de Carthage, et resta toujours indépendante et libre... Il y a cent raisons qui auraient pu empêcher tant d'écrivains de se copier si servilement. C'est surtout en lisant notre histoire qu'il faut être en garde contre les opinions le plus universellement adoptées.

Romains. — Les Romains, maîtres de l'Italie, vainqueurs de Carthage, durent penser à la conquête de la Corse qui néanmoins ne leur fut pas aussi facile qu'ils se l'étaient promis. Les Corses se défendirent avec intrépidité, quatorze fois ils furent vaincus et quatorze fois ils reprirent les armes et chassèrent leurs ennemis. C. Papirius, réfléchissant sur la cause de cette obstination, leur offrit le titre d'allié des Romains sur le pied des Latins, et l'on accepta cette condition qui assurait en partie la liberté... Rome ne put parvenir à se concilier ces peuples qu'en les faisant participer à sa grandeur... Depuis, quelques infractions au traité irritèrent les Corses, qui devinrent irréconciliables. En vain le préteur C. Cicereus et le consul M. Juventius Thalna ravagèrent la Corse. Leurs victoires furent aussi éclatantes qu'inutiles. Douze mille patriotes morts ou traînés en esclavage affaiblissent, sans le décourager, un peuple implacable dans sa haine. On fut bien étonné, à Rome, d'être obligé, après de pareils événements, d'envoyer des armées consulaires contre une nation qu'on croyait non seulement découragée, mais même détruite. Et si enfin il fallait qu'elle se soumît aux vainqueurs du monde, elle ne le fit qu'après avoir été l'objet de cinq triomphes... La Corse, dans son exaltation, avait préféré abandonner les plaines trop difficiles à défendre plutôt que de se soumettre. Les Romains se les approprièrent, et y établirent des colonies qui ont servi de lien entre les deux peuples. Lorsque, depuis, les triumvirs offrirent au monde le hideux spectacle du crime heureux, la Corse et la Sicile furent le refuge de Sextus Pompée. Je vois avec plaisir ma patrie, à la honte de l'univers, servir d'asile aux derniers restes de la liberté romaine, aux héritiers de Caton.

BARBARES. — Des peuplades nombreuses de Goths, de Vandales, de Lombards, après avoir ravagé l'Italie passèrent en Corse, plusieurs mêmes s'y établirent et y régnèrent longtemps. Leur gouvernement, aussi sanglant que leurs excursions, semblait n'avoir pour but que de détruire ; la plume refuse de s'arrêter à de pareilles horreurs.

Lorsque les Sarrasins furent battus par Charles Martel, ils débarquèrent en Corse; furieux d'avoir été vaincus, ils assouvirent sur nos malheureux habitants la rage forcenée qui les transportait contre le nom chrétien. Les prêtres massacrés au moment du sacrifice, les enfants arrachés du sein maternel, écrasés contre des rochers, périssant victimes d'un Dieu qu'ils ne pouvaient connaître ; les femmes égorgées, le pays incendié furent les offrandes que ces hommes féroces vouèrent à leur prophète. Effet terrible du fanatisme ! il étouffe les lois sacrées de l'hu manité, rend les peuples sanguinaires, et finit par leur forger des fers.

Fatigués de se trouver sans cesse en proie aux incursions des barbares et d'espérer en vain des secours des princes voisins, les Corses, quittant leurs habitations, et errant dans les forêts les plus impénétrables, sur les sommets les plus inaccessibles, traînèrent sans espoir leur triste existence, lorsque, du fond de l'Italie un homme généreux y aborda avec mille ou douze cents de ses parents et de ses vaisseaux.

Ugo Colonna. — Ugo, du sang des Colonna, fut le génie tutélaire qui, sous la protection des papes, vint ranimer le courage des insulaires et détruire l'empire mauresque. Les naturels du pays rentrèrent libres dans leurs habitations; ils commenceront sans doute à goûter les fruits d'un sage gouvernement et désormais plus tranquilles, ils vivront heureux!... Non... Ugo croit avoir le droit de s'ériger en despote en conservant à la cour de Rome la suzeraineté. Les seigneurs qui l'avaient accompagné s'approprièrent divers cantons; le régime féodal naquit de ce partage, et voilà les Corses, échappés aux cruautés des Goths et des Vandales, devenus victimes d'un système de gouvernement que ces barbares avaient imaginé, système qui a nui plus à l'Europe que leurs armes. Ainsi une reconnaissance exagérée pour les libérateurs, peut-être même une admiration aveugle pour de riches étrangers, dompte cette fois ce caractère inflexible.

Quiconque a médité sur l'histoire des nations est accoutumé sans doute au spectacle du fort opprimant le faible, et à voir les différentes sectes se haïr et s'égorger; mais l'horrible rapine que Rome exerçait à cette époque est, je crois, le point extrême de l'abus de la religion. Les papes, en vertu de leur suzeraineté, pour s'indemniser des secours qu'ils avaient accordés, imposèrent sous le titre de tribut temporel, le cinquième des revenus, et sous le nom de tribut spirituel... je crains que l'on ne me taxe d'exagération, je serai tenté de développer toutes les preuves..., oui, sous le titre de tribut spirituel, le père commun des fidèles, le vicaire d'un Dieu-Homme, percevait le dixième des enfants, que ses collecteurs prenaient âgés de cinq ans pour les transporter dans les palais de Rome. Briser les liens qui unissent les pères aux enfants, la patrie aux citoyens, s'appelait une chose spirituelle !... Quand les historiens ne présenteront que ce trait, ils offriraient une matière inépuisable aux méditations de l'homme sensé. Celui qui veut amollir l'empire de la raison, qui essaie de substituer aux sentiments infaillibles de la conscience le cri des préjugés est un fourbe, il veut tromper !

Dans ces temps de malheurs et d'avilissement naquit *Arrigo il bel Messere*. Arrigo, descendant de *Ugo*, respecté de ses peuples, craint de ses vassaux, s'occupait quelquefois de leur bonheur ; quoique soumis à la cour de Rome, plus encore par les préjugés qui dominaient alors en Europe que par son serment, il obtint, après de longues négociations, la suppression du tribut spirituel. Le fer d'un Sarde coupa le fil des jours de ce prince. Arrigo ne laissant point de postérité, tous les seigneurs se cantonnèrent dans leurs châteaux, et après s'être longtemps disputé l'empire, visèrent tous à l'indépendance. Les peuples également victimes des guerres que les seigneurs se faisaient entre eux ne tardèrent pas à s'en lasser. Le peuple Corso, au centre de l'Europe, a dû sans doute être opprimé par les mêmes tyrans que les autres peuples, mais il a toujours été le premier à donner l'éveil et à secouer le joug. Ainsi, dans ce siècle où toute l'Europe croupissait sous le régime féodal, lui seul se fit un gouvernement municipal, adopté depuis en Italie, et ensuite dans les autres pays du continent.

GOUVERNEMENT MUNICIPAL. — La partie septentrionale de l'île fut la première à recouvrer sa liberté ; chaque village forma sa municipalité, chaque piève eut son podestat, et tous réunis nommèrent une régence ou suprême magistrature, composée de douze membres.

Les papes, qui n'avaient pas abandonné leurs prétentions sur la Corse, y envoyèrent des seigneurs de la maison de Massa, sous prétexte de diriger les forces des communes contre les barons avec plus d'intelligence. Ils les accoutumaient ainsi à recevoir des chefs de leurs mains ; mais, en 1091, le pape Urbain second donna l'investiture de la Corse aux Pisans, qui, maîtres de Bonifacio et très puissants dans ces mers, se faisaient estimer par leur sagesse.

Une partie de l'île était gouvernée en démocratie, avait des lois, des magistrats et des forces ; la partie méridionale, excepté deux pièves, était soumise aux seigneurs des maisons de Cinarca, Leca, Rocca, Ornano. Quelle était donc l'autorité de la République de Pise ? Elle envoyait deux de ses principaux citoyens qui percevaient une légère imposition ; leur principale fonction consistait à tâcher de maintenir la paix parmi les différents États qui composaient le royaume. Soit qu'il s'élevât un différend entre deux barons, soit qu'il s'en élevât un entre un baron et une commune, les deux magistrats qui portaient le titre de *judice*, prononçaient. Le gouvernement des Pisans fut agréé en Corse ; ils n'ambitionnaient pas une extension d'autorité, la paix et la justice furent l'objet de leur soin, le tribut modique qu'ils percevaient, ils l'employaient tout entier à des établissements publics. Le titre de citoyen de Pise, qu'ils donnèrent aux Corses, avec la jouissance des prérogatives qui s'y trouvaient attachées, acheva de consolider leur prépondérance.

Ainsi, Monsieur, s'écoulèrent dix-huit siècles, sans qu'au milieu de tant de révolutions, le peuple Corse ait jamais démenti son caractère.

Des érudits italiens ont prétendu, dans ces derniers temps, que la maison Colonna n'était jamais venue en

Corso; ils ont fourni des preuves qui ne m'ont point convaincu : je m'en tiens donc à l'assertion reçue, à la tradition, à la conviction qu'en ont les Colonna de Rome, et à l'autorité de tant d'historiens, dont plusieurs sont contemporains, aux restes de quelques monuments, etc. Contentons-nous de discuter la principale objection.

D'abord, disent-ils, on trouve qu'un Charles, roi de France, a délivré la Corse des Maures. Depuis, l'on voit un Bonifazio, marquis de Toscane, chargé par l'empereur de défendre la Corse ; c'est lui qui est si célèbre par la fameuse descente en Afrique. Après sa mort, l'on voit son fils Adalberto lui succéder et précéder Alberto second, dit le Riche, qui meurt en 916 ; enfin Guido Lamberto succède à Alberto le Riche... Je conviens de tous ces faits, mais je ne vois pas ce qu'ils ont d'incompatible avec ce que nous avons dit des Colonna.

Les papes envoyèrent Ugo en Corse pour la délivrer. Les empereurs étaient, ce me semble, aussi fort intéressés à ce que les Barbares ne s'y établissent pas ; ils donnèrent donc commission au marquis de Toscane de veiller sur la Corse, de la secourir si les Barbares l'attaquaient, et, en conséquence de cette commission, les marquis de Toscane prenaient le titre de *Tutor Corsicæ*. Cela est si vrai, que, depuis, lorsque les communes eurent pris consistance, l'on voit une comtesse Mathilde, marquise de Toscane, s'intituler *Tutor Corsicæ* ; cependant elle n'y avait certainement aucune autorité.

L'on relève ensuite quelques erreurs de chronologie de Giovanni della Grossa, et l'on en déduit la fausseté du fait ; cela n'est pas conséquent ; en vérité, il faut bien avoir la manie des systèmes pour ne pas sentir que c'est bâtir sur le sable que d'en fabriquer sur de si faibles fondements.

LETTRE DEUXIÈME.

Monsieur,

Nous avons parcouru rapidement les régions ténébreuses de notre histoire ancienne ; nous voici arrivés au douzième siècle, nos annales commencent à s'éclaircir. A cette époque la tradition, les monuments, ont pu instruire Giovanni della Grossa, notre premier historien, qui naquit en 1378, Pietro Antonio Monteggiani, qui écrivait en 1525, Marco Antonio Ceccaldi, qui cessa de vivre en 1560. Cirneo, qui acheva son ouvrage en 1566, Philippini, qui publia son histoire en 1594.

A l'époque où les Corses libres avaient trouvé un refuge dans la confédération de Pise, les Génois abordèrent dans leur île ; l'esprit de la faction et de l'intrigue y arrivèrent avec eux. Armer le fils contre le père, le neveu contre l'oncle, le frère contre le frère, paraissait à ces avides Liguriens le chef-d'œuvre de la politique. S'étant rendus maîtres de *Bonifazio*, en trahissant les liens les plus sacrés de l'hospitalité, ils commencèrent à semer dans tous les cœurs le poison des factions.

Les Pisans, affaiblis par leur guerre, préoccupés des graves intérêts qu'ils avaient à soutenir dans le continent, se trouvèrent hors d'état de s'opposer aux projets des Génois et de maintenir la paix entre les différents pouvoirs qui existaient alors en Corse. Les seigneurs, ne connaissant plus de frein, aspirèrent à la tyrannie ; le peuple, dénué de protecteurs, se livra à tout l'emportement de son indignation, et menaça les barons de les dépouiller d'une autorité illégitime et contraire à tous les droits naturels. L'un et l'autre parti comptaient sur l'appui des Génois, qui fomentaient leurs discordes. Les barons, sur la promesse d'une protection efficace, se confédérèrent avec la république de Gênes et lui prêtèrent hommage. Les communes s'unirent et reconnurent Sinuccello della Rocca pour *Guidice*, ou premier magistrat.

Sinuccello della Rocca (1238). — Sinuccello della Rocca, distingué dans les armées Pisanes par son rare courage, ne l'était pas moins par son austère justice. Pendant soixante ans qu'il fut à la tête des affaires, il sut contenir Gênes, et effacer des privilèges des seigneurs ce qui était contraire à la liberté publique. D'une humeur toujours égale, impartial dans ses jugements, calme dans ses passions, sévère par caractère et par réflexion, Sinuccello est du petit nombre des hommes que la nature jette sur la terre pour l'étonner. Au commencement de sa carrière publique on lui contestait son autorité; faiblement accompagné, il errait dans les montagnes de Quenza. Un chef fort accrédité dans ces pièves, après avoir tué un de ses rivaux, se présenta à lui. Sinuccello méprisant l'avantage qu'il pouvait tirer d'un homme puissant, fait constater son crime et le fait mourir. La renommée répand ce fait, on accourt de tous côtés se ranger sous ses drapeaux.

Pise, écrasée à la journée de la Meloria, ne donna plus d'ombrage; les Génois résolurent de faire tous les efforts pour profiter des circonstances. Voyant la difficulté de vaincre Sinuccello, ils firent en sorte de le gagner; envisageant d'ailleurs les barons comme les principaux obstacles à leur domination, ils les désignèrent à être d'abord sacrifiés. Sinuccello qui ne perdait pas de vue le grand objet de l'indépendance de la Corse, vit avec plaisir les ennemis naturels de sa patrie s'entre-déchirer. Profitant des événements, il sut faire tourner à l'avantage public l'animosité des deux partis. Il dut chercher à diminuer la puissance des barons, mais il le fit avec prudence, et garda assez de mesure pour pouvoir se réconcilier avec eux quand il serait temps; en effet, dès que les succès multipliés des Génois les eurent affaiblis, Sinuccello leur tendit la main, les incorpora dans le reste de la nation, et obligea les ennemis communs à repasser les mers, après avoir remporté sur eux de grands avantages. Ce fut dans une de ces rencontres qu'ayant fait un grand nombre de prisonniers, leurs femmes vinrent de Bonifacio apporter leur rançon. Sinuccello les reçut avec humanité et les confia à la garde de son neveu. Ce jeune homme, égaré par l'amour, trahit les devoirs de l'hospitalité et de la probité publique, malgré la vive résistance d'une de ces infortunées. Navrée de l'affront qu'elle venait d'essuyer, les cheveux épars, ses beaux yeux égarés et flétris par la honte, elle se prosterne aux pieds de Sinuccello, et lui dit : « Si tu es un tyran « sans pitié pour les faibles, achève de faire périr une « malheureuse avilie ; si tu es un magistrat, si tu es « chargé par les peuples de l'exécution des lois, fais-les « respecter par les puissants. Je suis étrangère et ton « ennemie ; mais je suis venue sur ta foi, et je suis outra- « gée par ton sang et par le dépositaire de ta confiance... » Sinuccello fait appeler le criminel, constate son délit, et le fait mourir sur-le-champ. C'est par de pareils moyens qu'il soutint toujours la rigueur des lois. Ses armes prospérèrent et la nation unie vécut longtemps tranquille. Dès cette époque jusqu'au temps de Sambucuccio, les Génois ne parurent plus en Corse ; ils furent découragés par les pertes qu'ils avaient faites ; ils se contentèrent de fomenter, dans l'obscurité, la guerre civile, mais Sinuccello sut rendre vaines toutes leurs trames ; il vieillit, et la perte de la vie fut son premier malheur.

Guglielmo de Pietrallerata, gagné par les Liguriens, méprisant un vieillard caduc et accablé d'infirmités, déploie l'étendard de la rébellion ; Lupo d'Ornano, neveu de Sinuccello, mis à la tête de la force publique, marche, bat, près de la Mezzana, l'imprudent Guglielmo, qui, sans ressource, a recours à la commisération du jeune vainqueur, de qui il obtient une suspension de quelques jours. Lupo se reproche déjà un délai qui peut rendre inutile sa victoire, flétrir ses lauriers, et lui enlever son triomphe. Dans l'inquiétude de ses pensées arrive le terme de la suspension : une entrevue lui est demandée, il y court avec impatience; il va enfin, par la captivité de son ennemi, se rendre illustre parmi les siens, et mériter de succéder aux honneurs comme à la puissance de son oncle...; les deux escortes restent à trois cents pas; les deux chefs s'avancent, se joignent, une visière se lève et au lieu de Guglielmo, laisse voir sa fille, l'intéressante Véronica.

« Lupo, lui dit Véronica, il n'y a pas encore un an que
« nous vivions en frères, et il faut que la fortune te réserve
« une destinée bien glorieuse, puisque ton coup d'essai a
« été la défaite de mon père... Lupo, je t'ai vu à mes
« genoux me promettre un amour constant; ô Lupo, je
« viens aujourd'hui implorer de toi la vie! »

Ce jeune héros, hors de lui, conserve cependant assez de force pour fuir; mais Véronica le retient. « Je ne viens
« pas ici séduire votre vertu, lui dit-elle, la gloire de
« mon père et des miens est en danger, et c'est vous qui
« la menacez... Quelle horrible position est la mienne! et
« si vous refusez de m'écouter, de qui devrai-je attendre la
« pitié? Sinuccello ne pardonne jamais, et c'est vous qui
« êtes destiné à être le ministre de ses cruautés! Lupo,
« pourrais-tu être le bourreau des miens, pourrais-tu
« porter la flamme dans ce séjour où tu passas à mes côtés
« les plus belles années de ton enfance? » Déchiré par les sentiments les plus opposés, retenu par l'amour, Lupo obéit au devoir, il s'arrache avec violence et fait quelques pas pour s'éloigner, mais un cri qui lui perce le cœur l'oblige de s'arrêter, à détourner la tête, et lui laisse voir Véronica se précipitant sur sa lance, prête à se donner la mort; il revient brusquement, arrive à temps, prend dans ses bras et arrose de ses larmes celle qui l'a vaincu sans retour, et qui, pâle, affaiblie, par les efforts qu'elle vient de faire lui dit : « Je n'ai à te proposer rien d'indigne de

« toi ; écoute-moi, et quand j'aurai cessé de parler, si ta
« gloire, si ton devoir l'ordonnent, tu pourras me laisser
« seule en proie à mon sort malheureux... Sinuccello est
« vieux et infirme ; il faut à la république un magistrat
« actif et dans la force de l'âge ; tu t'es rendu assez grand
« pour pouvoir prétendre à gouverner tes concitoyens ;
« mon père et les siens te promettent leur appui ; Sinuc-
« cello lui-même ne pourra s'opposer à toi ; à l'âge où l'on
« doit encore obéir, tu seras le premier de la république,
« qui, heureuse et comblée de prospérité par tes vertus,
« par ton courage, ne laissera rien à désirer à ton cœur ;
« la main de Véronica cimentera ta puissance, Véronica
« t'aura dû la vie, et s'il est possible, son amour s'en ac-
« croîtra. »

Lorsque l'homme imprudent a laissé pénétrer dans son sein un amour désordonné, lorsque la femme qui l'a allumé vient d'échapper à la mort, et qu'elle est embellie par la pâleur de l'angoisse, par les souffrances du cœur, il est au-dessus des forces accordées aux faibles mortels de résister : Lupo réfléchit donc, et les intérêts du devoir, de la patrie, et de la gloire firent place à l'amour. Guglielmo put s'échapper ; l'inflexible Sinuccello, fit instruire le procès de son neveu, et oublia sa victoire pour ne voir que sa faute. Celui-ci n'ayant plus de ménagement à garder, s'unit à Guglielmo et épousa la tendre Véronica. Salnese, propre fils de Sinuccello, se joignit aux ennemis de son père ; tous réunis, ils dressèrent une embuscade et firent prisonnier le vieillard. Ils furent longtemps indécis sur le sort qu'ils lui réserveraient : les uns le voulaient mettre à mort, mais Lupo ne voulut jamais y consentir. Le garder prisonnier était le parti le moins sûr. Le peuple, ému par le souvenir de ses services et par son grand âge, aurait pu, dans un retour de son amour, lui restituer l'autorité. Dans cet embarras, les conjurés s'avisèrent de l'expédient qui réunissait tous les avantages, c'était de le livrer aux Génois... Un Spinola vint le prendre avec quatre galères.

La tâche de l'historien devient pénible lorsqu'il a de tels faits à raconter. Le discours que les écrivains lui font prononcer, au moment de s'embarquer, est le dernier trait qui achève d'indigner contre les monstres qui l'ont trahi...
« Lupo, dit d'un ton ferme le malheureux vieillard, ton
« cœur me vengera, je le connais bien ; tu n'étais pas fait
« pour épouser des remords : tu as été méchant, parce
« tu as été faible... Quant à toi, Salnese, ton âme atroce
« me punit de ne pas t'avoir laissé périr sur l'échafaud,
« souillé du crime de la mort de mon intime ami. Je fus
« faible; l'amour paternel étouffa le cri de la justice. Je te
« sauvai du supplice que tu méritais; j'expie durement
« cette unique faute de ma vie; mais quatre-vingts ans de
« vertu n'effacent-ils pas une faiblesse?... Salnese, que ta
« femme t'abreuve de douleur! que tes enfants conjurés
« contre toi te ressemblent par leur méchanceté! que tu
« périsses, ne laissant parmi les hommes que l'exécration
« de ta mémoire! Salnese, je te maudis avec ta postérité! »

En achevant ces paroles, cet illustre vieillard se prosterna à genoux, se couvrit la tête de sable, médita un moment, et puis d'un pas ferme, il monta sur un navire qui l'attendait. Salnese était ému, mais de colère; les dernières paroles de son père avaient vivement excité cette âme de fiel. Quant à Lupo, la révolution fut étonnante, le bandeau parut tomber; l'effervescence de la passion qui lui avait voilé l'énormité de son crime s'apaisa; il eut horreur de lui-même, il chercha à réparer ses fautes, mais ses efforts furent vains. Alors se roulant sur le sable, se jetant à la mer, il appelait tour à tour la mort et Sinuccello; heureux celui-ci, dans sa catastrophe, s'il eût pu être témoin du repentir de celui qu'il avait adopté pour fils. Son âme en eût été rafraîchie, et peut-être l'émotion du sentiment lui eût fait goûter un plaisir avant de mourir.

Arrivé à Gênes, ce grand homme périt au bout de quelques jours, dans un âge très avancé; il laissa quatre enfants, tous indignes de lui, tous marchant sur les traces de leur frère aîné. Lupo parut se consoler; le temps et le cœur de l'intéressante Véronica adoucirent le venin des remords. Lupo acquit une grande puissance, mais sa femme mourut, et les remords revinrent se saisir de leur proie. Il mourut enfin misérablement. Orlando, le plus puissant de ses enfants, périt sur l'échafaud; l'amour fit le malheur de cette race. Orlando devint épris de la femme de son frère, et cette passion fut la cause de sa mort ignominieuse.

Quant à Salnese, il prospéra toujours, et toujours faisant le mal. Après avoir trahi son père, il vendit son oncle pour quatre cents écus d'or ; mais enfin ses deux enfants moururent sans postérité et cette mort délivra notre pays d'une race de monstres.

Les Giovannali (1355). — De grands troubles suivirent la mort de Sinuccello; les différents partis se choquèrent violemment. Les Génois parurent vouloir profiter de cet instant, mais ils manquèrent d'énergie. L'on a peine à suivre les différentes factions qui se partagent la scène, lorsque tout d'un coup l'on voit les Giovannali s'élever d'un vol hardi. Deux frères de la lie du peuple, mais d'un esprit noble, d'un grand courage, tentent la régénération de leur pays ; ils voient que les débris du régime féodal qui s'appuyait sur les lois instituées par les préjugés, dictées la plupart sur les circonstances, mêlées de superstitions romaines, n'offraient qu'une bigarrure dégoûtante, propre à perpétuer l'anarchie. Ils comprirent qu'un palliatif n'était pas de saison. Ils employèrent les moyens les plus forts; ils prêchèrent les vérités les plus hardies, les grands dogmes de l'égalité, de la souveraineté du peuple, de l'illégitimité de toute autorité qui n'émane pas de lui; ils firent en peu de temps de nombreux partisans, et ils n'étaient pas loin de rallier toute la nation à leurs principes, lorsque le Vatican publia une croisade contre eux, sous prétexte que leur morale n'était pas conforme à l'Évangile ; une armée de croisés marcha contre les Giovannali, qui, après une vigoureuse résistance, furent exterminés jusqu'au dernier avec une telle barbarie, que le proverbe s'en conserve encore : *Il a été traité comme les Giovannali.*

Pour justifier cette exécrable entreprise, on a eu recours aux armes ordinaires. On a calomnié sans ménagement ; on a dit tout ce qui a été répété depuis sur les protestants de Paris, qu'ils s'assemblaient, qu'ils éteignaient les lumières pour se livrer à leur lubricité. Impostures dignes de leur auteur... Les infortunés Giovannali périrent victimes de la superstition de leur siècle.

Sambucuccio d'Allando (1359.) — Le vieux Sambucuccio était un des plus fermes soutiens des Giovannali. Blessé dans le dernier combat que ces infortunés livrèrent, il se réfugia dans une caverne du Fiumorbo, pour pouvoir mourir libre et inspirer à son fils ces sentiments qui portent à tout entreprendre et à braver tous les dangers. Ses leçons fructifièrent, et Sambucuccio son fils, dès qu'il lui eut fermé les yeux, fit jurer à ses compagnons de ne rien épargner pour rétablir la République et les communes. Pour mieux exciter son zèle, pour qu'il eût devant les yeux un objet toujours présent qui lui fît un devoir de ne pas perdre un instant, son père lui avait fait promettre de ne rendre les derniers honneurs à son corps qu'après le premier succès qu'il devait obtenir dans sa juste entreprise. Il laissa donc le corps du vieux Sambucuccio sans sépulture, et il se transporta rapidement sur les pièves de Rostino et d'Ampugnani. Par ses discours autant que par les premiers avantages qu'il remporta sur les barons, il rétablit la confiance, ranima le courage, se fit une armée, fut créé premier magistrat, et partout il fit triompher la bonne cause ; mais, le fer d'une main et la flamme de l'autre, il se porta à d'horribles excès que rien ne peut justifier, pas même le droit de représailles, et que condamne essentiellement la politique. D'une stature, d'une imagination, d'un courage gigantesques, il fut extrême dans toutes ses opérations, il crut devoir s'étayer de quelques secours étrangers, et se confédéra avec les communes de Gênes. Démarche imprudente, qui a coûté cher à son pays qu'il avait cru servir. Plein de fougue, de force et de haine, mais sans politique, sans ménagement et sans dextérité, Sambucuccio opposait à tout sa propre personne. Il ne tarda pas à être dominé par les alliés qu'il s'était donnés, et qui, insensiblement, à force d'adresse, s'étaient rendus ses maîtres ; il s'en aperçut, mais trop tard. Il ne lui restait plus qu'un parti, c'était de pardonner aux nobles, de rechercher leur amitié, d'effacer autant qu'il était possible la défiance et le souvenir des maux passés ; mais, soit que Sambucuccio comprit qu'il était impossible à ceux-ci d'avoir jamais confiance en un homme, qui, depuis tant d'années, était leur fléau, soit que, se souvenant de leur avoir juré dans les mains de son père une haine implacable, il ne voulût pas être infidèle à son serment, il ne trouva pas d'autre expédient que de finir une vie dont tous les moments avaient été sacrifiés à la patrie. Il termina ses jours dans cette exaltation de principe particulière aux sectateurs de Giovannali. Sambucuccio naquit les armes à la main contre l'aristocratie, et périt comme Caton, pour ne rien faire d'indigne de soi, ou comme Codrus, pour lever un obstacle à la félicité de son pays.

ARRIGO DELLA ROCCA (1378.) — Avant de mourir, Sambucuccio avait désigné au peuple Arrigo della Rocca, comme digne de sa confiance. Arrigo, ennemi implacable de Gênes, ami des communes, avait l'avantage de tenir aux barons par la naissance et par les alliances ; presque toute la nation marcha, se rallia autour de lui : en peu de temps il obligea les ennemis à repasser les mers. Mais les Génois ne pouvaient si promptement abandonner une entreprise qui était l'objet des intrigues fomentées, des crimes commis, du sang versé pendant deux siècles. Ils comprirent seulement qu'il fallait ou une masse de forces plus considérable, ou des ressorts plus compliqués, pour soumettre une nation indomptable ; ils comprirent que le principal avantage qu'ils tiraient de l'île consistant dans un commerce exclusif, ainsi que dans la possession des ports qui favorisaient leur marine et les rendaient redoutables à leurs ennemis, ils pouvaient remplir le même but en tenant les places maritimes et en abandonnant l'intérieur aux factieux, que l'on exciterait pour les empêcher de se rallier. D'ailleurs, le commerce avait beaucoup accru la puissance de certaines familles de Gênes ; il n'était pas moins important pour la liberté de les affaiblir. L'on imagina de les mettre aux prises avec les Corses. Dans ce but, la République déclara abandonner les affaires intérieures de l'île et ne plus vouloir se mêler de protéger un peuple ingrat ; sous main cependant, elle sollicita les plus puissants patriciens d'employer leurs richesses à une conquête glorieuse pour la patrie et avantageuse pour leurs familles.

L'ambition excitée est aveugle, et cinq des plus puissantes familles de Gênes s'allièrent sous le nom de *Compagnie de la Maona* pour conquérir la Corse. Au milieu des troubles que ces nouveaux ennemis nous susciteront, le gouvernement national ne pourra se consolider ; les patriotes, ne voyant que guerres continuelles, se décourageront en s'affaiblissant. Outre ce double avantage, Gênes avait le plaisir de voir se briser contre une roche inébranlable les navires des familles qu'elle redoutait.

Quoique puissante, la Maona fit de vains efforts pour s'emparer de vive force de l'île. Battue, chassée, elle revint à ses premiers projets, et résolut de n'élever l'édifice de sa domination qu'à l'ombre des factions ; mais aussi peu avancée qu'à sa première année, elle reconnut, après trente-neuf ans de vicissitudes, la chimère dont elle s'était bercée, et, quoique à regret abandonna des projets qui lui avaient été si funestes.

La maison de Fregose était alors très puissante à Gênes. On lui offrit de succéder à la Maona, et, pour l'encourager, le Sénat lui céda Bonifacio et Calvi qu'il avait conservés jusque-là. Abraco di Campo Fregose ne parut en Corse que pour être battu et fait prisonnier; il vit en moins de quatre ans ses espérances s'évanouir avec sa faction.

Vincentellio d'Istria (1405). — Vincentellio d'Istria, depuis la mort d'Arrigo, avait été élevé au premier rang; son activité, ses talents militaires, lui ont mérité une des premières places parmi les grands hommes qui ont gouverné la Corse. Il acheva de détruire le reste de la faction de la Maona, renversa le parti des Fregose et fit régner la justice. Vainqueur des Turcs sur terre, il arma une flottille et battit leurs galères. Une grande partie de nos maux devait être causée par les papes. Par suite d'une donation qu'ils avaient faite de la Corse à Alphonse, roi d'Aragon, il vint, en 1420, avec quatre-vingts vaisseaux, pour s'en emparer... Vincentellio sentait que ce ne pouvait être qu'un torrent passager, il se joignit à lui, et ils assiégèrent ensemble Calvi, dont ils se rendirent maîtres; mais ayant échoué devant Bonifacio, Alphonse continua son voyage vers la Sicile.

Après son départ, à l'abri de la grande réputation de Vincentellio, les Corses vécurent en paix, et les particuliers de Gênes n'osaient s'aventurer contre un homme si favorisé de la fortune; on réussit toutefois à gagner Simone-da-Mare, qui leva l'étendard de la révolte. Cet ennemi, quoique redoutable, n'aurait fait qu'augmenter les triomphes de Vincentellio, lorsque celui-ci, s'étant embarqué, fut pris par deux galères génoises et conduit à Gênes, où il périt misérablement. Ainsi finit un homme qui, par ses rares talents, méritait l'estime des nations. Pourquoi

Gênes, au mépris du droit des gens et de l'hospitalité violait-elle cinquante-trois ans de paix? C'est ce qui lui fut reproché par les puissances voisines; mais, malgré ces reproches, ces avides marchands n'en recueillirent pas moins le fruit de leur crime.

Paolo della Rocca (1438.) — Après la mort de Vincentellio, le peuple choisit pour lui succéder, Paolo della Rocca. Sa première expédition fut de marcher contre Simone, qui avait pris du crédit : il le battit, le força de se retirer à Gênes. Là, cet infâme citoyen continua à conspirer contre sa patrie; il entraîna les Montalto, les Fregose, les Adorno, qui aussi peu sages que la Maona, éprouvèrent le même sort; mais, à mesure que les Corses détruisent un ennemi, il en paraît dix autres : affaiblis par leur victoire même, ne pouvant ni prévenir l'attaque ni profiter de leurs succès, ils se trouvent dans la plus triste position. Si un élément ennemi ne les eût empêchés de t'atteindre, Gênes, superbe repaire ! tu n'aurais pas longtemps insulté à nos malheurs... Pouvoir d'un bras désespéré, se venger en un moment de tant d'affronts, d'un seul coup assurer l'indépendance de sa patrie et donner aux hommes un exemple éclatant de justice... Dieu ! ton peuple ne serait-il pas le faible opprimé ?

Dans cette position désespérée, l'évêque d'Aleria ouvrit l'avis d'implorer la protection des papes; Eugène occupait alors la chaire pontificale. Ravi de cette heureuse circonstance, il envoya un légat en Corse. Les Adorno prétendirent mettre obstacle à ce nouvel ordre de choses; mais battu, Gregorio Adorno paya par sa captivité les vues ambitieuses de son oncle.

Mariano di Caggia (1443.) — Les peuples nommèrent pour gouverner sous la protection des papes, Mariano di Caggia. Mariano, implacable envers les *caporaux*, leur fit une guerre opiniâtre; il brûla, dévasta leurs biens, démolit leurs châteaux. Les *caporaux* distingués par leur crédit sur le peuple, en étaient les chefs ; mais, corrompus, ils ne servirent plus qu'à l'égarer, et la nation était victime de leur ambition et de leur avidité : funestes effets de l'ignorance de la multitude. L'on ne peut disconvenir cependant que les *caporaux* n'aient rendu des services à la Corse. Leur histoire est à peu près celle des tribuns de Rome. Après sa brillante expédition contre les *caporaux*, Mariano ne fit plus rien qui fût digne de sa réputation ; il conserva sa prépondérance sur le peuple malgré le grand nombre de ses ennemis ; mais il s'en servit pour prêcher la soumission à l'Offizio. L'histoire, méprisant cette indigne conduite, ne s'occupe plus de lui et le laisse mourir dans l'oubli.

Peut-être, à l'ombre de la tiare, on eût vécu tranquille ; mais le pape Nicolas V, Génois, ami de Fregose, donna l'investiture de la Corse à Lodovico, chef de cette maison. Les Corses, bien loin d'approuver cette élection, coururent aux armes avec leur intrépidité ordinaire, et repoussèrent ce nouvel adversaire. Galeazzo dit Campo Frigoso, découragé, céda à la République le peu de forts qu'il tenait ; mais les Génois, constants dans leur politique, engagèrent l'Offizio de San-Giorgo à succéder aux Fregose, et firent naître dans cette compagnie une espérance de succès qu'ils étaient bien loin de désirer.

A cette époque, l'esprit de la nation était perverti, l'on ne respirait que factions, que divisions. L'Offizio fit des préparatifs considérables ; son premier acte dans l'île fut d'assembler ses partisans al Lago Benedetto. Là, il annonça ses propositions bénignes : ce n'était que pour le bonheur des Corses qu'il voulait les subjuguer. Ce jargon, auquel ils eussent dû être accoutumés depuis longtemps, en éblouit plusieurs. La liste de ses adhérents s'accrut ; une partie considérable de l'île envoya des députés à la diète de Lago Benedetto, où ils arrêtèrent les pactes conventionnels de la souveraineté de l'Offizio.

RAFFAELLO DA LECA (1455.) — Dans cet intervalle, les patriotes ne restèrent pas oisifs, la faction aragonaise se joignit à eux, et ils coururent aux armes, indignés de l'ineptie de la diète del Lago Benedetto, qui avait cru qu'une compagnie de marchands pût être animée par d'autres mobiles que l'amour du gain ; Raffaëllo da Leca passe les monts, bat le général Batista Doria, et le capitaine Francesco Fiorentino, et restreint l'Offizio aux seules villes de Bonifacio et de Calvi ; mais ayant, l'année d'après, eu le malheur de tomber dans les mains de l'Offizio, il termina par une mort malheureuse une vie pleine de gloire. La rage inhumaine d'Antonio Calva, alors général des troupes de l'Offizio, ne fut pas assouvie ; il fit égorger sous ses yeux vingt-deux des plus zélés patriotes, avec plusieurs de leurs enfants. On craignait les rejetons d'un sang qui avait de tels pères à venger.

Les larmes que leur sort fit verser à la nation, se changèrent bientôt en haine ; toutes les factions semblèrent n'être animées que par l'indignation et le désir de la vengeance, et chacun s'empressa d'offrir son bras aux familles de Leca et Della Rocca. Dans ce pressant danger, l'Offizio expédia Antonio Spinola... Antonio Spinola, de tous les hommes, était le plus dissimulé : ne connaissant d'autre loi que sa politique, nourri dès son enfance d'intrigues obscures, imbu des barbares maximes seigneuriales, le cœur inaccessible à la pitié, Antonio Spinola débarqua dans l'île à la tête d'un corps de troupes cent fois moins redoutable que son génie malfaisant. Sa profonde dissimulation en imposa au peuple, et, par des manières étudiées, il vint à bout d'effacer les impressions sinistres des derniers événements qu'il attribua aux passions particulières des ministres... Il assura que l'Offizio voulait vivre en bonne intelligence avec les patriotes, et, dans la nécessité de prendre des mesures pour consolider l'harmonie, il invita les chefs Niolinchi et ceux des autres pièves à se transporter à Vico où il était. Dans cet état de choses, ils tinrent conseil. Giocante di Leca, vieillard respecté, le Nestor du bon parti, se leva pour parler en ces termes :

« Mes infirmités, depuis bien des années, ne m'ont pas
« permis d'assister à vos conseils, et j'ignore les maximes
« que vous avez adoptées pour règle de votre conduite.
« Vos pères en avaient une qui était gravée dans leurs
« cœurs de traits ineffaçables; la vengeance était, selon
« eux, un devoir imposé par le ciel et par la nature... Si
« ces fureurs sublimes règnent dans vos cœurs, compa-
« triotes, courons aux armes; mais, je le vois, cette amer-
« tume était réservée à mes vieux ans; les méchants
« triompheront!... Vous délibérez et vous avez à venger,
« l'un un père, l'autre un frère; celui-ci un neveu, et
« tous ensemble, les maux qu'a soufferts la patrie... Mais
« que répondrez-vous à ces martyrs de la liberté, lorsqu'ils
« vous diront : Tu avais des bras, de la force, de la jeu-
« nesse, tu étais libre, et tu ne m'as pas vengé!... En re-
« cevant la vie, ne devîntes-vous pas les garants de la vie
« de vos pères? Eh bien! ils l'ont tous perdue en défen-
« dant vos foyers, vos mères, vous-mêmes; ils l'ont pour
« la plupart perdue dans les supplices ou par le poignard
« de lâches assassins, et leur mémoire resterait sans ven-
« geance? Sinuccello della Rocca dans les prisons de
« Gênes; Vincentello périt comme un criminel; Raffaellio
« en qui l'on voyait revivre ce courage inflexible, cet
« amour patriotique qui animait vos pères, vous savez
« tous comment il mourut! Oh! défenseurs de la patrie!
« telle fut la récompense de vos vertus; mais que votre
« mort eût été cruelle pour vous, si vous eussiez prévu
« qu'elle n'aurait point de vengeurs. *Citoyens, si le ton-
« nerre du ciel n'écrase pas le méchant, s'il ne venge pas
« l'innocence, c'est que l'homme fort et juste est destiné à
« remplir ce noble ministère.* » Malgré la véhémence de
Giocante, on décida que l'on consentirait à un accommodement, si nécessaire dans ce temps de crise, et l'on réso-

lut de se rendre à Vico. « Hommes sans vertu! s'écria
« Giocante, si l'amour de la patrie, si les devoirs sacrés
« de la vengeance sont étouffés dans vos cœurs énervés...
« au moins veillez à la conservation de vos vies, ne laissez
« pas tous ces peuples sans défenseurs; écoutez un instant
« et je cesse de vous importuner.

« Seul d'entre vos pères, je me suis garanti des embûches
« des méchants; que cette considération vous fasse réflé-
« chir sur ce que j'ai à vous dévoiler : aveugles, vous
« croyez que l'Offizio demande sincèrement la paix... la
« paix est sur leurs lèvres, votre supplice est dans leurs
« cœurs. Aucun de vous ne reviendra de Vico, vous péri-
« rez par votre faute... Eh! comment pourriez-vous en
« douter! Ne sont-ce pas les maximes qui ont toujours
« fait agir les enfants de Gênes? Sans religion, sans
« vertu, sans foi, sans pitié, n'ont-ils pas tout sacrifié à
« leurs projets?... Tout est vain; la politique de Spinola
« l'emporte... triomphe! tu tiendras bientôt dans tes filets
« ces hommes faibles, ton génie encore à demi illustre,
« va surpasser de beaucoup ceux des Montalto, des Lomel-
« line, des Frégose, des Grimaldi, des Calva, et chargé de
« louanges et de lauriers par tes dignes compatriotes, tu
« vas offrir au monde le spectacle odieux du crime heu-
« reux, Spinola, perfide Spinola! O Dieu! n'est-il aucun
« d'entre vous qui, transporté d'une noble fureur, aille
« enfoncer son stylet dans le sein de ce traître avant qu'il
« ait consommé son crime!... Mon fils, où es-tu? Hélas!
« il périt en défendant son père... Raffaëllo, mon neveu,
« Raffaëllo où es-tu? O souvenir déchirant! son sang
« arrose encore la terre qui vous porte... O vieillesse, tu
« tu ne m'as laissé qu'une prévoyance stérile et des larmes
« impuissantes! Jeunes gens, voyez mes cheveux, ils ont
« blanchi dans le malheur; le malheur m'a appris à
« apprécier les hommes. Ah! si les âmes de ces infortunés
« qui périrent par la trahison de vos ennemis pouvaient
« revenir du sein de l'Éternel... Dieu! si les miracles sont

« indignes de ta puissance, celui-ci est digne de ta
« bonté ! »

Le spectacle touchant de cet illustre vieillard prosterné à genoux ne fut pas capable de les détourner de leur fatale résolution ; que peut la sagesse humaine lorsque la destinée doit s'accomplir !... Giocante, consterné, abandonna .... l'île. Ces infortunés arrivés à Vico, se laissèrent séduire par les manières de Spinola, et, invités à un grand festin, ils furent assassinés au milieu du repas. Cent vingt-sept des plus beaux villages devinrent aussitôt la proie de Spinola ; les flammes les consumèrent.

Giocante et Paolo della Rocca retournèrent dans l'île. Les peuples, indignés, coururent en foule se ranger sous leurs drapeaux. Spinola mourut alors ; il mourut de rage de voir tourner si mal des affaires pour lesquelles il s'était couvert d'infamie.

TOMMASINO DI CAMPO FREGOSO (1464.) — Dans leur antipathie frénétique, les peuples élevèrent Tommasino di Campo Fregoso, et, par l'exaltation de ce seigneur génois, ils s'humilièrent. Ainsi, Monsieur, après onze ans, l'Offizio vit toute sa puissance échouer au moment où il croyait avoir par un assassinat, assuré à jamais sa domination.

Les Génois, qui depuis tant d'années avaient médité notre destruction faillirent périr eux-mêmes ; et, déchirés par les diverses factions, ils ne trouvèrent point de meilleur expédient que de se réfugier dans le sein du duc de Milan ; ils pouvaient dire avec Thémistocle : Nous périssions si nous n'eussions péri.

L'Offizio céda les forteresses qu'il possédait aux Milanais, qui firent de vains efforts pour accroître son autorité. Giocante di Leca, Paolo della Rocca, Sambucucco, Dolenda, Vinciguerra, Carlo della Rocca, Colombano, Giovan Paolo, Carlo da Casta, à différentes années et sous différents titres, furent à la tête du gouvernement ;

mais, après seize ans, convaincue qu'elle ne pouvait gagner sur un peuple comme celui-là, la duchesse de Milan céda à Tommasino les forts qu'occupaient ses troupes. A force de patience et d'heureux succès, Tommasino parvint à supplanter tous ses rivaux. Giocante et Paolo étaient affaissés par l'âge ; Carlo della Rocca et Colombano furent assassinés par ses plus intimes partisans ; Carlo da Casta, battu, fut réduit au silence ; il sut se faire un parent de Giovan Paolo. Tommasino, fils d'un Corse, joignait à un grand nombre de parents et à une fortune considérable, les qualités qui captivent la multitude ; mais, depuis, ayant oublié qu'il ne devait sa fortune qu'au peuple, et voulant trancher du prince, on le chassa en criant : *e Genoves !* Il comprit alors que ses affaires étaient désespérées ; il céda à l'Offizio ses prétentions, et le recommanda à ses partisans.

Gherardo, frère du seigneur de Piombino, séduisit nos insulaires par sa magnificence ; mais, né dans les plaisirs, Gherardo ne put souffrir les incertitudes de la guerre, et il se retira chez son frère.

Giovan Paolo (1487.) — L'Offizio revint alors avec de plus fortes espérances, mais vingt ans n'avaient pas suffi pour calmer l'indignation qu'avaient inspirée ses forfaits ; Giovan Paolo, mis à la tête des patriotes, courut aux armes. Giovan Paolo, enfant, avait échappé au massacre de Vico ; encore teint du sang de ses pères, il présenta pendant seize ans un front redoutable. L'Offizio consterné, réduit aux seuls ports de Calvi et de Bonifacio, fut plusieurs fois sur le point d'abandonner son entreprise ; mais Giovan Paolo dut succomber lorsqu'il se trouva privé de ses principaux appuis. Son fils fut fait prisonnier en allant voir à Vico, une femme qu'il aimait. Rinuccio di Lecca, son compagnon d'armes, avait un fils prisonnier à Gênes ; Fieschi, général des troupes de l'Offizio, passa en Corse, et proposa à Rinuccio une entrevue afin de renou-

voler leur connaissance, car ils avaient été élevés ensemble à la cour de Milan. L'expérience avait instruit Rinuccio; il refusa craignant quelque piège. Alors Fieschi se présente seul à sa demeure et l'accable de mille marques d'une tendre amitié. « Tu t'es défié de moi, lui dit-il; les
« années ont effacé cette étroite liaison qui confondit nos
« premières affections et nos jeunes âmes; mais dans
« mon âme, les impressions se conservent. Nous étions
« alors à l'aurore des passions; que de beaux tableaux
« nos jeunes imaginations nous traçaient dans l'avenir!
« Quel plaisir nous goûtions! Nous sentions toutes les
« délices d'une amitié réciproque.

« — Fieschi, répondit Rinuccio, vous me rappelez des
« temps qui seront toujours chers à mon cœur, et qui ne
« s'effaceront jamais de ma mémoire; mais devant voir
« en vous un ennemi, qui, sans droit, ravage cette patrie
« infortunée, je ne voulais point y reconnaître les traits
« qui, pendant dix ans, furent ceux de mon ami; votre
« confiance, votre âme noble est au-dessus de la mienne...
« Pardonnez, Fieschi, vous avez passé votre vie dans les
« délices de Gênes, et moi, depuis le moment où je
« vous quittai, je fus toujours dans les factions, dans
« les guerres, dans les inimitiés, qui nécessairement
« rendent l'homme farouche et ferment son cœur aux
« doux épanchements. J'ai vu le fils trahir le père; j'ai vu
« l'hospitalité, la sainte suspension des traités ne servir
« qu'à cacher les trames les plus horribles; votre nation
« nous en a donné tant d'exemples, que je vous fis un
« moment l'injustice de me souvenir moins de votre
« caractère que de votre patrie; mais il m'est bien doux
« de vous retrouver, et vous me voyez glorieux de la vic-
« toire que vous remportez sur moi. Puisque l'Offizio
« vous envoie commander ses armées, il a donc changé
« de système, il s'en trouvera mieux; les trahisons ne
« font qu'aigrir les âmes, et si elles préparent des triom-
« phes, ils sont de courte durée. »

Tels étaient les discours qu'ils se tenaient, Fieschi était dans la fleur de l'âge, grand, beau ; la sérénité, la douceur étaient peintes dans sa physionomie, et l'onction de son discours achevait de lui captiver tous les cœurs. Il fit une douce impression sur celui de Rinuccio, qui se reprochait de s'être laissé vaincre en générosité et d'avoir pu calomnier un vieil ami... Celui-ci attendit le moment avec impatience, il courut dans le camp de Fieschi ; il y était attendu, les ordres étaient donnés pour le recevoir... et pour l'arrêter. Conduit dans une obscure prison, de là dans le château d'Evisa, il y passa quelques semaines et après que son premier mouvement dut être calmé, Fieschi se présenta à lui. « Il ne tient qu'à vous, lui dit-il, d'amé-
« liorer le sort de votre patrie et de votre famille ; vous
« et votre fils vous vivrez dans les honneurs ; vous goû-
« terez les charmes de la paix et les avantages que doit
« vous procurer votre immense fortune. L'Offizio prendra
« pour base de son gouvernement le pacte del Lago Bene-
« detto ; devenez son appui, livrez-lui vos châteaux et
« faites abandonner par vos partisans l'armée de Giovan
« Paolo. »

Rinuccio étouffait d'indignation, sa voix était éteinte ; il ne répondit que par un regard terrible et un morne silence... Fieschi ne se découragea pas, il lui tint toute espèce de discours ; il finit par s'attendrir ; il lui dit qu'il ne faisait dans cette affaire qu'obéir, qu'il n'était que l'instrument, qu'il plaignait son malheur... « Fieschi,
« dit Rinuccio, je suis près de ma mort ; car je comprends
« bien que n'ayant pu me gagner, il faudra se défaire de
« de moi ; mais souviens-toi que je porte à l'autre monde
« une conscience intacte ; les miens pleureront et venge-
« ront ma mémoire ; les hommes de bien me citeront quel-
« quefois ; tu ne sens pas combien cette idée est consolante !
« Fieschi, tu vivras longtemps et heureux, ta mort sera
« lente, mais à ton convoi funèbre : joie à la société,
« s'écrieront les spectateurs, elle est délivrée d'un mé-

« chant homme! » Rinuccio, avait pressenti juste; il ne tarda pas à mourir de faim et de misère.

Peu de temps après, Giovan Paolo dut céder à Ambrogio Negri, et sa catastrophe mérita une statue à ce vainqueur génois.

Rinuccio della Rocca (1502). — Rinuccio della Rocca, formé à l'école de Giovan Paolo, hérita de ses projets. On voyait revivre en lui les vertus inflexibles des anciens républicains. Il opéra six révolutions; souvent battu, mais jamais découragé, il semblait avoir étouffé tous les sentiments pour les sacrifier tous à la patrie. Richesse, douceur de la vie, amour paternel, rien ne put arrêter en sa course cet indomptable ennemi de l'Offizio, le malheur qui le poursuivit dans ses vieux jours rend sa mémoire plus intéressante; vaincu, proscrit, errant sur les rochers, il fut inébranlable, et il mourut sans jamais rien faire d'indigne de lui.

Offizio de San-Giorgio (1502). — Ainsi, Monsieur, à force d'intrigues et d'assassinats, l'Offizio parvint à régner. Le sang de tant de martyrs ne servit qu'à teindre la pourpre des protecteurs de Saint-Georges. Paolo della Rocca, Giocante di Leca, Vinciguerra, Giovan Paolo, Rinuccio, ne brillaient plus à la tête de la nation : on avait péri, on s'était exilé. L'Offizio, au comble de ses vœux, régna sans contradiction; une longue expérience lui avait appris à connaître l'amour de ces peuples pour la justice et la liberté; il donna donc pour instruction à ses ministres de rendre la première avec exactitude, et leur accorda la seconde en prenant les conventions del Lago Benedetto, pour pacte conventionnel de sa souveraineté, et après tant de calamités, les Corses vécurent heureux de leur tranquillité.

Ils commencèrent à perdre de vue l'idole chérie de l'indépendance, et au lieu de l'enthousiasme qui les transportait autrefois aux noms sacrés de patrie et de liberté, des larmes seules exprimaient ce que ces noms chéris leur faisaient éprouver. La peste vint achever la dépopulation. En moins de deux ans, une grande partie de ceux qui avaient survécu à la liberté, descendirent dans la tombe. Dans l'état de faiblesse où l'on se trouvait, l'Offizio, comptait qu'on ne pouvait plus s'opposer à ses projets et résolut de plier ces hommes indomptables sous le joug de la servitude; les conventions del Lago Benedetto tombèrent dans l'oubli... Ensanglantées, jonchées des cadavres de ses habitants, nos montagnes ne retentissaient que de gémissements. Les Corses voyaient l'esclavage s'avancer à grands pas, et dans leur grande faiblesse ils n'y trouvaient point de remède. Ainsi l'infortuné timonier prévoit le flot qui va l'engloutir, et le prévoit en vain. Le roi d'Alger, Lazzaro, corse de nation, qui avait conservé dans ce haut rang le même amour pour sa patrie, ne pouvant la délivrer, la vengeait en détruisant le commerce de l'Offizio; mais rien ne pouvait adoucir le sort des Corses. Ils vivaient sans espérance, lorsque Sampiero de Bastelica, couvert de lauriers qu'il avait conquis sous le drapeau français, vint faire ressouvenir ses compatriotes que leurs oppresseurs étaient ces mêmes Génois qu'ils avaient tant de fois battus. Sa réputation, son éloquence, les ébranlaient, et à l'arrivée de Thermes, que le roi Henri II expédia avec dix-sept compagnies de troupes pour en chasser l'Offizio, les Corses s'armèrent du poignard de la vengeance, et, réduits à la seule ville de Calvi, les protecteurs de Saint-Georges reconnurent, mais trop tard, que quelque accablés qu'ils fussent, ces intrépides insulaires pouvaient mourir, mais non vivre esclaves.

SAMPIERO DI BASTELICA. — Le sénat de Gênes, fidèle au plan qu'il s'était tracé, avait sans cesse travaillé et contre l'Offizio et contre les Corses. Il voyait avec plaisir s'entr'égorger des peuples qu'il voulait soumettre, et s'affaiblir une compagnie qui lui donnait ombrage; mais, dans ces circonstances, il sentit qu'il fallait la secourir puissamment, ou se résoudre à voir recueillir par les Français le fruit de tant de peines et d'intrigues. Il offrit donc ses galères et ses troupes, et sollicita l'empereur Charles V, son protecteur, qui lui envoya aussitôt une armée et des vaisseaux. Vains préparatifs! Les Corses triomphèrent; le grand Andréa Doria vit périr dix mille hommes de ses troupes sous les murs de San-Fiorenzo. L'immortel Sampiero battit les Génois sur les rives du Golo, à Petreta; mais s'étant brouillé avec de Thermes, le roi de France l'appela à sa cour. Dès ce moment nos affaires déclinèrent et ne furent rétablies que par son retour. Après diverses vicissitudes, l'Offizio allait être expulsé à jamais, lorsque par le traité de Cateau-Cambresis, les Français évacuèrent l'île. Les Corses firent leur paix; les pactes conventionnels del Lago Benedetto furent renouvelés de part et d'autre, l'Offizio promit de gouverner conjointement avec la nation et de gouverner avec justice. Gouverner avec justice n'était pas ce que voulait la politique du sénat, qui, voyant les Corses sur le point de s'attacher sérieusement, d'oublier leur ressentiment et de céder à leur fatalité une portion de leur indépendance, voyait se renverser tous ses projets. La circonstance d'ailleurs était favorable; il obligea les protecteurs de Saint-Georges à lui céder la possession de l'île. Outré de ce changement qui s'était fait sans son consentement, le peuple soupire après l'arrivée de son libérateur Sampiero. Cet homme ardent avait juré dans son cœur la ruine des tyrans et la délivrance de son pays. Voyant la France trahir ses promesses, il dédaigne les emplois que ses services militaires lui ont mérité, et parcourt les différents cabinets pour susciter des ennemis aux oppresseurs et des amis aux siens... Mais les rois de l'Europe ne connaissaient de justice que leur intérêt, d'amis que les instruments de la politique. Il s'embarque pour l'Afrique; il est accueilli par le bey de Tunis, qui lui promet du secours; il gagne la confiance de Soliman, qui lui promet assistance. Soliman avait l'âme noble et généreuse; il devint le protecteur de Sampiero et de ses infortunés compatriotes. Tout se dispose en leur faveur; bientôt le Croissant humiliera jusque dans nos mers la croix ligurienne! — Gênes cependant suit d'un œil inquiet les courses de son implacable ennemi, et ne pouvant l'apaiser, elle cherche à lui lier les mains par l'amour de ses enfants et par l'amour de sa femme, douces affections qui maîtrisent l'âme par le cœur, comme le sentiment par la tendresse... Sampiero aime tendrement sa femme Vannina, qu'il a laissée à Marseille avec ses enfants, ses papiers, et quelques amis... C'est Vannina que les Génois entreprennent de séduire par l'espoir de lui restituer les biens immenses qu'elle a en Corse et de faire un sort si brillant à ses enfants, que son mari même s'en trouvera satisfait. Ainsi la patrie vivra tranquille sous leur gouvernement et elle vivra tranquille au milieu de ses terres, de ses parents, contente de la considération de ses enfants, et ne sera plus exposée à mener une vie errante en suivant les projets d'un époux furibond. Mais pour cela il faut aller à Gênes, donner aux Corses l'exemple de la soumission au nouveau gouvernement et de la confiance dans le sénat. Vannina accepte : elle enlève tout, jusqu'aux papiers de son mari, et s'embarque avec ses enfants sur un navire génois. Ils étaient déjà arrivés à la hauteur d'Antibes, lorsqu'ils sont atteints par un brigantin monté par les amis de Sampiero, qui s'emparent du bâtiment où est la perfide et la conduisent à Aix avec ses enfants.

La nouvelle du crime de Vannina élève dans le cœur de l'impétueux Sampiero la tempête et l'indignation; il part, comme un trait, de Constantinople; les vents secondent son impatience. Il arrive enfin en présence de sa femme.

Un silence farouche résiste obstinément à ses excuses et aux caresses de ses enfants. Le sentiment aigre de l'horreur a pétrifié sans retour l'âme de Sampiero. Quatre jours se passent dans cette immobilité, à la fin desquels ils arrivent dans leur maison de Marseille. Vannina, accablée de fatigue et d'angoisse, se livre un moment au sommeil ; à ses pieds sont ses enfants, vis-à-vis est son mari, cet homme que l'Europe estime, en qui sa patrie espère et qu'elle vient de trahir... Ce tableau remue un instant Sampiero, le feu de la tendresse et de la compassion semble se ranimer en lui. Le sommeil est l'image de l'innocence ! Vannina se réveille, elle croit voir de l'émotion sur la physionomie de son mari, elle se précipite à ses pieds; elle en est repoussée avec effroi.

« *Madame*, lui dit avec dureté Sampiero, *entre le crime
« et l'opprobre, il n'est de milieu que la mort.* »

L'infortunée et criminelle Vannina tombe sans connaissance. Les horreurs de la mort s'emparent, à son réveil, de son imagination : elle prend ses enfants dans ses bras. « *Soyez mes intercesseurs ; je veux la vie pour votre bien. Je
« ne me suis rendue criminelle que pour l'amour de vous!* »

Le jeune Alphonse va alors se jeter dans les bras de son père, le prend par la main, l'entraîne auprès de sa mère, et là, embrassant ses genoux, il les baigne de larmes, n'a que la force de lui montrer du geste Vannina, qui, tremblante, égarée, retrouve cependant sa fierté à la vue de son mari, et lui dit avec courage : « *Sampiero, le
« jour où je m'unis à vous, vous jurâtes de protéger ma fai-
« blesse et de guider mes jeunes années, pourriez-vous donc
« souffrir aujourd'hui que de vils esclaves souillassent votre
« épouse? Et puisqu'il ne me reste plus que la mort pour
« refuge contre l'opprobre, la mort ne doit pas être plus avi-
« lissante que l'opprobre même... Oui, Monsieur, je meurs
« avec joie, vos enfants auront pour les élever l'exemple de
« votre vie et l'horrible catastrophe de leur mère; mais
« Vannina qui ne vous fut pas toujours si odieuse, mais votre
« épouse mourante ne vous demande qu'une grâce, c'est de
« mourir de votre main!* »

La fermeté que Vannina mit dans ce discours frappa

Sampiero sans aller jusqu'au cœur. La compassion et la tendresse qu'elle eût dû exciter trouva une âme fermée désormais à la vie du sentiment..... Vannina mourut..... Elle mourut par les mains de Sampiero.

Peu de temps après ce terrible événement, Sampiero débarque au golfe de Valinco, avec vingt-cinq hommes, et trouve bientôt une armée ; il bat les ennemis, à Vescovato, à Rostino, où Antonio Négri périt avec deux mille des siens. Après avoir été forcé de se retirer devant l'armée de Stephano Doria, il la détruit par l'habileté de ses manœuvres; il bat, à Borgo, les secours que le roi d'Espagne envoyait à la République. Enfin, sous cet intrépide général, les Corses touchaient au moment d'être libres, mais par un lâche assassinat, Gênes se délivra de cet implacable ennemi.

Dans la tombe d'Epaminondas s'ensevelit la prospérité de Thèbes ; dans celle de Sampiero s'ensevelit le patriotisme et l'espérance des Corses. Son fils Alphonse, trop jeune pour soutenir son parti avec éclat, se retira en France après deux ans de guerre. Un grand nombre d'insulaires le suivirent et abandonnèrent une patrie qui désormais ne pouvait plus vivre libre.

Les Génois ne trouvèrent plus de contradicteurs, leur politique leur réussit en tous ses points. La Maona, les Adorne, les Fregose s'étaient ruinés, et les Corses affaiblis par leurs victoires mêmes, furent obligés de se soumettre; ils perdirent pour longtemps la liberté... Les infortunés! ils reconnaissaient pour maîtres les meurtriers de Sinuccello, de Vincentellio, de Sampiero, ceux qui ordonnèrent les massacres à Montalto, à Calvi, à Spinola.

LETTRE TROISIÈME.

Monsieur,

Les Génois, maîtres de la Corse, se comportèrent avec modération, ils prirent les conventions del Lago Benedetto pour base de leur gouvernement. Le peuple conserva une portion de l'autorité législative : une commission de douze personnes, présidée par le gouverneur, eut le pouvoir exécutif ; des magistrats élus par la nation et ressortissant au syndicat eurent la justice distributive. A leur grand étonnement les Corses se trouvèrent tranquilles, gouvernés par leurs lois ; ils crurent qu'ils devaient désormais oublier l'indépendance et vivre sous une forme de gouvernement propre à rendre à la patrie toute la splendeur dont elle était susceptible. Les Génois trouvaient dans la Corse de quoi accroître leur commerce ; ils y trouvaient des matelots et des soldats intrépides pour augmenter leur force.... Mais il était à craindre que, situés si avantageusement, ces insulaires ne fissent un commerce nuisible à celui de la métropole ; il était à craindre qu'avec l'accroissement de forces que donne un bon gouvernement, ils ne devinssent indépendants en peu de temps. La jalousie politique sera toujours le tourment des petits États, et l'on sait que la jalousie commerciale a toujours été la passion spéciale de Gênes.

D'ailleurs tous les ordres de l'État, accoutumés à se partager les possessions de la République, murmurèrent contre une administration où ils n'avaient point de part, où il n'y avait point d'emploi pour eux. « A quoi nous a « servi la conquête de la Corse, si l'on doit conserver à « celle-ci un gouvernement presque indépendant ; il valait « vraiment bien la peine que nos pères répandissent tant « de sang et dépensassent tant d'argent, » disait-on publiquement à Gênes. La grande noblesse voyait avec dépit l'autorité du gouverneur restreinte, r duite presque à rien par le conseil des Douze et par les assemblées populaires. La petite noblesse, dite noblesse du grand conseil, que l'on peut appeler le peuple de l'aristocratie, attendait, avec une impatience facile à concevoir, l'occasion de pouvoir se saisir de tous les emplois qu'occupaient les Corses. Les prêtres convoitaient nos bénéfices ; les négociants aspiraient au moment où ils pourraient, au moyen de sages lois, fixer seuls le prix de nos huiles et de nos denrées.

Ce n'était qu'un cri dans tous les ordres de la République ; pour la première fois le même vœu les unissait. Aussi l'on ne tarda pas à supprimer en Corse toute la représentation nationale. En peu de temps le gouverneur réunit sur sa tête toute l'autorité.... Il put faire mettre à mort un citoyen sans autre procès, sans autre enquête, sans autre formalité que celle-ci : *Je le prends sur ma conscience*, et la grande noblesse fut satisfaite.

Tous les emplois civils et militaires furent donnés par le gouverneur ou par le sénat, et furent donnés à des nobles Génois. Pour ne laisser naître aucune espérance présomptueuse, il y eut une loi qui déclara les Corses incapables d'occuper aucun emploi... et la petite noblesse fut contente.

Le noble du grand conseil, excessivement pauvre, n'a pour nourrir une famille nombreuse que le droit qu'il tient de sa naissance, de gérer les emplois de la République. Il faut que chacun profite à son tour de ce droit, parce qu'il faut que chacun vive ; aussi ne peut-on être que deux ans en place, et est-on obligé, durant un certain temps, de n'occuper aucun autre emploi. Il faut donc, pendant ces deux années, amasser assez pour se maintenir pendant quatre ans et fournir aux différents voyages que l'on doit entreprendre.

Gênes, jadis très puissante, avait un grand nombre d'emplois à donner ; mais au temps dont nous parlons, elle était réduite à la Corse seule, et la Corse était obligée de supporter presque tout cet horrible fardeau. Chaque deux ans l'on voyait arriver des flottilles de ces gentillâtres, avec leurs familles, affamés, nuds, sans éducation, sans délicatesse. Plus redoutables que des sauterelles, ils dévoraient les champs, vendaient la justice et emprisonnaient les plus riches pour obtenir une rançon. On riait à Gênes de ces plaisanteries nobiliaires; le répertoire des gens aimables, des conteurs de bons mots dans les sociétés, n'est rempli que d'aventures de ces gentilshommes, et toujours le Corse est le battu et le moqué... Combien avez-vous gagné? Nous avez-vous laissé quelque chose à prendre? demandaient ceux qui allaient partir à ceux qui étaient de retour. Un honnête sénateur fort religieux avait coutume de dire une prière toutes les fois qu'il entendait la cloche des morts annoncer le décès de quelque patricien, il demandait toutefois avant si le défunt avait été employé en Corse, et dans ce cas, il se dispensait de la prière, disant : A quoi cela servirait-il? *è a casa del Diavolo*, il est au diable.

Les bénéfices ecclésiastiques furent donnés par les évêques; les évêques furent nommés à la sollicitation des cardinaux Génois. Il est sans exemple qu'un Corse ait été évêque, et les prêtres Génois furent contents.

Et le négociant! Comment son intérêt eût-il été oublié dans un État commerçant?... Des lois positives lui accordèrent le monopole de l'approvisionnement et du trafic. L'on détruisit les marais salants qui existaient, l'on en fit autant des poteries et de toutes manufactures. Cela accrut le petit cabotage et rendit le pays plus sujet.

Les marchandises cessant d'avoir leur prix, le peuple cessa de travailler, les champs devinrent incultes, et un pays appelé à l'abondance, au commerce, un sol qui promet à ses habitants la santé, la richesse, ne lui offrit que la misère et l'insalubrité. Malheureusement, à force de piller, l'on épuisa notre pauvre pays, qui n'eut plus rien à offrir que des pierres. Il fallait cependant que cette illustre noblesse vécût; elle eut recours à deux moyens : d'abord chaque commandant de petites tours, chaque petit commissaire, eut une boutique à laquelle il fallut donner la préférence ; enfin ils vendaient la permission de porter les armes.

Dépouillé des biens qui rendent la vie aimable et sûre, exclu de tous les grades, de toutes les places, privé de toute considération, réduit à la dernière misère, outragé par la classe la plus méprisable de l'univers, comment le Corse, si hardi, si fier, si intrépide se laissa-t-il traîner dans la fange sans résister ? Je m'empresse de vous développer ces tristes circonstances, afin qu'en plaignant ce peuple, vous ne cessiez pas de l'estimer.

Je vous ai, en deux pages, tracé l'histoire du gouvernement Génois; mais ces deux pages renferment cent cinquante ans. On marcha pas à pas. Si tout à coup le sénat eût découvert son horrible projet, sans exciter des soulèvements, ma nation serait si vile, qu'elle ne mériterait pas d'être plainte.

Immédiatement après la mort de Sampiero, on provoqua de toutes les manières les émigrations qui, dès ce moment, furent très considérables. On souffla partout l'esprit de la division, et la République accorda un refuge aux criminels ou favorisa leur fuite. Les émigrations s'accrurent. La peste affligea l'Italie; elle vint en Corse; la famine s'y joignit; la mortalité fut immense... Le gouvernement se montra insouciant, et si ces deux fléaux finirent, c'est que tout finit. C'est ici l'occasion de faire une observation bien remarquable : toutes les fois que les Corses ont perdu leur liberté, ils ont été, quelque temps après, affligés d'une grande mortalité. Après la conquête de 1770, on vit encore la mortalité et la famine dépeupler le pays. Alors la République ne garda plus de mesure; elle jeta le masque, renversa le gouvernement national et établit les choses telles que nous les avons décrites.

Quelle position douloureuse! le Corse sentit la peste lui dévorer les chairs, la faim lui ronger les entrailles, et l'esclavage navrait son cœur, effrayait son imagination et anéantissait les ressorts de son âme!!!

Cependant, pour maintenir ce peuple dans cet assujettissement, il fallait avoir une grande force ou se faire une étude de le diviser. On adopta ce dernier parti, et on relâcha à cet effet les ressorts de la justice criminelle; chacun fut obligé de pourvoir de soi-même à sa sûreté; de là est né le droit de vendetta.

L'homme dans l'état de nature ne connut d'autre loi que son intérêt. Pourvoir à son existence, détruire ses ennemis fut son occupation journalière. Mais lorsqu'il fut réuni en société, ses sentiments s'agrandirent; son âme, dégagée des entraves de l'égoïsme, prit son essor, l'amour de la patrie naquit, et les Curtius, les Décius, les Brutus, les Dion, les Caton, les Léonidas, vinrent émerveiller le monde. Des magistrats assurèrent à chacun la conservation de sa propriété et de sa vie; le but des actions individuelles dut être le bonheur général de l'association, et personne ne dut plus agir par le sentiment de son propre intérêt. Les rois régnèrent; avec eux régna le despotisme; l'homme méprisé n'eut plus de volonté! Avili, il fut à peine l'ombre de l'homme libre. Les rois, qui tinrent dans leurs mains la force publique, durent l'employer pour assurer à chacun sa vie et sa propriété.

La confédération changea, s'altéra même, si l'on veut, mais exista cependant toujours. La force publique serait devenue dans les mains du prince, un instrument inutile, s'il eût vu l'homicide sans le punir; si, par une dépravation inouïe, il eût lui-même aiguisé les poignards de l'assassin. Personne ne peut nier qu'alors la confédération ne se fût trouvée dissoute et les hommes rendus à l'anarchie. Telle était notre situation. Le sénat voyait avec plaisir s'entr'égorger des hommes dont il craignait l'union; le meurtre ne fut plus puni, il fut encouragé, il fut récompensé ; il fallait cependant que chacun veillât à sa sûreté.

Des confédérations de familles, quelquefois de villages se formèrent. On jura de veiller à l'intérêt de tous et de faire guerre éternelle à celui qui offenserait un des confédérés ; les liens du sang se resserrèrent, on chercha des parents ; l'île fut divisée en autant de puissances qu'il y eut de familles, qui se faisaient la paix ou la guerre selon leur caprice et leur intérêt...

On appela vertu l'audace de s'exposer à tous les dangers pour soutenir ses parents ou les membres de sa confédération ; les citoyens ne furent que des membres d'autant de puissances étrangères, liées entre elles par leurs rapports politiques. Ils respectèrent les femmes et les enfants et les laissèrent sortir de la maison assiégée pour prendre de l'eau et pour vaquer aux affaires du ménage. Il était aussi d'usage de laisser croître sa barbe lorsqu'on était en guerre ; c'était un acte de courage, car il n'y avait point de buisson, de rocher qui ne pût recéler un ennemi ; c'était s'exposer à périr à tous les moments du jour... Celui-là passait pour un homme lâche, un homme vil, qui, à la nouvelle de la mort de son parent, ne courait jurer sur son cadavre de le venger, et, dès ce moment, ne laissait croître sa barbe. La paix se faisait cependant quelquefois ; il y avait des gens sages, des vieillards respectés, qui réconciliaient les partis. On était scrupuleux dans l'exécution du traité.

Tels furent, Monsieur, les effets de l'administration Génoise. Accablés sous le poids des impôts arbitraires, désunis, les mains dégoûtantes du sang de nos frères, nous gémîmes longtemps ; mais ce ne fut qu'en 1714 que l'on commença à s'apercevoir qu'il se faisait un mouvement général, l'on envoya un orateur à Gênes représenter l'état déplorable de la nation ; il était entre autres choses chargé de solliciter un désarmement général et priait le sénat de faire respecter son autorité. Les patentes pour porter les armes étaient à la fois une spéculation de finances et de politique. Le sénat eut l'impudence de se refuser à la demande si raisonnable, et d'alléguer pour prétexte la diminution que cela produirait dans le revenu public. L'orateur proposa une nouvelle imposition beaucoup plus forte; l'imposition fut acceptée, mais les patentes continuèrent toujours à se distribuer, et la justice s'occupa tout aussi peu de se faire respecter; l'île était déserte, inculte et dépeuplée. Depuis l'époque de Giovan Paolo, la population avait diminué des trois quarts; elle était alors de 400,000 habitants, et en 1720, on n'en comptait que 120,000, le commerce était anéanti et la férocité des Corses était à son comble, leur existence était si misérable, qu'ils n'avaient rien à perdre. Il ne fallait qu'un signal.

En 1729, le lieutenant Génois qui commandait à Corte imposa, de sa propre fantaisie, une nouvelle taxe qui, jointe à toutes les autres et à la misère du pays, devenait insupportable. Cardone di Bozio, vieillard estropié, ayant reçu de la nature un corps difforme, mais une âme vigoureuse et une élocution très facile, assembla les habitants du village de Bozio pour leur parler dans les termes les plus forts sur l'avilissement où ils vivaient, sur la gloire de leurs ancêtres et les charmes de la liberté. Il profita du moment où les collecteurs venaient percevoir l'imposition pour les faire chasser et poursuivre. Il excite ses compatriotes à marcher vers Corte. Ceux-ci rencontrent un détachement de soldats envoyés pour les punir; ils le battent, le désarment, arrivent à Corte et brûlent la maison du commandant, qui a le bonheur de se sauver. A cette nouvelle, on se rallie de tous côtés, on prend les armes, on court à Bastia pour punir le gouverneur général Pinelli, objet de l'exécration publique; on prend une partie de la ville, on surprend Algagiolo, et voilà le joug rompu sans retour.... « Aux yeux de Dieu, disait souvent Cardone, le « premier crime est de tyranniser les hommes; le second, « c'est de le souffrir. » Jamais révolution ne s'opéra plus subitement. Les ennemis oublièrent leur haine, firent partout la paix, objet de tous les vœux. La prospérité de la patrie naissante sembla être le mobile des actions de chacun; le feu du patriotisme agrandit subitement des âmes qu'avaient, pendant tant d'années, rétrécies l'égoïsme et la tyrannie... Amis, nous sommes hommes! était le cri de ralliement. Fiers tyrans de la terre prenez-y bien garde! Que ce sentiment ne pénètre jamais dans le cœur de vos sujets; préjugé, habitude, religion, faibles barrières! Le prestige est détruit, votre trône s'écroule si vos peuples se disent jamais : « Et nous aussi, nous sommes « des hommes! »

Les premières années de la guerre, les Corses n'eurent aucune forme de gouvernement : la haine des tyrans guidait tout le monde. Ce ne fut qu'à la réunion de Saint-Pancrazio que l'on nomma Giaffori commandant des armées.

A l'Assemblée de Corte, on déclara les Génois déchus de leur souveraineté, l'on déclara la nation libre et indépendante. Pour rendre cette déclaration plus imposante, pour achever de détruire les préjugés que la multitude pouvait conserver, on assembla à Orezza un Congrès des théologiens les plus célèbres des différents ordres. On leur proposa trois questions : Si la guerre actuelle était juste, si les Génois étaient des tyrans, si l'on était délié du serment de fidélité. Ce Congrès, que présida le célèbre Orticoni, répondit à tout d'une manière satisfaisante. La guerre, dit-il, est non seulement juste, mais même sainte; *le serment est nul dès lors que le souverain est tyran.*

Mal armés, sans discipline, il battirent partout leurs tyrans, malgré leur nombre, leur expérience et leur artillerie. Assiégés dans le château de Bastia, ils étaient, au bout de deux ans d'une guerre opiniâtre, réduits à abandonner notre île, lorsque l'aigle impériale, arborée au lieu de la croix ligurienne, vint nous présager de nouveaux malheurs, mais non décourager notre courage.

Qu'avions-nous fait aux Allemands pour qu'ils voulussent notre destruction? Que pouvait importer à l'empereur d'Occident qu'une petite île de la Méditerranée fût libre ou esclave? *Mais les puissances se jouent des intérêts de l'humanité, et les méchants ont toujours des protecteurs.* Le général allemand, à la tête de sa petite armée, s'engagea dans des défilés; il périssait infailliblement, lorsqu'il trouva dans l'humanité des Corses une commisération inattendue, dont il s'est rendu indigne par son lâche manque de foi. On lui accorda la permission de retourner à Bastia, à condition qu'il ferait savoir à son souverain la manière dont les Corses agissaient à son égard, et l'on conclut un traité de deux mois; mais, avant l'expiration de la trêve, les Allemands se remontrèrent au delà du Golo en plus grand nombre. Au respect que nous avaient inspiré les armes d'un grand prince, succéda l'indignation pour la perfidie de ses ministres. Après avoir laissé environ deux mille morts ou prisonniers, nos ennemis regagnèrent leurs remparts avec précipitation. L'enthousiasme produisit les actions les plus dignes d'être transmises à la postérité : Vingt et un bergers de Bastelica faisaient paître leurs troupeaux dans la plaine de Campo di Loro, deux cents hussards et six cents piétons vinrent pour les enlever : ces braves gens se réunissent, tiennent ferme, repoussent cette nombreuse troupe et la font fuir. Investis enfin par quatre cents autres ennemis, ils périssent tous en prononçant le nom sacré de la patrie.

L'honneur de l'empereur avait essuyé bien des échecs. Si l'honneur des princes consiste à protéger le juste contre le méchant, le faible contre le fort, sans doute l'empereur Charles VI avait déshonoré ses armes; mais si l'honneur consiste à massacrer des infortunés, le cabinet de Vienne sut bien réparer ce qu'il n'avait pu faire à la campagne précédente : il envoya le prince de Wurtemberg avec des renforts considérables et quoique ses premiers efforts ne furent pas heureux, il était désormais impossible de résister à des forces si imposantes. On fit des propositions de paix ; les Génois reconnurent, accordèrent, promirent tout ce qu'on voulut, et l'on posa les armes.

Il était tout naturel que, ne voulant observer aucune des conditions du traité, les Génois commençassent par se défaire des chefs qui avaient conduit les Corses avec tant de bonheur dans des circonstances si difficiles. Les principaux parmi ces chefs furent arrêtés et conduits dans le château de Sagone. C'en était fait de leur vie, si Boerio et Orticone n'eussent su intéresser le prince Eugène au sort de ces illustres prisonniers. L'empereur, éclairé, exigea du sénat leur délivrance. Ne pouvant les perdre, les Génois tentèrent de se les attacher en leur faisant des offres qu'ils méprisèrent. On suivit le même plan de persécution contre les principaux citoyens : la mort ou la prison.

PIÈCE N° XXXIV.

DISCOURS DE BONAPARTE SUR CETTE QUESTION : *Déterminer les vérités et les sentiments qu'il importe le plus d'inculquer aux hommes pour leur bonheur.*

Sujet du prix proposé par l'Académie de Lyon pour le concours de 1790.

Les sociétés littéraires n'eussent jamais dû être animées que par l'amour de la vérité et des hommes ; *mais il n'est point de vérité où règnent par devoir les préjugés. Il n'est point d'hommes où les rois sont souverains : il n'y a que l'esclave oppresseur plus vil que l'esclave opprimé.* Cela explique pourquoi les sociétés littéraires ont offert, dans tous les temps, le spectacle affligeant de la flatterie et de la plus coupable adulation. Cela explique pourquoi les sciences vraiment utiles, celles de la morale et de la politique, ont langui dans l'oubli, ou se sont entortillées dans le labyrinthe de l'obscurité. Elles ont fait cependant dans ces derniers temps des progrès rapides. On le doit à quelques hommes hardis qui, impulsés par le génie, n'ont craint ni le tonnerre des despotes, ni les cachots de la Bastille. Ces rayons de lumière ont embrasé l'atmosphère, éclairé l'opinion, qui, fière de ses droits, a détruit l'enchantement où étaient enlacées les nations depuis tant de siècles. Ainsi Renaud fut rendu à la vertu, à lui-même, dès qu'une main courageuse et amie lui présenta le bouclier où étaient à la fois tracés ses devoirs et son apathie. A quoi peuvent être mieux comparés les ouvrages immortels de ces grands hommes qu'au divin bouclier du Tasse. La liberté conquise après vingt mois d'énergie et de chocs les plus violents, fera à jamais la gloire des Français, de la philosophie et des lettres.

C'est dans ces circonstances que l'Académie propose de *déterminer les vérités, les sentiments qu'il importe le plus d'inculquer aux hommes pour leur bonheur.* Cette question vraiment digne de la méditation de l'homme libre fait l'éloge des sages qui l'ont proposée. Aucune ne pourrait mieux répondre au but du fondateur.

Illustre Raynal, si dans le courant d'une vie agitée par les préjugés et les grands que tu as démasqués, tu fus toujours constant et inébranlable dans ton zèle pour l'humanité souffrante et opprimée, daigne aujourd'hui, au milieu des applaudissements d'un peuple immense qui, appelé par toi à la liberté, t'en fait le premier hommage, daigne sourire aux efforts d'un zélé disciple dont tu voulus quelquefois encourager les essais. La question dont je vais m'occuper est digne de ton burin; mais sans ambitionner d'en posséder la trempe, je me suis dit avec courage : *Moi aussi je suis peintre.*

Il est indispensable d'abord de fixer nos idées sur le bonheur.

L'homme est né pour être heureux. La nature, mère éclairée, l'a doué de tous les organes nécessaires au but de sa création. Le bonheur n'est donc que la jouissance de la vie la plus conforme à son organisation. Hommes de tous les climats, de toutes les sectes, de toutes les religions, y en aurait-il d'entre vous à qui le préjugé de leurs dogmes empêcherait de sentir l'évidence de ce principe? Eh bien! qu'ils mettent la main droite sur leur cœur, la gauche sur leurs yeux, qu'ils rentrent en eux-mêmes, qu'ils soient de bonne foi... et qu'ils disent si comme moi ils ne le pensent pas.

Vivre donc d'une manière conforme à notre organisation, ou point de bonheur.

Notre organisation animale a des besoins indispensables : manger, dormir, engendrer... Une nourriture, une cabane, des vêtements, une femme, sont donc une stricte nécessité pour le bonheur.

Notre organisation intellectuelle a des appétits non moins impérieux et dont la satisfaction est beaucoup plus précieuse. C'est dans leur entier développement que consiste vraiment le bonheur. Sentir et raisonner, voilà proprement le fait de l'homme. Voilà ses titres à la suprématie qu'il a acquise, qu'il conservera toujours.

Le sentiment nous révolte contre la gêne, nous rend amis du beau, du juste; ennemis de l'oppresseur et du méchant. C'est dans le sentiment que gît la conscience, dès lors la moralité. Malheur à celui à qui ces vérités ne sont pas démontrées! il ne connaît de la vie que les rebuts; il ne connaît des plaisirs que la jouissance des sens.

Raisonner, c'est comparer. La perfection naît du raisonnement, comme le fruit de l'arbre. La raison, juge immobile de nos actions, en doit être la règle invariable. Les yeux de la raison garantissent l'homme du précipice des passions, comme ses décrets modifient même le sentiment de ses droits. Le sentiment fait naître la société; la raison la maintient encore.

Il faut donc manger, dormir, engendrer, sentir, raisonner, pour vivre en homme; dès lors pour être heureux.

De tous les législateurs que l'estime de leurs concitoyens appelle à leur donner des lois, aucuns ne paraissent avoir été plus pénétrés de ces vérités que Lycurgue et M. Paoli. Ils sont parvenus cependant par des chemins bien différents à les mettre en œuvre dans leur législation.

Les Lacédémoniens avaient une nourriture abondante, des vêtements et des maisons commodes, des femmes robustes; ils raisonnaient dans leurs sociétés; ils étaient libres dans leur gouvernement. Ils jouissaient de leur force, de leur adresse, de la gloire, de l'estime de leurs compatriotes et de la prospérité de leur patrie. C'étaient là les satisfactions de leur sentiment. Ils pouvaient s'attendrir avec leurs femmes, s'émouvoir aux perspectives variées du beau climat de la Grèce; cependant c'était principalement par le spectacle du fort de la vertu qu'ils sentaient. Dans le courage, dans la force consiste la vertu. L'énergie est la vie de l'âme, comme le principal ressort de la raison.

Les palpitations d'un Spartiate étaient celles d'un homme fort; et *l'homme fort est bon, le faible seul est méchant.* Le Spartiate vivait d'une manière conforme à son organisation; il était heureux.

..... Mais tout ceci n'est qu'un rêve. Sur les bords de l'Eurotas vit aujourd'hui le pacha à trois queues, et le voyageur, navré de ce spectacle déchirant, se retire avec effroi, doutant un moment de la bonté du moteur de l'univers. Mais pour conduire les hommes au bonheur faut-il donc qu'ils soient heureux en moyens? Jusqu'à quel point doit-on leur prêcher, doit-on leur inspirer l'amour de la liberté facultative?

Puisqu'il faut sentir pour être heureux, quels sont les sentiments que l'on doit leur inspirer?

Quelles sont les vérités que l'on doit leur développer? Raisonner, dites-vous, ou point de félicité.

PREMIÈRE PARTIE.

L'homme en naissant porte avec lui des droits sur la portion des fruits de la terre nécessaires à son existence.

Après l'étourderie de l'enfance vient l'éveil des passions. Il choisit, parmi les compagnes de ses jeux, celle qui doit l'être de sa destinée. Son bras vigoureux, de concert avec ses besoins, demande du travail. Il jette un regard autour de lui; il voit la terre, partagée en peu de mains, servir d'aliment au luxe et à la superfluité; il se demande quels sont donc les titres de ces gens là? Pourquoi le fainéant est-il tout, l'homme qui travaille, presque rien? Pourquoi, enfin, à moi qui ai une femme, un père et une mère décrépits à nourrir, ne m'ont-ils rien laissé?

Il court chez le ministre dépositaire de sa confiance, lui expose ses doutes... « Homme, lui répond le prêtre, ne
« réfléchis jamais sur l'existence de la société... Dieu con-
« duit tout... Abandonne-toi à la Providence... Cette vie
« n'est qu'un voyage. Les choses y sont faites par une
« justice dont nous ne devons pas chercher à approfondir
« les décrets... Crois, obéis, ne raisonne jamais et tra-
« vaille : voilà tes devoirs. »

Une âme fière, un cœur sensible, une raison naturelle, ne peuvent être satisfaits de cette réponse. Il porte ailleurs ses doutes et ses inquiétudes. Il arrive chez le plus savant du pays, c'est un notaire... « Homme savant », lui dit-il, « on s'est partagé les biens de la contrée, et l'on ne m'a
« rien donné. » L'homme savant rit de sa simplicité, le conduit dans son étude, et là, d'acte en acte, de contrat en contrat, de testament en testament, il lui prouve la légitimité des partages dont il se plaint... « Quoi! ce sont
« là les titres de ces messieurs! » s'écrie-t-il indigné :
« les miens sont plus sacrés, plus incontestables, plus
« universels; ils se renouvellent avec ma transpiration,

« circulent avec mon sang, sont écrits sur mes nerfs,
« dans mon cœur; c'est la nécessité de mon existence, et
« surtout de mon bonheur. » En achevant ces mots, il
saisit ces paperasses qu'il jette aux flammes...

Il ne tarde pas à craindre le bras puissant qu'on appelle
justice. Il se réfugie dans sa cabane pour se jeter tout
ému sur le corps glacé de son père. Ce respectable vieillard, aveugle et perclus par l'âge, ne paraît vivre que par
un oubli de la mort... « Mon père, vous m'avez donné la
« vie, avec elle un vif intérêt du bonheur. Eh bien ! mon
« père, des ravisseurs se sont tout partagé. Je n'ai que
« mes bras, parce qu'ils n'ont pas pu me les ôter. O mon
« père, je suis donc condamné au travail le plus conti-
« nuel, à l'asservissement le plus avilissant. Au soleil
« d'août comme aux frimas de janvier, il n'y aura donc
« jamais de repos pour votre fils; pour prix d'un si grand
« travail, d'autres cueilleront les moissons acquises à la
« sueur de mon front! et encore si je pouvais suffire à
« tout : il faut que je nourrisse, loge, habille, chauffe
« une famille entière. Le pain nous manquera, mon cœur
« se brisera à chaque instant, ma sensibilité s'émoussera,
« ma maison s'offusquera. O mon père, je vivrai hébété,
« peut-être même méchant. Je vivrai malheureux. Suis-je
« misérable, donc né pour cela ? »

« Mon fils, » lui répondit le vénérable vieillard, « le
« sacré caractère de la nature est tracé dans ton sein avec
« toute son énergie. Conserve-le toujours pour vivre
« heureux et fort; mais écoute attentivement ce que
« quatre-vingts ans d'expérience m'ont enseigné. Mon fils,
« je t'ai élevé dans mes bras, j'ai protégé tes jeunes ans,
« et aujourd'hui que ton cœur commence à palpiter, tes
« fibres sont accoutumés au travail sans doute, mais au
« travail modéré, qui rafraîchit le corps, excite le senti-
« ment, calme l'imagination fougueuse. Mon fils, t'a-t-il
« rien manqué? Ton habillement est grossier, ta demeure
« est rustique, ta nourriture est simple; mais encore une

« fois, as-tu rien désiré? Tes sentiments sont purs comme
« tes sensations, comme toi-même. Il te manquait une
« femme, mon fils, tu l'as choisie : je t'ai donné de mon
« expérience à décider ton jeune cœur... O mon tendre
« ami, pourquoi te plains-tu? Tu crains l'avenir, fais tou-
« jours comme tu as fait et tu ne le redouteras jamais.
« Mon fils, si j'avais été au nombre des hommes misé-
« rables qui ne possèdent rien, j'eusse façonné ton corps
« au joug de l'animal, j'eusse fait de toi le premier des
« animaux de ta grange. Plié par le joug de l'habitude, tu
« eusses vécu tranquille dans ton apathie, content de ton
« ignorance. Tu n'eusses pas été heureux, ô mon fils! tu
« ne l'eusses pas été, mais tu fusses mort sans savoir si
« tu avais vécu; car, mon fils, comme tu l'as observé,
« pour vivre, il faut sentir et raisonner, dès lors ne pas
« être accablé par le besoin physique. Oui, bon jeune
« homme, que cette nouvelle te rafraîchisse, te console ;
« calme tes inquiétudes ; ces champs, cette cabane, ces
« animaux sont à nous. J'ai voulu te le laisser ignorer : il
« est heureux et si doux de monter, si dur de descendre !

« Ton père bientôt ne sera plus ; il a assez vécu ; il a
« connu les vrais plaisirs, il connaît le plus grand de
« tous, puisqu'il te presse encore sur son sein. Une seule
« chose, mon fils, si tu veux l'imiter : ton âme est ardente,
« mais ton travail, mais ta femme, ce doux présent de
« l'amour, mais tes enfants; que d'objets pour remplir le
« vide de ton cœur, garde-toi seulement de la cupidité des
« richesses. Les richesses n'influent sur le bonheur, mon
« fils, qu'autant qu'elles procurent ou refusent le néces-
« saire physique. Tu l'as ce nécessaire, et avec lui l'habi-
« tude du travail. Tu es le plus riche du pays : sache
« donc brider ton imagination. D'une âme ardente à une
« imagination déréglée, il n'y a, mon fils, que la raison
« au milieu.

« Les riches sont-ils heureux? Mon fils, ils peuvent
« l'être, mais pas plus que toi. Ils peuvent l'être,

« entends-tu ; car rarement ils le sont. Le bonheur est
« spécialement dans ton état, parce que c'est celui de la
« raison et du sentiment. L'état du riche est l'empire de
« l'imagination déréglée, de la vanité, des jouissances
« des sens, des caprices, des fantaisies... Ne l'envie ja-
« mais et si l'on t'offrait toutes les richesses de la contrée,
« mon unique ami, rejette-les loin de toi, à moins que ce
« ne soit pour les partager incontinent avec tes conci-
« toyens. Mais, mon fils, cette lutte de force et de ma-
« gnanimité n'appartient qu'à *un Dieu*... Sois homme,
« mais sois-le vraiment : vis maître de toi. Sans force,
« mon fils il n'est ni vertu ni bonheur. »

Voilà les deux bouts de la chaîne sociale connus. Oui, messieurs, qu'au premier soit l'homme riche, j'y consens ; mais qu'au dernier ne soit pas le misérable ; que ce soit, ou le petit propriétaire, ou le petit marchand, ou l'habile artisan, qui puisse, avec un travail modéré, nourrir, habiller, loger sa famille.

Vous recommanderez donc au législateur de ne pas consacrer la loi civile où peu pourraient tout posséder ; il faut qu'il résolve son problème politique de manière que le moindre ait quelque chose. Il n'établit pas pour cela l'égalité, car les deux extrêmes sont si éloignés, la latitude est si forte que l'inégalité peut subsister dans l'intervalle... Dans la hutte comme dans le palais, couvert de peau comme de broderies de Lyon, à la table frugale de Cincinnatus comme à celle de Vitellius, l'homme peut être heureux ; mais encore, cette hutte, ces peaux, cette table frugale, encore faut-il qu'il les ait. Comment le législateur peut-il y influer ? Comment doit-il résoudre son problème politique, pour que le moindre ait quelque chose ? Les difficultés sont grandes, et je ne sache personne qui s'en soit mieux tiré que M. Paoli.

M. Paoli dont la sollicitude pour l'humanité et ses compatriotes fait le caractère distinctif, qui fit un moment renaître au milieu de la Méditerranée les beaux jours de

Sparte et d'Athènes; M. Paoli, plein de ces sentiments, de ce génie que la nature ne réunit dans un même homme que pour la consolation des peuples, parut en Corse pour fixer les regards de l'Europe. Ses concitoyens ballottés par les guerres civiles et étrangères, reconnurent son ascendant et le proclamèrent à peu près comme jadis Solon le fut à Athènes ou les Décemvirs à Rome. Les affaires étaient dans un tel désordre qu'un magistrat, revêtu d'une grande autorité et d'un génie transcendant pouvait seul sauver la patrie.

Heureuse la nation où la chaîne sociale n'est pas assez rivée pour craindre les conséquences d'une démarche aussi téméraire! Heureuse lorsqu'elle a des hommes qui, justifiant une confiance aussi illimitée, s'en rendent dignes!

Arrivé au timon des affaires, appelé par ses compatriotes à leur donner des lois, M. Paoli établit une constitution, non-seulement fondée sur les mêmes principes que l'actuelle, mais encore sur les mêmes divisions administratives. Il y eut des municipalités, des districts, des procureurs-syndics, des procureurs de la commune. Il renversa le clergé et appropria à la nation le bien des évêques. Enfin la marche de son gouvernement est presque celle de la révolution actuelle. Il trouva dans son activité sans pareille, dans son éloquence persuasive et chaleureuse, dans son génie pénétrant et facile, de quoi garantir sa constitution naissante des efforts des méchants et des ennemis, car on était alors en guerre avec Gênes.

Mais à nos yeux le principal mérite de M. Paoli est d'avoir paru pénétré du principe qu'en consacrant la loi civile, le législateur devait conserver à chaque homme une portion de propriété telle qu'avec un médiocre travail elle pût suffire à son entretien. Pour cela il distingua les territoires de chaque village en deux espèces : ceux de la première furent les plaines bonnes aux semailles et aux pâturages; ceux de la seconde furent les montagnes propres à la culture de l'olivier, de la vigne, du chataignier, des arbres de toute espèce. Les terres de la première espèce, appelées *pacages*, devinrent la propriété publique et l'usufruit particulier. Tous les trois ans le *pacage* de chaque village se partageait entre les habitants. Les terres de la seconde espèce, susceptibles d'une culture particulière, restèrent sous l'inspection de la cupidité individuelle. Par cette sage disposition, tout citoyen naissait propriétaire, sans détruire l'industrie, sans nuire aux progrès de l'agriculture, enfin sans avoir d'ilotes.

Mais tous les législateurs ne se sont pas trouvés dans les mêmes circonstances, tous n'ont pas pu maîtriser les choses et les conduire à une aussi heureuse fin; cependant pressés par le principe, ils lui ont rendu hommage en excluant de la société ceux qui ne possédaient rien ou ne payaient pas telle imposition. Pourquoi cette seconde justice? C'est que l'homme que les lois n'ont pas mis à même d'être heureux ne peut être citoyen; c'est que l'homme qui n'a point d'intérêt au maintien de la loi civile en est l'ennemi. Il eut fallu lui assurer une portion de propriété, afin de l'y intéresser, de l'attacher; à défaut de cela, il a fallu l'exclure comme un être avili, hébété, et comme tel incapable d'exercer une portion de la souveraineté... Voilà la raison politique, sans doute... Mais aux yeux de la morale! Mais aux yeux de l'humanité! Quand je verrai un de ces infortunés transgresser la loi de l'État, être supplicié, je me dirai: *C'est le fort qui victime le faible.* Il me semble voir l'Américain périr pour avoir violé la loi de l'Espagnol.

Après avoir persuadé au législateur qu'il doit s'occuper également du sort de tous les citoyens dans la rédaction de sa loi civile, vous direz au riche: Tes richesses font ton malheur; rentre dans la latitude de tes sens; tu ne seras plus ni inquiet, ni fantasque. Combien de jeunes ménages deviennent méchants parce qu'il leur manque ce qui produit en toi cette inquiétude! Tu as trop et eux pas assez.

Votre sort est égal, avec la différence que toi, plus sage, pourrais y remédier, au lieu qu'eux ne peuvent que gémir!... Homme froid, ton cœur ne palpite donc jamais? Je te plains et je t'abhorre : tu es malheureux et tu fais le malheur des autres.

Sans femme, avons-nous dit, il n'est ni santé ni bonheur. Vous enseignerez donc à la classe nombreuse des célibataires que leurs plaisirs ne sont pas les vrais, à moins que, convaincus qu'ils ne peuvent vivre sans femme, ils ne fondent sur celles des autres la satisfaction de leur appétit. Vous les dénoncerez dès lors à la société entière.

Vous dénoncerez l'extravagante présomption du ministre de Brama ; vous lui apprendrez que l'homme est seul digne du créateur, et que le fakir qui se mutile est un monstre de dépravation et de folie.

Vous rirez avec le dédain de l'indignation, lorsque l'on prétendra vous persuader que la perfection consiste dans le célibat. Vous avez ouvert le grand livre de la raison et du sentiment, ainsi vous dédaignerez de répondre aux sophismes des préjugés et de l'hypocrisie.

Que la loi civile assure à chacun son nécessaire physique ; que la soif inextinguible des richesses soit remplacée par le sentiment consolant du bonheur. Qu'à votre voix le vieillard soit le père de tous ses enfants, qu'il partage également ses biens, et que le spectacle harmonique de huit ménages heureux fasse à jamais abhorrer la loi barbare de la primogéniture. Que l'homme apprenne enfin que sa vraie gloire est de vivre en homme. Qu'à votre voix les ennemis de la nature se taisent et avalent de rage leurs langues de serpent. Que le ministre de la plus sublime des religions, qui doit porter des paroles de paix et de consolation dans l'âme navrée de l'infortuné, connaisse les douces émotions de l'épanchement, que le nectar de la volupté le rende sincèrement pénétré de la grandeur de l'auteur de la vie : alors vraiment digne de la confiance publique, il sera l'homme de la nature et l'interprète de ses décrets; qu'il choisisse une compagne, ce jour sera le vrai triomphe de la morale, et les vrais amis de la vertu le célèbreront de cœur. Le ministre sensible bénira l'âge de la raison en goûtant les prémices de ses bienfaits.

Voilà, messieurs, sous le rapport animal, les vérités, les sentiments qu'il faut inculquer aux hommes pour leur bonheur.

SECONDE PARTIE.

Qu'est-ce que le sentiment? C'est le lien de la vie, de la société; de l'amour, de l'amitié! C'est lui qui unit le fils à la mère, le citoyen à la patrie. C'est surtout dans l'homme qu'il est puissant. La dissipation, les plaisirs des sens en émoussent la délicatesse, mais dans l'infortune l'homme le retrouve toujours; cet agent consolateur ne nous abandonne entièrement qu'avec la vie.

N'êtes-vous pas satisfait, grimpez sur un des pitons du mont Blanc; voyez le soleil, se levant par gradations, porter la consolation sous le chaume du laboureur. Que le premier rayon qu'il lance soit surtout recueilli dans votre cœur! Souvenez-vous bien des sentiments que vous goûterez.

Descendez au bord de la mer, voyez l'astre du jour sur son déclin se précipiter avec majesté dans le sein de l'infini : la mélancolie vous maîtrisera, vous vous y abandonnerez, l'on ne résiste pas à la mélancolie de la nature.

Etes-vous sous le monument de Saint-Rémi? Vous en avez contemplé la majesté; le doigt de ces fiers Romains, tracé dans les âges passés, vous fait exister avec Emile, Scipion, Fabius. Vous revenez à vous pour voir des montagnes, dans l'éloignement d'un voile noir, couronner la plaine immense de Tarascon, où cent mille Cimbres restèrent ensevelis. Le Rhône coule à l'extrémité, plus rapide que le trait; un chemin est sur la gauche, la petite ville à quelque distance, un troupeau dans la prairie; vous rêvez sans doute, c'est le rêve du sentiment.

Égarez-vous dans la campagne, réfugiez-vous dans la chétive cabane du berger; passez-y la nuit; couchez sur des peaux, le feu à vos pieds; quelle situation!

Minuit sonne; tous les bestiaux des environs sortent pour paître, leurs bêlements se marient à la voix des conducteurs : il est minuit, ne l'oubliez pas; quel moment pour rentrer en vous-même, et pour méditer sur l'origine de la nature, en en goûtant les délices les plus exquises.

Au retour d'une longue promenade êtes-vous surpris par la nuit, arrivez-vous au clair des rayons argentés dans le parfait silence de l'univers : vous avez été accablé de la chaleur de la canicule; vous goûtez les délices de la fraîcheur et le baume salutaire de la rêverie.

Votre famille est-elle couchée, vos lumières éteintes, mais non pas votre feu car les frimas de janvier s'opposent à la végétation de votre jardin..... Que faites-vous là pendant plusieurs heures? Je ne suppose pas que vous soyez égaré par la rage et par l'ambition des richesses ; qu'est-ce que vous faites ? vous jouissez de vous-même.

Vous savez que la métropole de Saint-Pierre de Rome est grande comme une ville; une lampe est devant le principal autel : vous y entrez à dix heures du soir, vous marchez en tâtonnant; cette faible lumière ne vous permet de voir qu'elle. Vous croyez ne faire que d'entrer, il est déjà l'heure de l'aurore : elle entre par les fenêtres, la pâleur du matin succède aux ténèbres de la nuit. Vous vous en apercevez enfin pour vous retirer; mais vous y êtes resté six heures! Si j'eusse pu écrire vos pensées, qu'elles intéresseraient le moraliste!

La curiosité, mère de la vie, vous fait-elle embarquer pour la Grèce, êtes-vous jeté par les courants à l'île de Monte-Cristo : deux heures vous restent; à la nuit vous cherchez un refuge; vous avez parcouru ce petit rocher; vous vous trouvez sur une hauteur, au milieu des débris d'un vieux monastère, derrière un pan de mur couvert par le lierre et le romarin; vous faites dresser votre tente; le mugissement rauque des vagues qui se brisent sur les rochers, car le vaste gouffre des mers vous environne, vous représente l'idée de cet élément terrible pour le faible passager. Une légère toile et un mur de plus de quinze siècles vous abritent; vous êtes agité par l'agitation du sentiment.

Êtes-vous à sept heures du matin dans vos bosquets fleuris, ou dans une vaste forêt pendant la saison des fruits; sommeillez-vous dans une grotte environnée des eaux des Dryades, dans le fort de la canicule? Vous serez seul à passer des heures entières, sans pouvoir vous en arracher, ni soutenir les discours du fâcheux qui viendra vous importuner.

Il n'est point d'homme qui n'ait éprouvé la douceur, la mélancolie, le tressaillement qu'inspirent la plupart de ces situations. Que je plaindrais celui qui ne me comprendrait point et qui n'aurait jamais été ému par l'électricité de la nature! Le sentiment ne nous ferait-il éprouver que ces délicieuses émotions, il aurait déjà fait beaucoup pour nous; il nous aurait offert une succession de jouissances sans regrets, sans fatigues, sans aucune espèce d'ébranlement violent. Ç'aurait été son plus précieux don, si l'amour de la patrie, si l'amour conjugal, si la divine amitié n'étaient aussi de ses libéralités.

Vous rentrez dans votre pays après quatre ans d'absence; vous parcourez les sites, théâtres des jeux de votre enfance et témoins de l'agitation que la première connaissance des hommes et l'aurore des passions produisent dans nos sens; vous vivrez dans un moment de la vie de votre enfance, vous jouirez de ses plaisirs; vous sentez tous les feux de l'amour de la patrie. Vous avez, dites-vous, un père, une tendre mère, des sœurs encore innocentes, des frères à la fois vos amis; homme trop heureux! cours, vole, ne perds pas un moment. Si la mort t'arrêtait en chemin tu n'aurais pas connu les délices de la vie, celles de la douce reconnaissance, du tendre respect et de la sincère amitié. Mais, me dites-vous, j'ai une femme et des enfants!... C'en est trop, mon cher ami; c'en est trop, ne l'en éloigne plus; le plaisir pourrait te suffoquer au retour, ou la douleur t'accabler au départ... Une femme et des enfants... Une femme et des enfants, un père et une mère, des frères et des sœurs, un ami! Et l'on se plaint de la nature, et l'on se demande : pourquoi sommes-nous nés? Et l'on souffre avec impatience les maux passagers, et l'on court avec fureur après les vides de la vanité, des richesses. Quelle est donc, ô infortunés humains, la boisson dépravatrice qui a ainsi altéré les penchants écrits dans votre sang, sur vos nerfs, dans vos yeux?... Eussiez-vous l'âme aussi ardente que le foyer de l'Etna, si vous avez un père, une mère, une femme, des enfants, vous ne pouvez redouter les anxiétés de l'ennui.

Oui, voilà les seuls, les vrais plaisirs de la vie, et dont rien ne peut ni nous distraire ni nous indemniser. L'homme a beau s'environner de tous les biens de la fortune, dès que ces sentiments s'enfuient de son cœur, l'ennui s'en empare : la tristesse, la noire mélancolie, le désespoir se succèdent, et si cet état dure encore, il se donne la mort.

Pontavéri est arraché à Taïti; conduit en Europe, il est accablé de soins; l'on n'oublie rien pour le distraire. Un seul objet le frappe, lui arrache les larmes de la douleur: c'est le mûrier à papier. Il l'embrasse avec transport en s'écriant : *Arbre de mon pays! Arbre de mon pays!...* L'on prodigue en vain aux cinq Groënlendais tout ce que la cour de Copenhague peut offrir. L'anxiété de la patrie, de la famille, les conduit à la mélancolie et de là à la mort...Au lieu de cela, combien d'Anglais, de Hollandais, de Français qui vivent avec les sauvages! C'est que ces infortunés étaient avilis en Europe, vivaient jouets des passions et tristes rebuts des grands; tandis que l'homme de la nature vit heureux dans le sein du sentiment et de la raison naturelle.

Nous venons de voir comment, par le sentiment, nous jouissons de nous, de la nature, de la patrie, des hommes qui nous environnent. Il nous reste à observer comment il nous fait tressaillir à l'aspect de différentes vicissitudes de la vie. C'est ici que nous nous convaincrons que s'il ne nous rend amis du beau, du juste, il nous révolte contre l'oppresseur et le méchant.

Une jeune beauté est entrée dans sa seizième année, les roses sur son teint font place aux lis; des yeux de feu se sont presque éteints; la vivacité des grâces n'est plus que la langueur de la mélancolie... elle aime... T'inspire-t-elle le respect, la confiance, c'est le respect et la confiance du sentiment. T'inspire-t-elle le mépris de sa faiblesse, à la bonne heure; mais ne me le dis jamais si tu prises mon estime.

Nina aima; son bien-aimé mourut, elle eût dû mourir aussi. Elle lui survécut toutefois, mais pour lui rester fidèle. Nina a bien su que son bien-aimé était mort, mais le sentiment ne peut pas concevoir son anéantissement. Elle l'a attendu toujours; elle l'attendrait encore... Tu plains dédaigneusement sa folie... Homme dur! sens-tu, au lieu de cela, l'estime de sa constance et l'attendrissement du sentiment.

Une femme adorée est morte. C'est celle de ton ennemi. L'infortuné en est accablé : il a fui la société des hommes; le drap noir a remplacé la tapisserie de la gaieté. Deux flambeaux sont sur la table, le désespoir dans son cœur; il passera ainsi le reste languissant de sa vie... Ame bonne, tu sens ta haine se calmer; tu cours à son tombeau lui prodiguer les marques de la réconciliation. C'est la réconciliation du sentiment.

Vous avez lu Tacite. Quel est celui de vous qui ne s'est écrié avec le jeune Caton : *Que l'on me donne une épée pour tuer ce monstre.* Depuis deux mille ans le récit des actions de Marius, de Sylla, Néron, Caligula, Domitien, etc., vous révolte. Leur souvenir est celui de la haine et de l'exécration.

Le spectacle odieux du crime prospérant ou de l'innocence dans les fers vous brise le cœur ; le découragement circule dans vos veines pour y allumer bientôt le désir de la vengeance. Viennent-ils à paraître....

(*La dernière phrase était indéchiffrable.*)

FIN DE L'APPENDICE.

TABLE DES MATIÈRES

DU TOME PREMIER

Avant-propos 1

Chapitre I⁽ᵉʳ⁾. — **La Corse avant 1769. — La Conquête**... 1

Rentrée solennelle de l'ambassadeur de France à Rome, le 8 mai 1664. — La garde papale corse chassée de Rome. — La Corse mise au ban des nations. Causes de ces deux événements. — Attentat commis à Rome sur le duc de Créqui, ambassadeur de France. — Envoi d'une expédition contre Rome. — Le traité de Pise, 12 mai 1664. — Description de la Corse. — Caractère des Corses. — Conquête de la Corse par les Génois. — Le traité de Compiègne entre la France et la république de Gênes, 6 août 1764. — Pascal Paoli. — Propositions de Paoli. — M. de Buttafuoco. — Sa correspondance avec J.-J. Rousseau. — Traité de Versailles entre la France et la république de Gênes, 15 mai 1768. — Première expédition française. — Combat de Patrimonio, 31 juillet 1768. — Capitulation de la Penta, 10 août 1768. — Retraite des Français. — Capitulation de Borgo, 10 octobre 1768. — Deuxième expédition française, avril 1769. — Composition du corps expéditionnaire. — M. de Vaux, commandant en chef. — Commencement des opérations, 3 mai 1769. — Prise d'Olmetta et de Murato, 5 mai 1769. — Prise de Lento, 7 mai. — Combat de Ponte-Nuovo, 8 mai. — Prise de Corte et de sa citadelle, 22 mai. — Fuite de Paoli. — Son embarquement à Porto-Vecchio, le 13 juin 1769. — Annexion définitive de l'île de Corse à la France.

Chapitre II. — **La famille Bonaparte**..................... 29

Acte de soumission de Charles de Buonaparte à la France. — Origine italienne de la famille Buonaparte. — Noblesse de la famille. — Charles-Marie de Buonaparte. — Sa situation à la mort de Joseph de Buonaparte, son père. — La succession Odone. — Maria-Lætitia Ramolino. — Sa famille. — Les Fesch. — Mariage de Charles de Buonaparte avec Lætitia Ramolino, le 2 juin 1764. — Naissance d'un fils, en 1765. — Naissance de Marie-Anne de Buonaparte, le 3 janvier 1767. — Charles de Buonaparte nommé assesseur. — Il va résider à Corte. — Naissance de Nabulion de Buonaparte, le 7 janvier 1768. — Fuite de Corte, 20 mai 1769. — Soumission à la France. — Naissance de Napoleone de Buonaparte, le 15 août 1769.

CHAPITRE III. — **Naissance de Napoléon Bonaparte**..... 39

15 août 1769 ?

Incertitude sur la date de la naissance de Napoléon Bonaparte. — L'acte de baptême de l'école de Brienne. — L'acte de naissance du Ministère de la guerre. — Preuves à l'appui des deux hypothèses. — L'acte de mariage de Joseph, en 1794. — L'enquête sur la naissance de Joseph, en 1794. — L'acte de notoriété de Joseph Bonaparte, en 1794. — L'acte de mariage de Napoléon Bonaparte avec Joséphine Beauharnais. — Lettre de Bonaparte à Paoli. — Motifs qui paraissent devoir faire adopter la date du 7 janvier 1768, comme celle de la date réelle de la naissance de Napoléon Bonaparte. — Causes possibles de cette substitution d'actes et de personnes. — Variations dans l'orthographe des prénoms de Bonaparte. — Variations dans les noms de famille du même Napoléon, dans son écriture et dans ses opinions.

CHAPITRE IV. — **L'enfance de Bonaparte en Corse**...... 53

15 août 1769. — 15 décembre 1779.

Organisation de la conquête. — Opinion de Paoli sur la situation de l'île de Corse (1776). — Charles Bonaparte se déclare fervent partisan de la domination française. — Ses démarches pour l'obtention de son titre de noblesse. — La succession Odone. — Nomination de Charles Bonaparte à la commission des douze gentilshommes. — Naissance de Marie-Anne Bonaparte (1771). — Naissance de Lucien Bonaparte (1775). — Enfance de Napoléon. — Démarches de Charles pour faire entrer ses fils dans les écoles du gouvernement. — Sa nomination de député de la noblesse de Corse (8 juin 1777). — Naissance de Louis Bonaparte (2 septembre 1778). — M. le comte de Marbeuf et la femme de l'intendant de Corse, M. de Boucheporn, sont le parrain et la marraine du futur roi de Hollande. — Départ pour la France de Charles et de ses deux fils, Joseph et Napoléon, le 15 décembre 1778.

CHAPITRE V. — **Bonaparte à Autun**...................... 69

1er janvier 1779. — 23 avril 1779.

Arrivée de Bonaparte à Autun. — Le collège d'Autun. — Débuts scolaires de Joseph et de Napoléon. — Différences de leurs caractères. — Conséquences de ces divergences. — Charles Bonaparte à Versailles. — Ses démarches et ses sollicitations pour la succession Odone, la concession d'une pépinière de mûriers et une indemnité pécuniaire, en qualité de député. — Il remet à M. d'Hozier de Sérigny l'inventaire des actes servant à prouver la noblesse de la famille. — Nomination de Napoléon Bonaparte à l'école militaire de Brienne le 28 mars 1779. — Arrivée de Charles Bonaparte à Brienne, le 20 avril 1779. — Arrivée de Napoléon, le 23 avril de la même année.

CHAPITRE VI. — **Bonaparte à Brienne**.................. 77.

23 AVRIL 1779. — 17 OCTOBRE 1784.

Arrivée de Bonaparte à Brienne. — Ce qu'était l'École militaire de Brienne. — Mariage du vicomte de Beauharnais et de Joséphine Tascher de la Pagerie, 13 décembre 1779. — Naissance de Paula-Maria Bonaparte, 20 octobre 1780. — Lettre de Bonaparte à son père, 5 avril 1781. — Les chagrins de Bonaparte à Brienne. — Naissance de Maria-Nunziata Bonaparte, 25 mars 1782. — Admission de Marie-Anne Bonaparte à Saint-Cyr, 24 novembre 1782. — Charles Bonaparte obtient la direction d'une concession de mûriers, à Ajaccio. — Il éprouve de nouvelles difficultés pour la solution de l'affaire Odone. — Refus de Joseph Bonaparte de se faire ecclésiastique. — Querelle de Bonaparte à Brienne. — Lettre de Bonaparte à M. de Marbeuf, 8 octobre 1783. — Bonaparte passe ses examens pour la marine, le 16 septembre 1783. — Il est reçu. — Lucien Bonaparte est destiné à la carrière militaire. — Naissance de Eugène-Rose de Beauharnais, 4 septembre 1781. — Naissance de Hortense-Eugénie de Beauharnais, 10 avril 1783. — Charges de la famille Bonaparte. — Maladie de Charles Bonaparte. — Mariage de M. de Marbeuf avec Mademoiselle Antoinette de Fenoyle (1787). — Sonnet fait par Charles Bonaparte en l'honneur des nouveaux mariés. — Pénurie de Charles. — Il emprunte de l'argent au gouverneur d'Ajaccio, le comte Durosel de Beaumanoir, maréchal de camp. — Son départ avec Marie-Anne (Elisa) et Mademoiselle Cattaneo (juin 1784). — Il voit Joseph et Lucien à Autun. — Il conduit Lucien à Brienne, où il retrouve Napoléon. — Refus définitif de Joseph d'entrer dans les ordres. — Curieuse lettre de Bonaparte à l'abbé Fesch (15 juillet 1784). — Son opinion sur les officiers d'infanterie. — Bonaparte renonce à la marine. — Charles Bonaparte demande une entrée gratuite à Brienne pour son fils Lucien. — Sa demande est rejetée. — Entrée de Marie-Anne à Saint-Cyr (fin juin 1784). — Etablissement d'un mémoire de proposition pour faire entrer Bonaparte dans l'artillerie (16 juillet 1784). — Nouvelle demande de Charles Bonaparte pour faire entrer Joseph dans l'artillerie ou le génie. — Charles, malade, rentre en Corse avec son fils Joseph. — Lettre de Bonaparte à son père (12 septembre 1784). — Bonaparte passe son examen pour entrer à l'École militaire et de là dans l'arme de l'artillerie (16 septembre 1784). — Il est admis. — Il quitte l'école de Brienne, le 17 octobre 1784. — Il reçoit son brevet de cadet-gentilhomme, le 22 octobre, et entre, le même jour, à l'École militaire. — Ce qu'il était à cette époque de sa vie.

CHAPITRE VII. — **Bonaparte à l'école militaire de Paris.** 111

22 OCTOBRE 1784. — 22 SEPTEMBRE 1785.

Réorganisation de l'école militaire de Paris. — La compagnie des cadets-gentilshommes. — Composition du personnel de l'école. — Son fonctionnement. — Bonaparte à l'école. — Son *binôme* le chevalier Des Mazis cadet. — Souffrances morales de Bonaparte. — Son mémoire sur l'école militaire. — Tristes nouvelles d'Ajaccio. — Naissance de Jérôme Bonaparte (7 novembre 1784). — Nouvelles difficultés de Charles Bonaparte à propos de la succession Odone. — Nouveau voyage en France avec Joseph. — Sa maladie. — Son arrêt à Montpellier. — Madame Permon. — Mort de Charles Bonaparte, le 24 février 1785. — Embarras financiers de la famille. — Retour de Joseph Bonaparte en Corse. — Abandon de ses projets militaires. — L'archidiacre Lucien Bonaparte nommé tuteur de la famille. — Douleur de Bonaparte à l'école. — Son mémoire sur l'éducation des jeunes maniotes. — Ses visites à la famille Permon. — Ses visites à Saint-Cyr. — Le couvent des demoiselles nobles de Saint-Louis. — Bonaparte passe ses examens pour entrer dans l'artillerie. — Il est classé avec le n° 42. — Le 1er septembre 1785, il est nommé second-lieutenant au régiment d'artillerie de la Fère, à Valence. — Il reçoit sa lettre de service, le 24 octobre. — Il quitte l'École militaire de Paris, le 29 octobre 1785.

Chapitre VIII. — État de l'armée française en 1785..... 128

Situation générale d'une armée dans l'État. — L'armée est l'expression vivace du pays qui la paye. — Points à envisager pour apprécier la valeur d'une armée. — 1° *Recrutement*. — Opinion du comte de Saint-Germain, ministre de la guerre, sur les enrôlements. — Opinion des officiers de l'armée. — Opinion de M. le comte de Liancourt. — Jugement de Dubois de Crancé et du comité militaire de 1789. — 2° *Personnel*. — Opinion du maréchal de Belle-Isle (1742). — Ce que doit être un officier français, en 1749, d'après l'abbé Coyer. — Opinion du duc de Broglie sur l'instruction des officiers. — Appréciation du comte de Saint-Germain. — Jugement du comité militaire. — Les maréchaux de France. — Promotion de sept maréchaux, le 30 mars 1775. — Réformes de M. de Saint-Germain. — Ordonnance du 25 mars 1776. — Critiques dont ces réformes sont suivies. — Chute du ministère. — Décret du 22 mai 1781 sur l'entrée au service. — Obligations de prouver quatre générations de noblesse paternelle pour obtenir le grade de sous-lieutenant. — Opinion de M. de Lacretelle sur cette mesure. — 3° *Organisation de l'armée*. — Passage du pied de paix au pied de guerre. — Défectuosité du système en usage. — L'armée active et l'armée auxiliaire. — Origine de la formation de l'armée auxiliaire. — Les milices. — Leur suppression et leur rétablissement. — Les régiments provinciaux (4 août 1771). — Arrivée de M. de Saint-Germain au ministère. — Suppression des régiments provinciaux. — Leur remplacement par des bataillons de miliciens (15 novembre 1775). — Suppression des charges d'inspecteurs généraux des différentes armes. — Formation de vingt-deux divisions permanentes. — Difficultés que rencontre M. de Saint-Germain. — Les lieutenants-colonels et les *Jocqueys*. — État de l'armée française en 1785, au moment de l'entrée de Bonaparte au régiment de la Fère.

Chapitre IX. — Bonaparte, lieutenant en second au régiment d'artillerie de La Fère....................... 151

A Valence, 5 novembre 1785 — 12 août 1786.
A Lyon, 15 août 1786 — 20 septembre 1786.
A Douai, 17 octobre 1786 — 1er février 1787.

Arrivée de Bonaparte à Valence, le 5 novembre 1785. — Le régiment d'artillerie de la Fère. — Le recrutement au régiment. — Composition du personnel du régiment. — Gribeauval et Vallière. — Le conseil de guerre des Invalides et M. de Biron. — La vie de Bonaparte à Valence. — Son avenir, sa solde, ses dépenses. — Ses débuts. — Bonnes nouvelles de la famille d'Ajaccio. — Premier succès pour la conclusion de l'affaire Odone. — Demande d'admission dans les Écoles militaires, pour Louis Bonaparte. — Demande de décoration toscane, par Joseph Bonaparte. — La société à Valence. — Les camarades du régiment. — Préférence de Bonaparte pour la société civile. — Causes de cette préférence. — Il commence son histoire de Corse. — Lettre à l'abbé Raynal (juillet 1786). — La révolte dite des deux sous, à Lyon. — Le droit de Bauvin. — Départ du bataillon de Bonaparte pour Lyon, le 12 août 1786. — Arrivée à Lyon, le 15 août. — Fin de la révolte. — Le bataillon part pour Douai, le 21 septembre. — Arrivée à Douai, le 17 octobre. — Mauvaises nouvelles de Corse. — Mort du gouverneur de l'île, le comte de Marbeuf, le 20 septembre 1786. — Insuccès de Joseph. — Abandon de la concession des mûriers. — La famille rappelle Bonaparte. — Accès de misanthropie. — Idées de suicide. — Obtention d'un congé de quatre mois. — Son départ de Douai, le 1er février 1787.

CHAPITRE X. — **Bonaparte au régiment d'artillerie de La Fère**... 171

A AJACCIO, FÉVRIER 1787 — OCTOBRE 1787.
A PARIS, FIN OCTOBRE 1787 — 12 DÉCEMBRE 1787.
A AJACCIO, 25 DÉCEMBRE 1787 — MAI 1788.

Arrivée de Bonaparte à Ajaccio. — Son état maladif. — Situation de la famille. — Situation de l'île. — Il demande un congé de cinq mois et demi, sous prétexte de rétablir sa santé. — Il l'obtient. — Ses travaux, le *Masque prophète*. — Son départ pour Paris. — Son régiment. — Ses démarches pour Lucien, Louis et sa mère. — Le régiment de la Fère part pour Auxonne. — Nouvelle demande de prolongation de semestre. — Il l'obtient grâce à M. de Gribeauval. — Son retour à Ajaccio. — Joseph reçu au barreau de Bastia. — Nouvelles plaintes de madame Bonaparte. — Son fils Napoléon est le rédacteur de toutes ses lettres. — Il achève son histoire de Corse et part en mai 1788, pour aller rejoindre son régiment à Auxonne.

CHAPITRE XI. — **Bonaparte au régiment de La Fère**..... 181

A AUXONNE, FIN MAI 1788 — 4 AVRIL 1789.
A SEURRE, AVRIL 1789 — MAI 1789.
A AUXONNE, MAI 1789 — SEPTEMBRE 1789.

Arrivée de Bonaparte à Auxonne, où il trouve le régiment tout entier réuni. — Son numéro d'ancienneté. — Son installation. — Sa vie. — Vicissitudes de son histoire de Corse. — Il dédie son ouvrage à l'archevêque de Sens. — La mort de ce prélat modifie ses intentions. — Il demande l'adresse de Paoli, 22 août 1788. — Sa dissertation sur l'autorité royale, 23 octobre 1788. — Il renonce à son voyage à Paris. — Triste position de sa famille. — Louis refusé à l'École militaire. — Supplique de madame Bonaparte, 22 juin 1788. — Joseph Bonaparte est toujours sans place. — Lucien n'est pas encore admis au séminaire d'Aix. — Supplique de madame Bonaparte, 19 novembre 1788. — L'affaire des mûriers. — Réclamation des Bonaparte, 2 avril 1789. — Les événements en France. — Révolte à Seurre. — Bonaparte est envoyé à Seurre (avril 1789). Il revient à Auxonne (1er mai 1789). — Sa curieuse lettre à Paoli pour son histoire de Corse (12 juin 1789). — Déductions à tirer de cette lettre. — Digne réponse de Paoli. — Bonaparte songe alors à dédier son livre à M. Necker. — Il demande l'approbation du père Dupuy. — Réponses de ce dernier (15 juillet et 1er août 1789). — Modification dans les projets de Bonaparte, par suite des événements de la Révolution. — État de santé de Bonaparte. — Vie qu'il mène. — Il demande un congé de six mois (8 août 1789). — Il l'obtient, le 21 août 1789. — Révolte du régiment de la Fère à Auxonne, les 16 et 17 août. — Départ de Bonaparte pour la Corse, 10 septembre. — Son état physique, moral et intellectuel.

CHAPITRE XII. — **Bonaparte au régiment de La Fère....** 211

EN CONGÉ A AJACCIO, 10 SEPTEMBRE 1789 — 10 FÉVRIER 1791.

Bonaparte s'arrête à Marseille. — Il voit l'abbé Raynal. — Son arrivée à Ajaccio. — Ses projets. — Les députés corses à l'Assemblée nationale. — Mouvement populaire à Ajaccio. — Le club patriotique. — Premier programme de Bonaparte. — Demande de formation d'une garde nationale soldée. — Attitude de M. de Buttafuoco. — Fermeture du club patriotique. — Proclamation de la loi martiale en Corse. — Refus de la commission des Douze d'accepter la formation d'un comité central. — Protestation rédigée par Bonaparte et adressée à l'Assemblée nationale, 31 octobre 1789. — Mouvements en Corse. — Arena à l'Ile-Rousse — Révolte à Bastia, le 5 novembre 1789. — Situation politique de la Corse vis-à-vis de la France. — Réclamations de Gênes. — Demandes de Paoli. — Prétentions du parti autoritaire. — Habileté de MM. Salicetti et Colonna di Cesari. — Les délégués de Bastia à l'Assemblée nationale. — La Corse déclarée province française, 30 novembre 1789. — Amnistie et rappel des Corses exilés. — Discours de Mirabeau. — Remerciements de Paoli. — Effet produit par ces décrets en Corse, et particulièrement à Ajaccio. — Conduite de Bonaparte. — Sa lettre à M. Matteo de Buttafuoco, 23 janvier 1790. — Réponse de M. de Buttafuoco. — Soulèvement à Bastia, 18 mars 1790. — Mort du colonel comte de Rully, commandant du régiment du Maine. — Arrivée de Paoli en France, 29 mars 1790. — Paoli présenté à Louis XVI, 8 avril 1790. — Bonaparte demande une prolongation de congé de quatre mois et demi pour aller aux eaux, 16 avril 1790. — Il obtient de rester en Corse jusqu'au mois d'octobre. — Ses lettres sur l'histoire de Corse. — Sa lettre et sa dédicace à l'abbé Raynal. — Envoi d'une députation d'Ajacciens au-devant de Paoli. — Joseph en fait partie. — Elle part, le 24 juin 1790. — Complot organisé par Bonaparte pour s'emparer d'Ajaccio et chasser les Français. — Tentative d'exécution, 25 juin-28 juin 1790. — Manifeste du corps municipal d'Ajaccio, rédigé par Bonaparte, 28 juin 1790. — Sa lettre sur *le serment constitutionnel des prêtres*. — Sa situation difficile à Ajaccio. — Dangers qu'il y court. — Nouvelle tentative sur la citadelle d'Ajaccio, 8 août-24 août 1790. — Arrivée de Paoli en Corse, 14 juillet 1790. — Débarquement à Bastia, 17 juillet. — Enthousiasme de la population. — L'assemblée électorale à Orezza, du 9 septembre au 8 octobre. — Organisation administrative de la Corse. — Nomination des membres appelés à faire partie du Directoire. — Paoli élu président du Directoire et commandant en chef des gardes nationales de l'île. — Attitude de Bonaparte pendant l'assemblée. — Ses propositions. — Vœux de l'assemblée d'Orezza pour la formation d'une garde nationale soldée. — Bonaparte au club d'Ajaccio. — Vote de l'impression de sa lettre à Buttafuoco. — Il prend part au concours de l'Académie de Lyon. — Son *Discours sur le bonheur*. — Principaux passages de ce discours. — Rapport au ministre de la guerre sur le véritable état politique et militaire de la Corse, à la fin de l'année 1790. — Triste opinion du rapporteur sur la famille Bonaparte. — Les délégués du Directoire à l'assemblée, MM. Pozzo di Borgo et Gentili. — Refus du ministre de créer une garde corse spéciale. — Mécontentement et désespoir de Bonaparte. — Irrégularité de sa situation. — Son congé expiré depuis le 15 octobre 1790. — Réorganisation de l'arme de l'artillerie, 2 décembre 1790. — Les officiers non présents au corps, le 1er janvier 1791, considérés comme destitués. — Bonaparte se décide à partir, le 1er février 1791.

APPENDICE. — PIÈCES A L'APPUI........................... 293

PIÈCE n° 1. — Réponse de Jean-Jacques Rousseau à M. de Buttafuoco.. 293

PIÈCE n° 2. — Preuves de noblesse des Bonaparte..................... 298

PIÈCE n° 3. — Acte de naissance de Marie-Anne Bonaparte (3 janvier 1767). 306

PIÈCE n° 4. — Les autorités françaises en Corse en 1778............... 307

PIÈCE n° 5. — Composition du régiment Royal-Corse, en 1778......... 307

PIÈCE n° 6. — Acte de naissance de Marie-Anne Bonaparte (14 juillet 1771)... 309

PIÈCE n° 7. — Acte de naissance de Lucien Bonaparte (21 mars 1775).. 309

PIÈCE n° 8. — Acte de naissance de Marie-Anne de Bonaparte (3 janvier 1877).. 310

PIÈCE n° 9. — Acte de naissance de Louis Bonaparte (2 septembre 1778). 310

PIÈCE n° 10. — Acte de mariage de Joséphine de Tascher de la Pagerie (13 décembre 1779).. 311

PIÈCE n° 11. — Acte de naissance de Paula-Maria Bonaparte (20 octobre 1780).. 313

PIÈCE n° 12. — Acte de naissance de Maria-Nunziata Bonaparte (25 mars 1782)... 313

PIÈCE n° 13. — Acte de naissance de Eugène-Rose de Beauharnais (3 septembre 1780)... 314

PIÈCE n° 14. — Acte de naissance de Hortense-Eugénie de Beauharnais (10 avril 1783).. 315

PIÈCE n° 15. — Acte de naissance de Jérôme Bonaparte (15 novembre 1784).. 316

PIÈCE n° 16. — Mémoire pour régler la redevance du bail emphytéotique de la campagne, dite les Milelli et de la maison la Badine, appartenant autrefois aux Jésuites d'Ajaccio, en Corse............... 316

PIÈCE n° 17. — Acte de décès de Charles Bonaparte.................. 320

418   TABLE DES MATIÈRES.

Pièce n° 18. — Acte de tutelle des enfants de Charles Bonaparte...... 321
Pièce n° 19. — Lettre de Bonaparte à son oncle Lucien............... 321
Pièce n° 20. — Liste des cadets-gentilshommes qui se sont trouvés à l'école militaire de Paris, en même temps que Napoléon Bonaparte.. 323
Pièce n° 21. — Liste des 58 élèves promus, le 1er septembre 1785, au grade de lieutenant en second d'artillerie avec l'indication des corps.. 326
Pièce n° 22. — Brevet d'officier de Bonaparte....................... 328
Pièce n° 23. — État des élèves du corps royal de l'artillerie examinés par M. de la Place, pendant les mois d'août et de septembre 1785 et proposés par M. de Gribeauval, pour être employés en qualité d'officiers. 328
Pièce n° 24. — État nominatif par compagnie de MM. les officiers, sergents-majors et sergents du régiment d'artillerie de la Fère, au 1er novembre 1785... 329
Pièce n° 25. — État nominatif des officiers supérieurs et des capitaines du régiment d'artillerie de la Fère, devenue brigade d'artillerie n° 1 (1er avril 1793).. 334
Pièce n° 26. — Composition du corps royal de l'artillerie en 1776..... 335
Pièce n° 27. — Itinéraire du premier bataillon du régiment d'artillerie de la Fère, se rendant de Valence à Lyon, puis à Douai, en 1786.... 337
Pièce n° 28. — Composition du haut personnel militaire de l'île de Corse en 1787.. 338
Pièce n° 29. — Composition des cadres des chasseurs royaux corses, du régiment de l'île de Corse, des régiments suisses de Salis et d'Ernest et du régiment du Limousin, en 1787....................... 339
Pièce n° 30. — Mémoire à M. l'Intendant, relativement à la pépinière d'Ajaccio.. 341
Pièces n°s 31 et 32. — Requêtes de madame Bonaparte.............. 343
Pièce n° 33. — Lettres sur la Corse................................. 346
Pièce n° 34. — Discours de Bonaparte sur cette question : Déterminer les vérités et les sentiments qu'il importe le plus d'inculquer aux hommes pour leur bonheur....................................... 393

CARTES.

Carte de l'île de Corse au 864.000.
Plan de la ville d'Ajaccio, en 1780.

FIN DE LA TABLE DES MATIÈRES.

ERRATA

DU PREMIER VOLUME

Page 2, ligne 13, au lieu de : GREQUEIUM, lisez : CREQUEIUM.

Page 24, ligne 5 des notes, au lieu de : *au châteaux*, lisez : *au château*.

Page 48, ligne 16, au lieu de : *bibliographique*, lisez : *biographique*.

Page 87, ligne 5 des notes, au lieu de : *mademoiselle*, lisez : *mesdemoiselles*.

Page 107, ligne 14, au lieu de : *Minana* et *Zia*, lisez : *minana* et *zia*.

Page 124, ligne 2, au lieu de : *Castalperd*, lisez : *Castelpers*.

Paris. — Imp. E. Capiomont et V. Renault, rue des Poitevins, 6.

www.ingramcontent.com/pod-product-compliance
Lightning Source LLC
Chambersburg PA
CBHW071106230426
43666CB00009B/1847